U0039018

宋鈃學派遺著考論

林志鵬　著

目　錄

下 編

導　論

一、前言

　　宋鈃在戰國時代為融通道、儒、墨的思想大家，孟子曾在石丘與之論寢兵（見《孟子・告子下》），荀子則在其著作中以相當的篇幅批判宋子「見侮不辱」、「情欲寡」之說（見《正論》、《正名》等篇）。在《莊子・天下》中宋鈃與尹文合論，被視為儒家外的六大學派之一。宋鈃學派在戰國晚期仍有相當大的勢力，此點從《荀子・正論》評述其說屢稱「子宋子」以及《韓非子・顯學》、《尸子・廣澤》中的評論皆可看出[1]。下至漢代，《漢書・藝文志・諸子略》著錄《宋子》十八篇，惟入小說家[2]，被貶為「街談巷語，道聽塗說者之所造」，而與《伊尹說》、《黃帝說》同倫，蓋視為黃老道家末流[3]。《宋子》在《隋書・經籍志》無著錄，其書早已不存。宋鈃一派為連結老、莊學說的鏈環，也是道、法轉關的樞紐，其鎔鑄調和的學

1　《韓非子・顯學》：「宋榮子之議，設不鬪爭，取不隨仇，不羞囹圄，見侮不辱，世主以為寬而禮之。」《尸子・廣澤》：「墨子貴兼，孔子貴公，皇子貴衷，田子貴均，列子貴虛，料子貴別囿，其學之相非也，數世而不已，皆弇于私也。」按，「料子」即「宋子」之誤，詳見本文上編第一章第三節。

2　按，《荀子・正名》已斥宋子學說為「小家珍說」，《漢志》對宋子書的評價其來有自。

3　按，《漢書・藝文志》「《宋子》十八篇」，班固自注：「其言黃老意。」是仍承認其為黃老道家。

風更促進戰國時期各家學術之交流，重要性不言而喻。然而此派之實際面目為何？與其他諸子有何關聯？又為何暴盛暴衰？長期以來，這些疑點都因為《宋子》書的散佚而成為難以回答的問題。筆者不揣譾陋，在前賢的基礎上蒐羅、考證與宋鈃相關的文獻，嘗試復原該派的思想面貌，並梳理宋子與其他戰國諸子之關係，冀能對於宋鈃其人其書及該派的學術源流有更深入的瞭解。

　　本文分上、下編。上編內容包括兩部分：一是相關文獻的整理及校釋；二是在文本校理的基礎上，討論文獻的性質及學派歸屬問題。下編則據上編考證之成果，進一步描述宋鈃學派的思想面貌，勾勒其學術源流，並對宋子的本名及年世略加考證。

　　在進入論述之前，有必要對於本文所用「學派」一詞作一說明。楊華曾指出，中國傳統學術的流派形成主要有兩種因緣，一是師承，二是地域 [4]。師承性學派如儒、墨，乃因某一學術領袖講學授徒，以至支流派衍。先秦時代因文字載體的限制（著於簡帛），一般人不易獲得書冊及知識，文化傳播的渠道只能較多地依靠口耳相傳，因此「一個學派實際上就是圍繞著某個創始者的一群人，他們共同生活，共同講習。」至於地域性學派即「學者們匯聚在某一地方，共同研究學問而形成一

4　楊氏文中歸納學派成立的因緣有三：師承、地域及問題。但他認為中國傳統的學術流派基本以前兩種為主。按，在其基礎上似乎還可加入另一因緣，即「時代」。某一時期的學者可能因為相近的學術志趣及研究理念而轉移前代風氣，形成學派，如所謂「乾嘉學派」。

個學派。」如戰國時代的稷下學派、東漢晚年的荊州學派[5]。按，今人研究先秦學術思想而使用較為寬泛的「學派」一詞，實為不得已的權宜之計。因為大多數的先秦諸子書難以證明為某某思想家手著，而是一群有師承關係或學術理念接近的學者們的集體編纂，且往往歷經轉相傳習及後師附益的過程，所以某一子書所呈現出的思想可能非一人所獨有，而是某一派師門的共同面貌（當然其中難免存在思想、文字風格不連貫的現象）。既無法離析出何者為該派宗師之說，何者為後學增益之言，故在論述時便以「某某學派」之稱涵攝二者[6]。本文為行文方便，論及宋鈃一派著作及思想時，或直言「宋鈃」，或以「宋鈃學派」稱之，其實一也，望讀者不以粗疏為譏。

二、研究狀況回顧

《漢書‧藝文志》小說家有「《宋子》十八篇」，此書久佚，清代學者馬國翰有輯本，錄有《莊子‧天下》評論宋鈃、尹文學說一段、《孟子‧告子》宋牼遇孟子章及《荀子‧非十二子》、《韓非‧顯學》所述宋子之說。早期對於宋鈃的研究集中在其與老子、墨子的關係，所據資料即上述《莊子‧天下》、《孟子》、《荀子》等書對於宋子學說的評述。劉咸炘

5　楊華：《傳統學術中的學派》，《光明日報》，2007 年 9 月 13 日，第 9 版。

6　按，有時兩位學者並無直接師承關係，但學術風格及理念接近，思想具有承續性，亦可以「某某學派」稱之，如「老、莊學派」、「思、孟學派」。

《子疏定本・墨宋第五》論及宋鈃與墨家學說的同異[7]。錢穆《宋鈃考》則詳細比對宋子遺說與《老子》，證明其學說確如班固所言具有黃老意，對於宋子的大致生卒年代也作了一些論證。在該文中，錢氏也指出，《呂氏春秋・去宥》為宋、尹別宥說之猶存者，或取之《宋子》十八篇[8]。金受申《稷下派研究》將宋鈃視為「名法轉關中的一個人物」，並歸納其學說的要點為「正名」、「節欲」、「犧牲」。他指出，宋子之學非稷下學派主流（按，他以為稷下學說的主流在正名、唯道、尚法），可視為稷下派內獨立的系統。他又據馬國翰說指出：「《莊子・天下篇》所述都是宋鈃的主張，和尹文沒有關係。」該篇所述「大半引《宋子》原文，不是莊周的評語。」[9]

　　一九四〇年代，郭沫若《宋鈃尹文遺著考》一文指出：《管子》書中的《心術上》、《心術下》、《內業》、《白心》等篇為宋鈃、尹文一派的遺著。他認為「白心」、「心術」都是宋、尹學派的術語，而《心術》和《內業》等既見「黃老意」，也有「名家言」，且與《莊子・天下》所述宋、尹一派別宥寡情、見侮不辱、食無求飽、救鬥寢兵、不求苟察、不假於物諸義，無一不合，所以他推斷諸篇應為宋鈃、尹文一派的遺著[10]。郭氏此說影響較大，其後研究者就把討論的

7　劉咸炘：《子疏定本》，《劉咸炘學術論集・子學編》，上冊，桂林，廣西師範大學出版社，2007 年 7 月，第 91－94 頁。

8　錢穆：《宋鈃考》，《先秦諸子繫年》，台北，東大圖書公司，1999 年 6 月台北東大三版，第 374－378 頁。

9　金受申：《稷下派之研究》，台北，臺灣商務印書館，1971 年 5 月，第 7－9、30－38、50－51 頁。

10　郭沫若：《宋鈃尹文遺著考》，《郭沫若全集・歷史編》第一卷，北京，人民出版社，1982 年 9 月，第 547－570 頁。

焦點放在《管子‧心術》等四篇是否為宋銒、尹文所作之問題
上。

　　在郭氏發表此文的稍前，劉節與蒙文通都曾對上述《管
子》諸篇的學派問題提出明確的意見[11]。劉氏說與郭沫若略
同，且認為《心術上》等四篇可能是道家及《老子》思想的淵
源[12]。蒙文通則提出：《心術》、《內業》等篇是「道家之旨而
入於儒家者。」「義合於慎到，實管書之有取於慎子。」[13] 又
進一步推測：「《管子》書之《心術》、《白心》、《內業》諸篇，
為儒家之雜於道家者，其說上承《樂記》。仲良氏傳樂，此非
所謂仲良氏之儒乎？」[14]

　　一九六零年代，杜國庠撰文肯定前述郭沫若說，以《管
子‧心術》等篇為宋銒、尹文之著作，深入探討該派學說對於

---

11 劉節說見《管子中所見之宋銒一派學說》，蒙文通說見於《儒家哲
　　學思想之發展》。按，郭沫若前揭文末標示寫作日期為「一九四四
　　年八月二十九日」。劉節文標明「一九四三年五月二十九日」，年代
　　與郭文尤近，惟一九三零年代羅根澤作《管子探源》時已引述劉節
　　之說。蒙氏文收入《先秦朱子與理學》，文後所附其子蒙默的整理
　　後記云：「本文原載《論學》第四期特大號（一九三七年四月，無
　　錫出版），後收入《儒學五論》（一九四四年十一月，成都路明書店
　　出版），有較大補充。」

12 劉節：《管子中所見之宋銒一派學說》，《劉節文集》，廣州，中山大
　　學出版社，2004 年 11 月，第 209 頁。

13 蒙文通：《儒家哲學思想之發展》、《楊朱學派考》，《先秦諸子與理
　　學》，桂林，廣西師範大學出版社，2006 年 5 月，第 51 頁、第 116
　　－123 頁。

14 蒙文通：《儒學五論》，桂林，廣西師範大學出版社，2007 年 5 月，
　　第 13 頁（《題辭》）。

荀子之影響 [15]。蒙文通作《略論黃老學》，雖重申《心術》、《內業》諸篇之論因循，與田駢、慎到學說相合，但對於其舊說卻有明顯之修正。他說：「《管子》中的《心術》、《內業》、《白心》各篇，我以前認為是慎到、田駢的學說，也有同志從『白心』二字著眼，認為這幾篇書是宋鈃、尹文的學說，如果從『或使』論來看，也可以說是接子（鵬按，即「捷子」，《漢書・藝文志・諸子略》道家有《捷子》二篇。）的學說。總的來看，這些學者都是黃老派，他們同在稷下，互相學習，互相影響，我們說這幾篇書是黃老派的學說就可以了，似不必確認其定是何人的作品。」[16] 此說在當時未受重視，直到裘錫圭援引後（見下文），才漸有從之者。

　　一九七三年，馬王堆漢墓出土《經法》、《經》[17]、《道原》、《稱》等佚書，學者咸認為其與黃老道家有關，故稱之為「黃帝四經」、「黃老帛書」或「黃帝書」。由於諸篇帛書與《管子・心術》等四篇具有內在關聯，所以《心術》等篇的學派歸屬問題又被提出討論。朱伯崑作《〈管子〉四篇考》，逐條批駁郭沫若之說，並據《慎子》及《莊子・天下》、《荀子》對慎到學說之評述，主張《心術》等四篇為齊國法家慎到一派作品 [18]。裘錫圭從《心術上》和《白心》具有主張法治、

15　杜國庠：《荀子從宋尹黃老學派接受了什麼》，《杜國庠文集》，北京，人民出版社，1962 年 7 月，第 134－157 頁。

16　蒙文通：《略論黃老學》，《先秦諸子與理學》，第 193、214 頁。

17　馬王堆帛書整理者將此篇依篇末題名命為「十大經」，後又改稱「十六經」。李學勤在《馬王堆帛書〈經法・大分〉及其他》一文（載《道家文化研究》第三輯）指出，此篇末「十大」二字當為該篇末章標題，而其篇名當為「經」。茲從之。

18　朱伯崑：《〈管子〉四篇考》，《朱伯崑論著》，瀋陽出版社，1998

去己去知、因循應物、形名論等思想特色，推論二篇當出於慎到、田駢一派之手，與上述馬王堆帛書皆屬「道法家」的作品。他進一步說：「《管子》書中有陰陽家的思想，例如《四時》、《五行》等就是陰陽家的作品，但是在《心術上》和《白心》裡，卻看不到陰陽家思想的成分。這兩篇作品的時代應該早於採用了陰陽刑德說的乙本佚書。它們也許可以看做道法家早期作品的代表。」[19]

裘錫圭、朱伯崑後來都放棄前述說法。裘錫圭留意到上述蒙文通後說，認為「無論把《心術》等四篇定為宋鈃、尹文學派著作，還是定為慎到、田駢學派著作，證據都嫌不足。」遂將《心術》等篇的作者稱為「稷下道家」[20]。朱伯崑《再論〈管子〉四篇》主張《心術》等篇為「齊國黃老派的著作」，並指出「《心術》、《白心》既談養生，又談刑名，而《內業》只談養生，不談刑名。據此，不能將此四篇混為一談。」對於四篇的時代則認為「就這四篇的內容和文句看，《內業》當在前。……就其所使用的漢語辭組說，其中有『道德』一詞；就其所提出的命題說，其中有『其細無內，其大無外』。其成文當在莊子和惠施之後，即戰國中期以後，和《莊子·庚桑楚》前。」[21] 馮友蘭也認為《管子》中的《白心》等四篇不

年 5 月，第 415－433 頁。原載《中國哲學史論文集》第 1 輯（1979 年）。

19 裘錫圭：《馬王堆〈老子〉甲乙本卷前後佚書與「道法家」——兼論〈心術上〉〈白心〉為慎到田駢學派作品》，《文史叢稿》，上海遠東出版社，1996 年 10 月，第 72－75 頁。

20 裘錫圭：《稷下道家精氣說的研究》，《文史叢稿》，第 16－17 頁。

21 朱伯崑：《再論〈管子〉四篇》《朱伯崑論著》，第 435－437 頁。

是宋、尹一派的著作，而是「稷下黃老之學」的作品 [22]。其後，李存山、胡家聰、白奚、張連偉、張固也等都曾對《管子》四篇為宋、尹或慎到一派著作的舊說提出批評，並主張四篇為稷下黃老學派的著作 [23]。

除了上述調和之說外，仍有部分學者堅持舊說，如金德建、孫開泰主張《管子·心術》等四篇為宋、尹之作 [24]，李學勤透過諸篇與馬王堆黃老帛書的比較，從而指出：「《管子·心術》等篇的作者曾讀過《黃帝書》，引用了其中的思想以及文句。這一點，正與我們所了解的宋鈃、尹文的學術特點（按，指其言本於黃老）相符。」[25] 吳光則認為《管子》四篇有可能是田駢、慎到一派的作品 [26]。

綜上所述，《管子·心術》等四篇的學派歸屬主要有三

22 馮友蘭：《中國哲學史新編》第二冊，北京，人民出版社，1984 年 10 月第 2 版，第 100－101 頁、第 199 頁。

23 李存山：《〈內業〉等四篇的寫作時間和作者》，《管子學刊》，1987 年創刊號，第 31－37 頁；胡家聰：《管子中道家黃老之作新探》，《中國哲學史研究》，1987 年第 4 期，第 24 頁；白奚：《稷下學研究──中國古代的思想自由與百家爭鳴》，北京，三聯書店，1998 年 9 月，第 187－202 頁；張連偉：《論〈管子〉四篇的學派歸屬》，《管子學刊》2003 年第 1 期，第 5－16 頁；張固也：《管子研究》，濟南，齊魯書社，2006 年 1 月，第 275－286 頁。

24 金德建：《宋鈃、尹文三論》，《先秦諸子雜考》，鄭州，中州書畫社，1982 年 9 月，第 121－131 頁；孫開泰：《關於侯外廬先生論〈管子·白心〉等篇著者問題的一次談話》，《晉陽學刊》，1994 年第 1 期，第 26 頁。

25 李學勤：《〈管子·心術〉等篇的再考察》，《古文獻叢論》，上海遠東出版社，1996 年 11 月，第 184－193 頁。

26 吳光：《黃老之學通論》，杭州，浙江人民出版社，1985 年，第 99 頁。

說：一是以諸篇乃宋鈃、尹文遺著，郭沫若、劉節、杜國庠、
李學勤、金德建、孫開泰主之；二是以諸篇為田駢、慎到所
作，蒙文通、朱伯崑、裘錫圭、吳光主之，但蒙、朱、裘三氏
後來都放棄此說；三是以《心術》等四篇為「稷下黃老道家」
之作品，而不區分其為某一思想家所作，蒙文通、朱伯崑、裘
錫圭、馮友蘭、李存山、胡家聰、白奚、張連偉、張固也主
之。上述三說都認為《管子‧心術》等四篇的著成時代在戰國
中期，但也有部份學者主張諸篇為戰國晚期之作品，如楊儒賓
據熊十力、唐君毅之說指出：「《內業》、《心術》等篇宏博
淵深，可代表戰國晚期道家思想的發展。」[27] 詹劍峰則謂：
「四篇雜抄道、名、儒、法之言以成篇，而雜抄者文筆又不高
明，更顯其淺陋……四篇顯示道、儒、名、法之言盈天下後的
作品，也就是戰國末期庸人所輯成的篇章。」[28]

　　由於學界傾向將《管子‧心術上》、《心術下》、《白心》及
《內業》視為一組不可分割的作品，又將諸篇籠統視為「稷下
道家」著作，故近世思想史論著提及宋鈃時，鮮少深入探討其
思想內涵及源流，多是援引《莊子》、《荀子》對其學說的評述
作說明或零星的討論。少數專文涉及宋鈃者，也僅針對其姓
名、國籍及其是否屬於墨家等周邊問題作探討 [29]。由於材料的

27　楊儒賓：《先秦道家「道」的觀念的發展》，臺灣大學出版委員會，
　　1987 年 6 月，第 145 頁，注 19。楊氏後來在《儒家身體觀》（第 55
　　－57 頁）指出：「《管子》之《內業》、《心術下》兩篇與孟子思想契
　　合極深，這兩篇事實上屬於同一個來源。……《管子》兩篇的問題
　　意識與解決方式無疑都是繼承孟子而來。」

28　詹劍峰：《老子其人其書及其道論》，武漢，華中師範大學出版社，
　　2006 年 3 月，第 80－81 頁。

29　趙蔚芝：《司馬遷介紹稷下先生為什麼不提宋鈃尹文》，《管子學

限制，目前對於宋鈃一派的研究可謂停滯不前。較值得一提的是，胡家聰對宋子一派「道墨融合」的特點作了詳盡的論證[30]。英國學者葛瑞漢（Angus C. Graham）則注意到宋鈃對於「心之行」的強調具有「主體性」建立之重要意義，他說：「宋鈃受到遠至孟子和莊子等思想家的批評與尊敬，這表明他在轉向專注內心方面扮演了主要角色。」[31] 美國學者史華茲（Benjamin I. Schwartz）也指出：宋鈃能避免一切憤怒及好爭之心，在他內心中確實和老子、莊子一樣具有深刻的精神獨立性。宋子所體現的道家色彩就是他的內在超脫的態度[32]。

三、研究材料與方法

本文所涉材料可分為三類：一是先秦諸子書中所見對於宋鈃一派之評述資料。其中，《莊子‧天下》對該派有較全面的論述，且文中直引宋鈃之語，為考證其思想內涵的重要依據。《荀子》中的《正論》、《正名》以較長的篇幅批判宋鈃「見侮不辱」、「情欲寡」之說，亦不容忽視。此外，《孟子‧告子下》記載孟子與宋鈃論寢兵一事，可資考證宋鈃之年世；《韓非子‧顯學》以「寬」、「恕」二語歸納宋鈃思想，可見其學說

刊》，1989 年第 4 期；周光華：《「鈃」字辨考及宋鈃其人》，《管子學刊》，1990 年第 3 期。

30 胡家聰：《稷下爭鳴與黃老新學》，北京，中國社會科學出版社，1998 年 9 月，第 239－257 頁。

31 葛瑞漢：《論道者──中國古代哲學論辯》，北京，中國社會科學出版社，2003 年 8 月，第 115－121 頁。

32 史華茲：《古代中國的思想世界》，南京，江蘇人民出版社，2008 年 8 月，第 329 頁。

之精神；《尹文子》記載彭蒙與宋鈃辯「聖人之治」與「聖法之治」之異，則可用以區別宋鈃與彭蒙、慎到一派之分際。上述文獻雖屬間接之評述材料，但因宋鈃著作早亡，若要鉤稽其遺說或佚篇，必須以這些資料作為研究的起點及依據。

　　第二類材料是前人指為宋鈃遺著之《管子・心術》、《白心》、《內業》、《呂氏春秋・去尤》、《去宥》等篇。其中，《管子・心術》等四篇之學派歸屬雖有不少專文討論，但由於學者對於諸篇所呈現之思想內涵理解各異，產生較大的爭議。筆者認為，要解決此一爭端的務實的作法是從材料本身出發，也就是透過詳細的校釋，先復原文本，然後在此基礎上考證各篇之文獻性質及學派歸屬。由於此類文獻需經進一步考辨、揀擇，才能確認其是否為宋鈃一派作品，可稱之為「準直接材料」。

　　第三類材料乃戰國時期其他諸子之著作以及《史記》、《漢書》等相關史籍，可視之為背景材料。對於某一思想家的研究，不能僅限於其學說內涵的發掘，而應該將之置於歷史的脈絡，論述其思想源流及其在學術史之地位。宋鈃之學說具有融通道、儒、墨的特色，又與稷下先生彭蒙、田駢、慎到、尹文、荀況等論辯交往，因此要梳理宋鈃思想之源流及其與諸子之關係，必須參照《老子》、《莊子》、《尹文子》、《慎子》、《荀子》等傳世文獻以及近出子思學派竹書（如郭店《五行》、《性自命出》等篇）。但上述諸子著作需經過一番甄別工夫，如《尹文子》、《慎子》涉及材料的真偽問題，《老子》、《莊子》又有著作時代先後之爭論，對於郭店儒家佚書的時代及學派歸屬亦需稍加鑑別。此外，《史記・田敬仲完世家》、《孟子荀卿列傳》及《鹽鐵論・論儒》記述戰國時期齊稷下先生之事跡，惟未及宋鈃；《漢書・藝文志》錄《宋子》十八篇，但入小說

家。這些記載雖有時代之囿限，但對於討論宋鈃著作之體製特色、諸子之年世及關係等仍頗有助益，亦不能輕忽。

除傳世文獻外，近年刊佈的郭店楚墓所出及上海博物館所藏戰國楚竹書中有多篇道家、儒家佚籍，亦應善加利用。值得注意的是，《上海博物館藏戰國楚竹書（三）》有《彭祖》一篇，其內容託言耇老問道於彭祖，敷陳「慎終葆勞」、「五紀畢周」、「心白身懌」等說，並有主敬慎、非鬭及戒驕泰盈滿之論 33。周鳳五曾指出：竹書內容夾雜儒、道，篇中「心白身懌」一語和《管子・白心》及《莊子・天下》所述宋鈃一派有關，不妨假設其為稷下學派的產物 34。據此，本文亦將楚竹書《彭祖》視為上述第二類「準直接材料」，在竹書的簡序編聯及字詞考釋基礎上，進一步討論該篇竹書的學派歸屬。

本文之研究方法分為文獻整理及學術史論述兩個層次。在文獻的整理部分，主要藉助古文字學、校勘學、訓詁學等方法。以楚竹書《彭祖》的復原為例，包括釋字、校讀、編聯、分段及文義疏通等工作。至於宋鈃思想源流及相關文獻性質、學派歸屬之討論，則運用歸納、比較、分析之方法，將其他性質、時代相近之材料納入考察。

---

33 馬承源主編：《上海博物館藏戰國楚竹書（三）》，上海古籍出版社，2003 年 12 月，第 308－303 頁。

34 周鳳五：《上海博物館楚竹書〈彭祖〉重探》，《南山論學集——錢存訓先生九五生日紀念》，北京圖書館出版社，2006 年 5 月，第11、13、15 頁。

上 編

第一章

先秦諸子書評述宋鈃資料彙集與校釋

第一節　《莊子》中評述宋鈃之資料

一、《逍遙遊》評宋榮子

　　故夫知效一官，行比一鄉⑴，德合一君，而（能）¹徵一國者⑵，其自視也亦若此矣。而宋榮子⑶猶（嗂）然笑之⑷。且舉世而譽之而不加勸，舉世而非之而不加沮，定乎內外之分，辨乎榮辱之境，斯已矣。彼其於世，未數數然也。雖然，猶有未樹也。

校釋⋯⋯⋯⋯

⑴知效一官，行比一鄉：效者，驗也。《荀子・議兵》「彊弱存亡之效」，楊倞《注》：「效，驗也。」效與下文「而（能）徵一國」之「徵」義近，皆謂徵驗也，《淮南子・脩務》：「夫歌者，樂之徵也；哭者，悲之效也。」亦徵、效對文。

1　原文涉及文字校讀處，將改釋之字以括號夾注於下，通假字以（）表示，訛誤字以〈 〉表示。

《釋文》引李氏訓「比」為「合」。吳汝綸則云：「比猶庀也。」[2] 鵬按，「比」如字讀。《說文》：「比，密也。二人為从，反从為比。」故引申有合、順義。

(2) 而（能）徵一國：王念孫云：「而與能同，能、而古聲相近，故能或作而。《原道篇》：『而以少正多。』高《注》：『而，能也。』又注《呂氏春秋・去私》、《不屈》、《士容》三篇竝云：『而，能也。』」[3] 此從之。《釋文》：「徵，司馬云：信也。崔、支云：成也。」林希逸則訓徵為號召[4]。鵬按，徵者，效驗也。《說文》雖訓徵為召，然其本義當為驗，段玉裁《注》：「徵者，證也、驗也。有證驗斯有感召，有感召而事以成。」[5]

(3) 宋榮子：俞樾云：「《荀子・非十二子》篇蓋以墨翟、宋鈃同稱；《天論》篇：『宋子有見於少，無見於多。』楊倞注曰：『宋子名鈃，宋人也，與孟子同時。』則以為即《孟子》書之『宋牼』矣。牼與鈃聲固相近，榮與鈃聲亦相近。《月令》『腐草為螢』，《呂覽》、《淮南》并作『蚈』。榮之為鈃，猶螢之為蚈也。然則宋榮即宋鈃，宋鈃即宋牼矣。」劉師培說略同[6]。關於宋鈃本名之討論，詳見本文下編第一章第一節。

2　引自錢穆：《莊子纂箋》，台北，東大圖書公司，1993 年 1 月重印四版，第 3 頁。

3　王念孫：《讀書雜志》，南京，江蘇古籍出版社影印王氏家刻本，2000 年 9 月，第 927 頁。

4　林希逸著、周啟成校注：《莊子鬳齋口義校注》，北京，中華書局，1997 年 3 月，第 6 頁。

5　段玉裁：《說文解字注》，台北，藝文印書館影印經韻樓藏版，1989 年 2 月六版，第 391 頁。

6　俞樾：《莊子人名考》，收入《無求備齋莊子集成・續編》，台北，

⑷ 猶（謠）然笑之：《釋文》：「崔、李云：猶，笑貌。案，謂猶以為笑。」馬其昶云：「猶與逌同，《漢書》：『逌爾而笑。』」馬氏所引見《漢書·敘傳》，顏師古《注》：「逌，古攸字。攸，咲貌。」[7] 蔣錫昌云：「《爾雅·釋詁一》：『繇，喜也。』郭注：『《禮記》曰：人喜則斯陶，陶斯詠，詠斯猶。猶即繇也，古今字耳。』是繇、猶均為謠之假。《說文》：『謠，喜也。』」[8] 鵬按，蔣說近是。此文「猶」讀為「謠」，但《禮記·檀弓下》「詠斯猶」之「猶」當讀為「謠」，即徒歌也 [9]。

二、《天下》論宋鈃、尹文章

不累於俗，不飾於物⑴，不苟〈苛〉於人⑵，不忮（伎）於眾⑶。願天下之安寧，以活民命。人我之養，畢足而止⑷。以此白心⑸，古之道術有在於是者，宋

藝文印書館，1972 年，第 36 冊；劉師培：《莊子斠補》，《劉申叔遺書》，南京，江蘇古籍出版社，1997 年 11 月，第 886 頁。

7　引自王叔岷：《莊子校詮》，台北，中央研究院歷史語言研究所，1994 年 4 月二版，上冊，第 18、19 頁。

8　蔣錫昌：《逍遙遊校釋》，《莊子哲學》，台北，鳴宇出版社，1980 年 5 月，第 77－78 頁。

9　按，《禮記·檀弓下》鄭注：「猶當為搖……謂身動搖也。」郭店楚竹書《性自命出》簡 34 亦有類似文句，作「詠斯猷」，解者多據鄭說讀「猷」為「搖」，但詠與猷（或猶）接續而言，意義當相類，疑讀為「謠」。《周易·豫卦·九四》「由豫」，上海博物館藏楚竹書《周易》簡 14 作「猷豫」，筆者已據上下文例讀「猷」為「謠」。詳拙著《上海博物館藏楚竹書〈周易〉字詞札記》，武漢大學簡帛網，2007 年 10 月 30 日。

鈃、尹文(6)聞其風而悅之，作為華山之冠以自表(7)，接萬物以別宥（囿）為始(8)。語心之容（庸），命之曰心之行(9)。以聏（脀）合驩，以調海內(10)。請（情）之欲置〈寡〉以為主(11)。見侮不辱，救民之鬪；禁攻寢兵，救世之戰(12)。以此周行天下，上說下教，雖天下不取，強聒〈聞〉而不舍者也(13)，故曰：「上下見厭而強見也(14)。」雖然，其為人太多，其自為太少；曰：「請（情）固欲置〈寡〉，五升之飯足矣(15)！」先生恐不得飽，弟子雖飢，不忘天下(16)，日夜不休。曰：「我必得活哉！」圖傲乎！救世之士哉(17)！曰：「君子不為苛察，不以身假物(18)。」以為無益於天下者，明之不如已也(19)。以禁攻寢兵為外，以情欲寡淺為內(20)，其小大精粗，其行適至是而止(21)。

校釋

(1)**不累於俗，不飾於物**：顧實舉《莊子・山木》：「物物而不物於物，則胡可得而累？」《繕性》：「不為軒冕肆志，不為窮迫趨俗。」釋此二句[10]。高亨謂「不累於俗」即拔世獨立，不為俗所牽累，又引《莊子・逍遙遊》：「宋榮子……且舉世而譽之而不加勸，舉世而非之而不加沮，定乎內外之分，辯乎榮辱之竟，斯已矣。彼其於世，未數數然也」為說，並以下文「君子……不以身假物」，即「不飾於物」之意[11]。

---

10 顧實：《莊子天下篇講疏》，台北，臺灣商務印書館，1980 年 12 月二版，第 42 頁。

11 高亨：《莊子天下篇箋證》，《高亨著作集林》第九卷（《文史述

按，二氏說是。

(2) **不苟〈苛〉於人**：苛，今本作「苟」。王念孫以「苟」為「苛」之誤，引《說文敘》：「廷尉說律，至以字斷法，苛人受錢，苛之字止句也。」及《考工記》「妢胡笴（下當從可）」（亦見漢碑）、《管子‧五輔》「上彌殘苛（今本作苟）」為證。章太炎亦云：「漢時俗書苛、苟相亂，下言『苛察』，一本作苟（按，見《釋文》），亦其例也。」[12] 鵬按，「苟」、「苛」形近混訛之例，又見於《管子‧形勢解》：「主者，人之所仰而生也，能寬裕純厚而不苛忮，則民人附。」郭沫若《集校》：「『苛』宋本誤作『苟』，其他各本均不誤。下文『主苛而無厚』承此言，宋本未誤。」[13]《說文》：「苛，小艸也。」引申為繁瑣，進一步引申為苛刻。

(3) **不忮（伎）於眾**：《釋文》：「忮，司馬云：『害也。』字書云：『很也。』」諸家多據此訓「忮」字為逆或強迫[14]。鵬按，「苛」、「忮」對文，頗疑「忮」當讀為「伎」，訓為親與、黨與之與。《說文》：「伎，與也。」段玉裁《注》引《說文》「與，黨與也」，謂此即「伎」之本義。《詩‧大雅‧瞻卬》「鞫人忮忒」，忮字《說文》引作「伎」[15]，此乃二字

林》），北京，清華大學出版社，2004 年 12 月，第 395−396 頁。

12 二家說引自王叔岷：《莊子校詮》，下冊，第 1320、1326−1327 頁。

13 郭沫若：《管子集校》，《郭沫若全集‧歷史編》第七卷，北京，人民出版社，1984 年 10 月，第 416 頁。

14 訓為逆見高亨：《莊子天下篇箋證》，《高亨著作集林》第九卷，第 396 頁；訓為強迫見譚戒甫：《莊子天下篇校釋》，台北，新文豐出版公司，1979 年 8 月，第 13 頁。

15 段玉裁：《說文解字注》，第 383 頁。

通用之例。《尹文子》云：「世之所貴，同而貴之，謂之俗；世之所用，同而用之，謂之物。苟違於人，俗所不與；苟忮於眾，俗所共去。故人心皆殊，而為行若一；所好各異，而資用必同。」[16] 此文之「忮」亦當讀為「伎」（即《尹文子》下文「伎辯惑物」之「伎」），「俗所共去」之「去」則讀為「趣」（即《尹文子》下文「趣利之情」之「趣」）。《尹文子》此文「俗」、「物」並舉，數句若《天下》所述宋、尹「不累於俗，不飾於物，不苟於人，不忮於眾」之解。

(4) **人我之養，畢足而止**：錢基博雖以宋、尹所為與墨家同，但認為二派仍有異。蓋「墨子兼愛，摩頂放踵，利天下為之」（《孟子・盡心上》）「為之大過，已之大順」，不恤犧牲自我以利天下者也；宋、尹則以「我」亦天下之一民，苟「天下之安寧」，不能人足養而遺外我也，願「畢足」焉 [17]。其說是。

(5) **白心**：《釋文》：「白心，崔云：明白其心也。白或作任。」顧實認為：「當以作任為長，觀下文『命之曰心之行』可證。《管子》雖有《白心篇》，非此其義也。」譚戒甫云：「白者，表襮於外之義。蓋表襮其心，正與下文『語心之容』同意。」[18] 鵬按，當以作「白」為是。白訓為彰明。《荀子・榮辱》：「身死而名彌白」，楊注：「白，彰明也。」

---

16 參考王啟湘：《尹文子校詮》，《周秦名家三子校詮》，台北，世界書局，1978 年 3 月再版，第 28 頁。

17 錢基博：《讀莊子天下篇疏記》，台北，臺灣商務印書館，2006 年 5 月二版，第 55–56 頁。

18 顧實：《莊子天下篇講疏》，第 43 頁；譚戒甫：《莊子天下篇校釋》，第 13 頁。

同書《正名》「說行，則天下正；說不行，則白道而冥窮
（躬）」，俞樾釋數句云：「窮，當讀為躬。白道而冥躬者，明
白其道而幽隱其身也。」[19] 其說是。彼言「白道」，此云
「白心」，「白」字用法相同。白心者，彰明其心，使心恢復
本然的狀態。從內言為「白心」；從外言則為「別囿」或
「去囿」，二者實相通。關於「白心」一詞的源流，參考本文
下編第一章第三節。

(6) 宋鈃、尹文：《釋文》：「鈃音形，郭音堅。尹文，崔云：齊
宣王時人，著書一篇。」《漢書・藝文志・諸子略》小說家
有「《宋子》十八篇」，班固自注：「孫卿道宋子，其言黃老
意。」宋鈃於《孟子・告子下》又稱宋牼，《莊子・逍遙
遊》、《韓非子・顯學》又稱宋榮子，《荀子・天論》則尊稱
為「子宋子」。楊倞云：「宋鈃，宋人，與孟子、尹文子、彭
蒙、慎到同時，《孟子》作『宋牼』。牼與鈃同，音口莖
反。」[20] 王先慎云：「宋榮即宋鈃，榮、鈃偏旁相通，《月
令》『腐草為螢』，《呂覽》、《淮南》作蚈。榮之為鈃，猶螢
之為蚈也。」[21] 其說蓋本俞樾《莊子人名考》（已見前文引
用）。高亨云：「《漢書・藝文志・諸子略》名家『《尹文子》
一篇』，班自注：『說齊宣王，先公孫龍。』顏注引劉向云：
『與宋鈃俱遊稷下。』《意林》引《尹文子》『尹文子見齊宣

19 俞樾：《諸子平議》，台北，世界書局，1991 年 9 月第五版，第 165
頁。

20 引自王先謙：《荀子集解》，台北，藝文印書館影印光緒辛卯刊本，
2000 年 5 月初版七刷，第 228 頁。

21 王先慎：《韓非子集解》，北京，中華書局，1998 年 7 月，第 458
頁；劉師培：《莊子斠補》，《劉申叔遺書》，第 886 頁。

王』，《呂氏春秋·正名篇》載尹文說齊湣王，《公孫龍子·
跡府篇》載尹文子說齊王，《說苑·君道篇》載尹文說齊宣
王，可證尹文亦與孟子同時。《呂氏春秋》高注：『尹文，齊
人。』蓋有所本。」[22] 宋鈃、尹文之關係在師友之間。關於
二者之年世，參考本文下編第一章第一節及第三章第一節。

(7) **作為華山之冠以自表**：高亨指出，古人或以冠示異，如鄭子
臧好聚鷸冠（見《左傳》僖公 24 年），楚人鶡冠子以鶡為冠
（據《漢書·藝文志》）[23]。《經典釋文》云：「華山上下均
平，作冠象之，表己心均平也。」蔣錫昌據此說：「宋鈃以
華山冠自表，似有提倡人類生活平等之意。」[24] 錢穆認為：
「宋、尹皆墨徒，而作為平冠，亦自異於儒家之圜冠也。」[25]
顧實則謂：「《西山經》曰：『太華之山，削成而四方。』《水
經·渭水》注：『華山遠而望之，又若華狀。』故《釋文》
云：『華山上下均平，作冠象之，表己心均平也。』然蓋以
示其岸然道貌，不物於物。《大宗師篇》曰：『古之真人，其
狀峨而不崩。』是其義也。故能接萬物，以別有為始。」[26]
鵬按，顧氏說是。前文云：「不累於俗，不飾於物，不苟於
人，不忮於眾」即主張卓然自立、不物於物。《墨子·公
孟》載「公孟子戴章甫、搢笏，儒服而以見子墨子。曰：
『君子服然後行乎？其行然後服乎？』子墨子曰：『行不在

---

22 高亨：《莊子天下篇箋證》，《高亨著作集林》第九卷，第 397 頁。
23 高亨：《莊子天下篇箋證》，《高亨著作集林》第九卷，第 397 頁。
24 蔣錫昌：《天下校釋》，《莊子哲學》，第 227 頁。
25 錢穆：《先秦諸子繫年》，台北，東大圖書公司，1999 年 6 月三版，
   第 99 頁。
26 顧實：《莊子天下篇講疏》，第 44 頁。

服。』」宋、尹作為華山冠以自表，顯與墨子主張違異，錢
穆說非。

(8)**接萬物以別宥（囿）為始**：郭象注：「不欲令相犯錯。」高
亨申之云：「宥、囿古通用，而囿有域義，《詩・靈臺》：『王
在靈囿』，毛《傳》：『囿所以域養鳥獸也。』《國語・楚語》
引此詩，韋注：『囿，域也。』是其證。又宥、囿與域，古
亦通用，《詩・玄鳥》『奄有九有』，《中論・法象篇》引作
『奄有九域』。《國語・楚語》：『共工氏之伯九有也』，《漢
書・律曆志》引《祭典》曰『共工氏伯九域』。並其佐證。
然則別宥、別囿亦可解作別域矣。別域者，劃分萬物之畛
界，使不相侵犯也。上文曰：『人我之養畢足而止』，別域蓋
謂劃分人我之養之畛界。域別然後養足，養足然後知
足。」[27] 梁啟超指出：「《呂氏春秋・去宥篇》云：『夫人有
所宥者，固以晝為昏，以白為黑……故凡人必別宥然後知，
別宥則能全其天矣。』《尸子・廣澤篇》云：『料子貴別
囿』，汪繼培云：『宥與囿通。』案，別宥即去囿，為去其囿
蔽者，如荀子之言解蔽矣。」顧實、譚戒甫說略同，並以
《尸子》所云「料子」為「宋子」之形誤或音轉 [28]。鵬按，
接者，交接、接觸也。譚戒甫引《庚桑楚》「知者接也」，訓
接為知 [29]，說亦可通。畢沅釋《呂覽・去宥》之「宥」已

---

27 高亨：《莊子天下篇箋證》，《高亨著作集林》第九卷，第 398 頁。

28 梁啟超（吳其昌筆記）：《莊子天下篇釋義》，收入《清代學術概
論》附錄，北京，東方出版社，1996 年 3 月，第 114 頁；顧實：
《莊子天下篇講疏》，第 44-45 頁；譚戒甫：《莊子天下篇校釋》，
第 13 頁。

29 譚戒甫：《莊子天下篇校釋》，第 13 頁。

云：「疑宥與囿同，謂有所拘礙而識不廣也，以下文觀之，猶言蔽耳。」宥讀為囿，諸家說是，惟囿不需如高亨說進一步讀為域。《說文》：「別，分解也。」引申為辨[30]。顧實謂：「別囿者，謂人心有所拘囿，當辨而去之也。……囿之範圍甚廣，然尤以榮辱之足以囿人心，為恆且大。……『辨乎榮辱之境』（《逍遙遊》）一語，正即此之曰『別囿』矣。《老子》曰：『善之與惡，相去若何。』又曰：『知其榮，守其辱。』此宋鈃、尹文學出黃老之證乎？」[31] 其說可從。

(9) **語心之容（庸），命之曰心之行**：二句說解紛紜，或讀「容」為「欲」[32]，或訓「容」為「容受」[33]，或解「心之容」為「心理狀態」[34]。顧實認為：「此與前述（按，指《莊子·天下》前文）墨翟、禽滑釐『作為非樂，命之曰節用』，文筆相似。疑『心之容』、『心之行』皆宋子書或尹文子書中之篇名也。」高亨亦云：「《心之行》蓋宋尹書一篇之名。此篇專論內心之現象，故名之曰『心之行』也。」[35] 此

---

30 古書中別、辨往往通用，其例可參宗福邦等編：《故訓匯纂》，北京，商務印書館，2003 年 7 月，第 224 頁。

31 顧實：《莊子天下篇講疏》，第 44 頁。

32 此說為章炳麟所提出，見王叔岷：《莊子校詮》，下冊，第 1323 頁。

33 說見成玄英《疏》、王先謙《集釋》，近人王叔岷、蔣錫昌亦主此說。王氏說見《莊子校詮》，下冊，第 1323－1324 頁；蔣氏說見《莊子哲學》，第 228 頁。

34 馬敘倫、梁啟超主此說。馬氏說引自高亨《莊子天下篇箋證》第 398 頁；梁氏說見《莊子天下篇釋義》，《清代學術概論》附錄，第 114 頁。

35 顧實：《莊子天下篇講疏》，第 46 頁；高亨：《莊子天下篇箋證》，《高亨著作集林》第九卷，第 398－399 頁。

外，單晏一指出：「『容』與『行』相耦，其義似亦相類。如
同為名詞，則『行』當讀為『形』。……如同係動詞，則
『容』當讀為『庸』，庸之為言用也。」[36] 鵬按，先秦古書中
凡言「命之曰」云云者，雖有作篇章名者，但多數為專有名
詞或具有總結性質的詞語，如《莊子・人間世》：「強以仁義
繩墨之言術暴人之前者，是以人惡有其美也，命之曰菑
人。」《盜跖》：「古者禽獸多而人少，於是民皆巢居以避
之，晝拾橡栗，暮栖木上，故命之曰有巢氏之民。」《管
子・內業》：「凡道，無根無莖，無葉無榮，萬物以生，萬物
以成，命之曰道。」即以《天下》前文論墨子「作為非樂，
命之曰節用」而言，「非樂」、「節用」也未必即篇名，顧實
解釋此文說：「欲節用而非樂，遂『生不歌，死無
服。』……《釋文》曰：『非樂、節用，《墨子》二篇名。』
然墨子書中雖有此篇名，而此處行文，則非舉篇名也。」[37]
是顧氏前後依違兩可。諸家說中，以單晏一後說近是。
「容」當讀為「庸」，二字通假之例如《莊子・胠篋》「容成
氏」，《通鑑・外紀》引《六韜》作「庸成氏」；《荀子・修
身》「庸眾駑散」，《韓詩外傳》卷二「庸」作「容」[38]。《說
文》：「語，論也。」二句謂宋子論心之用，將之名為「心之
行」。「心之行」為宋、尹一派的專門術語，所謂「心之行」
即「心術」也。《說文》：「術，邑中道也。」古文字「行」

36　單晏一：《莊子天下篇薈釋》，台北，空庭書苑，2007 年 5 月，第
　　78 頁。

37　顧實：《莊子天下篇講疏》，第 27 頁。

38　參考高亨、董治安：《古字通假會典》，濟南，齊魯書社，1989 年 7
　　月，第 9 頁。

字象四通之衢，與「術」義近。

⑽**以聏（脙）合驩，以調海內**：《釋文》：「聏，崔本作聏〈脙〉[39]，音而，郭音餌。司馬云：『色厚貌。』崔、郭、王云：『和也。』聏和萬物，物和則歡矣。一云：『調也。』」郭象注云：「強以其道聏令合，調令和也。」以聏、調為對文。王夫之逕讀聏為脙，訓為熟煮，釋二句為「合海內之驩，如烹調五味，令其融和。」[40] 鵬按，二句以烹飪為喻，聏讀為脙，王夫之說是。《廣雅・釋詁》：「脙，孰也。」王念孫云：「宣二年《左傳》：『宰夫脙熊蹯不熟。』《正義》引字書云：『過熟曰脙。』《內則》『濡豚。』鄭《注》云：『濡，謂亨之以汁和也。』《楚辭・招魂》：『肥牛之腱，臑若芳些。』王逸《注》云：『臑若，熟爛也。』脙、臑、濡並通。」[41] 二句蓋指宋鈃、尹文善於融合諸家之說。郭沫若曾指出：「雖然同屬道家，而宋鈃尹文與環淵、莊周輩不同的地方，是前者是調和派，而後者是非調和派，後者是前者的發展。《天下篇》不正明白地說著嗎：『以聏合驩，以調海內』，這正是調和派的面貌。」[42]

---

39 王叔岷《莊子校詮》（下冊，第 1324 頁）云：「案《釋文》：『聏，崔本作聏。』兩聏字重，當作『崔本作脙。』《闕誤》聏作脙，蓋據崔本也。」

40 王夫之：《莊子解》，台北，里仁書局，1984 年 9 月，第 281 頁。按，讀聏為脙，訓為煮熟，又見焦竑《莊子翼》，台北，新文豐出版公司，1978 年 10 月，卷十，第 32 頁。

41 王念孫：《廣雅疏證》，北京，中華書局影印王氏家刻本，2004 年 4 月二版，第 79 頁。

42 郭沫若：《宋鈃尹文遺著考》，《郭沫若全集・歷史編》第一卷，北京，人民出版社，1982 年 9 月，第 565－566 頁。

⑾**請（情）之欲置〈寡〉以為主**：今本作「請欲置之以為
主」，王叔岷指出：「《古鈔卷子本》無『之』字，疑脫
誤。」[43] 梁啟超云：「『請欲』當讀為『情欲』，即下文『情
欲寡淺』之情欲也。請讀為情，墨子書中甚多。《非命中》
『眾人耳目之情』，《非命下》作『眾人耳目之請』。《明鬼下》
『不以其請者』，又『夫眾人耳目之請豈足以斷疑哉』，皆當
讀為情。」[44] 唐鉞云：「『請欲置之』四字為『情欲寡少』之
傳寫錯誤。…寡先誤為寘，後又寫作置耳。」[45] 高亨云：
「古金文『寡』字上從宀下從頁……，讀者弗識，因譌為
『置』。《管子‧版法篇》：『置不能圖。』《版法解》作『寡不
能圖』。此置、寡互誤之證。……下文云：『請欲固置，五升
之飯足矣。』其誤同，言人之情欲本少，有五升之飯即足
矣。又下文『以禁攻寢兵為外，以情欲寡淺為內』，皆承上
文而言，若『請欲固置』讀如本字，則情欲寡淺無所承
矣。」[46] 鵬按，此依梁、唐二氏說讀「請」為「情」。「置」
字則如唐、高二氏說，為「寡」字之誤。今本「情欲寡之以
為主」疑當作「情之欲寡以為主」，諸家以「情欲」連讀，
疑非。《荀子‧正論》謂宋鈃「率其群徒，辨其談說，明其
譬稱，將使人知情欲之寡也。」楊倞《注》：「『情欲之寡』

43　王叔岷：《莊子校詮》，下冊，第 1325 頁。

44　梁啟超（吳其昌筆記）：《莊子天下篇釋義》，《清代學術概論》附
　　錄，第 115 頁。

45　唐鉞說見譚戒甫《莊子天下篇校釋》，第 14 頁引。按，郭沫若亦主
　　此說，參考《宋鈃尹文遺著考》，《郭沫若全集‧歷史編》第一卷，
　　第 547 頁，注 1。

46　高亨：《莊子天下篇箋證》，《高亨著作集林》第九卷，第 399－400
　　頁。

或為『情之欲寡』也。」王念孫據此云：「或本是也。此謂宋子將使人知情之欲寡不欲多也。下文云：古之人『以人之情為欲多而不欲寡』；子宋子『以人之情為欲寡而不欲多也』，是其證。」[47]

(12) **見侮不辱，救民之鬪；禁攻寢兵，救世之戰**：顧實謂：「以『見侮不辱』為救私鬪之方法，以『禁攻寢兵』為救公戰的方法。」譚戒甫云：「見侮不辱，宋說見《荀子·正論篇》；尹說見《呂氏春秋·正名篇》。先是向戌有弭兵之會，墨翟有非攻之論，事皆在宋。鈃乃宋人，尹與俱遊稷下，故承其流風焉。」[48] 鵬按，譚氏所謂宋人倡非攻說，清代學者俞正燮已發之於前，其說云：「管子書《立政》云：『兼愛之說勝，則士率不戰。』《立政九敗解》云：『不能令彼無攻我，彼以教士，我以毆眾；彼以良將，我以無能，其敗必覆軍殺將。』如此，正宋襄公之謂。《左傳》公子目夷謂襄公未知戰，若愛重傷，則如勿傷，愛其二毛，則如服焉。兼愛非攻，蓋宋人之蔽。《呂氏春秋·審應》云：『偃兵之意，兼愛天下之心也。』據《左傳》，襄公歿後，華元、向戌皆以止兵為務。墨子出，始講守御之法，不如《九敗解》所譏。墨子實宋大夫，其後宋牼亦墨徒。欲止秦、楚之兵，言戰不利，有是君則有是臣。」[49] 鵬按，墨家乃當時顯學，宋、尹

---

47 王念孫：《讀書雜志》，南京，江蘇古籍出版社影印王氏家刻本，2000 年 9 月，第 754 頁。

48 顧實：《莊子天下篇講疏》，第 49 頁；譚戒甫：《莊子天下篇校釋》，第 14 頁。

49 俞正燮：《癸巳類稿·墨學論》，《俞正燮全集》，合肥，黃山書社，2005 年 9 月，第一冊，第 686 頁。

禁攻寢兵之說宜受其影響（但宋、尹非墨徒，說見本文下編第二章第二節），惟若如俞正燮之說，必宋人而倡非攻、兼愛，毋乃太過。

(13)**強聒〈聞〉而不舍者也**：《釋文》：「謂強聒其耳而語之也。」鵬按，疑「聒」為「聞」之誤。聒字原從「昏」聲，而「聞」字古文從「昏」（皆見《說文》），二字因形近而混訛。「強聞」與下句「上下見厭而強見」之「強見」意義相應，謂強使之聞、強使之見也。

(14)**上下見厭而強見也**：周書舲謂：「『見厭』當作『厭見』，轉寫誤倒。」[50] 鵬按，周氏說非。厭者，厭棄也。見字表示被動，見厭即被厭棄之意。王叔岷謂：「宣穎云：『人皆厭之，猶強欲自表見。』按宣解『而』為『猶』，是也。」當從之[51]。

(15)**曰：請（情）固欲置〈寡〉，五升之飯足矣**：「情固欲寡」今本作「情欲固寡」。梁啟超云：「『請欲』讀為『情欲』，宋子之意，謂人類情欲之本質，但能得五升之飯斯已足矣，此即『情欲寡』之說也。」[52] 譚戒甫謂：「情欲固置，唐鉞謂為『情固欲寡』之誤倒，甚是；惟作『情欲固寡』亦通，不必乙轉也。」鵬按，請讀為情，梁氏說是。情欲二字不當連讀，唐鉞說是。「情固欲寡」謂人之情本為欲寡。

(16)**先生恐不得飽，弟子雖飢，不忘天下**：譚戒甫、高亨以此三

---

50 見單晏一：《莊子天下篇薈釋》，第 82 頁引。

51 王叔岷：《莊子校詮》，下冊，第 1325 頁。

52 梁啟超（吳其昌筆記）：《莊子天下篇釋義》，《清代學術概論》附錄，第 116 頁。

句接續上文，為宋、尹之說 [53]，但從文意看，當是《天下》作者評述之語。郭象《注》：「宋鈃、尹文稱天下為先生，自稱為弟子也。」說頗迂曲。顧實引《荀子·正論》楊倞注：「宋子，蓋尹文弟子。」謂此處「先生」指尹文，「弟子」指宋鈃 [54]。鵬按，楊說無據。尹文與宋鈃同游稷下，若以年輩及學術淵源論，宋當在尹前（參考本文下編第三章第一節）。蔣錫昌云：「此言以僅置五升之飯，非特先生宋鈃恐不得飽，即其弟子亦常在飢餓之中；彼等必欲如此忍飢以立教者，正因不忘天下『人我之養』也。」[55] 說較近實。

(17)**圖傲乎！救世之士哉**：郭象《注》釋「圖傲」為「揮斥高大之貌」。顧實以二句與「我必得活哉」皆宋、尹之語，雙承上文「救民」、「救世」而言，並引秦毓鎏說：「我豈必得自活哉，言願為天下捨身也。又豈欲傲視救世之士哉，言非與當世號稱救世者爭名也。」[56] 錢穆云：「圖，計擬之辭。謂我志在救世，世人必不傲慢我，故我必得活也。」[57] 王叔岷申明郭《注》云：「圖傲，謂意圖高大也。傲借為赘，《說文》：『赘，赘頾，高也。』赘字亦作敖（右從頁）……以救世之士稱二子，故謂其意圖高大也。」[58] 鵬按，顧實、錢穆說於文法不合。若依顧氏說，需於「我必得活哉」、「圖傲

53 譚戒甫：《莊子天下篇校釋》，第 15 頁；高亨：《莊子天下篇箋證》，《高亨著作集林》第九卷，第 401 頁。

54 顧實：《莊子天下篇講疏》，第 51 頁。

55 蔣錫昌：《天下校釋》，《莊子哲學》，第 232 頁。

56 顧實：《莊子天下篇講疏》，第 51–52 頁。

57 錢穆：《莊子纂箋》，第 274 頁。

58 王叔岷：《莊子校詮》，下冊，第 1326 頁。

乎救世之士哉」之上各添一「豈」字；若依錢氏說，則此句
當作「圖救世之士傲乎哉」乃合 [59]。「圖」字不需破讀，王
叔岷說是。《說文》：「圖，畫計難也。」段《注》：「《左傳》
曰：『咨難為謀。』畫計難者，謀之而苦其難也。」[60]「傲」
字亦當如王叔岷說訓為高。《說文》：「敖，游也。」[61] 徐鍇
曰：「《詩》云：『以敖以遊。』遊有所詣，敖猶翱翔。」[62]
《釋名·釋言語》：「翱，敖也，言敖遊也。」[63] 敖與翱為同
源詞 [64]，故從敖之字多有高義。本句蓋謂宋、尹之說陳義甚
高，難以普遍施行，但若論其行，則真救世之士也。《莊
子·天下》前文評墨子之道云：「其生也勤，其死也薄，其
道大觳，使人憂，使人悲，其行難為也。」又稱「墨子真天
下之好也，將求之不得，雖枯槁不舍也，才士也夫！」所言
正與之類似。

⒅ **不為苛察，不以身假物**：譚戒甫云：「《韓子·顯學篇》言宋
榮之寬恕，故此言不為苛察也。」馬其昶云：「《說苑》：『尹
文對齊宣王曰：事寡易從，法省易因。』是其不為苛察

59　按，王叔岷《莊子校詮》已指出此點。

60　段玉裁：《說文解字注》，第 279 頁。

61　按，《說文·放部》：「敖，出游也。從出、放。」《出部》重出
　　「敖」字，訓為「游」。

62　徐鍇：《說文解字繫傳》，北京，中華書局影印清道光祁寯藻刻本，
　　1987 年 10 月，第 76 頁。

63　參考任繼昉：《釋名匯校》，濟南，齊魯書社，2006 年 11 月，第
　　191 頁。

64　王力：《同源字典》，台北，文史哲出版社，1991 年 10 月，第 207
　　頁。

也。」[65] 梁啟超云:「不以身假物者,謂不肯將此身假借與外物,猶言不為物役也。」高亨、王叔岷皆謂即上文「不飾於物」之意[66]。按,諸家所論并是。

(19) **以為無益於天下者,明之不如已也**:成玄英《疏》:「已,止也。苦心勞形,乖道逆物,既無益於宇內,明不如止而勿行。」成《疏》所謂「苦心勞形」蓋指「苟察」及「以身假物」二事。梁啟超云:「宋、尹之意,以為吾人何為而求智識,將以有益于天下也。苟無益者則何必費心力以研究闡明之,不如其已也。可已而不已,則苟察而已,以身假物而已,君子所不為。」[67]。其說是。

(20) **以禁攻寢兵為外,以情欲寡淺為內**:宣穎釋二句云:「外以救世,內以克己。」[68] 顧實云:「『禁攻寢兵』與墨子『非鬪不怒』同。『情欲寡淺』與墨子『非樂節用』亦相類。故《荀子·非十二子篇》以墨翟、宋鈃并為一談。然墨子之根本主義在儉,以用不足而倡節用之說也。宋鈃之根本主義在恕,以心有囿而倡別囿之說也。」蔣錫昌則說:「宋鈃『情欲寡淺』即老子『無欲』之義,亦即墨子『節用』之義。」[69] 鵬

---

65 譚戒甫:《莊子天下篇校釋》,第 15 頁;馬其昶說引自錢穆:《莊子纂箋》,第 274 頁。

66 梁啟超(吳其昌筆記):《莊子天下篇釋義》,《清代學術概論》附錄,第 116－117 頁;高亨:《莊子天下篇箋證》,《高亨著作集林》第九卷,第 396 頁;王叔岷:《莊子校詮》,下冊,第 1327 頁。

67 梁啟超(吳其昌筆記):《莊子天下篇釋義》,《清代學術概論》附錄,第 117 頁。

68 宣穎說引自王叔岷:《莊子校詮》,下冊,第 1327 頁。

69 顧實:《莊子天下篇講疏》,第 53 頁;蔣錫昌:《天下校釋》,《莊子哲學》,第 234－235 頁。

按,「情」指「情實」[70]。「情欲寡淺」即「人之情欲寡」之意,「情欲」二字連讀殆出於斷章取義 [71],或文字本有脫誤。此二句並承上言,謂宋、尹以禁攻寢兵及人之情欲寡為有益天下之說。宋鈃「欲寡」之說表面雖與墨子「節用」相通,但從學術淵源論,其說實為《老子》「少私寡欲」之進一步發展。相關討論見本文下編第二章第一、二節。

(21)**其小大精粗,其行適至是而止**:王先謙云:「其行止於是,則其道術之大小精粗亦不過如是。」[72] 王夫之則謂:「適如事之小大精麤而止,不於小見大,於粗求精也。」[73] 鵬按,王先謙說是。二句承前文總結宋、尹學說要義,「至是」之「是」指禁攻寢兵、人之情欲寡而言。

---

70 葛瑞漢指出:「應對此詞最好能用帶形容詞『essential』的短語,某一情境或事物的『情』的一般用法,橫在我們面前的事實,而無論我們是如何命名、描述,或者試圖改變或偽裝。……這個概念近於亞里士多德的『本質』(essence)。」說見《論道者——中國古代哲學論辯》,北京,中國社會科學出版社,2003 年 8 月,第 118—119 頁。

71 顧實《講疏》云:「荀子述宋子,以『人之情,為欲、為不欲乎』不以『情欲』二字連讀。而莊子則以情欲二字連讀,殆各出於斷章取義,故不同邪。」

72 王先謙:《莊子集解》,台北,文津出版社,1988 年 7 月,第 291 頁。

73 王夫之:《莊子解》,第 282 頁。

第二節　《荀子》中評述宋銒之資料

一、《非十二子》論墨翟、宋銒 [74]

　　不知一天下，建國家之權稱，上功用，大儉約而僈差等(1)，曾不足以容辨異、縣君臣(2)，然而持之有故，其言之成理，足以欺惑愚眾，是墨翟、宋銒也(3)。

校釋…………

(1) **大儉約而僈差等**：楊倞注：「僈，輕也。輕僈差等，謂欲使君臣上下同勞苦也。」王念孫謂：「上與尚同。大亦尚也，謂尊尚儉約也。……僈讀為曼。《廣雅》：『曼，無也。』」[75]按，曼字本義為引、長，無緣引申為無。「僈」與「大」對

74　按，《韓詩外傳》卷四云：「夫當世之愚，飾邪說，文姦言，以亂天下，欺惑眾愚，使混然不知是非治亂之所存者，則是范睢、魏牟、田文、莊周、慎到、田駢、墨翟、宋銒、鄧析、惠施之徒也。此十子者，皆順非澤，聞見雜博，然而不師上古，不法先王，按往舊造說，務自為工，道無所遇，二人相從，故曰十子者之工說，說皆不足合大道、美風俗、治綱紀。然而持之有故，言之有理，足以欺惑眾愚，交亂樸鄙，則是十子之罪也。」此一段文字約《荀子·非十二子》文而成，文字略有不同，且改十二子為十子，無子思、孟軻，改《非十二子》「它囂」作「范睢」，「陳仲」作「田文」。《韓詩外傳》此段文字與《非十二子》之關係，可參考鄭良樹：《〈荀子·非十二子〉「子思、孟軻」條非附益辨》，《諸子著作年代考》，北京圖書館出版社，2001 年 9 月，第 228－237 頁。

75　王念孫：《讀書雜志》，第 655－656 頁。

文,楊倞訓僈為輕僈,較為簡明。《說文》無「僈」字,《集韻》以「僈」為「慢」之異體。

(2)**縣君臣**:楊倞訓縣為懸隔,諸家從之。按,《說文》:「縣,繫也。」引申為維繫,如《管子・禁藏》:「法者,天下之儀也,所以決疑而明是非也,百姓之所縣命也。」「縣君臣」即維繫君臣關係。君臣為三綱、五倫之一,而綱、倫(通「綸」)皆以絲繩為喻[76],是以言「繫」。

(3)**墨翟、宋鈃**:前人多因《荀子》本篇與《天論》墨、宋合論而主張宋鈃為墨徒,筆者則認為二家思想面貌不同,不能強合。說見本文下編第二章第二節。

二、《天論》評慎、老、墨、宋

萬物為道一偏,一物為萬物一偏。愚者為一物一偏,而自以為知道,無知也。慎子有見於後,無見於先。老子有見於詘,無見於信(伸)。墨子有見於齊,無見於畸。宋子有見於少,無見於多(1)。有後而無先,則群眾無門;有詘而無信(伸),則貴賤不分;有齊而無畸,則政令不施;有少而無多,則群眾不化(2)。

校釋┈┈┈┈┈┈

(1)**宋子有見於少,無見於多**:楊倞《注》:「下篇(按,指《正論》)云:『宋子以人之情為欲寡,而皆以己之情為欲多為過

---

76 參考本文上編第二章第一節《彭祖》校釋對「人綸」、「五紀」二詞之註解。

也。』據此說，則是〈見〉[77] 少而不見多也。」梁啟超云：「宋鈃專以『情欲寡』為教，而不知人之情各不同。有欲寡者亦有欲多者，甲則以一夫一婦為樂，乙或以侍妾數百人為樂。及以一人之身，其對於各事物或欲多或欲寡，亦各自不同。⋯⋯宋子僅見欲寡的一面，而不見欲多的一面。」[78]

⑵ <u>有少而無多，則群眾不化</u>：楊倞《注》：「夫欲多，則可以勸誘為善。若皆欲少，則何能化之？」梁啟超云：「不化者，拂人之性，無由化成也。」[79] 按，梁氏說是。

三、《正論》論宋子「見侮不辱」、「情欲寡」

子宋子曰⑴：「明見侮之不辱，使人不鬥。人皆以見侮為辱，故鬥也；知見侮之為不辱，則不鬥矣。」應之曰：「然則以人之情為不惡侮乎？」曰：「惡而不辱也。」曰：「若是，則必不得所求焉。凡人之鬥也，必以其惡之為說，非以其辱之為故也。今俳優、侏儒、狎徒詈侮而不鬥者，是豈鉅知見侮之為不辱哉？然而不鬥者，不惡故也。今人或入其央〈矢（菌）〉瀆⑵，竊其豬彘，則援劍戟而逐之，不避死傷，是豈以喪豬為辱也哉？然而不憚鬥者，惡之故也。雖以見侮為辱也，不惡

77　王天海《荀子校釋》（上海古籍出版社，2005 年 12 月，下冊，第701）引久保愛云：「本注『是少』當作『見少』。」此從之。

78　梁啟超：《荀子評諸子語匯釋》，《清代學術概論》附錄，北京，東方出版社，1996 年 3 月，第 143 頁。

79　梁啟超：《荀子評諸子語匯釋》，《清代學術概論》附錄，第 144頁。

則不鬬；雖知見侮為不辱，惡之則必鬬。然則鬬與不鬬邪，亡於辱之與不辱也，乃在於惡之與不惡也。夫今子宋子不能解人之惡侮，而務說人以勿辱也，豈不過甚矣哉！金（瘖）口弊（敝）舌⑶，猶將無益也。不知其無益，則不知（智）；知其無益也，直以欺人，則不仁。不仁不知（智），辱莫大焉。將以為有益於人，則與無益於人也，則得大辱而退耳！說莫病是矣。」

　　子宋子曰：「見侮不辱。」應之曰：「凡議必將立隆正，然後可也。無隆正，則是非不分而辨訟不決，故所聞曰：『天下之大隆，是非之封界，分職名象之所起，王制是也。』故凡言議、期命、是非⑷，以聖王為師。而聖王之分，榮、辱是也。是有兩端矣：有義榮者，有埶榮者；有義辱者，有埶辱者。志意脩，德行厚，知慮明，是榮之由中出者也，夫是之謂義榮。爵列尊，貢祿厚，形埶勝，上為天子諸侯，下為卿相士大夫，是榮之從外至者也，夫是之謂埶榮。流淫汙僈（漫）⑸，犯分亂理，驕暴貪利，是辱之由中出者也，夫是之謂義辱。詈侮捽搏，捶笞臏腳〈刖〉⑹，斬斷枯磔，藉靡（糜）舌（括）繯〈縛〉⑺，是辱之由外至者也，夫是之謂埶辱。是榮辱之兩端也。故君子可以有埶辱，而不可以有義辱；小人可以有埶榮，而不可以有義榮。有埶辱無害為堯，有埶榮無害為桀。義榮、埶榮，唯君子然後兼有之；義辱、埶辱，唯小人然後兼有之。是榮辱之分也，聖王以為法，士大夫以為道，官人以為守，百姓以成俗，萬世不能易也。今子宋子案（焉）不然⑻，獨詘容

為已，慮一朝而改之⑼，說必不行矣。譬之是猶以塼
（搏）涂而塞江海也，以焦僥而戴太山也⑽，蹎跌碎折
不待頃矣！二三子之善於子宋子者殆⑾，若不止之，將
恐得〈復〉傷其體也⑿。」

子宋子曰：「人之情，欲寡，而皆以己之情為欲多
⒀，是過也。」故率其群徒，辨其談說，明其譬稱，將
使人知情之欲寡也⒁。應之曰：「然則亦以人之情為目
不欲綦（極）色⒂，耳不欲綦（極）聲，口不欲綦
（極）味，鼻不欲綦（極）臭，形不欲綦（極）佚。此
五綦（極）者，亦以人之情為不欲乎？」曰：「人之
情，欲是已⒃。」曰：「若是，則說必不行矣。以人之
情為欲此五綦（極）者而不欲多，譬之是猶以人之情為
欲富貴而不欲貨也，好美而惡西施也。古之人為之不
然。以人之情為欲多而不欲寡，故賞以富厚而罰以殺損
也，是百王之所同也。故上賢祿天下，次賢祿一國，下
賢祿田邑，願愨之民完衣食。今子宋子以是〈人〉之情
為欲寡而不欲多也⒄，然則先王以人之所不欲者賞，而
以人之所欲者罰邪？亂莫大焉。

今子宋子嚴然而好說⒅，聚人徒，立師學，成文曲
⒆，然而說不免於以至治為至亂也，豈不過甚矣哉！」

校釋..........

⑴子宋子：楊倞《注》：「何休注《公羊》：『以子冠氏上者，著
其師也。』言此者，蓋以難宋子之徒。」吳翌鳳云：「子
者，男子之通稱。若文字間稱其師，則曰『子某子』，復冠

子于其上者，示特異于常稱，曰吾所師者，則某子云爾。《列子》乃其門人所集，故曰子列子；《公羊》之書，其弟子稱其為子公羊子。至隱十一年『子沈子』，何休注云：『子沈子，己師。沈子稱子，冠氏上者，著其為師也。其不冠子者，他師也。』朱子自以淵源出于程氏，故《大學》、《中庸章句》亦稱為子程子。」[80] 陳直云：「傳世有子絡子之壺，亦為戰國時物，則氏上冠以子字，當時之風氣如此。」[81] 鵬按，荀卿未必親炙宋子，惟從學術淵源論，則頗有受其影響之處（詳見本文下編第三章第三節），故荀子可能尊稱宋鈃為「子宋子」，但從本篇批評宋子之猛烈，不留情面，則楊氏所說設辭以難宋子之徒，或為實情。

(2) 入其央〈矢（菌）〉瀆：楊倞《注》：「央瀆，中瀆也，如今人家出水溝也。」久保愛以「央」為「缺」字之誤，「瀆」讀為「竇」，訓「缺竇」為可潛踰之穴，並引《孔子家語》：「彼有缺，季羔曰：君子不踰。彼有竇，季羔曰：君子不隧。」為說 [82] 龍宇純認為「央」當作「矢」。矢與「菌」通，矢瀆猶言圂瀆。《倉頡篇》：「圂，豕所居也。」[83] 鵬按，龍氏說是。《說文》：「**菌**，糞也。」「圂，豕廁也。」漢人「**菌**」多作「矢」，而「圂」引申為人廁之稱 [84]。古代

---

80 吳翌鳳：《遜志堂雜鈔》，北京，中華書局點校本，2006 年 12 月，第 11 頁。

81 陳直：《讀子日札》，《摹廬叢著七種》，濟南，齊魯書社，1981 年 1 月，第 54 頁。

82 引自王天海：《荀子校釋》，下冊，第 743 頁。

83 龍宇純：《荀卿子記餘》，《中國文哲研究集刊》第 15 期。

84 參考段玉裁：《說文解字注》，第 45、281 頁。

飼豬之處與廁所為鄰，便於肥料的收集 [85]，故此文云「入其
菌潰，竊其豬彘。」

(3)**金（瘖）口弊（敝）舌**：今本作「金舌弊口」。楊倞《注》：
「金舌，以金為舌。金舌弊口，以喻不言也。雖子宋子見侵
侮，金舌弊口而不對，欲以率先，猶無益於不鬥也。揚子
《法言》曰『金口而木舌。』金或讀為噤。」俞樾云：「金舌
弊口，謂說人，非謂不言，楊注非也。此文當作『金口弊
舌』。金讀為唫，《說文・口部》：『唫，口急也。』弊讀為
敝。言雖說之至於口唫舌敝，猶無益也。《戰國策・秦策》：
『舌敝耳聾』，此可證敝舌之義。今作『金舌弊口』，義不可
通。據楊注引《法言》『金口而木舌』，又似本作『金口』
者，豈為後人改竄故歟。」[86] 鵬按，俞說近是。《通雅》引
此文作「金口蔽舌」[87]，亦可證「口」、「舌」二字當互易。
「金」疑讀為「瘖」。金、瘖二字上古音皆為侵部，聲母則分
別為見母和影母，音近可通。「瘖」訓為瘖瘂。《說文》：
「瘖，口不能言也。」「喑，宋、齊謂兒泣不止曰喑。」段玉
裁《注》：「喑之言瘖也，謂啼極無聲。」[88] 此謂宋子務說
「見侮不辱」之道理，雖至口瘖舌敝，猶徒然也。

(4)**言議、期命、是非**：楊倞《注》：「期，物之所會也。命，名
物也。皆以聖王為法也。」劉師培云：「期者，即期約也。

---

85 參考蕭璠：《關於兩漢魏晉時期養豬與積肥問題的若干檢討》，《中
央研究院歷史語言研究所集刊》，第 57 本第 4 分冊（1986 年），第
617－633 頁。

86 俞樾：《諸子平議》，第 157 頁。

87 見王天海：《荀子校釋》，第 744 頁所引物雙松說。

88 段玉裁：《說文解字注》，第 55 頁。

《禮記・曲禮》鄭注云:『期猶要也。』又《呂覽・懷寵篇》:『徵斂無期』,猶言徵斂無定時也。……命即命令。」[89]
鍾泰謂:「此蓋承上文而言,謂是與非必以聖王為師也。」
王天海云:「言議,立言及議論也。期命,約定與政令也。……此言『凡言議、期命』之是非也。」[90] 鵬按,劉、鍾二氏說是。「言議」猶上文之「辨訟不決」之「辨訟」。王天海以「言議」為並列詞組,與「期命」並舉,其說是,惟「是非」亦與二者並列,此觀上文「無隆正,則是非不分而辨訟不決」可知,似不必增「之」字為解。

(5) **流淫汙僈(漫)**:楊倞《注》:「汙,穢行也。僈,當為漫。已解在《榮辱篇》。」《荀子・榮辱》:「汙漫突盜,常危之術也,然而未必不安也。」楊注:「僈,當為漫,慢亦汙也。水冒物謂之漫。《莊子》云:『北人無擇曰:順以其辱行汙漫我。』漫,莫半反。《莊子》又曰『澶漫為樂』,崔云:『淫衍也。』李云:『縱逸也。』一曰:僈,欺誑之也。」按,楊氏說是。「流淫汙漫」訓為淫溢縱逸。《荀子・樂論》:「樂姚冶以險,則民流僈鄙賤矣。流僈則亂,鄙賤則爭。」「流僈(漫)」猶「流淫汙僈(漫)」。

(6) **捶笞臏腳〈刖〉**:楊倞《注》:「捶、笞,皆杖擊也。……臏腳,謂刖其膝骨也。」龍宇純指出,上文「詈侮捽搏」及下文「斬斷枯磔」皆四字平列為義,疑「腳」為「刖」字之誤[91]。按,此從龍氏其說校改。《說文》:「刖,絕也。」凡斷足、割鼻之刑皆可稱刖,此文與臏並舉,蓋指刖足而言。

---

89 劉師培:《荀子補釋》,《劉申叔遺書》,上冊,第964頁。

90 王天海:《荀子校釋》,下冊,第745-746頁。鍾氏說亦引自此。

91 龍宇純:《荀卿子記餘》,《中國文哲研究集刊》第15期。

(7) 藉靡（縻）舌（括）繂〈縛〉：孫詒讓云：「疑『舌繂』當為『后縛』。《干祿字書》『后』俗作『右』，與『舌』形近而誤。后與後通，后縛猶言反縛。」[92] 高亨云：「藉，繫也。《莊子‧應帝王篇》：『執犛之狗來藉。』《釋文》：『藉，崔云：繫也。』《讓王篇》：『藉夫子者無毀。』《釋文》：『藉，繫也。』此藉有繫義之證。楊《注》：『靡，繫縛也，與縻同義。』是也。藉靡謂繫縻，受縲紲之辱也。」[93] 蔣禮鴻說略同，且謂：「繂字雖未詳，其字從糸，則亦繫縛之義。『舌』當為《周易》『括囊』之括，非口舌字。『藉靡舌繂』四字同義，謂見繫縛也。」[94] 鵬按，「藉靡」當從楊注及高亨說釋為「藉縻」，訓為繫縛。「舌繂」之「舌」依蔣禮鴻說讀為「括」。《說文》：「括，絜也。」引申為約束之義。「繂」疑當從孫詒讓說視為「縛」之誤字。「藉縻括縛」四字並列，皆繫縛之義，蔣氏說是。

(8) 子宋子案（焉）不然：梁啟雄引《經傳釋詞》云：「案，則也。」王天海則曰：「依《荀》書例，案，猶乃也。」[95] 《荀》書中「案」字往往讀為「焉」，作為承接連詞，可訓為乃或則，如《非十二子》「案飾其辭而祇敬之曰：此真先君子之言也。」《王制》：「權謀傾覆之人退，則賢良知聖之士

---

92 孫詒讓：《札迻》，北京，中華書局點校本，1989 年 1 月，第 189 頁。

93 高亨：《諸子新箋》，《高亨著作集林》第六卷，北京，清華大學出版社，2004 年 12 月，第 165 頁。

94 蔣禮鴻：《讀〈荀子集解〉》，《語言文字學論叢》，《蔣禮鴻集》第三卷，第 285 頁。

95 梁啟雄：《荀子簡釋》，台北，木鐸出版社，1988 年 9 月，第 250 頁；王天海：《荀子校釋》，下冊，第 747 頁。

案自進矣。刑政平，百姓和，國俗節，則兵勁城固，敵國案
自詘矣。」《臣道》：「是案曰是，非案曰非。」《彊國》：「秦
使左案左，使右案右。」[96]

(9)**獨詘容為己，慮一朝而改之**：楊倞《注》：「言宋子不知聖王
以榮辱為大分，獨欲屈容受辱為己之道，其謀慮乃欲一朝而
改聖王之法，說必不行也。」劉師培云：「詘容，即降心相
容（即前所謂『見侮不辱』）。為己，猶於己（為訓為於，見
王氏《經傳釋詞》）。猶言獨甘辱己也。慮一朝而改之，猶言
思一朝而改之。」[97] 鵬按，劉氏說是。《說文》：「詘，詰詘
也。」「黜，貶下也。」二字聲同義通。「慮一朝而改之」指
宋銒思一朝而破除世俗榮辱之蔽。

(10)**譬之是猶以塼（摶）涂而塞江海也，以焦僥而戴太山也**：今
本前句作「譬之是猶以塼涂塞江海也」。王叔岷指出：「元
本、《百子》本塞上並有而字，與下文句法一律，《喻林》五
七引亦有而字。」盧文弨云：「塼，俗字，《荀》書本作
『摶』。摶塗泥而塞江海，必無用矣。」[98] 茲從王、盧二氏
說校補。焦僥，楊倞《注》：「短人，長三尺者。」《國語・
晉語四》：「僬僥不可使舉，侏儒不可使援」，宋庠云：「僬
僥，南方國名，人長三尺，短之極也。」

(11)**二三子之善於子宋子者殆**：諸家多將「殆」字屬下讀。劉師

96 參考楊樹達著、王述加等校注：《詞詮校注》，長沙，岳麓書社，
 1996 年 5 月，第 1167－1168 頁；楊伯峻：《古漢語虛詞》，北京，
 中華書局，1981 年 2 月，第 3－5 頁。
97 劉師培：《荀子補釋》，《劉申叔遺書》，上冊，第 964 頁。
98 王叔岷：《荀子斠理》，《諸子斠證》，台北，世界書局，1964 年，第
 167 頁；盧說引自王天海：《荀子校釋》，第 748 頁。

培以殆字係衍文，王天海則逕訓為或然之詞 ⁹⁹。鵬按，
「殆」字當屬上讀，訓為危。「某某者殆」之辭例見於《管
子・侈靡》：「功成而不信者殆，兵強而無義者殘。」同書
《樞言》：「人主好佚欲，亡其身失其國者殆；其德不足以懷
其民者殆；明其刑而賤其士者殆；諸侯假之威，久而不知極
已者殆；身彌老不知敬其適子者殆；蓄藏積陳朽腐，不以與
人者殆。」

⑿ **若不止之，將恐得〈復〉傷其體也**：「若不止之」，今本作
「不若止之」。俞樾云：「得字無義，疑復字之誤。復者，反
也。猶曰將恐反傷其體也。」劉師培云：「不若，當作若
不。言若不止之，恐其反有傷于彼身也。」¹⁰⁰ 按，茲從
俞、劉二氏說校改。

⒀ **人之情，欲寡，而皆以己之情為欲多**：楊倞《注》：「宋子以
凡人之情，所欲在少不在多也。《莊子》說宋子曰『以禁攻
寢兵為外，以情欲寡淺為內。』」王念孫云：「『人之情』三
字連讀，『欲寡』二字連讀，非以『情欲』連讀也。」又
云：「『己之情』三字連讀，『欲多』二字連讀，謂人皆以己
之情為欲多不欲寡也。」¹⁰¹ 按，二氏說是。

⒁ **將使人知情之欲寡也**：今本作「將使人知情欲之寡」，楊倞
《注》：「『情欲之寡』，或為『情之欲寡』。」王念孫云：「或
本是也。此謂宋子將使人知情之欲寡不欲多也。下文云：古

99　劉師培：《荀子補釋》，《劉申叔遺書》，第 964 頁；王天海：《荀子
　　校釋》，第 748 頁。

100　俞樾：《諸子平議》，第 157 頁；劉師培：《荀子補釋》，《劉申叔遺
　　書》，第 964 頁。

101　王念孫：《讀書雜志》，第 754 頁。

之人『以人之情為欲多而不欲寡』；子宋子『以人之情為欲寡而不欲多也』，是其證。」[102] 按，此從王氏說校正。

⒂ **然則亦以人之情為目不欲綦（極）色**：今本作「然則亦以人之情為欲目不欲綦色」，或在前「欲」字下斷讀。盧文弨云：「此『欲』字衍，句當連下。一說：當作『亦以人情為不欲乎』。」[103] 鵬按，下文有「亦以人之情為不欲乎」，若依盧氏後說，則此句重出。《荀子・王霸》：「夫人之情，目欲綦色，耳欲綦聲，口欲綦味，鼻欲綦臭，心〈形〉[104] 欲綦佚，此五綦者，人情之所不必免也。」依彼文，知盧氏前說較合理，此從之。楊倞注《王霸》「目欲綦色」之「綦」云：「綦，極也。綦或為甚，傳寫誤耳。」鵬按，楊氏說是。「綦」、「極」二字聲母皆群母，韻則之、職對轉可通。《荀子・仲尼》：「聖王之誅也綦省矣。」同書《君子》：「刑罰省而威行如流，政令致（至）明而化易如神。」《王霸》：「綦大而王，綦小而亡，小巨分流者存。」諸「綦」字皆讀為「極」。

⒃ **人之情，欲是已**：王天海云：「『人之情』連讀，『欲是已』又一讀，不可『情欲』連讀。」[105] 其說是。

⒄ **今子宋子以是〈人〉之情為欲寡而不欲多也**：王念孫云：「人之情，各本作『是之情』。按，人之情三字，上文凡七

---

102 王念孫：《讀書雜志》，第754頁。
103 盧說引自王天海：《荀子校釋》，第749頁。
104 按，此「心」字當從《正論》校改為「形」。《天論》以「耳目鼻口形」為五官。
105 王天海：《荀子校釋》，第749頁。

見，今據改。」[106] 茲從之。

⒅ **今子宋子嚴然而好說**：楊倞《注》：「嚴，讀為儼。好說，自喜其說。」鵬按，「嚴」如字讀，《說文》：「嚴，教命急也。」好說，好以道理說人。《莊子・天下》謂宋、尹「上說下教，雖天下不取，強聒〈聞〉而不舍者也，故曰：『上下見厭而強見也。』」即「嚴然好說」之意。

⒆ **成文曲**：楊倞《注》：「文曲，文章也。」王念孫云：「成文曲，義不可通。曲當為典字之誤也。故楊《注》云：『文典，文章也。』（今本注文亦誤作『文曲』）成文典，謂作《宋子》十八篇也。《非十二子篇》云：『終日言成文典。』是其證。」[107] 梁啟雄謂「曲」即「章曲」，乃宋子「上說下教」所用的短篇韻文[108]。鵬按，梁氏說是。「文曲」即「章曲」，《非十二子》「文典」亦「文曲」之誤。段玉裁《說文解字注》：「樂章為曲，謂音宛曲而成章也。」[109]《初學記》卷十五引《韓詩章句》云：「有章曲曰歌，無章曲曰謠。」[110]《詩・魏風・園有桃》「心之憂矣，我歌且謠」，毛《傳》曰：「曲合樂曰歌，徒歌曰謠。」引申言之，有韻之文亦可謂曲。陸機《文賦》：「放庸音以足曲」，呂延濟注：「文有音韻，故通稱曲也。」[111]

---

106 王念孫：《讀書雜志》，第 754 頁。

107 王念孫：《讀書雜志》，第 711 頁。

108 梁啟雄：《荀子簡釋》，第 252 頁。

109 段玉裁：《說文解字注》，第 643 頁。

110 徐堅：《初學記》，北京，中華書局，2004 年 2 月二版，下冊，第 376 頁

111 參考張少康：《文賦集釋》，北京，人民文學出版社，2002 年 9 月，第 232 頁。

四、《解蔽》論「亂家」

　　昔賓孟（氓）之蔽者⑴，亂家是也⑵。墨子蔽於用
而不知文，宋子蔽於欲而不知得（德）⑶，慎子蔽於法
而不知賢，申子蔽於執而不知知（智）⑷，惠子蔽於辭而
不知實，莊子蔽於天而不知人。故由用謂之道，盡利矣
⑷；由俗〈欲〉謂之道，盡嗛（慊）矣⑸；由法謂之
道，盡數矣⑹；由執謂之道，盡便矣⑺；由辭謂之道，
盡論矣⑻；由天謂之道，盡因矣⑼。此數具者，皆道之
一隅也。夫道者體常而盡變，一隅不足以舉之。曲知之
人，觀於道之一隅而未之能識也，故以為足而飾之，內
以自亂，外以惑人，上以蔽下，下以蔽上，此蔽塞之禍
也。

校釋............

⑴賓孟（氓）：楊倞《注》：「賓孟，周景王之佞臣，欲立王子
　朝者。亂家，謂亂周之家事，使庶孽爭位也。」俞樾云：
　「『賓孟之蔽』句正與上文『人君之蔽』、『人臣之蔽』相對。
　所云『賓孟』殆非周之賓孟，且非人名也。孟，當讀為
　『萌』。……《呂氏春秋・高義篇》載墨子之言曰：『若越王
　聽吾言，用吾道，翟度身而衣，量腹而食，比於賓萌，未敢
　求士。』高注曰：『賓，客也。萌，民也。』所謂賓萌者，
　蓋當時有此稱。戰國時遊士往來諸侯之國，謂之賓萌，若下

文墨子、宋子、慎子、申子、惠子、莊子，皆其人矣。」[112]
劉師培亦云：「戰國之時，諸子多自稱為氓，故許行至滕，
願受一廛而為氓是也。氓、萌古通，則『賓氓』猶今俗稱之
『客民』矣。尊之則曰『客卿』，如齊稷下之士是也。」[113]
按，俞、劉二氏說是。萌當讀為氓。《說文》：「氓，民
也。」「民，眾萌也。」段玉裁《注》：「民、萌異者，析言
之；以萌釋名者，渾言之也。」[114]《商君書·徠民》：「凡寡
萌賈息，民上無通名，下無田宅，而恃姦務末作以處。」孫
詒讓云：「『寡萌賈息』義難通，疑當作『賓萌貸息』。
『賓』、『寡』及『貸』、『賈』，竝形近而誤。『賓萌』即客
民，對下民為土著之民也。……（孫氏自注：萌與氓通，字
亦作甿。古凡外來旅居之民謂之氓，《周禮·旅師》謂之新
甿是也。民、氓，散文通，對文則異，詳《周禮正義》）『貸
息』謂以泉穀貸與貧民而取其息。」[115]

(2) 亂家：楊倞《注》：「亂家，謂亂周之家事，使庶孽爭位
也。」俞樾云：「亂家包下文諸子而言。上文云『亂國之
君、亂家之人』，又曰『亂國之君非之上，亂家之人非之
下』，此『亂家』二之證也。」[116] 按，俞說是。

(3) 宋子蔽於欲而不知得（德）：楊倞《注》：「宋子以人之情欲
寡不欲多，但任其所欲則自治也，蔽於此說而不知得欲之道
也。」俞樾云：「古得、德字通用。……『蔽於欲而不知

---

112 俞樾：《諸子平議》，第 161－162 頁。

113 劉師培：《荀子補釋》，《劉申叔遺書》，第 970 頁。

114 段玉裁：《說文解字注》，第 633 頁。

115 孫詒讓：《札迻》，第 145 頁。

116 俞樾：《諸子平議》，第 162 頁。

德』正與下句『慎子蔽於法而不知賢』一律。」[117] 梁啟超則說：「『得』即《論語》『戒之在得』之得。宋子言人之情有欲寡的一面，而不知其更有貪得的一面，即『有見於少，無見於多』之義。」[118] 鵬按，梁氏說必於「得」上添一「貪」字始可通，未若俞氏說允洽。「德」乃自得，與「欲」之滿足賴於外物正相對。「德」字亦與上句「墨子蔽於用而不知文」之「文」對應。

(4)**由用謂之道，盡利矣**：楊倞訓由為從，解二句為「若由於用，則天下之道無復仁義，皆盡於求利也。」王先謙云：「如注，『道』字下屬，『謂之』二字無著。此言由用而謂之道，則人盡於求利也。下竝同。數者道之一隅，而墨、宋諸人自以為道，所以為蔽也。楊失其讀。」[119] 陶鴻慶不破楊注，讀「謂」為「為」，認為「由用為之，言由用之說以為治。」[120] 鍾泰則於「之」字下斷句，訓「謂」為「言」。王天海則疑「盡」上當重一「道」字，謂其意為「因實用而謂之道，道盡為功利矣。」[121] 鵬按，王先謙說是，無煩改字、增字為說。二句謂以功用論道，則道僅限於利而已。

(5)**由俗〈欲〉謂之道，盡嗛（慊）矣**：楊倞《注》：「俗，當為『欲』。嗛與慊同，快也。言若從人所欲不為節制，則天下之

---

117 俞樾：《諸子平議》，第 162 頁。

118 梁啟超：《荀子評諸子語匯釋》，《清代學術概論》附錄，第 144 頁。

119 王先謙：《荀子集解》，第 646 頁。

120 陶鴻慶《讀諸子札記》，《陶鴻慶學術論著》，杭州，浙江人民出版社，1998 年 6 月，第 264 頁。

121 王天海：《荀子校釋》，第 843 頁。鍾泰說亦引自此。

道近於快意也。」梁啟超釋之云:「以欲言道,則道僅限於適意。」王天海則讀「俗」為「足」[122]。鵬按,二句扣上文「宋子蔽於欲而不知得」言,「俗」必為「欲」字之誤,楊氏說是。「嗛」當讀為「愜」。上古音「愜」為溪母葉部,「嗛」為溪母談部,二字雙聲,韻則葉、談對轉可通。《說文》:「愜,快也。」「嗛,口有所銜也。」「慊,疑也。」後二字訓為快,皆「愜」字假借[123]。

(6)**由法謂之道,盡數矣**:楊倞《注》:「由法而不由賢,則天下之道盡於術數也。」梁啟超云:「數,度數也,猶言條款節目也。以法言道,則道僅成為機械。」[124] 鵬按,二句針對上文「慎子蔽於法而不知賢」而言。《慎子》論法多有權衡義,如《威德》:「蓍龜,所以立公識也。權衡,所以立公正也。書契,所以立公信也。度量,所以立公審也。法制禮籍,所以立公義也。凡立公,所以棄私也。」《太平御覽》卷 830 引《慎子》佚文:「措鈞石使禹察錙銖之重,則不識也;懸於權衡,則毫髮之不可差,則不待禹之智,中人之智,莫不足以識之矣。」同書卷 429 又引《慎子》:「有權衡者不可欺以輕重,有尺寸者不可差以長短,有法度者不可巧以詐偽。」[125] 法既為權衡萬事萬物之工具,則「由法謂之

---

122 梁啟超:《荀子評諸子語彙釋》,《清代學術概論》附錄,第 146 頁;王天海《荀子校釋》,第 843 頁。

123 參考段玉裁:《說文解字注》,第 515 頁。

124 梁啟超:《荀子評諸子語彙釋》,《清代學術概論》附錄,第 146 頁。

125 參考《慎子》,台北,臺灣中華書局影印守山閣叢書本(與《孔叢子》、《鶡冠子》合刊),1981 年 10 月,第 4 頁、逸文部分第 1—2 頁。

道，盡數矣」，《說文》：「數，計也。」蓋取其本義。

(7) **由埶謂之道，盡便矣**：楊倞《注》：「便，便宜也。從埶而去智，則盡於逐便，無復脩立。」梁啟超云：「『便』即『因利乘便』之便。」[126] 按，《說文》：「便，安也。」本義為安利，引申為不主動行事，審勢、相機而動，即楊《注》所謂「便宜」也。

(8) **由辭謂之道，盡論矣**：楊倞《注》訓「論」為「辨說」，梁啟超釋「盡論矣」為「只有形式的論理也。」[127] 鵬按，「論」指言語之論難、辨說，楊說是。二句針對惠施而言，《莊子·天下》：「惠施日以其知，與人之辯，特與天下之辯者為怪，此其柢也。」《荀子·非十二子》批評惠施、鄧析「好治怪說，玩琦辭，甚察而不惠，辯而無用，多事而寡功。」即前文所謂「惠子蔽於辭而不知實」。

(9) **由天謂之道，盡因矣**：楊倞《注》：「因，任其自然，無復治化也。」梁啟超云：「因者，純放任其自然之天，不復盡人事也。」[128]

五、《正名》論「見侮不辱」、「情欲寡」

「見侮不辱」、「聖人不愛己」、「殺盜非殺人也」，

---

126 梁啟超：《荀子評諸子語匯釋》，《清代學術概論》附錄，第 146 頁。

127 梁啟超：《荀子評諸子語匯釋》，《清代學術概論》附錄，第 147 頁。

128 梁啟超：《荀子評諸子語匯釋》，《清代學術概論》附錄，第 147 頁。

此惑於用名以亂名者也⑴。驗之所為有名，而觀其孰行，則能禁之矣⑵。「山淵平」、「情欲寡」、「芻豢不加甘，大鍾不加樂」，此惑於用實以亂名者也⑶。驗之所緣以同異，而觀其孰調，則能禁之矣⑷……。

凡語治而待去欲者，無以道（導）欲而困於有欲者也⑸；凡語治而待寡欲者，無以節欲而困於多欲者也⑹。有欲無欲，異類也，性之具也，非治亂也⑺；欲之多寡，異類也，情之所也，非治亂也⑻。欲不待可得，而求者從所可。欲不待可得，所受乎天也；求者從所可，所受乎心也⑼。所受乎天之欲，制於所受乎心之多（度）⑽。人之所欲生甚矣，人之所惡死甚矣；然而人有從（縱）生成死者，非不欲生而欲死也，不可以生而可以死也⑾。故欲過之而動不及，心止之也。心之所可中理，則欲雖多，奚傷於治？欲不及而動過之，心使之也。心之所可失理，則欲雖寡，奚止於亂？故治亂在於心之所可，亡於情之所欲。不求之其所在，而求之其所亡，雖曰我得之，失之矣。性者，天之就也；情者，性之質也；欲者，情之應也。以所欲為可得而求之⑿，情之所必不免也；以為可而道（導）之，知（智）所必出也⒀。故雖為守門，欲不可去⒁；雖為天子，欲不可盡。欲雖不可盡，可近盡也；欲雖不可去，可節求也⒂。所欲雖不可盡，求者猶近盡；欲雖不可去，所求不得，慮者欲節求也⒃。道者，進則近盡，退則節求，天下莫之若也。凡人莫不從其所可，而去其所不可。知道之莫之若也，而不從道者，無之有也。假之有人而欲南，無多

〈遠〉；而惡北，無寡〈近〉⒄。豈為夫南者之不可盡
也，離南行而北走也哉！今人所欲，無多；所惡，無
寡。豈為夫所欲之不可盡也，離得欲之道而取所惡也
哉⒅！故可道（導）而從之，奚以損〈益〉之而亂？不
可道（導）而離之，奚以益〈損〉之而治⒆？故知
（智）者論道（導）而已矣，小家珍（參）說之所願者
皆衰矣⒇。

校釋⋯⋯⋯⋯⋯

⑴「見侮不辱」、「聖人不愛己」、「殺盜非殺人也」，此惑於用
　名以亂名者也：楊倞《注》：「『見侮不辱』，宋子之言也。
　『聖人不愛己』，未詳其說，似《莊子》之意。『殺盜非殺
　人』，亦見《莊子》。⋯⋯此三者徒取其名，不究其實，是惑
　於用名以亂正名也。」孫詒讓釋「聖人不愛己」云：「此謂
　聖人愛己不加於人，是為不愛己也。《墨子・大取篇》云：
　『愛人不外己，己在所愛之中』，即此意。」鍾泰云：「『殺盜
　非殺人』，亦見《墨子・小取篇》。」[129] 鵬按，荀子對於宋
　鈃「見侮不辱」之批評又見於《正論》。鍾氏謂「殺盜非殺
　人」見於《墨子・小取》，原文作「『盜，人也；多盜，非多
　人也；無盜，非無人也。』奚以明之？惡多盜，非惡多人
　也；欲無盜，非欲無人也。世相與共是之。若若是，則雖
　『盜，人也；愛盜，非愛人也；不愛盜，非不愛人也；殺
　盜，非殺人也。』無難矣，此與彼同類，世有彼而不自非
　也，墨者有此而非之，無也故焉，所謂內膠外閉，與心毋空

---

129 孫、鍾二氏說見王天海：《荀子校釋》，第905頁。

（孔）乎，內膠而不解也。」[130] 所述兩組命題，前者為世俗
之見，普遍得到肯定；後者為墨者之主張，卻為學者所非，
但二者邏輯實相同。「殺盜非殺人」之說又見《莊子・天
運》引老聃語：「禹之治天下，使民心變，人有心而兵有
順，殺盜非殺人，人自為種而天下耳，是以天下大駭，儒、
墨皆起。」[131] 此一之命題曾引起儒、墨二家激烈爭辯，故
有《莊子》此論。《莊子》之意，蓋不以墨家「殺盜非殺
人」之說為是。又按，孫詒讓釋「聖人不愛己」，疑非。楊
寬指出：「劉念親《詁釋》疑當時詭辯者流，因世俗恆言
『聖人愛人』，遂執人己，立別以稽非難，故墨、荀俱辯之。
或是也。」[132] 楊寬所引劉氏說較平實，此從之。

(2) **驗之所為有名，而觀其孰行，則能禁之矣**：「驗之所為有
名」，今本作「驗之所以為有名」。王引之云：「『驗之所』下
『以』字及下文『驗之所緣』下『無』字，皆後人所增。據
《注》云『驗其所為有名』、『驗其所緣同異』，則上無『以』
字，下無『無』字明甚。上文云『所為有名與所緣以同異
（『為』即『以』也，說見《釋詞》），不可不察也』，故此承
上文而言之。又案，孰者，何也（說見《釋詞》）。『觀其孰
行』者，觀其何所行也；『觀其孰調』者，觀其何所調
也。」[133] 楊寬釋此三句云：「如宋鈃『見侮不辱』之說、墨
者『殺盜非殺人』之說，殊不知『侮』即『辱』，『盜』亦

---

130 引文據孫詒讓《墨子閒詁》，第 418 頁校改。

131 引文據王叔岷《莊子校詮》，第 542－544 頁，注 9、注 10 校正。

132 楊寬：《諸子正名論》，《楊寬古史論文選集》，上海人民出版社，
2003 年 7 月，第 762 頁。

133 此說引自王先謙：《荀子集解》，第 684 頁。

『人』，此皆惑於用名亂名，苟驗之以『所為有名』之理，循名責實，觀其如何得行，則能正之矣。」[134] 按，王、楊二氏說是。

⑶「山淵平」、「情欲寡」、「芻豢不加甘，大鍾不加樂」，此惑於用實以亂名者也：楊倞《注》：「『山淵平』，即《莊子》『山與淵平』也。『情欲寡』，即宋子云『人之情，欲寡』也。『芻豢不加甘，大鍾不加樂』，墨子之說也。」王天海云：「『山淵平』，乃惠施之說，《莊子‧天下篇》引之作『山與淵平』，且見於《不苟篇》。楊注未晰。以上三說，因人、因時、因地或有其實也，然乃一偏之實，若以之為名，則『惑於用實以亂名』也。」[135] 鵬按，王氏說是。從此處評論來看，荀子眼中的宋子學說（如「見侮不辱」、「情欲寡」），不僅內涵與墨家接近，命題形式亦與墨、法二家的名實之辯相類，由此也就不難理解何以《非十二子》要將墨、宋合論。

⑷驗之所緣以同異，而觀其孰調，則能禁之矣：「驗之所緣以同異」，今本「緣」下衍「無」字，此依前引王引之說刪。梁啟超云：「調者，諧協之意。謂天官之所緣而覺其諧協者，則山必高於淵，淵必低於山，芻豢確加甘，大鐘確加樂也。」[136] 其說是。

⑸凡語治而待去欲者，無以道（導）欲而困於有欲者也：楊倞《注》：「凡言治待使人盡去欲，然後為治，則是無道欲之術，而反為有欲者所困。」物雙松云：「『凡語治』至篇末，

---

134 楊寬：《諸子正名論》，《楊寬古史論文選集》，第762頁。
135 王天海：《荀子校釋》，第906頁。
136 說引自梁啟雄：《荀子簡釋》，第316頁。

當別作一篇，乃關宋鈃者。『語治』者，論治道也。」劉念親謂：「去欲，當作『無欲』。本文原作『無欲』，與『有欲』對文明甚。」[137] 鵬按，本文及楊《注》「道」字皆讀為「導」。「語」訓為《莊子・天下》「語心之容（用）」之「語」，論也。物雙松謂此句至篇末乃關宋子說，其說是，惟不需另別為一篇。此段承上文論「情欲寡」而言，前文從名理的角度指出宋子「情欲寡」之說為「用實以亂名」，此再從心性修養的觀點駁斥「去欲」、「寡欲」說。今本「去欲」，義自可通，不必如劉氏說改為「無欲」。楊注謂「凡言治待使人盡去欲」、「能導欲則欲自去矣」（見下文所引），可知其所見本作「去」。「去欲」之說見於《管子・心術上》：「人之所職者，精也。去欲則宣〈寡〉[138]，宣〈寡〉則靜矣；靜則精，精則獨矣；獨則明，明則神矣。」疑即宋子之說。又見於《莊子・山木》：「吾願君刳形去皮，洒心去欲，而遊於無人之野。南越有邑焉，名為建德之國。其民愚而朴，少私而寡欲。……吾願君去國捐俗，與道相輔而行。」去欲、寡欲接續出現，可見二者相因。人必待去除多餘的欲望，始能恢復「寡欲」的本然狀態，此為宋、莊二派共同之主張。

(6) **凡語治而待寡欲者，無以節欲而困於多欲者也**：楊倞《注》：「若待人之寡欲，然後治之，則是無節欲之術，而反為多欲者所困。故能導欲則欲自去矣，能節欲則欲自寡矣。」鵬按，「寡欲」不獨為宋、莊之說，二派寡欲說的共

---

137 諸家說見王天海：《荀子校釋》，第 919–920 頁。

138 按，引文中兩「宣」字，如字讀可通，但疑為「寡」之訛字（說本郭沫若）。詳見本文上篇第四章第一節。

同源頭應該是《老子》「見素抱樸，少私寡欲」。孟子論修養亦主張寡欲，說見《盡心下》：「養心莫善於寡欲。其為人也寡欲，雖有不存焉者，寡矣。其為人也多欲，雖有存焉者，寡矣。」

(7)**有欲無欲，異類也，性之具也，非治亂也**：今本作「有欲無欲，異類也，生死也，非治亂也。」楊倞《注》：「二者異類，如生死之殊，非治亂所繫。」王念孫云：「『生死也』三字，與上下文義不相屬，楊曲為之說，非也。『生死也』當作『性之具也』（『生』、『性』字相近，又因下文有『生死』字而誤）。下文『性之具也』即此句之衍文。有欲無欲，是生而然者也，故曰『性之具也』。『性之具也』、『情之數也』二句相對為文。下文『雖為守門，欲不可去；雖為天子，欲不可盡』，四句亦相對為文，若闌入『性之具也』一句，則隔斷上下語氣。」[139] 按，王氏說是，當據之校正。荀子所謂「性」，乃人之「本始材樸」（《禮論》），即人天生的質性，乃「天之就也，不可學，不可事」（《性惡》）。

(8)**欲之多寡，異類也，情之所也，非治亂也**：「情之所」，一本作「情之數」。楊倞《注》：「情之數，言人情必然之數也。」注文之「數」，一本作「所」。物雙松云：「『情之所也』者，在情欲之深淺也。所者，指物辭，蓋指情之厚薄言之。」冢田虎則謂：「情之所也，性情之所以然也，亦非關治亂事」。王天海則認為當從或本作「情之數」[140]。按，諸家說俱不可通。二位日本學者將「情」解為「情欲」或「性

---

139 王念孫：《讀書雜志》，第 725 頁。
140 諸家說見王天海：《荀子校釋》，第 920 頁。

情」，與下文「性者，天之就也；情者，性之質也；欲者，情之應也」將性、情、欲三概念分立明顯不合。王天海謂當作「數」而與「多寡」應，文義亦扞隔不通。頗疑作「數」者，正因上文「多寡」聯想而致誤[141]。「所」與「具」對文，疑訓為直或職。王引之曾指出：「（《詩・魏風》）《碩鼠》篇首章曰『爰得我所』，二章曰『爰得我直』……直當讀為職，職亦所也。哀十六年《左傳》『克則為卿，不克則烹，故其所也。』《史記・伍子胥傳》作『故其職也』，是職與所同義。……職、直古字通，故『脯五臟』之臟又作植，『羊舌職』之職又作殖。」[142]「所」字之所以有當值（「直」或「值」）、主管（「職」）之義，疑由「處所」、「位處」之義引申而來。本篇上文云：「不事而自然謂之性，性之好惡喜怒哀樂謂之情。」下文又云：「情者，性之質也；欲者，情之應也。」情是性的如實表現，而欲又為情之所應，故此處言欲之多寡，乃情之職或情之直，隱含有情主欲之意。

(9)*欲不待可得，而求者從所可。欲不待可得，所受乎天也；求者從所可，所受乎心也*：今本「所受乎心也」句無「所」字，俞樾云：「『所受乎心』與『所受乎天』正相對。下文亦以『所受乎天』、『所受乎心』並言，則此文有『所』字明矣，當據補。」其說是。楊倞《注》釋前二句云：「凡人之情欲，雖未可得以有欲之意，及至求之時，則從其所可得

---

141 按，校勘學上有「聯想之誤」、「聯想而衍」之通例，參考王叔岷：《斠讎學》（補訂本），台北，中央研究院歷史語言研究所，1995 年 6 月修訂 1 版，第 290－291、298－299 頁。

142 王引之：《經義述聞》，台北，臺灣中華書局，1987 年 1 月 4 版，卷 5，第 20 頁。

也。」俞樾以楊《注》不釋「待」字，故以「欲不待可得」
之「待」為衍文 143。郭嵩燾云：「『待』字不可少。人生而
有欲，不待其可得而後欲之，此根於性者也。若無『待』字
則文不成義。」王天海云：「所可，心所許也。」144 按，
郭、王二氏說是。

(10) **所受乎天之欲，制於所受乎心之多（度）**：今本作「所受乎
天之一欲，制於所受乎心之多」，其下尚有「固難類所受乎
天也」一句。數句解者紛紜，有從今本立說者（如金其
源 145），有釋作「所受乎天之一欲，制於所受乎心之計」
（楊倞《注》），有釋作「所受乎天之一，所受乎天之多，固
難類也。」（俞樾、劉師培 146），但均不可通。王天海指
出：「正文『多固難類所受乎天也』九字，錢佃稱諸本無。
今按，巾箱三本亦並無此九字，且『多』作『計』。此必後
人據楊注刪改之，非也。」147 鵬按，王校適得其反。「固難
類所受乎天也」，錢佃所見諸本及巾箱本俱無，當從之。此
數字疑為注文竄入。今本「所受乎天之一欲」，「一」字疑後
人誤以校讀符號為正文，並涉上文「多寡」、下文「心之
多」聯想而衍。楊《注》「制於所受乎心之計」正釋「制於
所受乎心之多」，「計」字縱使非《荀子》原文，亦當為待釋

---

143 俞樾：《諸子平議》，第 165 頁。
144 二家說見王天海：《荀子校釋》，第 921 頁。
145 金其源：《讀書管見》，上海，商務印書館，1957 年 12 月，下冊，
    第 359 頁。
146 俞樾：《諸子平議》，第 165-166 頁；劉師培《荀子補釋》，《劉申
    叔遺書》，上冊，第 975 頁。
147 王天海：《荀子校釋》，第 922 頁。

字之近義詞。頗疑今本之「多」當讀為「度」。古音「多」
為端母歌部,「度」為定母鐸部,音近可通。度與計意義相
近。本篇上文云:「情然而心為之擇,謂之慮。」是心有擇
度情、欲之功能。楊倞《注》釋上文「欲不待可得」四句
云:「天性有欲,心為之節制」,亦可移作此二句之注。《韓
非子》有《心度》篇,開篇便說:「聖人之治民,度於本,
不從其欲,期於利民而已。」度於本即度於心,所云正與荀
子說相通。

(11)**人有從(縱)生成死者,非不欲生而欲死也,不可以生而可
以死也**:楊倞《注》:「此明心制欲之義。」陶鴻慶云:
「『從』讀為『縱』。此言心不能制欲,則有縱生以成死者,
以其有死之道也。」劉念親云:「《說文》:『成,就也。』」[148]
梁啟雄釋此三句云:「人的所欲雖在於『生』,但心之所可卻
在於『死』,故從生就死。《孟子》『舍生取義。』義者,宜
也;『宜』亦『所可』也。」[149] 鵬按,「從」當讀為「縱」,
「成」訓為就,陶、劉二氏說是。「縱」訓為「捨」,《說
文》:「縱,緩也。一曰:捨也。」此三句釋義以梁氏說切
近。

(12)**以所欲為可得而求之**:一本作「以所欲以為可得而求之」。
王念孫云:「盧從元刻刪『所』字及下『以』字。念孫按,
『所』字不當刪,下文曰『所欲雖不可盡,求者猶近盡』,是
其證。」[150] 按,王氏說是。

(13)**以為可而道(導)之,知(智)所必出也**:楊倞《注》:「心

---

148 二家說見王天海:《荀子校釋》,第922頁引。

149 梁啟雄:《荀子簡釋》,第322頁。

150 王念孫:《讀書雜志》,第725頁。

以欲為可得而導達之，智慮必出於此也。」按，楊氏說是，依其說「道」讀為「導」，「知」讀為「智」。

⑷**雖為守門，欲不可去**：今本二句下尚有「性之具也」一句，依上文所引王念孫說，當移至「有欲無欲，異類也」下。楊倞《注》：「夫人各有心，故雖至賤，亦不能去欲也。」按，「守門」指閽。《說文》：「閽，常以昏閉門隸也。」

⑸**欲雖不可盡，可近盡也；欲雖不可去，可節求也**：今本作「欲雖不可盡，可以近盡也；欲雖不可去，求可節也。」楊倞《注》：「以，用也。近盡，近於盡欲也。言天子雖不可盡欲，若知道，則用可近盡而止之，不使故肆之也。」劉師培則謂：「近盡者，言窮欲必自近者始也。言欲之遠者雖不可盡求，然近己之欲不難依次而得也。」[151] 梁啟雄云：「君人之大欲，仍不過求美求樂，然而宮室車服有制，百官人徒有數，極美而必有其度，致樂而必有其節。有度之美，有節之樂，是近盡之義也。」[152] 鵬按，梁說釋義是，惟數句疑有衍誤。下文「求者猶近盡」、「慮者欲節求」乃相對而言，又云「進則近盡，退則節求」，知「近盡」、「節求」對文，則此處「求可節也」當作「可節求也」，而「可節求也」與「可以近盡也」對文，則「以」字為衍文可知。

⑹**所欲雖不可盡，求者猶近盡；欲雖不可去，所求不得，慮者欲節求也**：一本「所求不得」作「求必不得」、「所求必不得」。楊倞《注》僅云：「為貴賤之謀慮，皆在節其所求之欲也。」盧文弨以楊《注》「貴賤」二字當作「賤者」[153]。鵬

151 劉師培：《荀子補釋》，《劉申叔遺書》，第 975－976 頁。
152 梁啟雄：《荀子簡釋》，第 323 頁。
153 盧氏說見王先謙：《荀子集解》，第 695 頁。

　　按，數句與上文「欲雖不可盡，可近盡也；欲雖不可去，可節求也」詞句、語意重複，疑非《荀子》本文，乃後人注語竄入，楊《注》「為貴賤之謀慮，皆在節其所求之欲也」似為總結「欲雖不可盡，可近盡也；欲雖不可去，可節求也」之語，非專釋「欲雖不可去，所求不得，慮者欲節求也」三句，盧氏說疑非。

(17) 假之有人而欲南，無多〈遠〉；而惡北，無寡〈近〉：楊倞《注》：「有人欲往南而惡往北也。欲南無多，謂南雖至多，猶欲之也；欲北無寡，謂北雖至寡，猶惡之也。」梁啟雄云：「《釋詞》：『之猶若也。』……多、寡都指路程。無多，謂無論多麼的多。」王天海云：「無多，不嫌其路之長。無寡，不嫌其路之近。」[154] 鵬按，諸家釋義是，惟「無多」、「無寡」指路程長短，頗不詞。疑本作「無遠」、「無近」，今本涉下文「所欲，無多；所惡，無寡」而誤。「無」義猶「不論」、「不管」。《論語・堯曰》：「君子無眾寡，無小大，無敢慢。」前二句之「無」，用法與此同。

(18) 今人所欲，無多；所惡，無寡。豈為夫所欲之不可盡也，離得欲之道而取所惡也哉：楊倞《注》：「今夫人情，欲雖至多，猶欲之；惡雖至寡，猶惡之。豈為欲之不可得盡，因肯取所惡哉？言聖人以道節欲，則各安其分矣。而宋、墨之徒不喻斯理，而強令去欲、寡欲，此何異使之離南而北走，捨欲而取惡，必不可得也。」其說是。

(19) 可道（導）而從之，奚以損〈益〉之而亂？不可道（導）而

154　梁啟雄：《荀子簡釋》，第 323 頁；王天海：《荀子校釋》，第 926－927 頁。

離之，奚以益〈損〉之而治：楊倞《注》：「可道，合道也。損，減也。言若合道則從之，奚以損亂而過此也。」劉念親云：「損、益字疑互誤，當作『奚以益之而亂』、『奚以損之而治』。」梁啟雄從之，並說：《釋詞》七：『而猶則也。』這二句說：合於道的欲，就盡量地放縱它，何嘗由於增益它就亂呢！不合於道的欲就要離開它，何嘗由於減損它就治呢！」[155] 鵬按，「損」、「益」當互倒，劉氏說是。「可道」、「不可道」之道當讀為「導」，二句皆蒙上文省主語「欲」。從者，由也、順也。數句是說：欲可導者則順從之，怎麼會由於增益它而亂？欲不可導者則遠離之，怎麼會因為減損它而治？

⒇知（智）者論道（導）而已矣，小家珍（紾）說之所願者皆衰矣：楊倞《注》：「知治亂者，論合道與不合道而已矣，不在於有欲無欲也。能知此者，則宋、墨之家自珍貴其說，願人之去欲寡欲者，皆衰矣。」劉師培云：「珍，疑作紾。紾與抮同，《廣雅》：『抮，轉也。』《孟子》趙注云：『紾，戾也。』又與軫同，《方言》：『軫，戾也。』則『紾說』即辟違乖戾之說。」[156] 鐘泰、劉念親則訓「珍」為「異」，謂「珍說」即「異說」。梁啟雄引《爾雅·釋詁》訓「願」為「思」。王天海讀「知者」為「智者」[157]。按，「知」當讀為「智」，王氏說是。「知（智）者論道」之「道」讀為「導」。道、導二字及知、智二字通用，如前文「以為可而道（導）之，知

---

155 梁啟雄：《荀子簡釋》，第 324 頁。劉念親說亦引自此。

156 劉師培：《荀子補釋》，《劉申叔遺書》，第 976 頁。

157 梁啟雄：《荀子簡釋》，第 324 頁；王天海：《荀子校釋》，第 927－928 頁。劉念親說引自梁著，鍾泰說引自王著。

（智）所必出也。」「小家珍說」一詞即「小說」[158]，《漢志》視《宋子》為小說家，荀子蓋已導夫先路。「珍」疑本作「㐱」，《說文》：「㐱，稠髮也。……鬒，或從髟，真聲。」引申為叢密（縝、積二字皆其同源詞）。「小家珍說」即「小家叢說」，亦即桓譚所謂「殘叢小語」[159]。「願」訓為「思」又見《方言》卷一：「慮、願、念、靖、慎，思也。……慮，謀思也。願，欲思也。念，常思也。」

第三節　其他先秦諸子書評述宋鈃之資料

一、《孟子·告子下》孟子遇宋牼章

宋牼將之楚，孟子遇於石丘，曰：「先生將何之？」曰：「吾聞秦、楚構兵，我將見楚王，說而罷之；楚王不悅，我將見秦王，說而罷之。二王我將有所遇焉。」曰：「軻也請無問其詳，願聞其指。說之將何如？」曰：「我將言其不利也。」曰：「先生之志則大矣，先生之號則不可。先生以利說秦、楚之王，秦、楚之王悅於利，以罷三軍之師；是三軍之士樂罷而悅於利也。為人臣者懷利以事其君，為人子者懷利以事其父，

---

158 按，《莊子·外物》：「飾小說以干縣令，其於大達亦遠矣」，其「小說」一詞即《荀子》所謂「小家珍說」。

159 按，《文選》卷 31 江文通《雜體詩·擬李都尉》李善注引桓譚《新論》云：「若其小說家，合殘叢小語，近取譬喻，以作短書，治身理家，有可觀之辭。」

為人弟者懷利以事其兄，是君臣、父子、兄弟終去仁
義，懷利以相接，然而不亡者，未之有也。先生以仁義
說秦、楚之王，秦、楚之王悅於仁義，而罷三軍之師，
是三軍之士樂罷而悅於仁義也。為人臣者懷仁義以事其
君，為人子者懷仁義以事其父，為人弟者懷仁義以事其
兄，是君臣、父子、兄弟去利，懷仁義以相接也。然而
不王者，未之有也。何必曰利？」[160]

二、《韓非子‧外儲說左上》及《顯學》對於宋 鈃之評論

是以言有纖察微難而非務也，故李〈季〉、惠、
宋、墨[1]皆畫策也。（《外儲說左下》）

漆雕之議，不色撓，不目逃，行曲則違於臧獲，行
直則怒於諸侯[2]，世主以為廉而禮之。宋榮子之議，設
不鬥爭，取（趣）不隨仇[3]，不羞囹圄，見侮不辱，世
主以為寬而禮之。夫是漆雕之廉，將非宋榮之恕也；是
宋榮之寬，將非漆雕之暴也。今寬廉、恕暴俱在二子，
人主兼而禮之。自愚誣之學、雜反之辭爭，而人主俱聽
之，故海內之士，言無定術，行無常議。（《顯學》）

---

160 此章所記秦、楚構兵事可資考證宋鈃、孟子之年世約數，參見本
文下編第一章第一節。

校釋⋯⋯⋯⋯

(1) <u>李〈季〉、惠、宋、墨</u>：顧廣圻云：「李當作季。季梁、惠
施、宋鈃、墨翟也。」[161]《荀子・成相》：「慎、墨、季、惠
百家之說誠不祥。」楊倞《注》：「或曰：季即《莊子》『季
真之莫為』者也。又曰『季子聞而笑之』。據此，則是梁惠
王、犀首、惠施同時人也。韓侍郎云『或曰：季梁也。』
《列子》曰：『季梁，楊朱之友。』」鵬按，《韓非子・難二》
論李子「夫言語辯，聽之說，不度於義者，謂之窕言」之
說，疑「李子」即此文之「李」。李當作季，顧氏說是。季
指季真，非季梁也，季真與季梁非一人，錢穆《季梁攷》已
辨之，可參看[162]。《莊子・則陽》：「季真之莫為，接子之或
使，二家之議，孰正於其情，孰偏於其理？」成玄英
《疏》：「季真、接子，齊賢人，俱遊稷下。」錢穆云：「季真
事跡多在梁，其一時交遊亦以梁為盛。成氏謂之齊人、遊稷
下，未審所據，豈以接子而連類說之耶？」[163]《呂氏春秋・
有度》載季子與客論堯、舜等聖人無私一節，高誘、王念
孫、王利器皆以「季子」乃堯時諸侯「東戶季子」，惟范耕
研、陳奇猷力辯「季子」即此篇之「李」，即《莊子・則
陽》之季真[164]。陳氏且以《呂氏春秋・有度》、《務本》、

---

161 見王先慎：《韓非子集解》，第 262 頁。

162 錢穆：《先秦諸子繫年》，第 244－245 頁。

163 錢穆：《接子考》，《先秦諸子繫年》，第 429 頁。

164 諸家說參考陳奇猷：《呂氏春秋校釋》，台北，華正書局，1988 年
8 月，第 728 頁注 22、第 1652 頁注 1、第 1653－1654 頁注 8；王
利器：《呂氏春秋注疏》，成都，巴蜀書社，2002 年 1 月，第 2972

《論大》、《務大》皆季真學派之言 [165]。鵬按，陳氏說是。季
真學說據上引《莊子・則陽》、《韓非子・難二》有二要：一
為「度於義」，二為「莫為」。《呂氏春秋・審分覽・有度》及
《似順論・知度》論君主有度而聽 [166]，故無尤，合於季子
「度於義」之義，二篇所說又有近於慎、韓等法家說者，成
玄英謂季子曾游稷下，說當有據。《有始覽・論大》載季子
論人臣當免於燕雀之智，其旨不外「度於義」、「無私」[167]，
與《有度》合。《務本》論臣佐當先公後私，亦合於上述季
子之說。至於《務大》則《務本》、《論大》之合編，亦可視
為該派著作。

(2) **漆雕之議，不色撓，不目逃，行曲則違於臧獲，行直則怒於**
諸侯：陳奇猷云：「撓，曲也。不色撓者，蓋謂雖以威嚴之
勢臨之，亦無曲從之色。《孟子・公孫丑上篇》趙岐注：『不
目逃，云人刺其目，目不轉睛。逃，避也。』又案：違，避

頁。

165 見陳奇猷：《呂氏春秋校釋》，第 715 頁注 1、第 723 頁注 1、第
1652 頁注 1、第 1707 頁注 1。

166 劉咸炘云：「度即數也。《似順論》有《有度篇》，此篇（《知度》）
有法家意。首段所謂『安職不聽議』，慎到、韓非之所同也。」陳
奇猷則以《知度》乃尹文學派之著作。劉氏說見《呂氏春秋發
微》，《劉咸炘學術論集・子學編》，桂林，廣西師範大學出版社，
2007 年 7 月，第 310 頁；陳氏說見《呂氏春秋校釋》，第 1094 頁
注 1。按，《呂氏春秋・去宥》云「夫不可激者，其唯先有度」，
《去宥》乃宋、尹一派著作，然則「有度」一義乃季真與尹文共
通之說。

167 陳奇猷云：「季真之學重在『莫為』，莫為者不為也；重在『虛』，
虛者外物不足以居其心；重在『物之虛』，物之虛者無私。」說見
《呂氏春秋校釋》，第 1651 頁注 8。

也。臧獲，俘虜以為奴隸者。……『行曲則違於臧獲，行直則怒於諸侯』，言己行而不合於仁義時，則雖臧獲之下賤亦必避之；己行而合於仁義者，則雖諸侯之尊亦必責之。」[168] 梁啟超云：「《漆雕子》十二篇，已佚，其學說賴此僅存。儒家以智、仁、勇為三達德，故見義不為謂之無勇，孔子疾之。曾子云：『吾嘗聞大勇於夫子矣，自反而不縮，雖褐寬博無不惴焉；自反而縮，雖千萬人吾往矣。』即『行曲則違於臧獲，行直則怒於諸侯』之義。孟子稱北宮黝不膚撓，不目逃，不受於褐寬博，亦不受萬乘之君，正與漆雕說同。黝疑漆雕氏之儒。」[169] 按，陳、梁二氏說是。

(3) 設不鬭爭，取（趣）不隨仇：王先慎云：「設，疑『語』誤。」[170] 高亨則說：「《說文》：『設，施陳也。從言，從殳。殳，使人也。』設既從言，則本為陳言敷論之誼。設不鬭爭，正用此誼耳。《莊子・人間世篇》：『忿設無由，巧言偏辭。』《淮南子・原道篇》：『口不設言，手不指麾。』本書《難二篇》『李子設辭』又《五蠹篇》：『為設詐稱』並用設之本誼也。」[171] 陳奇猷云：「設不鬭爭，猶言設為不鬭爭之論。下文『取不隨仇，不羞圉圄，見侮不辱』即所設不鬭爭之論。」又云：「取，讀為趣。隨仇，即《五蠹篇》『知友被辱隨仇者貞也』之隨仇，謂追隨其友而仇其仇。故取不隨

168 陳奇猷：《韓非子新校注》，上海古籍出版社，2000 年 10 月，下冊，第 1131 頁。

169 梁啟超：《〈韓非子・顯學篇〉釋義》，《清代學術概論》附錄，第 150 頁。

170 王先慎：《韓非子集解》，第 458 頁。

171 高亨：《諸子新箋》，《高亨著作集林》第六卷，第 233 頁。

仇者，猶言趣不隨人之仇，蓋不鬭爭也。」[172] 按，高、陳二氏說是。

三、《尹文子・大道下》田子讀書章 [173]

田子讀書，曰：「堯時太平。」宋子曰：「聖人之治以致此乎？」彭蒙在側，越次答曰：「聖法之治以至（致）[174] 此，非聖人之治也。」宋子曰：「聖人與聖法，何以異？」彭蒙曰：「子之亂名甚矣！聖人者，自己出也；聖法者，自理出也。理出于己，己非理也；己能出理，理非己也。故聖人之治，獨治者也；聖法之治，則無不治矣。此萬物之利，唯聖人能該之。」宋子猶惑，質于田子。田子曰：「蒙之言然。」[175]

---

172 陳奇猷：《韓非子新校注》，第 1133 頁。
173 今本《尹文子》前人多以為魏晉人依託之作，但筆者認為其書不偽。相關討論見本文下編第三章第一節。
174 王啟湘《尹文子校詮》：「至與致通。」
175 關於此章之討論參看本文下編第一章第二節。

四、《尸子‧廣澤》論諸子 [176]

墨子貴兼，孔子貴公，皇子貴衷[(1)]，田子貴均，列子貴虛，料〈宋〉子貴別囿[(2)]，其學之相非也，數世而不已，皆弇于私也[(3)]。……若使兼、公、虛、均、衷、平易、別囿一實，則無相非也。

校釋..............

(1) 皇子貴衷：梁啟超云：「皇子無考，《莊子‧達生篇》云：『其有皇子告敖者……。』《列子‧湯問篇》論火浣布云：『皇子以為無此物。』疑即此人。《漢書‧藝文志》天文家有《皇公雜子星》二十二卷，恐未必出一人。貴衷者，衷，中也，其說蓋如子莫執中耶。」[177] 按，梁氏所引《莊子‧達生》之「皇子」為齊人，該篇云：「桓公田於澤，管仲御，見鬼焉。……齊士有皇子告敖者曰：『公則自傷，鬼惡能傷公！……。』」而《列子‧湯問》云：「周穆王大征西戎，西戎獻錕鋙之劍、火浣之布。……皇子以為無此物，傳之者

---

176 《漢書‧藝文志》雜家錄「《尸子》二十篇」。是書至三國前已散失九篇（見《隋書‧經籍志》），唐魏徵《群書治要》載錄十三篇，疑非其舊。明代學者陶宗儀、歸有光俱有《尸子》輯本，清代則有惠棟、任兆麟、孫志祖、孫星衍、汪繼培等五家輯佚，其中以汪氏所輯較全。此章自《爾雅‧釋詁》邢昺疏輯出。見《爾雅注疏》，《十三經注疏》，北京，中華書局影印世界書局縮印阮刻本，1980 年 9 月，下冊，第 2568 頁。

177 梁啟超：《〈尸子‧廣澤篇〉、〈呂氏春秋‧不二篇〉合釋》，《清代學術概論》附錄，第 151 頁。

妄。蕭叔曰：『皇子果於自信，果於誣理哉！』」俞樾亦疑此
皇子即《莊》書之「皇子告敖」，但光聰諧云：「此指魏文
《典論》中火浣布事。皇子者，魏文也。」俞正燮亦引《抱
朴子・論仙》：「魏文帝窮覽洽聞，自呼於物無所不經，謂天
下無切玉之刀、火浣之布，及著《典論》，嘗據言此事。其
閒未期，二物必至。帝乃歎息，遽毀斯論。」證《列子・湯
問》之皇子當指魏文[178]。按，此「皇子」當指《莊子・達
生》之「皇子」。

⑵ 料〈宋〉子貴別囿：或以「料子貴別」為句，以「囿」屬下
讀[179]。阮元云：『『料子貴別囿』，監本、毛本同。正德本、
閩本『囿』作『原』，則句下屬。惠棟云：『料』疑作
『科』。」[180] 鵬按，當以「料子貴別囿」為句，下文「若使
兼、公、虛、均、衷、平易、別囿一實」，亦「別囿」連
讀。「平易」二字疑釋「田子貴均」之「均」，當為注文誤入
而衍。惠棟以「料子」當作「科子」之說，未聞其詳。馬敘
倫已疑料子即宋子，其說謂「宋」以形近誤為「敘（省
文）」，後者與「料」音近（《說文》「料」讀若「遼」，而

---

178 三家說見楊伯峻：《列子集釋》，台北，華正書局，1987 年 9 月，
第 190—191 頁。

179 見孫星衍《尸子集本》，收入《百子全書》（杭州，浙江古籍出版
社影印掃業山房本，1998 年 8 月），上冊，第 479 頁。按，陳漢章
亦以「料子貴別」句，謂當時有別家之學，並引《墨子・兼愛》
所設別士之言為說，劉咸炘《子疏定本》從之，又謂「陳澧謂別
士乃楊朱之說（鵬按，說見《東塾讀書記》卷 12），則未見必然。
別家之學恐是主各愛其家，非為我也。」

180 郭璞注、邢昺疏：《爾雅注疏》，《十三經注疏》，下冊，第 2571 頁
附阮元《校勘記》。

「敫」音與「料」同），因而致誤。《徵異錄》載歷朝異姓有「木（上從穴）」姓者（引自李鼎祚《周易集解》），徐鼏謂此字即「宋」字之訛，亦形近而誤 [181]。郭沫若遂以「料子」為「宋子」之誤，謂「料乃鈃之訛。準匡章稱章子，陳仲子稱仲子，尹文稱文子之例 [182]，則宋鈃自可稱為鈃子，鈃與料字形是極相近的。」[183] 顧實則云：「料子即宋子，蓋古音料讀如小，故與宋為幽冬陰陽對轉。古人姓名往往隨方音而轉，無一定之用字也。」[184] 鵬按，「料子」疑即「宋子」之誤，馬敍倫之說是。《說文》：「敫，擇也。」朱駿聲指出，「敫」、「料」通假之例見於《鬼谷子・捭闔》「料其情也」，此「料」字訓作簡擇，其本字為「敫」[185]。「敫」字左旁所從，段玉裁謂即典籍中訓為「冒」之「采」字（《說文》上從「网」）[186]，而《集韻・支韻》謂此字或作「罙」，其形尤與「宋」近。

(3) **其學之相非也，數世而不已，皆牟于私也**：此三句《爾雅・釋詁》邢疏原作「其學之相非也，數世矣，而已皆牟于私

---

181 馬敍倫：《莊子天下篇述義》，上海，龍門聯合書局，1958 年 6 月，第 25 頁。

182 郭氏自注云：「《韓非・內儲說上》載文子與齊王論賞罰之道為『國之利器不可以示人』，自即尹文子無疑。」鵬按，郭氏此說實襲自錢穆，見《先秦諸子繫年・老子雜辨》第 14 條「老子弟子文子」。

183 郭沫若：《宋鈃尹文遺著考》，《郭沫若全集・歷史編》第一卷，第 550 頁。

184 顧實：《莊子天下篇講疏》，第 44 頁。

185 朱駿聲：《說文通訓定聲》，北京，中華書局影印臨嘯閣刻本，1984 年 6 月，第 318 頁。

186 段玉裁：《說文解字注》，第 125 頁。

也。」[187] 汪繼培據何焯說，認為「而」字下缺一「不」字，校讀為「其學之相非也，數世矣而不已，皆弇于私也。」[188] 按，後說是。邢疏「矣」字又疑為衍文。

---

187 見孫星衍《尸子集本》,《百子全書》,上冊, 第479頁。

188 引自朱海雷：《尸子譯注》,上海古籍出版社,2006 年 11 月,第38頁注8。

第二章

戰國楚竹書《彭祖》考論

第一節　楚竹書《彭祖》復原及校釋

一、竹簡概況及編聯

　　本篇竹書原無篇題，整理者拈首簡第一句「彭祖」為題，合於古書通例，茲從之。《彭祖》共存簡八枚，完簡約 53 釐米（依整理者說）[1]，一簡容字約 53 至 55 字。竹簡編繩有三道。上契口距竹簡頂端約 9.8 釐米，抄寫 9 到 10 字；上契口至中契口約 17.5 釐米，抄寫 17 到 18 字；中契口至下契口約 17 釐米，亦抄寫 17 到 18 字；下契口至尾端約 9.8 釐米，抄寫 7 至 10 字不等[2]。本篇第八簡於書寫文字後有墨鉤「し」作為篇號，下並留有一段空白，可知此簡為最後一簡[3]。

1　若依《上博五》圖版測量，完簡約 54 釐米。楊芬《上博簡〈彭祖〉、〈互先〉、〈中弓〉集釋》（武漢大學碩士論文，2006 年 5 月，第 4 頁）指出：「7 號簡現長 53.1 釐米，算上其約容二字長度的缺掉部分，估計 7 號簡原完簡長度應在 54.5 至 55 釐米之間。」

2　整理者未提供竹簡編繩情況，此依《上博五》原大圖版測量而得，並參考周鳳五《上海博物館楚竹書〈彭祖〉重探》「竹簡概述」一節及楊芬《上博簡〈彭祖〉、〈互先〉、〈中弓〉集釋》，第 3 頁。

3　馬承源編：《上海博物館藏戰國楚竹書（三）》上海古籍出版社，

　　竹書殘斷較甚，趙炳清、季旭昇、楊芬及周鳳五都曾對此篇竹書提出重編意見 [4]。茲將四家編聯方案羅列如下：

　　　　趙炳清：簡 1、簡 2、簡 5、簡 3、簡 4、簡 6、缺簡、
　　　　　　　　簡 7、簡 8。
　　　　季旭昇：簡 1、簡 3、簡 2、簡 5、簡 6、缺簡、簡 4、
　　　　　　　　缺簡、簡 7、簡 8。
　　　　楊　芬：簡 1、簡 4＋簡 3、簡 2、簡 5＋簡 6、簡 7、
　　　　　　　　簡 8。
　　　　周鳳五：簡 1、簡 3、簡 4、簡 2、簡 6、簡 5、簡 7、
　　　　　　　　簡 8。

簡 1 以「耇老問於彭祖」始，簡 7 與簡 8 連讀，語意一貫而下，簡 8 下有勾識符號，標示全篇結束，諸家編聯僅此二處與整理者同，簡 2 至簡 6 之位置皆有所調整。對於各家編聯之得失，可以由竹簡形制、文義及韻腳三方面考察。筆者以為：
1. 簡 1 與簡 2 疑不能連讀。黃人二將簡 1 末字與簡 2 首字連讀為「恆言」（趙炳清說略同），並引《孟子·離婁上》「人有

2003 年 12 月，第 308 頁。

4　趙炳清：《上博三〈彭祖〉補釋》、《上博三〈彭祖〉篇的性質探析》，二文載簡帛研究網，2005 年 1 月 26 日、11 月 20 日；季旭昇：《上海博物館藏戰國楚竹書（三）讀本》，台北，萬卷樓圖書公司，2005 年 10 月，第 246 頁；楊芬：《上博簡〈彭祖〉、〈互先〉、〈中弓〉集釋》，武漢大學碩士論文，2006 年 5 月，第 3－5 頁；周鳳五：《上海博物館楚竹書〈彭祖〉重探》，《南山論學集——錢存訓先生九五生日紀念》，北京圖書館出版社，2006 年 5 月，第 9 頁。

恆言，皆曰：『天下國家。』」為說，解為人之常言[5]。但楊芬指出：「就完簡長度估計，1 號簡現存末字『亙』下很可能缺失一字。」[6] 周鳳五指出：簡 1 與簡 2 連讀，文意不順。「細心體會簡文，應是耇老請教彭祖，如何方能長享國祚？彭祖以『天道』答之，耇老辭以『未則於天』而『敢問為人』。」是以簡 1 後應接簡 3[7]。季旭昇對於此段的理解與周鳳五同[8]。鵬按，後說是。簡 1 下半彭祖之語以「由」、「道」為韻（幽部），與簡 3（上殘）首句「不知所終」之「終」可諧（幽、冬合韻），可證簡 1 後當接簡 3。簡 1 長度已達 53.7 釐米，簡末雖略殘，但恐已容不下另一字，楊芬說非。

2. 簡 3 之後，季旭昇與楊芬皆繫以簡 2；周鳳五與趙炳清則接簡 4。季旭昇認為，簡 3 與簡 2 相連，是說「狗老謙遜地說不敢學習天道，只想問為人之道。彭祖於是說天道與人道是互為表裡的。」[9] 楊芬於簡 3（下殘）末二字「彭祖」下補「乃」字，與簡 2 首字「言」連讀為「彭祖乃言」[10]。周鳳五將簡 3 與簡 4 連讀，認為簡文是說「彭祖仍欲闡述天道，耇老又辭以德行不及，而更請教人道。」[11] 鵬按，楊芬說

5 黃人二：《上海博物館藏戰國楚竹書（三）研究》，台中，高文出版社，2005 年 8 月，第 160—161 頁。

6 楊芬：《上博簡〈彭祖〉、〈亙先〉、〈中弓〉集釋》，第 4 頁。

7 周鳳五：《上海博物館楚竹書〈彭祖〉重探》，《南山論學集──錢存訓先生九五生日紀念》，第 11－12 頁。

8 季旭昇：《上海博物館藏戰國楚竹書（三）讀本》，第 246 頁。

9 季旭昇：《上海博物館藏戰國楚竹書（三）讀本》，第 246 頁。

10 楊芬：《上博簡〈彭祖〉、〈亙先〉、〈中弓〉集釋》，第 13 頁。

11 周鳳五：《上海博物館楚竹書〈彭祖〉重探》，《南山論學集──錢

雖能通讀簡文，但其編聯方案中將簡 4 置於簡 1 之後，文意不甚通暢 [12]。季旭昇所提出的簡序亦存在類似問題，他認為「簡 4 文義孤懸，無所歸屬，顯然上下俱缺。」暫寄於簡 6 與簡 7 之間 [13]。季氏以「缺簡說」迴避簡 4 的編聯問題，但此說變數較多。疑此處當從周鳳五說，將簡 3 與簡 4 相連。細味簡文所述耆老與彭祖之應對，一推一就，充滿貴族雍容氣度，若將簡 4 耆老盛讚彭祖之語（即「既躋於天」四句）略去，不免質直無文。

3. 簡 2、簡 5、簡 6 分別有「余告汝人綸」、「余告汝咎」、「余告汝禍」，句例一致，同為彭祖回答耆老之語，三簡可視為一編聯組 [14]。季旭昇、楊芬及周鳳五都將三簡編在一起，惟對於簡 5 和簡 6 之先後順序尚有不同意見。季旭昇以簡 5、簡 6 為序，認為二簡都談人倫，可接在簡 2 後；楊芬更以簡 5、簡 6 可能為一簡之折 [15]。周鳳五指出：「第五簡亦可編在第六簡前，以第六簡尾『余告汝咎』的『咎』與第七簡頭『□者不以，多務者多憂，賊者自賊也』的『以』、『憂』、『賊』為韻腳，之、幽合韻，見於《楚辭》。但參照第二簡『余告汝人倫，曰』的句法，『余告汝咎』下應有『曰』字，亦即第六簡尾『余告汝咎』與第七簡頭『□者不

存訓先生九五生日紀念》，第 12 頁。

12 按，楊芬以簡 4（上端完整，下殘）與簡 3（上、下皆殘）為一簡之折之說，疑亦不可從。

13 季旭昇：《上海博物館藏戰國楚竹書(三) 讀本》，第 246 頁。

14 按，此點周鳳五及楊芬前揭文已指出。

15 季旭昇：《上海博物館藏戰國楚竹書(三) 讀本》，第 246 頁；楊芬：《上博簡〈彭祖〉、〈互先〉、〈中弓〉集釋》，第 4 頁。

以』之間至少要有『曰□』二字，但第六簡尾與第七簡頭都是完整的，兩簡之間僅容一字，故不採取。」[16] 鵬按，簡5、簡6文義接續，當為前後接續的兩枚簡，但兩簡各僅存一契口，且簡5上下皆殘，是否如楊芬所說為一簡之折，尚難斷定，故仍依整理者說將簡5、簡6視為兩枚獨立的簡。周鳳五所舉簡6「咎」與簡7「以」、「憂」、「賊」為韻，可作為簡6、簡7連讀之證。筆者疑簡文所論「尤」（據文例及韻例補，詳下文校釋）、「禍」、「咎」俱為人綸之過，故僅在簡2「余告汝人綸」句下著一「曰」字，至於簡2接簡5之「余〔告汝尤〕」、簡5末之「余告汝禍」、簡6末之「余告汝咎」可能省去「曰」字，蓋皆踵上而言。

綜上所論，《彭祖》之簡序當重編為：簡1、簡3、簡4、簡2、簡5、簡6、簡7、簡8，即周鳳五所提之第二方案。

二、楚竹書《彭祖》校釋

今依上文所定簡序將竹書釋文迻錄於下。釋文中簡號以【1】、【2】、【3】等標於各簡末。凡需加注之字句，於其後以（1）、（2）、（3）等標誌，並在下文「校釋」依序出注。釋文採寬式，習見通假字直接破讀，亦不摹寫疑難字（其字形結構在校釋中說明）。涉及文字校讀處，將改釋之字以括號夾注於原字下，通假字以（）表示，訛誤字以〈〉表示。缺簡文字以……表示，可依上下文例擬補之缺文則外加方框標誌（在校釋中則以〔〕表示）。

16　周鳳五：《上海博物館楚竹書〈彭祖〉重探》，第9頁。

　　狗（耇）老問於彭祖曰⑴：「狗（耇）是（氏）執心不忘（芒）⑵，受命羕（永）長。臣何執（設）何行⑶，而與（舉）於朕身⑷，而悠于帝（禘）常（嘗）⑸？」彭祖曰：「休哉，乃將多問因由，乃不失度⑹。彼天之道唯亙（恆）【1】……不知所終⑺。」狗（耇）老曰：「眊＝（眇眇）余朕（沖）𡥟（子）⑻，未則於天，敢問為人？」彭祖 乃曰 「……。」 耇老曰 ⑼【3】「既只（躋）於天，或（又）椎（墜）於淵⑽，夫子之德登（盛）矣，可（何）其宗（充）⑾！古（顧）君之願，良⑿……。」

　　 彭祖曰 ：「……【4】言。天地與人，若經與緯，若褮（表）與裡⒀。」問〔曰〕：「三去其二，幾（奚）若已⒁？」彭祖曰：「于（吁），汝𡥟𡥟專（博）問⒂，余告汝人編⒃，曰：戒之毋驕，慎終保（葆）勞⒄。大（泰）匡之衍（愆）⒅，難易〈以〉遣欲⒆。余告汝【2】 尤 ：父子兄弟⒇，五紀必（畢）周，唯（雖）貧必攸㉑；五紀不正，唯（雖）福（富）必失㉒。余告汝禍：……【5】……息息之謀不可行㉓，述（誄）惕（傷）之心不可長㉔。遠慮甬（用）索（素）㉕，心白身澤（懌）㉖。余告汝咎：【6】伓（倍）者不以㉗，多務者多憂，惻（賊）者自惻（賊）也。」

　　彭祖曰：「一命弌（二）俯㉘，是謂益愈。一〈二〉命三俯，是謂自厚。三命四俯，是謂百姓之主。一命弌（二）仰㉙，是謂遭殃。弌（二）命 三仰 ，【7】是謂不長。三命四仰，是謂絕世㉚。毋由〈故（怙）〉

富㉛，毋倚賢㉜，毋向（尚）桓（闢）㉝。」

　　耇老式（三）拜旨（稽）首曰㉞：「朕（沖）孳（子）不敏，既得聞道，恐弗能守。」乚【8】

校釋..........

⑴ **狗（耇）老問於彭祖**：簡文「狗老」、「狗是」二詞，從整理者讀為「耇老」、「耇氏」[17]。整理者云：「彭祖，以彭為氏……。《國語・鄭語》和《世本》等書講『祝融八姓』，其中有彭姓。……彭祖老壽，為神仙家所樂道。此篇與彭祖對話者為耇老，耇老於文獻無徵，但見於馬王堆醫書《十問》『帝盤庚問於耇老』章，王家臺秦簡《歸藏》有『耆老』，可能也是同一人。在《十問》中，彭祖、耇老分見於不同的對話，似乎無關，但此篇卻是以耇老問道彭祖的形式寫成，可見是相關人物。這是目前發現年代最早的彭祖書。」[18] 周鳳五則指出：此篇為對問體，「設為上古耇老與彭祖二人問答。耇老自稱『眇眇余沖子』，又說『宗寡君之願』，推測他應是國君的繼承人。所問的主題『臣何藝何行，而舉於朕身，而毖於禘嘗』，以『毖於禘嘗』為要務，也從側面強調了這個身分，他侍奉國君之命，前來請教彭祖如何治國，如何得以長享國祚的。」[19] 依此說，耇老在篇中之身分為儲

17　馬承源編：《上海博物館藏戰國楚竹書（三）》，第 304 頁。按，湯志彪《上博簡（三）〈彭祖〉篇校讀瑣記》讀「狗是」為「苟是」，以為有假設之意，其說非。

18　馬承源編：《上海博物館藏戰國楚竹書（三）》，第 303—304 頁。

19　周鳳五：《上海博物館楚竹書〈彭祖〉重探》，《南山論學集——錢存訓先生九五生日紀念》，第 10—11 頁。

君,彭祖則為得道之帝師。

(2) **執心不忘（芒）**：趙炳清讀「執」為「慹」訓為畏服；魏啟鵬讀為「臬」,訓為準則、法度；周鳳五訓「執」為「守」,謂「執心」即掌握自己的心,與下文「心白」相呼應[20]。按,周鳳五說是。簡文「芒」原作「忘」,陳斯鵬讀為「妄」,訓為妄亂；孟蓬生如字讀,訓為「忽忘」之「忘」（又作「荒」）；魏啟鵬讀為「亡」,訓為斷絕[21]。按,「忘」疑讀為「芒」,訓為昧。《莊子・齊物論》：「人之生也,固若是芒乎？其我獨芒,而人亦有不芒者乎？」陸德明《釋文》：「芒,芒昧也。」《管子・勢》：「分其師眾,人既迷芒,必其將亡。」（引文依王引之校）尹知章注：「人既迷惑,不知所從,則無所用其力,是以滅其師眾矣。」馬王堆帛書《十問》：「俗人茫生,乃恃巫醫。」馬繼興云：「生假為性。……茫字古又異寫作芒,其義為昏昧、不明。《集韻・上・蕩》：『芒,昏也。』」[22]《管子・七臣七主》：「芒主目伸五色,耳常五聲。四鄰不計,司聲不聽,則臣下恣

---

20 趙炳清：《上博簡三〈彭祖〉補釋》,簡帛研究網,2005 年 1 月 26 日；魏啟鵬：《楚簡〈彭祖〉箋釋》,《新出楚簡國際學術研討會會議論文集（上博簡卷）》,武漢大學,2006 年 6 月,第 285 頁；周鳳五：《上海博物館楚竹書〈彭祖〉重探》,《南山論學集——錢存訓先生九五生日紀念》,第 11 頁。

21 陳斯鵬：《上海博物館藏竹簡〈彭祖〉新釋》,《華學》第七輯,第 157 頁；孟蓬生：《〈彭祖〉字義疏證》,簡帛研究網,2005 年 6 月 21 日；魏啟鵬：《楚簡〈彭祖〉箋釋》,《新出楚簡國際學術研討會會議論文集（上博簡卷）》,第 285 頁。

22 馬繼興：《馬王堆古醫書考釋》,長沙,湖南科學技術出版社,1992 年 11 月,第 928 頁。

行，而國權大傾，不寤，則所惡及身。」尹知章注：「芒，謂芒然不曉識之貌。」

(3) **何埶（設）何行**：簡文「埶」，整理者讀為「藝」，訓為才能；「行」訓為德行。魏啟鵬讀為「槷」，訓為準則[23]。鵬按，「埶」當讀為「設」，訓為施行。郭店楚簡《老子・乙》簡 7「埶大象，天下往。」裘錫圭云：「首字實為『埶』，當讀為『設』，各本作『執』恐誤。」[24] 古音「埶」為疑母月部，從其得聲之「勢」則為書紐月部，與「設」同音，故可通假[25]。馬王堆帛書《繆和》：「列埶尤尊，賞祿甚厚」、「埶為賞慶爵列」、「埶列爵位之尊」等文句之「埶」，裘錫圭亦指出當讀為「設」，並舉《荀子・儒效》及武威漢簡《儀禮》中「埶」通為「設」為例證[26]。此外，馬王堆帛書《稱》：「〔聖人〕不埶偃兵，不埶用兵。兵者不得已而行。」魏啟鵬亦讀「埶」為「設」[27]。凡此皆為二字通假之例。《說文》：「設，施陳也。」《儀禮》中祭祀陳列器具、祭品多

---

23 馬承源編：《上海博物館藏戰國楚竹書（三）》，第 304 頁；魏啟鵬《楚簡〈彭祖〉箋釋》，《新出楚簡國際學術研討會會議論文集（上博簡卷）》，第 285 頁。

24 荊門市博物館：《郭店楚墓竹簡》，北京，文物出版社，1998 年 5 月，第 122 頁，注 7。裘錫圭後來在《關於郭店簡中的道家著作》一文申論此說，見《中國出土古文獻十講》，上海，復旦大學出版社，2004 年 12 月，第 215－216 頁。

25 劉釗：《郭店楚簡校釋》，福州，福建人民出版社，2003 年 12 月，第 39 頁。

26 裘錫圭：《出土古文獻與其他出土文字資料在古籍校讀方面的重要作用》，《中國出土古文獻十講》，第 173－175 頁。

27 魏啟鵬：《馬王堆漢墓帛書〈黃帝書〉箋證》，北京，中華書局，2004 年 12 月，第 203 頁。

用「設」，下文云「叜於禘嘗」，則此云「設」又與之呼應。簡文「何設何行」猶言「何施何行」，「行」訓為從事。

(4) **與（舉）於朕身**：「與」，當從整理者釋為「舉」。諸家或釋「遷」、「營（當由「興」破讀）」[28]，皆非。楚文字的「興」、「遷」、「舉」三字雖有混用現象，但字形仍可分別清楚。季旭昇從上博《詩論》簡 28「青蠅（原從邑聲、從興省聲，從二虫）[29]」之釋進一步歸納楚簡中「興」、「與」二字之別，其說云：「上部『𦥑』形中間從『凡』形、『人』形、『八』形的都是『興』；從『牙』形、『丩』形、『｜』形的才是『與』」[30]。鵬按，其說大致不誤，唯從「｜」者當是「偬（省人）」字。郭店楚簡《唐虞之道》簡 21「民遷教而化乎道」之「遷」字原作「𦥑」，中間從「｜」，與郭店《五行》簡 32「遷于兄弟」之「遷」所從同，惟下部從足，乃後增義符[31]。簡文此字上部「𦥑」形中間從「丩」，當為「與」字無疑，惟下從「足」，則與「遷」字所從混用。簡文「舉於朕身」之「舉」當依周鳳五

---

28 釋「遷」見陳斯鵬：《上海博物館藏竹簡〈彭祖〉新釋》，《華學》第七輯，第 157 頁；張新俊：《上博楚簡文字研究》，全國優秀博士論文全文資料庫，2005 年；季旭昇：《上海博物館藏戰國楚竹書（三）讀本》，第 253 頁。釋「營」見黃人二：《上博藏簡彭祖試探》，《上海博物館藏戰國楚竹書（三）研究》，第 159－160 頁。

29 關於此字的釋讀參考周鳳五：《〈孔子詩論〉新釋文及注解》，《上海館藏戰國楚竹書研究》，上海書店，2002 年 3 月，第 164 頁。

30 季旭昇：《〈孔子詩論〉新詮》。引自季旭昇主編：《上海博物館藏戰國楚竹書（一）讀本》，台北，萬卷樓圖書公司，2004 年 7 月，第 64 頁。

31 參考拙著：《郭店楚墓竹書〈唐虞之道〉重探》，《楚地簡帛思想研究（三）》，武漢，湖北教育出版社，2007 年 6 月，第 495 頁。

說訓為「君舉必書」、「王舉則從」之「舉」，即行、為也 [32]。

(5) **㤻于帝（禘）常（嘗）**：「㤻」字原從言，必聲。黃人二讀為「闊」，訓為慎重；陳斯鵬讀為「匹」，訓為配；周鳳五讀為「㤻」，訓為慎；魏啟鵬讀為「比」，訓為「合」 [33]。按，周鳳五說是。《說文》：「㤻，慎也。從比，必聲。」段《注》：「《釋詁》曰：『㤻，慎也。』《大雅》『為謀為㤻』，《傳》曰：『㤻，慎也。』」 [34]。字從「比」，《說文》訓比為密，引申為周密、密合，故從「比」之「㤻」有慎敬義。簡文「帝常（原從示，尚聲）」，黃人二、楊芬從整理者說釋為「帝常」，訓為帝王之常道、天常 [35]。陳斯鵬、孟蓬生及周鳳五則讀為「禘嘗」，即《禮記・祭義》「夏祭曰禘，秋祭曰嘗」之禘嘗 [36]。陳斯鵬且謂：「『匹於禘嘗』字面意思是配司禘

---

32 周鳳五：《上海博物館楚竹書〈彭祖〉重探》，《南山論學集——錢存訓先生九五生日紀念》，第 11 頁。

33 黃人二：《上博藏簡彭祖試探》，《上海博物館藏戰國楚竹書（三）研究》，第 160 頁；陳斯鵬：《上海博物館藏竹簡〈彭祖〉新釋》，《華學》第七輯，第 157 頁；周鳳五：《上海博物館楚竹書〈彭祖〉重探》，《南山論學集——錢存訓先生九五生日紀念》，第 11－12 頁；魏啟鵬：《楚簡〈彭祖〉箋釋》，《新出楚簡國際學術研討會會議論文集（上博簡卷）》，第 285 頁。

34 段玉裁：《說文解字注》，台北，藝文印書館影印經韻樓藏版，1989年 2 月六版，第 390 頁。

35 黃人二：《上博藏簡彭祖試探》，《上海博物館藏戰國楚竹書（三）研究》，第 160 頁；楊芬：《上博簡〈彭祖〉、〈亙先〉、〈中弓〉集釋》，第 9 頁。

36 孟蓬生：《〈彭祖〉字義疏證》，簡帛研究網，2005 年 6 月 21 日；陳斯鵬：《上海博物館藏竹簡〈彭祖〉新釋》，《華學》第七輯，第 157頁；周鳳五：《上海博物館楚竹書〈彭祖〉重探》，《南山論學集——錢存訓先生九五生日紀念》，第 12 頁。

嘗之事，實即居於君位之意。此與古書習見的『承宗廟』、『保社稷』等說法相類。」[37] 周鳳五則指出：「禘嘗與治國有關，見《禮記·仲尼燕居》引孔子曰：『明乎郊社之義、禘嘗之禮，治國其如指諸掌而以乎！』」《中庸》亦有類似詞句[38]。鵬按，「帝常」當從周鳳五、陳斯鵬讀為「禘嘗」。《書·洛誥》「予沖子夙夜毖祀」，「毖于禘嘗」即「毖祀」。國之大事在祀與戎，掌國柄者主祭祀、專征伐，所以「毖於禘嘗」隱含有延續國祚之意。

(6)**乃將多問因由，乃不失度**：趙炳清認為「乃不失度」之「乃」為時間副詞，相當於「才」[39]。張新俊云：「『因』下一字，釋為『古』，可以讀為『故』。『因故』屬下讀。『因故乃不失度』，就是彭祖告誡耈老，希望他能多問，因循舊章，這樣的話行事就不會出現失度的現象。」[40] 鵬按，簡文「由」即下文簡 8「毋由〈故（怙）〉富」之「由（簡文從攴）」字所從，當從整理者隸定為「由」，「因由」連讀。「由」與下句「乃不失度」之「度」諧韻。「乃將多問因由」之「乃」訓為汝，「將」作推度副詞用，語氣趨向肯定，義猶「當」。「乃不失度」之「乃」為判斷副詞，表示對前面動

37 陳斯鵬：《上海博物館藏竹簡〈彭祖〉新釋》，《華學》第七輯，第157頁。

38 周鳳五：《上海博物館楚竹書〈彭祖〉重探》，《南山論學集——錢存訓先生九五生日紀念》，第 12 頁、第 15 頁注釋 2。

39 趙炳清：《上博簡三〈彭祖〉補釋》，簡帛研究網，2005 年 1 月 26 日。

40 張新俊：《上博簡〈彭祖〉「毋怙富」解》，《武漢大學 2004 年全國博士學術論壇論文集》，2004 年 10 月；又見《上博楚簡文字研究》，全國優秀博士論文全文資料庫，2005 年。

作行為的判斷，義猶「自」、「必」[41]。

(7)**彼天之道唯亙（恆）……不知所終**：「彼天之道唯亙」六字
位於簡 1 末，下接簡 3。整理者以簡 1、簡 2 連讀作「彼天
之道，唯亙言：天地與人，若經與緯」（「言」以下為簡
2）。黃人二從整理者說，讀「亙言」為「恆言」，並謂：
「《孟子・離婁上》云：『人有恆言，皆曰：天下國家。天下
之本在國，國之本在家，家之本在身。』即人常言之語
也。」[42] 周鳳五依據文義的關聯，將簡 1 下接簡 3（見上節
之說明），並釋「亙」為「亟」[43]。楊芬則認為：「據完簡長
度估計，『亙』下很可能因簡殘損缺失一字。『道』下似可不
斷讀。『唯』，專辭。《呂氏春秋・異實》『其唯此也』，高誘
注：『唯，獨也。』此句疑作『彼天之道唯亙□』，似可與 4
號簡文『既只於天，又椎於淵』連讀，後句是對前句的申
說，以闡釋『天之道』或『亙□』。『亙□』懷疑是表示極至
或恆德之類的意思。」[44] 鵬按，簡序當依周鳳五說。簡 1
「亙」字位於該簡末端，其下非如楊芬說尚缺一字（說已見
前）。「彼天之道唯亙」疑連讀，「唯」作為判斷副詞，起系

---

41 關於「將」及「乃」的此種用法，參考王叔岷：《古籍虛字廣義》，
　　台北，華正書局，1990 年 4 月，第 274－275 頁、第 360－361 頁；
　　何樂士：《古代漢語虛詞詞典》，北京，語文出版社，2006 年 2 月，
　　第 231、281 頁。

42 黃人二：《上博藏簡彭祖試探》，《上海博物館藏戰國楚竹書（三）研
　　究》，第 160－161 頁。

43 周鳳五：《上海博物館楚竹書〈彭祖〉重探》，《南山論學集——錢
　　存訓先生九五生日紀念》，第 12 頁。

44 楊芬：《上博簡〈彭祖〉、〈亙先〉、〈中弓〉集釋》，第 10 頁。

詞的作用，意猶「為」、「是」[45]。「亙」可讀為「恆」，訓為常，與下文「不知所終」應。簡3上、下皆殘，簡上有一契口，在「未則於天」的「未」字下。此契口之上尚存13字，可知此契口非完簡之上契口（依上文所述，簡頭至上契口僅容9到10字）。從文義推敲，此契口當為中契口，而簡頭至中契口容字約26字，則「□不知所終」（「不」前一字仍見殘筆）之前約有13字的缺文。

(8) <u>眊＝（眇眇）余朕（沖）孳（子）</u>：整理者云：「『眊＝』，重文，讀為『眊眊』，是昏憒之義。《韓詩外傳》卷六：『不聞道術之人，則冥於得失。不知治亂之所由，眊眊乎其猶醉也。』這裡是耇老的謙稱。『朕孳』，從文義看，應是耇老之名（疑『耇老』是以老壽稱，非本名）。」[46] 黃人二從整理者說將「朕孳」視為耇老之名，並進一步說：「此老意極謙沖，從其名之字義可知，『朕孳』即『遜子』，意謙遜之子。朕、遜互假，例見《緇衣》、《昔者君老》；孳（茲）、子互假，例見《尚書·金滕》與其諸引本間之異文。」[47] 陳斯鵬將此句與「未則於天」連讀，並說：「『朕』為第一人稱代詞，耇老自稱也；『孳』讀作『茲』，今也。……本簡『舍（余）』、『朕』兩代詞並出，二者恐有一衍。依全篇耇老自稱『朕』、彭祖自稱『舍（余）』之例，疑此處『舍（余）』為誤

---

45 參考王叔岷：《古籍虛字廣義》，第 103－104 頁；何樂士：《古代漢語虛詞詞典》，第 415 頁。

46 馬承源編：《上海博物館藏戰國楚竹書（三）》，第 305 頁。

47 黃人二：《上博藏簡彭祖試探》，《上海博物館藏戰國楚竹書（三）研究》，第 162－163 頁。

衍之文。」[48] 陳偉武則認為：「『余』與『朕』為第一人稱代詞同義連文，與人名『孳』構成同位關係。」並舉兩周金文「朕吾」、「朕余」、「余朕」連用及《逸周書·商誓解》「肆予小子發」為說[49]。孟蓬生及周鳳五均讀「眊＝」為「眇眇」（二字皆明母宵部），引《書·顧命》『眇眇予末小子』為說。周鳳五並指出，「朕孳」當讀為「沖子」。朕，古音定母侵部；沖，定母冬部，音近可通。《書·洛誥》：「公，明保予沖子」、「予沖子夙夜毖祀」之「沖子」，偽孔《傳》皆以「童子」解之，蓋自謙之辭[50]。鵬按，孟蓬生、周鳳五說與傳世文獻辭例吻合，當從之。本篇簡 8 耆老謂「朕孳不敏」，亦讀為「沖子不敏」。

(9) **彭祖〔乃曰〕「……。」〔耆老曰〕**：簡 3 為殘簡，簡末「彭祖」二字下有一殘字，整理者釋為「曰」[51]。楊芬則指出：簡末殘筆與整理者所釋之「曰」字形不合，疑為「乃」字之殘，並將簡 3 與簡 2 連讀為「彭祖乃言：天地與人，若經與緯」[52]。按，簡 3 末殘字依楊芬釋，惟簡 3 後當接簡 4（說見前），「乃」字下更補「曰」字。簡 3 末「耆老曰」三字依周鳳五說補[53]。此簡所存中契口至簡尾可容字 24 至 28

---

48 陳斯鵬：《上海博物館藏竹簡〈彭祖〉新釋》，《華學》第七輯，第 159－160 頁。

49 陳偉武：《讀上博藏簡第三冊零劄》，《華學》第七輯，第 176 頁。

50 周鳳五：《上海博物館楚竹書〈彭祖〉重探》，《南山論學集——錢存訓先生九五生日紀念》，第 12 頁；孟蓬生：《〈彭祖〉字義疏證》，簡帛研究網，2005 年 6 月 21 日。

51 馬承源編：《上海博物館藏戰國楚竹書（三）》，第 306 頁。

52 楊芬：《上博簡〈彭祖〉、〈互先〉、〈中弓〉集釋》，第 13 頁。

53 周鳳五：《上海博物館楚竹書〈彭祖〉重探》，《南山論學集——錢

字，若以 26 字計，則「彭祖乃曰」至「耇老曰」間當缺 12
字。從前後文句看，彭祖與耇老的對話多四字一句，則此處
所缺 12 字正合 3 句。

⑽ **既只（躋）於天，或（又）椎（邃）於淵**：「只」讀為
「躋」，從整理者釋。「椎」字，整理者讀為「墜」，史杰鵬則
釋為「就」或「集」（訓為至），楊芬讀為「推」（訓為進），
周鳳五讀為「潛」，劉洪濤讀為「椎」為「遯（遁）」，魏啟
鵬則讀為「追」[54]。 按，《爾雅・釋詁》：「驀、假、格、
陟、躋、登，陞也。」簡文「椎」與「躋」對文，整理者讀
為「墜」雖可通 [55]，但疑讀為音近之「邃」，訓為深、窮。
《說文》：「邃，深遠也。」《廣雅・釋詁三》：「邃，深也。」
由「深遠」之本義又引申為「窮至」之「窮」，《玉篇》：
「邃，窮也。」

⑾ **夫子之德登（盛）矣，可（何）其宗（充）**：整理者斷讀作
「夫子之德登矣，何其宗（崇）」。周鳳五則讀「登」為
「盛」，斷句作「夫子之德，盛矣何其」，以「盛矣何其」即

存訓先生九五生日紀念》，第 10 頁。

54 馬承源編：《上海博物館藏戰國楚竹書（三）》，第 306 頁；史杰鵬：
《上博竹簡（三）注釋補正》，簡帛研究網，2005 年 7 月 16 日；楊
芬：《上博簡〈彭祖〉、〈互先〉、〈中弓〉集釋》，第 11 頁；周鳳
五：《上海博物館楚竹書〈彭祖〉重探》，《南山論學集——錢存訓
先生九五生日紀念》，第 12 頁；劉洪濤：《讀上博竹書〈彭祖〉箚
記一則》，武漢大學簡帛網，2007 年 4 月 3 日；魏啟鵬：《楚簡〈彭
祖〉箋釋》，《新出楚簡國際學術研討會會議論文集（上博簡卷）》，
第 288 頁。

55 墜本作隊，《說文》：「隊，從高隊也。」即由高處落下之意。上古
音「椎」為章母微部，「墜」為定母物部，聲母皆為舌尖塞音，韻
則微、物二部陰入對轉可通。

「何其盛矣」之倒裝，「宗」則屬下讀[56]。按，此從整理者斷句。「登」字從周鳳五說讀為「盛」。「宗」疑讀為「充」，二字聲母分別為精母、昌母，韻則同為冬部，音近可通。古籍中從「宗」得聲之「崇」與「充」常相假借[57]。「充」與前句「盛」意義相近，於此訓為充實、充足。二句讚嘆彭祖之德充實盛大。

⑿**古（顧）君之願，良**：此五字位於簡 4 末，「良」字下尚有缺文。簡 4 上端完整，下殘，現存 22 字。若以一簡 53 字計，其下約有 31 個缺字，中間可依周鳳五說補「彭祖曰」三字[58]。簡文「古」，整理者讀為「故」，周鳳五讀為「寡」[59]。鵬按，「古」疑讀為「顧」，二字上古音皆為見母魚部。從「古」得聲之「固」、「故」在傳世文獻中往往與「顧」通（說見《經傳釋詞》卷五[60]）。《說文》：「顧，還視也。」簡文「顧」作為轉折詞，義猶「但」[61]。「良」字下部殘損，此據整理者釋。良猶誠，表示肯定。此處耈老婉拒

---

56 周鳳五：《上海博物館楚竹書〈彭祖〉重探》，《南山論學集——錢存訓先生九五生日紀念》，第 12 頁。

57 經師往往訓「崇」為「充」、「重」、「終」，段玉裁《說文解字注》於「崇」字下云：「《大雅》『福祿來崇』《傳》曰：『崇，重也。』《禮經》『崇酒』《注》：『崇，充也。』《邶風》『崇朝其雨』《傳》曰：『崇，終也。』皆音近假借。」

58 周鳳五：《上海博物館楚竹書〈彭祖〉重探》，《南山論學集——錢存訓先生九五生日紀念》，第 10 頁。

59 周鳳五：《上海博物館楚竹書〈彭祖〉重探》，《南山論學集——錢存訓先生九五生日紀念》，第 12 頁。

60 王引之：《經傳釋詞》，南京，江蘇古籍出版社影印王氏家刻本，2000 年 9 月，第 54 頁。

61 王引之：《經傳釋詞》，第 55 頁。

彭祖欲開示天道的美意，表達其父王（即簡文「君」）的意願，堅持向彭祖請教人道。

⒀ **若褑（表）與裡**：「褑」字，整理者依字形隸定而無說，惟已讀為「表」。周鳳五指出：「簡文作左從糸，右從衣，中間從『暴』省，即『褑』字。《詩・唐風・揚之水》：『素衣朱褑，從子于沃。』毛《傳》：『褑，領也。』引申為表，《玉篇・衣部》：『褑，衣表也。』《廣雅・釋詁四》：『褑，表也。』按，褑，古音並母藥部；表，幫母宵部，二字音近可通。」徐在國說略同 [62]。按，諸家說是。褑、表二字音近義通，當為一組同源詞。

⒁ **問〔曰〕三去其二，幾（奚）若已**：簡文「問」下疑漏抄「曰」字。整理者云：「三，指天、地、人。二，指天地。『三去其二』，所餘者為人。『幾』疑讀『豈』。」[63] 周鳳五讀「幾」為「奚」，並說：「『奚若已』猶『何若矣』。」並引《禮記・檀弓》「天久不雨，吾欲暴尪而奚若？」鄭《注》：「奚若，何如也。」為說 [64]。按，上句從整理者釋，下句「幾」字從周鳳五說讀為「奚」。

⒂ **孳孳專（博）問**：周鳳五指出：「『孳孳』即『孜孜』。《禮記・表記》：『俛焉日有孳孳，斃而后已。』《漢書・貢禹

---

62 周鳳五：《上海博物館楚竹書〈彭祖〉重探》，《南山論學集——錢存訓先生九五生日紀念》，第 12 頁；徐在國：《上博竹書（三）劄記二則》，簡帛研究網，2004 年 4 月 26 日。

63 馬承源編：《上海博物館藏戰國楚竹書（三）》，第 305 頁。

64 周鳳五：《上海博物館楚竹書〈彭祖〉重探》，《南山論學集——錢存訓先生九五生日紀念》，第 12 頁。按，陳斯鵬雖主張「幾若」猶言「何若」，但未破讀，且說「文獻中『幾』訓為『何』的時代似偏晚，故此處釋讀尚可再作研究。」

傳》：『孳孳於民』，顏師古《注》：『孳與孜同。孜孜，不怠也。』《說文》：『孳孳，汲汲生也。』段玉裁《注》：『孜、孳二字古多通用。』陳斯鵬說略同 [65]。簡文「專問」，整理者讀為「布問」，黃人二、陳斯鵬讀為「敷問」，周鳳五、湯志彪讀為「博問」，湯氏並引《淮南子・主術》「于是略智博問，以應無方。」《漢書・成帝紀》「博問公卿大夫，無有所諱。」《說文解字・敘》「慎博問通人」為證 [66]。按，當從周、湯二家說讀為「博問」。

⑯ **人綸**：簡文「綸」，整理者讀為「倫」。鵬按，「綸」疑如字讀。《說文》：「綸，糾青絲綬也。」段玉裁《注》：「各本無糾字，今依《西都賦》李注、《急救篇》顏注補。糾，三合繩也。糾青絲成綬是為綸。」本義為治絲而合之，引申有綱綸之意。《廣雅・釋詁三》：「綸，道也。」簡文「人綸」即人之行為綱領。《禮記・中庸》「唯天下之至誠，為能經綸天下之大經」，朱熹云：「經、綸皆治絲之事。經者，理其緒而分之；綸者，比其類而合之也。」[67] 馬王堆帛書《九主》

---

65 周鳳五：《上海博物館楚竹書〈彭祖〉重探》，《南山論學集——錢存訓先生九五生日紀念》，第 12 頁；陳斯鵬：《上海博物館藏竹簡〈彭祖〉新釋》，《華學》第七輯，第 158 頁。

66 馬承源編：《上海博物館藏戰國楚竹書（三）》，第 305 頁；黃人二：《上博藏簡彭祖試探》，《上海博物館藏戰國楚竹書（三）研究》，第 162 頁；陳斯鵬：《上海博物館藏竹簡〈彭祖〉新釋》，《華學》第七輯，第 158 頁；周鳳五：《上海博物館楚竹書〈彭祖〉重探》，《南山論學集——錢存訓先生九五生日紀念》，第 112 頁；湯志彪：《上博簡（三）〈彭祖〉篇校讀瑣記》，《江漢考古》2005 年第 3 期，第 89 頁。

67 朱熹：《四書章句集注》，台北，長安出版社，1991 年 2 月，第 38 頁。

有「天綸」一詞，原文作「法君者，法天地之則者。志曰
天，曰〔地〕，曰四時，覆生萬物，神聖是則，以配天地。
禮數四則，曰天綸，唯天不失範，四綸〔是〕[68] 則。古今
四綸，道數不忒，聖王是法，法則名分。」「爭道得主者甍
起 [69]，大干天綸，四則相侵。」帛書整理者引《莊子‧刻
意》：「一之精通，合於天倫。」《禮記‧王制》：「凡制五
刑，必即天倫。」將《九主》「天綸」一詞讀為「天倫」[70]。
魏啟鵬則指出：「綸字無須破讀。《爾雅‧釋詁》：『貉縮，綸
也。』《禮記‧緇衣》：『王言如絲，其出如綸。』《易‧繫辭
上》：『故能彌綸天地之道。』疏：『綸謂經綸牽引。』『天
綸』及下文之『四綸』，正與本書所云『繩適臣主之罪』[71]、
『木其能侵繩乎』[72] 文意相呼應。」[73] 按，魏啟鵬聯繫《九

68　「是」字依魏啟鵬《馬王堆漢墓帛書〈黃帝書〉箋證》補。

69　「甍起」之「甍」馬王堆帛書整理者破讀為「萌」，筆者以為如字
　　讀即可。《詩‧周南‧螽斯》「螽斯羽，甍甍兮。」毛《傳》：「甍
　　甍，眾多也。」朱熹《集傳》：「甍甍，群飛聲。」然則帛書「甍
　　起」即甍甍然而起之意，義猶「蠢起」。

70　國家文物局古文獻研究室：《馬王堆漢墓帛書〔壹〕》，北京，文物
　　出版社，1980 年 3 月，第 32 頁。

71　原文作「請明臣法，以繩適臣之罪。」「主不失道，〔則臣得其義，
　　請明〕主法，以繩適主之罪。」整理者云：「適，疑當讀為讁。繩
　　讁，猶言繩責。」按，魏啟鵬蓋從帛書整理者說。裘錫圭則指出：
　　「疑『適』（讁）當與『君』、『臣』連作一詞讀。『讁君』、『讁臣』
　　是對法君、法臣之外的那八種被指讁的君臣的通稱，也就是所謂的
　　『八讁』。」裘說見《讀馬王堆帛書〈九主〉箚記一則》，《裘錫圭
　　學術文化隨筆》，北京，中國青年出版社，1999 年 10 月，第 141
　　頁。

72　原文作「木直，繩弗能罪也。木其能侵繩乎？」

73　魏啟鵬：《馬王堆漢墓帛書〈黃帝書〉箋證》，第 255 頁。

主》上下文，將「天綸」如字讀，其說甚確。《彭祖》上文謂「天地與人，若經與緯」，下文云「五紀畢周」、「五紀不正」，皆以治絲為喻，正與「人綸」呼應。

(17)慎終保（葆）勞：黃錫全解釋此句為「始終謹慎，保持勤勞（或襃獎勞績）」[74]。鵬按，《說文》：「終，絿絲也。」前人已指出《說文》古文及金文之「終」字象絲線兩端有結形[75]，所以「終」可訓為盡（引申為人死之代稱），亦有周、成之意（引申為時間上的從開始到結束）。黃錫全將簡文「終」訓為始終，蓋取後義。筆者以為簡文「慎終」即「慎終如始」、「慎始敬終」之意。《老子》：「慎終如始，則無敗事。」《說苑·談叢》：「慎終如始，常以為戒。」《左傳》襄公二十五年：「慎始而敬終，終以不困。」皆可移為簡文註腳。簡文「保勞」之「勞」訓為功。「保」與「抱」為同源詞[76]，可引申為持、守，但在此疑破讀為「葆」。《說文》：「葆，艸盛貌。」引申為隱蔽，如《莊子·齊物論》：「注焉而不滿，酌焉而不竭，而不知其所由來，此之謂葆光。」同書《田子方》：「其為人也真，人貌而天，虛緣而葆真，清而容物。」《論語·公冶長》載顏淵語：「願無伐善，無施勞。」施勞與伐善對文，朱熹《集注》云：「伐，誇也。善，謂有能。施，亦張大之意。勞，謂有功。《易》曰

---

74 黃錫全：《讀上博戰國楚竹書（三）箚記數則》，簡帛研究網，2004年6月22日。

75 見《古文字詁林》第九冊（上海教育出版社，2004年10月），第1173頁所引林義光《文源》、高田忠周《古籀篇》之說。

76 參考王力：《同源字典》，台北，文史哲出版社，1991年10月，第244頁。

『勞而不伐』是也。」⁷⁷ 簡文「葆勞」即「蔽勞」，亦即顏淵所謂「無施勞」。

⒅ 大（泰）匚之衍（愆）：「泰」字，簡文原作「大」，整理者及諸家皆如字讀。頗疑簡文「大」當讀作「泰」。《說文》：「泰，滑也。……𡙶，古文泰如此。」段玉裁《注》：「滑則寬裕自如，故引申為縱泰……又引申為泰侈。」⁷⁸ 今本《老子》第二十九章：「是以聖人去甚、去奢、去泰。」馬王堆帛書甲、乙二本「泰」俱作「大」⁷⁹，即「大」讀為「泰」之例證。「匚」字，簡文原從竹、從坣，整理者釋為「匚」。周鳳五釋此字為「往」，以「大往」為人死之諱稱⁸⁰。李銳指出，此字與上博《詩論》簡 1、《子羔》簡 1、簡 5 的「者」字同，當釋為「箸」，季旭昇更詳考字形，欲證成其說⁸¹。陳斯鵬亦從此說，讀「箸」為「圖」，以「大圖」猶「大謀」、「大業」⁸²。鵬按，整理者說是。此字所從「坣」，即《說文》「匚」、「往」二字所從聲符。《說文》：「匚，飯器，筥也。從匸，坣聲。筐，匚或從竹。」簡文此字為「匚」之異體，「匚」（或作「筐」）本竹器之稱（所從

---

77 朱熹：《四書章句集注》，第 82 頁。

78 段玉裁：《說文解字注》，第 570 頁。

79 國家文物局古文獻研究室：《馬王堆漢墓帛書〔壹〕》，第 12、97 頁。

80 周鳳五：《上海博物館楚竹書〈彭祖〉重探》，《南山論學集——錢存訓先生九五生日紀念》，第 13 頁。

81 李銳：《〈彭祖〉補釋》，簡帛研究網，2004 年 4 月 19 日；季旭昇：《上海博物館藏戰國楚竹書（三）讀本》，第 258 頁

82 陳斯鵬：《上海博物館藏竹簡〈彭祖〉新釋》，《華學》第七輯，第 158 頁。

「匚」象竹木器形），故其異體從「竹」。「匩」可訓為
「滿」，如《廣雅・釋詁一》：「匩，滿也。」《楚辭・九歎・
怨思》「筐澤瀉以豹鞹兮，破荊和以繼築」，王逸《章句》：
「筐，滿也。」由此義引申又可訓為「虧」，如《國語・越語
下》：「日困而還，月盈而匩」，韋昭注：「匩，虧也。」簡文
「匩」訓為滿溢。盈滿為道家所深戒，故今本《老子》第九
章云：「持而盈之，不如其已。」《莊子・徐无鬼》：「君將盈
耆欲，長好惡，則性命之情病矣。」《管子・白心》：「持而
滿之，乃其殆也。名滿於天下，不若其已也。名進而身退，
天之道也。滿盛之國不可以仕，滿盛之家不可以嫁子，驕倨
傲暴之人不可與友。」本篇與稷下道家有關（詳下節），而
泰與盈皆老、莊所欲去，是以簡文亦「泰匩」連言。簡文
「衍」字，整理者依字摹寫而無說。楊澤生、黃錫全釋此字
為「要」[83]。陳斯鵬及季旭昇則釋為「婁」，分別讀為
「數」、「謱」（訓為謹）[84]。周鳳五指出，此字從遣、陷二字
省聲，當釋為「衍」，訓為行。類似的字形見郭店《語叢
四》第 19 簡「善事其上者，若齒之事舌，而終弗愆。」及
《老子・甲》「大曰衍，衍曰轉，轉曰反。」[85] 鵬按，周鳳

---

83 楊澤生《上博竹書第三冊零釋》，簡帛研究網，2004 年 4 月 29 日；
黃錫全：《讀上博戰國楚竹書（三）劄記數則》，簡帛研究網，2004
年 6 月 22 日。
84 陳斯鵬：《上海博物館藏竹簡〈彭祖〉新釋》，《華學》第七輯，第
158 頁；季旭昇：《上海博物館藏戰國楚竹書（三）讀本》，第 261
頁。
85 周鳳五：《上海博物館楚竹書〈彭祖〉重探》，《南山論學集——錢
存訓先生九五生日紀念》，第 13 頁。按，上引《老子・甲》及《語
叢四》之考釋又見林素清：《郭店竹簡〈語叢四〉箋釋》，《郭店楚

五說是。「衍」疑讀為「愆」，訓為過、失。簡文「泰匡之愆」意即泰奢盈滿之過失。

(19)**難易〈以〉遣欲**：簡文「難」原從心。「遣」字原從言、從欠，其字又見於郭店《性自命出》簡 62「身欲靜而毋欠（從言）」。李銳據陳劍之說，釋此句為「難易滯欲」，陳斯鵬則釋為「難易遣欲」[86]。周鳳五聯繫上句「大往之衍」之解，釋為「難以遷延」[87]。鵬按，郭店《性自命出》「身欲靜而毋欠（從言）」之「欠（從言）」，上博《性情論》簡 27 作「遣（從陷省）」（後者即上句釋為「衍（愆）」之字），周鳳五已釋為「遣」[88]。疑簡文「欠（從言 [89]）欲」可依陳斯鵬說讀為「遣欲」。「易」則從周鳳五說釋為「以」。簡文「以」書作「易」，可能非單純聲音通假，疑因聯想致訛（受前字「難」影響而「難易」連讀）。「泰匡之愆，難以遣欲」是說泰奢盈滿將使人難以去除貪欲，此乃其過失。

簡國際學術研討會論文集》，武漢，湖北人民出版社，2000 年 5 月，第 393 頁；周鳳五：《楚簡文字瑣記（三則）》，《第一屆簡帛學術研討會論文集》（簡帛研究彙刊第一輯），台北，中國文化大學史學系及簡帛學文教基金會籌備處，2003 年 5 月。

86 李銳：《彭祖補釋》，簡帛研究網，2004 年 4 月 19 日；陳斯鵬：《上海博物館藏竹簡〈彭祖〉新釋》，《華學》第七輯，第 159 頁。陳劍說見《郭店簡補釋三篇》，《古墓新知——紀念郭店楚簡出土十周年論文專輯》，香港，國際炎黃文化出版社，2003 年 11 月，第 121－125 頁。

87 周鳳五：《上海博物館楚竹書〈彭祖〉重探》，《南山論學集——錢存訓先生九五生日紀念》，第 13 頁。

88 周鳳五：《上博〈性情論〉小箋》，《齊魯學刊》，2002 年 4 月，第 15 頁。

89 按，據陳劍前揭文，簡文所從「言」實即「遣」字所從「**㫃**」。

⒇<u>余〔告汝尤〕：父子兄弟</u>：竹書簡 2 下端殘，整理者在簡末「余」字下補「告汝」二字，揆諸文例，知其說是。簡 2 後當接簡 5。簡 5 所存之契口在「周」字下，其上尚存八字，假設此契口為第一道編繩所在，則依前文所述竹簡形制，其上可能還有一至二字的缺文。筆者在簡 5 前擬補「尤」字，而與「父子兄弟」連讀。此段蓋以尤、弟、周、攸為韻，「尤」字為之部，「弟」字為脂部，後二字為幽部，之、脂、幽合韻（之、幽旁轉，楚方言之、脂二部可通）。後文云「余告汝禍」（簡 5 末）、「余告汝咎」（簡 6 末），此云「余告汝尤」，文例一致。「尤」訓為《論語・為政》「言寡尤，行寡悔」之「尤」，即過失也。下文「五紀」，周鳳五及李銳已引清人俞樾之說，謂即君臣、父子、兄弟、夫婦、朋友等「五倫」。簡文蓋舉「父子兄弟」以賅五倫，其上未必有缺文（前後文皆四字句，若必盡數「君臣、父子、兄弟、夫婦、朋友」，亦與句例不合）。

(21)<u>五紀必（畢）周，唯（雖）貧必攸</u>：「必」讀為「畢」、「唯」讀為「雖」，皆從整理者說[90]。簡文「五紀」，周鳳五與李銳、魏啟鵬等學者皆解為君臣、父子、兄弟、夫婦、朋友五倫，其說是[91]。按，上文云「人綸」，此則云「五紀」，《說文》云：「紀，別絲也。」段玉裁《注》：「別絲者，一絲必有其首，別之是為紀。眾絲皆得其首，是為

90 馬承源編：《上海博物館藏戰國楚竹書(三)》，第 306 頁。

91 周鳳五：《上海博物館楚竹書〈彭祖〉重探》，《南山論學集——錢存訓先生九五生日紀念》，第 13 頁；李銳：《〈彭祖〉補釋》，簡帛研究網，2004 年 4 月 19 日；魏啟鵬：《楚簡〈彭祖〉箋釋》，《新出楚簡國際學術研討會會議論文集（上博簡卷）》，第 289 頁。

統。」[92]「綸」為糾絲而合之,「紀」則為別絲。綸紀猶綱紀,《說文》:「綱,网紘也。」《白虎通義‧三綱六紀》云:「綱者,張也。紀者,理也。大者為綱,小者為紀。所以張理上下,整齊人道也。」綱紀以網罟為喻,張之為綱,理之為紀;綸紀則以絲繩為喻,合之為綸,別之為紀。簡文「五紀畢周」之「周」,訓為密、固。「五紀畢周」是說五倫皆密固不亂。「雖貧必攸」之「攸」,整理者讀為「修」,頗疑可如字讀。《說文》:「攸,行水也。」所錄秦刻石嶧山石文「攸」字從水從攵。段玉裁云:「戴侗曰:『唐本作水行攸攸也,其中從水。』按,當作『行水攸攸也』。行水順其性,則安流攸攸而入於海。」又云:「《小雅》、《大雅》毛傳皆云:『脩,長也。』經文『脩』字皆『攸』之假借,本作『攸』,後改耳。《釋詁》:『永、悠、迥、遠,遐也。』悠當作攸。」[93] 簡文「雖貧必攸」之「攸」即訓攸長,與下文「雖富必失」之「失」對文。

(22)**五紀不正,雖福(富)必失**:「福」讀為「富」,乃整理者之說[94]。簡文「不正」,諸家多從整理者說釋為「不工」,但季旭昇指出,簡文此字與習見「工」字不同,唯上博三《周易》簡16、17之「工」字中間作二豎筆,與此字形似,但

---

92 段玉裁:《說文解字注》,第651頁。

93 段玉裁:《說文解字注》,第125–126頁。按,周鳳五亦曾據楚竹書《柬大王泊旱》「攸」字的用法,確認「脩」為「攸」之借字。說見《上博四〈柬大王泊旱〉重探》,《簡帛》第一輯,上海古籍出版社,2006年10月,第130頁,注29。

94 馬承源編:《上海博物館藏戰國楚竹書(三)》,第306頁。

考慮到押韻問題，則此字可能非「工」字 95。周鳳五引范麗梅說指出，上博三《周易・謙卦》簡 13「征」字所從與此同，當釋為「不正」96。按，周鳳五說可從。

(23) **恩恩之謀不可行**：簡 6 上殘，整理者指出，首字上部不清，下從心，且有重文符。陳斯鵬和陳偉武都指出，簡文與《說苑・說叢》：「忽忽之謀，不可為也；惕惕之心，不可長也。」同出一源。陳偉武以為簡首可據《說叢》補「忽忽」二字，訓為匆遽輕率；陳斯鵬則以為首字上從「虫」聲，可逕讀為「忽」，二字曉母雙聲，微、物對轉，並訓「忽忽」為憂慮不定 97。湯志彪認為首字為「忽」字之殘，「忽忽」讀為「湣湣」98。鵬按，《說文》：「忽，忘也。」「忘，不識也。」當非其誼。此字當分析為從心，蟲省聲，其下有重文符，當讀為「恩恩」（「恩」字俗作「匆」或「忽」），訓為急遽輕率。上古音「蟲」為定母冬部，「恩」為清母冬部，音近可通。《說文》：「恩，多遽恩恩也。從心、囟，囟亦聲。」頗疑從心、蟲聲之字即「恩」字異體，其字所從聲符「蟲」或誤省為「虫」（如簡文），故又得與「勿」通（二字同為曉母，韻則微物對轉）。《說文》：「勿，州里所建旗，象

---

95 季旭昇：《上海博物館藏戰國楚竹書（三）讀本》，第 263－264 頁。

96 周鳳五：《上海博物館楚竹書〈彭祖〉重探》，《南山論學集——錢存訓先生九五生日紀念》，第 13 頁。

97 陳斯鵬：《上海博物館藏竹簡〈彭祖〉新釋》，《華學》第七輯，第 160－161 頁；陳偉武：《讀上博藏簡第三冊零箚》，《華學》第七輯，第 176 頁。

98 湯志彪：《上博簡（三）〈彭祖〉篇校讀瑣記》，《江漢考古》，2005 年第 3 期，第 89－90 頁。

其柄有三游，雜帛，幅半異，所以趣民，故遽稱勿勿。」[99]

⒇ **述（詿）惕（傷）之心不可長**：「述惕」，整理者逕讀為「怵惕」而無說，陳斯鵬以為「怵惕」乃「憂懼」之義[100]。陳偉武指出，「述惕之心不可長」之類似語句又見於睡虎地秦簡《為吏之道》，作「術愁之心不可長」，並讀「述惕」、「術愁」為「墜易」，訓為輕慢大意（為「墜失廢弛」義之引申）[101]。鵬按，本篇竹書多見敬慎之論，如「毖（訓為慎）于禘嘗」，又如「戒之毋驕，慎終葆勞」，篇末與正考父銘相似之一段，主旨亦為敬謹。此若云「怵惕之心不可長」，實不可通。睡虎地秦簡《為吏之道》「術愁之心不可長」前有「戒之戒之，財不可歸；謹之謹之，謀不可遺；慎之慎之，言不可追；綦（忌）之綦（忌）之，食不可賞（償）。」[102]

99　《顏氏家訓・勉學》云：「世中書翰，多稱勿勿，相承如此，不知所由。或有妄言此『忽忽』之殘缺爾。按，《說文》：『勿，州里所建之旗，象其柄及三游之形，所以趣民事，故悤遽者稱勿勿。』」黃伯思《東觀餘論》云：「僕謂顏氏以《說文》證此字為長。而今世流俗，又妄於勿勿字中斜益一點，讀為『悤』字，彌失真矣。」鵬按，「勿」之訓為遽而與「悤」通，當緣於聲之誤，疑非「勿」字之引申。

100　馬承源編：《上海博物館藏戰國楚竹書(三)》，第 307 頁；陳斯鵬：《上海博物館藏竹簡〈彭祖〉新釋》，《華學》第七輯，第 161 頁。

101　陳偉武：《讀上博藏簡第三冊零箚》，《華學》第七輯，第 176－177 頁。

102　睡虎地秦墓竹簡整理小組：《睡虎地秦墓竹簡》，北京，文物出版社，第 169－170 頁。按，「綦」字依整理者說讀為「忌」。「食不可賞」之「賞」，整理者讀為「償」，陳偉武引此文讀為「嘗」，此從整理者說。

亦以謹慎勉吏。「远惕」疑讀為「訹傷」。《說文》:「訹,誘也。」即以利害誘惑之意。《管子·心術上》「君子不怵乎好,不迫乎惡。恬愉無為,去智與故。」王念孫云:「怵與訹通。《說文》曰:『訹,誘也。』《漢書·賈誼傳·鵩賦》『怵迫之徒,或趨西東。』孟康曰:『怵,為利所誘怵也。迫,迫貧賤也。』」[103] 上注已引陳偉武說指出,《說苑·談叢》「惕惕之心,不可長也」與簡文「远易之心不可長」類似。向宗魯云:「惕當為愓,字之誤也。君子終日乾乾夕惕,則惕惕之心何不可長之有?《說文》:『愓,放也。』字又作『蕩』,《詩》『上帝蕩蕩』,《箋》云:『蕩蕩,法紀廢壞之貌。』『愓愓』即『蕩蕩』也。寫者習見『惕』,少見『愓』,遂致斯繆。或云『惕』當為『傷』,亦通。」[104] 按,從本篇簡文亦作「惕」、睡虎地秦簡作「愁」來看,「惕為愓之誤」說並不可從。「惕」當從向氏後說讀為「傷」,訓為輕慢。《說文》:「侮,傷也。」「傷,輕也。」陳偉武謂:「簡易謂之易,心中以為簡易即是輕慢之意,亦謂之易,故楚簡加心旁為專用字。」[105] 其說是。「訹傷之心」即因輕慢而產生的利誘之心。

⒇ **遠慮甬(用)索(素)**:「用素」二字從整理者釋[106],惟「遠慮用素」當斷讀。陳偉武指出:簡文「素」字中有兩手

103 王念孫:《讀書雜志》,南京,江蘇古籍出版社影印王氏家刻本,2000 年 9 月,第 466 頁。

104 向宗魯:《說苑校證》,北京,中華書局,1987 年 7 月,第 390 頁。

105 陳偉武《讀上博藏簡第三冊零劄》,《華學》第七輯,第 176 頁。

106 馬承源編:《上海博物館藏戰國楚竹書(三)》,第 307 頁。

之形，實當釋為「索」，讀為「素」[107]。其說是。周鳳五云：「老、莊『樸』、『素』常連言，如《老子》第十九章『見素抱樸』；《莊子‧天道》：『樸素而天下莫能與之爭美。』單言『素』者見《莊子‧刻意》：『純素之道，唯神是守；守而勿失，與神為一；一之精通，合於天倫。……能體純素，是謂真人。』《管子》一書由『素也者，五色之質也』推論出『素質不留，與地同極』，於人事修養亦言『素』，見《心術》：『君子恬愉無為，去智與故，言虛素也。』韓非受道家影響，於駕馭臣下之道亦強調『素』，如《韓非子‧二柄》：『去好去惡，群臣見素。群臣見素，則大君不蔽矣。』[108] 鵬按，《說文》：「素，白致繒也。」即本色未染之生帛，引申為事物之本然，如《莊子‧刻意》：「素也者，謂其無所與雜也。」

㉖**心白身澤（懌）**：簡文「澤」，整理者讀為「釋」，趙炳清從之，將之訓為解脫、放鬆；孟蓬生如字讀，訓為潤澤、光鮮；魏啟鵬讀為「繹」，訓為理、治；陳偉武、周鳳五讀為「懌」，訓為悅懌[109]，周鳳五且指出：「『心白』一詞當與

---

107 陳偉武《讀上博藏簡第三冊零箚》，《華學》第七輯，第 177 頁。

108 周鳳五：《上海博物館楚竹書〈彭祖〉重探》，《南山論學集——錢存訓先生九五生日紀念》，第 13 頁。

109 馬承源編：《上海博物館藏戰國楚竹書（三）》，第 307 頁；趙炳清：《上博簡三〈彭祖〉補釋》，簡帛研究網，2005 年 1 月 26 日；孟蓬生：《〈彭祖〉字義疏證》，簡帛研究網，2005 年 6 月 21 日；魏啟鵬：《楚簡〈彭祖〉箋釋》，《新出楚簡國際學術研討會會議論文集（上博簡卷）》，第 290 頁；陳偉武《讀上博藏簡第三冊零箚》，《華學》第七輯，第 177 頁；周鳳五：《上海博物館楚竹書〈彭祖〉重探》，《南山論學集——錢存訓先生九五生日紀念》，第 13

《管子・白心》有關，值得注意的是《莊子・天下》：『不累
於俗，不飾於物，不苟於人，不忮於眾，願天下之安寧以活
民命，人我之養畢足而止，以此白心，古之道術有在於是
者，宋鈃、尹文聞其風而悅之。』『白心』之說和宋鈃一派
又有關係。」[110] 按，周鳳五所論甚是。關於本篇及《管
子・白心》與宋鈃一派之關係，詳見下文析論。

(27) **伓（倍）者不以**：簡文原作「伓者不目」。整理者云：「首字
似從人旁，從不。簡文『伓』多用作『負』或『倍』。此句
疑作『不□者不目』。」[111] 蓋於「□」（從人從不）上補一
「不」字，求與下文「多務者多憂」對稱。楊芬則指出，本
簡首端完整，無缺字。「伓」讀為「背」，訓為違背，在簡文
中指「有違為人之道」，並訓「目（以）」為用 [112]。鵬按，
楊芬說近是。簡端如整理者說略殘，但實未缺字，不必再於
「伓」字前補字。簡文「伓」從整理者說讀為「倍」，《說
文》：「倍，反也。」訓為逆反。「以」訓作「為」[113]。「倍者
不以」是說不為逆反之事。

(28) **一命弌（二）俯**：「俯」字，整理者隸定為從「憂」（省下
半）、從攸之字，並云：「含義待考，或讀為『修』。」[114] 陳

頁。

110 周鳳五：《上海博物館楚竹書〈彭祖〉重探》，《南山論學集 —— 錢
存訓先生九五生日紀念》，第 13 頁。

111 馬承源編：《上海博物館藏戰國楚竹書（三）》，第 308 頁。

112 楊芬：《上博簡〈彭祖〉、〈互先〉、〈中弓〉集釋》，第 18 頁。

113 傳世文獻中「以」訓作「為」者，如《左傳》定公十年「所以事
君，封疆社稷是以」，杜預《注》：「以，猶為也。」《論語・為
政》「視其所以」，朱熹《集注》：「以，為也。」

114 馬承源編：《上海博物館藏戰國楚竹書（三）》，第 308 頁。

斯鵬認為此字上從「首」，下所從聲符「攴（從人）」疑為「付」之異體，並讀此字為「俯」[115]。周鳳五則明確指出：「俯，《說文》作『頫』，簡文作從頁，攵聲。攵，滂母屋部；俯，幫母侯部，可以通假。」[116] 按，此字當從周鳳五說改釋。簡文「弍」，整理者釋為「一」，周鳳五則據林素清說指出：「西周金文『四匹』二字，往往在『匹』字上作三橫畫，借匹字上部一橫，共為積畫的『四』字，見《彔伯簋》、《吳方彝蓋》、《鄂侯馭方鼎》等。簡文此字從弍，從一，蓋以弍為一，加一為二；參照下文『一命二仰』、『二命三仰』、『三命四仰』，知此處當為『一命二俯』、『二命三俯』、『三命四俯』，乃完整的數字序列。但抄寫者誤作『一命二俯』、『一命三俯』、『三命四俯』，於是遂錯落而不可理解。」[117] 按，其說是，當據之校正。

㉙ 一命<u>弍（二）</u>仰：「仰」字原從肉，襄聲，陳斯鵬、周鳳五皆讀為「仰」。周鳳五並指出：「所謂『一命』、『二命』、『三命』見《左傳·昭公七年》：『及正考父佐戴、武、宣，三命茲益共，故其鼎銘云：一命而僂，再命而傴，三命而俯，循牆而走，亦莫余敢侮。饘於是，鬻於是，以餬余口。其共也如是。』」[118] 按，其說是。簡文「弍」當釋為「二」，見前

---

115 陳斯鵬：《上海博物館藏竹簡〈彭祖〉新釋》，《華學》第七輯，第161－162頁。

116 周鳳五：《上海博物館楚竹書〈彭祖〉重探》，《南山論學集——錢存訓先生九五生日紀念》，第13頁。

117 周鳳五：《上海博物館楚竹書〈彭祖〉重探》，《南山論學集——錢存訓先生九五生日紀念》，第13頁。

118 陳斯鵬：《上海博物館藏竹簡〈彭祖〉新釋》，《華學》第七輯，第162頁；周鳳五：《上海博物館楚竹書〈彭祖〉重探》，《南山論學

注所引林素清、周鳳五說。

(30) **是謂絕世**：簡文「世」原從糸，蔡聲，整理者讀為「綴」。
陳斯鵬則讀此字為「殺」，訓為衰 [119]。周鳳五讀為「世」，
並謂：「『絕世』即『絕後』，見《左傳・哀公十五年》『大命
隕隊，絕世于良』，杜《注》：『絕世，猶棄世。』又見《論
語・堯曰》：『興滅國，繼絕世。』又見《禮記・中庸》：『繼
絕世，舉廢國。』」 [120] 魏啟鵬釋為「絕祭」，並引《老子》
「善建者不拔，善抱者不脫，子孫以祭祀不絕。」《說苑・節
士》「至於身死，廢子道，絕祭祀，不可謂孝」為說 [121]。
按，周鳳五說是。

(31) **毋由〈故（怙）〉富**：簡文「由」本從「攵」，諸家或讀
「抽」（訓展示）、「妯」（訓動）、「逐」（訓爭求）、「偷」（訓
苟且）、「聚」（訓聚斂）、「育」（訓畜養）等 [122]。張新俊則

集──錢存訓先生九五生日紀念》，第 14 頁。

119 馬承源編：《上海博物館藏戰國楚竹書（三）》，第 308 頁；陳斯鵬：
《上海博物館藏竹簡〈彭祖〉新釋》，《華學》第七輯，第 162
頁。

120 周鳳五：《上海博物館楚竹書〈彭祖〉重探》，《南山論學集──錢
存訓先生九五生日紀念》，第 14 頁。

121 魏啟鵬：《楚簡〈彭祖〉箋釋》，《新出楚簡國際學術研討會會議論
文集（上博簡卷）》，第 291－292 頁。

122 讀為「抽」見楊澤生《上博竹書第三冊零釋》，簡帛研究網，2004
年 4 月 29 日；讀為「妯」見魏啟鵬《楚簡〈彭祖〉箋釋》，《新出
楚簡國際學術研討會會議論文集（上博簡卷）》，第 292 頁；讀為
「逐」見陳斯鵬：《上海博物館藏竹簡〈彭祖〉新釋》，《華學》第
七輯，第 162 頁；讀為「偷」見陳偉武《讀上博藏簡第三冊零
箚》，《華學》第七輯，第 177 頁；讀為「聚」見周鳳五《上海博
物館楚竹書〈彭祖〉重探》，《南山論學集──錢存訓先生九五生

指出，字當隸定作「故」，讀為「怙」，訓為依恃，並引《左傳》昭公元年：「無禮而好陵人，怙富而卑其上，弗能久矣。」定公四年：「無始亂，無怙富，無恃寵，無違同，無敖禮，無驕能，無復怒，無謀非德，無犯非義。」為證[123]。按，張氏說釋義是，惟其字本從「由」（即本篇簡 1「多問因由」之「由」），當視為「故」字之訛。楚文字「由」、「古」二字形近，容易混訛。

⑳ **毋倚賢**：簡文「賢」字原省「貝」。「倚」字，原從力，可聲，楊澤生、魏啟鵬讀為「訶」或「呵」，訓為斥責；陳偉武讀為「苛」，訓為煩、擾；黃人二釋為「墮」，並引《荀子‧成相》「愚闇愚闇墮賢良」為說；季旭昇讀為「誇」；周鳳五讀為「倚」，訓為仗、恃，並謂「倚賢」有二解，一是自負賢能而不納諫，二是聽信賢者而大權旁落；陳斯鵬亦讀為「倚」，謂「倚賢」即「任賢」，但又疑可讀為「阿」，訓為近、私[124]。鵬按，當從周鳳五讀為「倚賢」，並疑其前解

日紀念》，第 14 頁；讀為「育」見黃人二《讀上博藏簡彭祖書後》，《上海博物館藏戰國楚竹書（三）研究》，第 177 頁。

123 張新俊：《上博簡〈彭祖〉「毋怙富」解》，《武漢大學 2004 年全國博士學術論壇論文集》，2004 年 10 月；又見《上博楚簡文字研究》，全國優秀博士論文全文資料庫，2005 年。

124 見楊澤生：《上博竹書第三冊零釋》，簡帛研究網，2004 年 4 月 29日；魏啟鵬：《楚簡〈彭祖〉箋釋》，《新出楚簡國際學術研討會議論文集（上博簡卷）》，第 292 頁；陳偉武《讀上博藏簡第三冊零箚》，《華學》第七輯，第 177 頁；黃人二：《讀上博藏簡彭祖書後》，《上海博物館藏戰國楚竹書（三）研究》，第 177 頁；季旭昇：《上海博物館藏戰國楚竹書（三）讀本》，第 270 頁；周鳳五：《上海博物館楚竹書〈彭祖〉重探》，《南山論學集——錢存訓先生九五生日紀念》，第 14 頁；陳斯鵬：《上海博物館藏竹簡〈彭祖〉新

近是 [125]。「毋倚賢」指君主自恃賢能而不與眾共治。《尹文
子》云:「天下萬事,不可備能。責其備能於一人,則賢聖
其猶病諸。設一人能備天下之事,左右前後之宜 [126]、遠近
遲疾之間,必有不兼者焉。苟有不兼,於治闕矣。」又說:
「所貴聖人之治,不貴其獨治,貴其能與眾共治;貴工倕之
巧,不貴其獨巧,貴其能與眾共巧也。今世之人,行欲獨
賢,事欲獨能,辯欲出群,勇欲絕眾。獨行之賢,不足以成
化;獨能之事,不足以周務;出群之辯,不可為戶說;絕眾
之勇,不可與征陣。凡此四者,亂之所由生。」[127]《管子·
心術上》也說:「強不能偏立,智不能盡謀。」意旨略同,
皆稷下道家「毋倚賢」之說。「倚賢」與上文「恃富」對
文,作者蓋以「賢」、「富」為拘蔽人心之概念,故有此說。

(33)**毋向(尚)桓(斸)**:簡文原作「毋向桓」。楊澤生釋為「毋
相短」或「毋相瀆」;陳斯鵬讀為「毋向斸」,以「向斸」猶
「尚戰」;孟蓬生、黃人二讀為「毋向(或嚮)豎」,即勿親
近小人之意;魏啟鵬釋為「毋向短」,訓「短」為短見;季
旭昇讀為「毋尚樹」,謂「尚樹」即崇尚建樹;周鳳五則釋
為「毋易樹」,即「無易樹子」,指貴族立嗣之後不得擅
易 [128]。鵬按,陳斯鵬說近是,「毋向桓」疑讀為「毋尚

釋》,《華學》第七輯,第 162 頁。

125 按,《莊子·天下》稱田駢、慎到「笑天下之尚賢」,簡文「毋倚
賢」若解為聽信賢者而大權旁落,即稷下道家棄人治而尚法治之
說。

126 按,今本「左右前後」之前有「能」字,蓋涉上而衍。

127 參考王啟湘:《尹文子校詮》,《周秦名家三子校詮》,台北,世界
書局,1978 年 3 月再版,第 25 頁、第 26-27 頁。

128 楊澤生:《上博竹書第三冊零釋》,簡帛研究網,2004 年 4 月 29

鬭」。「鬭」一作「鬪」，與簡文「梪」皆從「豆」聲，可以通假[129]。季旭昇指出：「『向』疑讀為『尚』，《說文》以為『尚』從『向』聲。尚，崇尚也。」[130] 按，「尚」、「向」皆為陽部字，古籍中亦見通假之例 [131]，季旭昇說可從。《說文》：「尚，曾也、庶幾也。從八，向聲。」段《注》：「曾，重也；尚，上也，皆積絫加高之意，義亦相通也。」[132] 簡文「尚」訓為好、崇尚，乃其義之引申。《國語·晉語八》：「其為人也，剛而尚寵。」韋昭注：「尚，好也。好自尊寵。」尚鬭即好鬥、好戰之意。

(34)弍（三）拜旨（稽）首：整理者釋為「二拜稽首」，諸家多從之，楊芬云：「『弍拜稽首』，猶言再拜稽首。」陳斯鵬更謂：「二拜，金文及傳世古書作『再拜』。此作『二拜』頗為特別。以前一般認為上古漢語動詞前加『再』不加『二』（按，引王力《漢語史稿》），現在看來是太絕對化了。這是

日；陳斯鵬：《上海博物館藏竹簡〈彭祖〉新釋》，《華學》第七輯，第 163 頁；孟蓬生：《〈彭祖〉字義疏證》，簡帛研究網，2005年 6 月 21 日；黃人二：《讀上博藏簡彭祖書後》，《上海博物館藏戰國楚竹書（三）研究》，第 177 頁；魏啟鵬：《楚簡〈彭祖〉箋釋》，《新出楚簡國際學術研討會會議論文集（上博簡卷）》，第 292頁；季旭昇：《上海博物館藏戰國楚竹書（三）讀本》，第 270 頁；周鳳五：《上海博物館楚竹書〈彭祖〉重探》《南山論學集——錢存訓先生九五生日紀念》，第 14 頁。

129 陳斯鵬：《上海博物館藏竹簡〈彭祖〉新釋》，《華學》第七輯，第163 頁。

130 季旭昇：《上海博物館藏戰國楚竹書（三）讀本》，第 270 頁。

131 參考高亨：《古字通假會典》，濟南，齊魯書社，1989 年 7 月，第296 頁。

132 段玉裁：《說文解字注》，第 49 頁。

新材料帶來的新認識。」[133] 周鳳五釋簡文「弍」為「三」
並指出：「『二』與『再』雖為同義詞，但上古文獻有『再
拜』無『二拜』，考慮上古漢語構詞法與使用的習慣，此處
不能讀作『二拜』。且上文『二命』之『二』從弋，從一，
此字從弋，從二，當釋作『三』。《左傳・僖公十五年》『晉
大夫三拜稽首』是其證。」[134] 按，周鳳五說是。

第二節　從《彭祖》之思想特徵論
其學派歸屬

　　陳斯鵬以為竹書《彭祖》乃先秦道家佚籍，趙炳清以此篇
為稷下黃老道家之作品 [135]。周鳳五則指出，全篇內容夾雜
儒、道，篇中「心白身懌」一語和《管子》「白心」有關。他
說：

> 　　第六簡「心白身懌」四字，其用語、思想明顯與《管
> 子》書中的「白心」之說有關。然則本篇可能與「稷
> 下」有關，不妨假設其為稷下學派的產物，或至少受到

---

133 楊芬：《上博簡〈彭祖〉、〈亙先〉、〈中弓〉集釋》，第 22 頁；陳斯
　　鵬：《上海博物館藏竹簡〈彭祖〉新釋》，《華學》第七輯，第 163
　　頁、第 164 頁注釋 25。

134 周鳳五：《上海博物館楚竹書〈彭祖〉重探》，《南山論學集——錢
　　存訓先生九五生日紀念》，第 14 頁。

135 陳斯鵬：《上海博物館藏竹簡〈彭祖〉新釋》，《華學》第七輯，第
　　156 頁；趙炳清：《上博三〈彭祖〉篇的性質探析》，簡帛研究網，
　　2005 年 11 月 20 日。

「稷下」的影響。巧合的是,《郭店楚墓竹簡》以儒家典籍《性自命出》、《緇衣》、《五行》、《尊德義》、《六德》、《成之聞之》等六篇為主,與道家典籍《老子》三種同出,且在上述儒家典籍中也出現了「心術」[136]、「內業」[137] 等見於《管子》篇名的用語。眾所周知,《管子》書的《心術上》、《心術下》、《白心》、《內業》四篇是稷下學派的重要思想資料。上博楚竹書與郭店這兩批竹簡,反映的究竟是個別現象抑或戰國晚期學術的共同趨勢?值得深入探究。[138]

若將楚竹書《彭祖》放在學術史的發展軌跡中觀察,不難看出此篇的時代及學派歸屬。竹書之思想可歸納為以下七項要點:

1. 以天地人之關係若經緯、表裡,不能偏廢,但仍強調天道。周鳳五指出:本篇「主張似以儒家思想為主。但從彭祖、耇老二人問答的過程來考察,彭祖所欲闡述的顯然是『天道』而非『人道』。因此,本篇雖以儒家思想為主,但不排斥道家,甚至有『揚道抑儒』的傾向。」[139]

---

136 周文原注:「《性自命出》簡 14:『凡道,心術為主。』」

137 周文原注:「《性自命出》簡 54:『獨處而樂,有內業者也。』此外,〈性自命出〉簡 63:『貌欲莊而毋廢,欲柔齊而泊』,下『欲』字上或可補『心』字,讀作『心欲柔齊而泊』,則似與『白心』之說有關。」

138 周鳳五:《上海博物館楚竹書〈彭祖〉重探》,《南山論學集——錢存訓先生九五生日紀念》,第 11、13、15 頁。

139 周鳳五:《上海博物館楚竹書〈彭祖〉重探》,《南山論學集——錢存訓先生九五生日紀念》,第 11 頁。

2. 論君王應無為。簡文云：「倍者不以，多務者多憂，賊者自賊也。」即今本《老子》第 57 章所謂「天下多忌諱，而民彌貧；民多利器，國家滋昏；人多伎巧，奇物滋起；法令滋彰，盜賊多有。故聖人云：我無為而民自化，我好靜而民自正，我無事而民自富，我無欲而民自樸。」

3. 強調處世之敬慎謙恭，如簡文云「愻于禘嘗」、「戒之毋驕」、「慎終葆勞」、「恩恩之謀不可行」，篇中借彭祖之口反覆申告遠尤、遠禍、遠咎以及篇末「一命二俯」一段所論，皆有此意。先秦儒、道二家咸主張處世應敬慎謙恭，《老子》尤其重視這點，如云：「江海所以能為百谷王者，以其善下之，故能為百谷王。是以欲上民，必以言下之；欲先民，必以身後之。」「豫兮若冬涉川，猶兮若畏四鄰，儼兮其若客，渙兮若冰之將釋。」「富貴而驕，自遺其咎。」「民之從事，常于幾成而敗之。慎終如始，則無敗事。」由上述三點可以確定竹書的思想基調為道家，當為服膺老子學說者所作。

4. 倡導等級名分乃人之綱紀，必須遵守，即簡文「父子兄弟，五紀畢周，雖貧必攸；五紀不正，雖富必失。」白奚曾指出，道家老、莊一派主張平等，並不特別強調倫理名分，稷下道家則頗以等級名分乃天經地義，必須遵守，如馬王堆帛書《經法》、《稱》認為遵守名分謂之順，違背名分謂之逆，對逆順之道極為重視，並作了大量的闡述，如「五逆」、「六逆」、「六順」、「六危」等。《經法・大分》云：「凡觀國，有六逆：其子父，其臣主，雖強大不王。……主兩則失其明，男女爭威，國有亂兵，此謂亡國。」《稱》：「臣有兩位者，

其國必危。」「子有兩位者，家必亂。」[140] 由此可推論《彭祖》「五紀」之說乃援儒入道，作者與稷下道家有關。

5. 重視「心」之認識功能，並涉及如何排除外在干擾，恢復心的本然狀態，如簡文「執心不芒」與「遠慮用素，心白身懌」呼應 [141]，皆認為人應守心不昧，拋棄智巧而純任本心。「白」可引申為「空素之意」[142]。《說文》：「素，白致繒也。」引申為事物之本然，《莊子‧刻意》云：「素也者，謂其無所與雜也。」白奚指出，把作為認識主體的「心」當作特定的對象來考察，標志著哲學認識的深化。戰國中期前的《論語》、《老子》、《墨子》雖用「心」字，但都不是獨立的哲學概念，要到戰國中後期，莊、管、孟、荀等書均把「心」引入認識論，「心」才成為重要的哲學概念。在認識論關注的重點上，春秋末期到戰國早期，學者關心的是知識的來源及求知的途徑等問題，戰國中期後，則著重探討兩方面的問題：一是妨礙正確認識的因素是什麼，二是「心」處於什麼狀態才能獲得正確認識。關於後者，戰國中期之後的大部分學者都認為是主觀的偏見和成見造成自我中心，導致認識上的偏差 [143]。宋鈃提出「別宥」、「白心」之說，深化了這方面的討論 [144]。《莊子‧天下》云：「不累於俗，不飾於

---

140 參考白奚：《稷下學研究——中國古代的思想自由與百家爭鳴》，北京，三聯書店，1998 年 9 月，第 122－123 頁。

141 按，此點周鳳五前揭文已指出。

142 見朱駿聲：《說文通訓定聲》，北京，中華書局影印臨嘯閣刻本，1984 年 6 月，第 464 頁。

143 參考白奚：《稷下學研究——中國古代的思想自由與百家爭鳴》，第 104－107 頁。

144 劉節在《管子中所見之宋鈃一派學說》已指出：「古代人是以

物，不苟〈苛〉於人，不忮（伎）於眾。願天下之安寧，以
活民命。人我之養，畢足而止。以此白心，古之道術有在於
是者，宋鈃、尹文聞其風而悅之，作為華山之冠以自表，接
萬物以別宥為始。」[145] 別宥即去囿，謂人心有所拘囿，當
辨而去之也 [146]。《呂氏春秋・去宥》、《去尤》兩篇為宋鈃學
派遺說 [147]，《去宥》云：「凡人必別宥然後知，別宥則能全
其天矣。」凡此皆欲去除人心囿限，達到「白心」[148] 之目
的，而與簡文「遠慮用素，心白身懌」意旨相通。戰國晚期
的荀子、韓非子雖然極力反對宋鈃「情欲寡淺」及「見侮不
辱」之說，但皆吸收並發展宋子「別宥」之理論，荀子所謂
「蔽」、韓非所謂「前識」皆指人心之囿。

6. 認為少欲乃人之本性，反對過度的行為與要求。此牽涉到簡
文「泰匡之愆，難以遣欲」的理解問題。簡文是說泰奢盈滿
之行為，會使人誤以己之欲為多，而難以遣去貪欲，成為人

『文』與『德』說心，同時也從『文德』說社會文化。於是有
『遠人不服，則修文德以來之』的說法。越到後來，知道文德的
基本發祥地是『心』，所以孔子之後，對於心的研究越加普遍與深
刻。其代表的人物是孟子與宋鈃。」說見《劉節文集》，廣州，中
山大學出版社，2004 年 11 月，第 194 頁。

145 按，引文「苟」為「苛」之誤，「忮」讀為「伎」，見本文上篇第
一章第一節。

146 顧實：《莊子天下篇講疏》，台北，臺灣商務印書館，1980 年 12 月
台二版，第 44－45 頁。

147 陳奇猷《呂氏春秋校釋》指出：「此篇（指《去尤》）及《去宥》
為料子、宋鈃、尹文等流派之言也。」按，其說是，惟「料子」
即「宋子」之誤，說見前文第一章第三節。關於《去尤》、《去
宥》之學派歸屬及著成時代參考本文上編第六章第三節。

148 按，《經典釋文》：「白心，崔云：明白其心也。」

心之囿限。此二語隱含人之情欲寡而不欲多的假設，合於文獻中所述宋鈃學說。宋鈃所要破除人心之囿限主要有兩方面，其一即人自以為本性多欲。《莊子・天下》謂宋鈃「以情欲寡淺為內」，又引其言曰：「請（情）固欲置〈寡〉[149]，五升之飯足矣，先生恐不得飽，弟子雖飢，不忘天下。」《荀子・正論》：「子宋子曰：『人之情，欲寡，而皆以己之情為欲多，是過也。』故率其群徒，辨其談說，明其譬稱，將使人知情之欲寡也[150]。」先秦諸子多主張在合理範圍內節制欲望，宋鈃則認為人的本性欲寡而不欲多。從這種觀點出發，只要恢復人的自然本性，就沒有貪欲，自然也就不需節欲[151]。從人性實然的角度看，這種理論將人類欲求的差異性泯除，並將之降到僅足以維持生存的程度，所以荀子批評他「有見於少，無見於多」（見《天論》）「蔽於欲而不知得（德）」（見《解蔽》）。《荀子・正名》則說：「凡語治而待去欲者，無以道（導）欲而困於有欲者也；凡語治而待寡欲者，無以節欲而困於多欲者也。」都是針對此點而發。《孟子・盡心下》云：「養心莫善於寡欲。其為人也寡欲，雖有不存焉者，寡矣；其為人也多欲，雖有存焉者，寡矣。」孟子雖未必同意宋鈃人之情欲寡之假設，但其「養心莫善於寡欲」一語在修養論上頗與宋子相通[152]。

---

149 關於此句之釋讀，參考本文上篇第一章第一節。

150 按，「情之欲寡」今本作「情欲之寡」，此依王念孫《讀書雜志》校改（楊倞《注》已指出或本作「情之欲寡」）。

151 參考白奚：《櫻下學研究──中國古代的思想自由與百家爭鳴》，第 197 頁。

152 按，劉節《管子中所見之宋鈃一派學說》謂：「宋子的情欲寡淺

7. 反對爭鬪攻戰，即篇末所云「毋尚鬪」。前文論宋鈃所欲破人心之囿，在內即自以為本性欲多，在外則為榮辱。榮辱之囿既破，則可寢兵無鬪。《莊子·逍遙遊》謂宋子「舉世而譽之而不加勸，舉世而非之而不加沮，定乎內外之分，辯乎榮辱之境。」同書《天下》謂其「見侮不辱，救民之鬪，禁攻寢兵，救世之戰。」「以禁攻寢兵為外」。《荀子·正論》亦引子宋子曰：「明見侮之不辱，使人不鬪。人皆以見侮為辱，故鬪也；知見侮之為不辱，則不鬪矣。」《韓非子·顯學》云：「宋榮子之議，設不鬪爭，取（趣）不隨仇，不羞囹圄，見侮不辱，世主以為寬而禮之。」《孟子·告子下》並載宋子欲游說秦、楚罷兵，以行動實踐其寢兵之主張。

　　透過以上的討論，筆者認為楚竹書《彭祖》當為宋鈃一派遺著。《漢書·藝文志》小說家「《宋子》十八篇」，班固自注云：「孫卿道宋子。其言黃老意。」[153] 從《莊子·天下》等先秦文獻所述宋鈃學說及楚竹書《彭祖》看，涉及養生者極少，蓋宋子一派有取於老學者獨多，錢穆已透過文獻所述宋子之說與《老子》互相印證 [154]（見本文下編第二章第一節），此不贅言。

　　楚竹書《彭祖》出現典型的儒家思想 [155]，如「五紀畢

　　說，正適與孟子的『養心莫善於寡欲』一說相合。」

153 班固：《漢書》，中華書局點校本，1962 年 6 月，第六冊，第 1744 頁。

154 參考錢穆：《宋鈃考》，《先秦諸子繫年》，台北，東大圖書公司，1999 年 6 月台北東大三版，第 375－376 頁。

155 魏啟鵬《楚簡〈彭祖〉箋釋》一文指出：竹書《彭祖》惟「怵惕之心不可長，遠慮用素，心白身澤」一語稍涉及養生之術，且含稷下黃老意。值得注意的是，簡文主旨有較濃的儒家思想色彩。

周」之重視名分倫理，又如「一命二俯」一段暗引正考父銘（見《左傳》昭公七年及《史記‧孔子世家》），也頗讓人懷疑此篇為儒家學者所作。關於前者，上文已指出，《彭祖》「五紀畢周」與馬王堆帛書《經法》、《稱》維護等級名分之主張，皆稷下學者援儒入道之論；至於後者，則可舉《莊子‧列禦寇》為說。《列禦寇》亦引此正考父銘，但從正、反申說，其文作「正考父一命而傴，再命而僂，三命而俯，循墻而走，孰敢不軌！如而夫者，一命而呂鉅，再命而於車上儛，三命而名諸父，孰協唐、許。」簡文與之相較，語句整飭，且在「一命」、「二命」等句下加以論斷之語。可見道家之寓言不獨依託儒家孔、顏，亦取其言而改造之[156]。戰國時期，因受政治大一統氛圍之影響，各家學說尚融合，儒、道兩大學派既對立又互相影響，著作難免印上他派之思想印記，且在部分論題上，二家並無異致。觀《漢志‧諸子略》儒家類中有《內業》十五篇，稷下道家代表作之一的《管子‧內業》亦以此為名，於此可思過半矣[157]。

---

[156] 按，《莊子》一書尤擅此道。如《莊子‧知北遊》：「天地有大美而不言，四時有明法而不議，萬物有成理而不說。」郭象注云：「此孔子所以云『予欲無言』。」即《論語‧陽貨》：所載孔子語「天何言哉，四時行焉，百物生焉，天何言哉！」又如《論語‧微子》：「楚狂接輿歌而過孔子曰：鳳兮！鳳兮！何德之衰？往者不可諫，來者猶可追……。」在《人間世》描述相同情節，楚狂接輿之語卻變成「來世不可待，往世不可追也。」參考拙著：《從神話素材的再創造論〈莊子〉的文學表現》，《中國文學研究》第 14 期（2000 年 5 月），第 253－254 頁。

[157] 按，馬國翰定《管子‧內業》即《漢志》儒家類之《內業》十五篇；梁啟超則以今本《管子‧內業》為十五篇中之一篇。關於儒家《內業》十五篇及《管子‧內業》的關係及其學派歸屬，參考

關於上海博物館所藏戰國楚竹書之年代，李學勤有較深入的考察，他說：

> 上博簡有一種現題為《東大王泊旱》，「東大王」即楚簡
> 王，卒於公元前 408 年。上博簡包括這個王諡，自然不
> 能更早。簡王的軼事成為一種文獻流傳，可能要在他身
> 後若干年，把簡的整體年代估計在戰國中期後段以下較
> 為合理。與這批簡同時，有一些絲織品流散，傳說出於
> 一墓。其刺繡技法、紋飾都和江陵馬山一號墓的出土品
> 相若，很可能屬於同時。馬山一號墓的時代，發掘報告
> 云：「為戰國中期偏晚或戰國晚期偏早，約公元前 340
> 年之後，至公元前 278 年。」因此，我們估計上博簡所
> 出的墓，時代為戰國中期偏晚到晚期偏早，簡的書寫時
> 代也不出此限。[158]

竹書的書寫、流傳年代必定晚於著成時代。由此推論，《彭
祖》的著成年代當在戰國中期（可能早於公元前 340 年）。宋
鈃之生卒年約數，據顧實所考為公元前 382 年至 305 年 [159]，
適與上博竹書的著作及流傳時代相合。本篇竹書從字體上看，
應是楚國的文本 [160]。宋鈃一派學說在戰國中晚期盛行於楚，

本文上編第五章第二節之析論。

158 李學勤：《孔孟之間與老莊之間》，《新出土文獻與先秦思想重
構》，台北，臺灣古籍出版社，2007 年 8 月。

159 顧實：《莊子天下篇講疏》，第 128 頁。關於宋鈃年世之討論，詳
見本文下編第一章第一節。

160 參考周鳳五：《上海博物館楚竹書〈彭祖〉重探》，《南山論學

還有一項旁證，即《孟子・告子下》載：「宋牼將之楚，孟子遇於石丘，曰：『先生將何之？』曰：『吾聞秦、楚構兵，我將見楚王，說而罷之；楚王不悅，我將見秦王，說而罷之。二王我將有所遇焉。』」可知宋子曾入楚游說，然其說必定傳布於此地。

第三節　論《彭祖》之體製特色——兼論《宋子》入小說家

一、前人對《宋子》入《漢志》小說家之解釋

對於《漢書・藝文志》將《宋子》十八篇歸入小說家，前人頗有疑問，如張舜徽云：「考《莊子・天下篇》以宋鈃與尹文並論，《荀子・非十二子》將墨翟與宋鈃同譏，是宋子在戰國時，固一大名家也。故孟子與之對語，稱之為先生；而《荀子》書中，兩引宋子，又兩引子宋子。其為人尊重復如此，不解其十八篇之書，何以入之小說？此殆後人撰集而託名於宋子者，其言淺薄雜亂，不主一家，故歸諸小說家耳。使如班《注》所云『言黃老意』而甚專深，則必入道家矣。」[161] 錢穆以宋、尹並稱而《尹文子》入名家，從而推論「名家者流，大率取譬相喻，務在眾曉，故《漢志》評小說家曰『街談巷語，道聽塗說者之所造』，此宜與名家為近。荀子譏宋說，亦以入

集——錢存訓先生九五生日紀念》，第 11 頁。

161 張舜徽：《漢書藝文志通釋》，武漢，華中師範大學出版社，2004年 3 月，第 341－342 頁。

涸攘豕為譬，亦宋子書多此類，所以歸之小說家，而實與當時名家辯士白馬非馬之論相通流也。」[162] 顧頡剛也懷疑：「宋鈃上承儒、墨、楊三大學派而調和之，又下開尹、告、孟、荀之學，其魄力偉矣，顧《漢書·藝文志》乃列《宋子》十八篇於小說家中，與淺薄之《伊尹》、《師曠》，方士依託之《黃帝》、《周說》同列，其何故也？」他從《呂氏春秋·去尤》、《去宥》所錄寓言得到啟示：

> 此類故事，想《宋子》十八篇中必在不少。以其突梯滑稽，類于市井之談，遂使劉向、歆校書時視為不雅馴而抑之。觀其序錄曰：「小說家者流蓋出於稗官，街談巷語、道聽塗說者之所造也。……閭里小知者之所及，亦使綴而不忘；如或一言可采，此亦芻蕘狂夫之議也。」蓋以形式觀《宋子》，誠閭里小知矣。班固雖注云：「孫卿道宋子，其言黃老意。」其眼光已超出形式主義，然終不敢援之以入道家，則高文典冊專制之害也。原宋鈃之所以如是，原非淳于髡、東方朔之流之好為滑稽，乃含有通俗文學之意，取其為群眾之生活常情，適其聽聞，便於借以宣傳己所見到之真理。《天下篇》云：「以此周行天下，上說下教，雖天下不取，強聒而不舍者也，故曰『上下見厭而強見』也。」知其不獨游說君主，亦復向人民大眾說教，假事於鄰父、鄰子則最易得人了解。[163]

---

162 錢穆：《宋鈃考》，《先秦諸子繫年》，第376頁。

163 顧頡剛：《宋鈃書入小說家》，《史林雜識初編》，北京，中華書局，1963年2月，第294−295頁。按，蔣伯潛《諸子通考·諸子

按，顧氏說是。《漢志》小說家雖多依託之作，但因託之對象多為上古之聖王（如黃帝、湯）及帝師（如務成子、伊尹、鬻子），且小說十五家之書，班固俱見，若其為後人依託之作必於自注說明 [164]，故《宋子》非如張舜徽所說「後人撰集而託名於宋子」之作。錢穆認為宋鈃之說與名家合流，乃受《新論‧九流》影響 [165]，其說恐非。《漢志》將《尹文子》及《宋子》分別歸入名家及小說家有不同的考量標準，前者著眼於思想內涵，後者則著眼於體製特色，錢穆以「名家者流，大率取譬相喻，務在眾曉」解釋《宋子》書入小說家，較為含混。戰國晚期已有將宋鈃學說視為名辨之說者，此點從《荀子‧正名》將「見侮不辱」、「情欲寡」分別歸入「用名以亂名」、「用實以亂名」之列可以得到證明。宋鈃雖受儒家影響而有「正名」之主張（參考本文下編第一章第二節），但他提出「情欲寡」「見侮不辱」乃著眼於救世之弊，與惠施、公孫龍等名辨之言大異其趣，其學說是否可以逕視為名家，不無可疑。戰國後期名辨之學大盛，尹文一派學者由道家轉入名法，宋鈃學說可能在此時為該派學者改造，而與墨辯、名家之言合流，是以荀子有上述之批評。

著述考》亦持類似看法，惟其說簡略，此不具錄。

[164] 如「《師曠》六篇」，班注云：「見《春秋》。其言淺薄，本與此同，似因託也。」又如「《天乙》三篇」，班注：「天乙謂湯，其言非殷時，皆依託也。」

[165] 《新論‧九流》：「名家：宋鈃、尹文、惠施、公孫、捷〔子〕之類。」（「子」字依孫詒讓《札迻》補）。王范之《呂氏春秋》亦據此說，將宋鈃與尹文同列名家。

二、從《彭祖》論《漢志》小說家「依託」之特質

　　楚竹書《彭祖》如前節所說，為宋鈃一派遺書。若進一步
分析該篇之體製，對於《漢志》小說家之特質及班固為何將
《宋子》歸入小說家之緣由，可以得到較清楚的認識。《彭祖》
之體製特色有二，一是假借上古聖君賢臣之對話鋪陳思想義
理，二是全篇對話以四言韻語為主，類似箴銘體。前者之手法
即《莊子》中「藉外論之」之「寓言」、「重言」，多見於道
家、小說家之著作。先秦道家著作中，以《莊子》最擅長假託
人物以寄理。此外，馬王堆帛書《老子》乙本卷前佚書《經》
中有多章假託黃帝君臣之對話論說君道 [166]，而抄於帛書《老
子》甲本卷後之《伊尹・九主》則依託湯與伊尹暢談君王治國
之得失。《漢書・藝文志》所錄小說十五家之書雖皆不存，但
從班固自注中，可知依託古人之作不少，如《伊尹說》、《鬻子
說》、《師曠》、《務成子》、《天乙》、《黃帝說》等。《宋子》在
《漢志》中入小說家，前文以竹書《彭祖》為宋鈃一派遺著，
其依託人物之手法適與上述諸書同。

　　班固於《漢志》自注往往以言語淺薄、非古語或依託稱小
說家書，顧實批評曰：「必文章爾雅，通一經之士不能曉，而
後為古耶？則漢武、新莽優為之，此吾所以愈不能釋然於班氏
之言也。」[167] 筆者以為班固所云「非古語」乃疑諸書非上古

---

166 見《觀》、《五正》、《果童》、《正亂》、《姓爭》、《成法》、《順道》
　　等章。

167 顧實：《漢書藝文志講疏》，台北，廣文書局，1995 年 10 月再版，
　　第 169 頁。

聖賢自著，或後人假借其名以作書、或依託人物問答鋪陳義理。值得注意的是，所論諸書之非古，重點在「依託」，此點頗可作為《漢志》小說家的特徵之一 [168]。《漢志‧諸子略》九家所分標準俱為學說內涵，小說家未有明顯學派特徵，若必謂有之，則為依託問答、匯聚雜說 [169]，此既從形式著眼，則往往與其他諸家界限不清 [170]。

從《漢志‧諸子略》之分類來看，道家有《伊尹》五十一篇、《鬻子》二十二篇及以黃帝題名者四種（《黃帝四經》四篇、《黃帝銘》六篇、《黃帝君臣》十篇、《雜黃帝》五十八篇）；與此對應，小說家有《伊尹說》二十七篇、《鬻子說》十九篇、《黃帝說》四十篇，篇數皆不能吻合，必非一書 [171]。歸

---

168 葉崗指出，劉向、班固等人認為史書唯有「直言」、「據行事」、「仍人道」、「論本事」，才能不「失其真」。對於史書的這種看法直接影響到他們對小說家「違實」之特點，遂導致《漢志》排除小說於諸子「可觀者」之列。說見《中國小說發生期現象的理論總結——〈漢書‧藝文志〉中的小說標準與小說家》，《文藝研究》2005 年第 10 期，第 73—74 頁。

169 按，《漢志》小說家著作「匯聚雜說」者如《周考》、《青史子》、《百家》等。

170 胡應麟《少室山房筆叢》卷 29 云：「小說，子書流也，然談說理道或近於經，又有類注疏者；記述事迹或通於史，又有類志傳者。……至於子類雜家，尤相出入。鄭氏謂古今書家所不能分有九，而不知最易混淆者小說也，必備見簡編，窮究底裡，庶幾得之，而冗碎迂誕，讀者往往涉獵，優伶遇之，故不能精。」

171 顧實在《漢書藝文志講疏》辨道家《伊尹》與小說家《伊尹說》非二書，其說云：「道家名《伊尹》，此名《伊尹說》，必非一書。禮家之《明堂陰陽》與《明堂陰陽說》為二書，可比證。然亦可明道家、小說家一本矣。」張舜徽《通釋》則認為：「伊尹有書五十一篇，見前道家。與此不同者，一則發攄道論，一則薈萃叢談

入道家之諸書可視為該派之經，小說家諸書則為對《伊尹》、
《鬻子》、《黃帝》等書的說解發揮，以其依託假借而失實、薈
萃叢談而流於瑣碎，因此入於小說家。

《漢志》所錄部分小說家著作與黃老道家關係密切 [172]。班
固於《宋子》著錄下引荀子之說，謂「其言黃老意」，從竹書
《彭祖》來看，可知其說有據。《宋子》以思想論雖屬道家，但
可能因為書中此類依託之篇章，被劉向、班固等漢代學者認為
迂誕失真，是以歸入小說家。

三、論《漢志》小說家之成立背景

《漢志》「小說」一類之成立與戰國至漢代傳、說著作興盛
之學術背景有關。先秦諸子著作中，《墨子》有《經》、《說》，
《韓非子》則有《內儲說》、《外儲說》、《說林》。以《韓非子》

也。」

172 見盧世華、楚永橋：《黃老之學與〈漢志〉小說家》，《湖北大學學
報（哲學社會科學版）》第 26 卷第 2 期（1999 年 3 月），第 56－
60 頁。按，此文將《漢志》小說家除《臣壽周紀》、《周考》之外
的十三家都說為與黃老道家有關，但依愚見，《百家》、《師曠》及
《青史子》當排除在外。《百家》依袁行霈《〈漢書藝文志〉小說
家考辨》（載《文史》第七輯）所考，乃劉向校書時彙集各家書中
「淺薄不中義理」的片段而成的，既為雜匯性質，則未可說為黃
老一派著作。兵書略兵陰陽家《師曠》與小說家之《師曠》關係
不明，後者記錄師曠言行，未必與黃老有關（詳下文）。《青史
子》猶存三則佚文（見魯迅《古小說鉤沈》、《中國小說史略》
引），一述古代胎教，一說巾車教之道，一講雞祀，有兩條內容還
見於《大戴禮記·保傳》，疑本為儒家經說，但以其瑣碎、無關乎
義理而入小說家，更與黃老無涉。

為例，其「經」的部分首先概括指出所要說的事理，然後用
「其說在某事」的簡單詞句，略舉傳說條目為證；「說」的部分
則把經文中所舉的傳說條目逐一詳敘。值得注意的是，學者指
為宋子學派著作的《呂覽・去尤》、《去宥》兩篇猶留有此種經
說分立的遺跡。顧頡剛云：「《呂氏春秋・有始覽》有《去尤
篇》，末云：『解在乎齊人之欲得金也，及秦墨者之相妬也，皆
有所乎尤也。』此兩事皆見《先識覽・去宥篇》，一若《去
宥》為《去尤》之傳者。」[173]

在戰國楚竹書中，也有不少屬於儒家傳、說之作品，周鳳
五曾指出，郭店《忠信之道》、上博竹書《從政》、《昔者君
老》與《論語》所記子張相關諸章關係密切，可以假設這些竹
書是儒家後學傳習《論語》的記錄或《論語》原始材料的記
載 [174]。郭店的《語叢一》、《語叢二》及《語叢三》為短小語
錄，其內容論性情、德行，與竹書《性自命出》、《五行》諸篇
相表裡。李零認為，其形式類似古代注解，蓋雜錄先儒之說，
以備諸篇之「說」[175]。此外，筆者亦曾撰文指出，上海博物館
所藏楚竹書《子羔》可能為儒家學者研習《詩・大雅・生民》
之傳 [176]。

道家部分，前文提及的《黃帝銘》、《黃帝君臣》、《雜黃

---

173 顧頡剛：《宋鈃書入小說家》，《史林雜識初編》，第 293 頁。

174 周鳳五：《讀上博楚竹書〈從政〉甲篇箚記》，《上博館藏戰國楚竹
書研究續編》，上海書店，2004 年 7 月，第 188－189 頁。

175 李零：《郭店楚簡校讀記（增訂本）》，北京大學出版社，1998 年，
第 156－157 頁。

176 見拙著：《戰國楚竹書〈子羔〉篇復原芻議》，《上博館藏戰國楚竹
書研究續編》，第 66—67 頁。

帝》三書，從名稱看，當屬於黃老學派的傳、說，其依附之對
象可能即《漢志》之《黃帝四經》，以西漢前期學風尚黃老，
其內容又不若小說家《黃帝說》淺薄，故未入小說家。馬王堆
帛書《經》篇之《觀》、《五正》、《果童》、《正亂》、《姓爭》、
《成法》、《順道》諸章假借黃帝與其臣力黑、閹冉、果童之問
對為說，疑此篇非近世學者所盛稱之《黃帝四經》佚篇 [177]，
而為《黃帝君臣》或《黃帝說》之屬。值得注意的是，上述七
章中有五章與力黑有關，而「力黑」即「力牧」[178]，《漢志》
道家類有《力牧》二十二篇，班固自注：「六國時作，託之力
牧。力牧，黃帝相。」亦與《黃帝君臣》同類，頗疑帛書
《經》有關力牧諸章可能即取自《力牧》一書 [179]。

---

[177] 葉山（Robin D.G Yates）曾對學者將馬王堆帛書《經》視為《黃帝
四經》提出質疑，他說：「在關於黃帝的九章中，有些是託黃帝之
言，有些是論他的謀士做為聖人指教一個無知而困惑的統治者。
在這九章中，有些文字提示到還有別的文章未被納入帛書之中，
而那些文章著重探討著者的和《經法》中所信奉的不同的哲學觀
念和價值（按，舉《果童》一章具平等觀念，與它章強調等級名
分不同）。……此外，前面已提到這部書中有六章根本未言及黃
帝。據此，我認為假定這些各不相同、互無聯繫的文章源於一本
著作（按，指《黃帝四經》）是一個誤解。」見《對漢代馬王堆黃
老帛書的幾點看法》，《馬王堆漢墓研究文集》，長沙，湖南出版
社，1994年5月，第23頁。

[178] 馬王堆帛書整理者云：「力黑，即黃帝臣力牧。敦煌所出漢簡作
『力墨』，古書中亦有作『力墨』、『力黑』者。」見國家文物局古
文獻研究室：《馬王堆漢墓帛書〔壹〕》，第63頁，注11。

[179] 裘錫圭在《馬王堆〈老子〉甲乙本卷前後佚書與「道法家」——
兼論〈心術上〉〈白心〉為慎到田駢學派作品》一文已指出：「乙
本佚書中的《十六經》也依託黃帝及其臣力牧等人，也許就包含
在《雜黃帝》、《力牧》所收各篇之中。」葉山前揭文指出：「高衡

此外,《韓非子・說林》叢聚短小傳說,以為游說者之
資[180]。郭店竹書《語叢四》以古代成語為談資,專講游說之
道,李零、林素清將之命名為「說之道」,其內容與陰謀游
說、縱橫長短有關,可視為縱橫家之「說」[181]。說體之功能本
為「上說下教」,除作為學說傳授之用外,亦具游說之性質,
此點《文心雕龍・論說》所論最翔實:「說者,悅也。兌為口
舌,故言咨悅懌;過悅必偽,故舜驚讒說。說之善者,伊尹以
論味隆殷;太公以辨釣興周;及燭武行而紓鄭,端木出而存
魯,亦其美也。暨戰國爭雄,辨士雲踊;從橫參謀,長短角
勢;轉丸騁其巧辭,飛鉗伏其精術;一人之辨,重於九鼎之
寶,三寸之舌,強於百萬之師;六印磊落以佩,五都隱賑而
封。」[182]

和童健一九七五年提過這樣的意見:他們認為《十六經》中與黃
帝有關的九章實為《黃帝君臣》一書。」但如同葉氏所指出的,
《漢志》之《黃帝君臣》有十篇,而《經》中與黃帝相涉者僅九
章,二者不能相合,高、童二氏之說似推論過度。

180 按,王先慎《集解》引《索隱》:「說林者,廣說諸事,其多若
林,故曰說林也。」陳奇猷《校注》云:「此蓋韓非蒐集史料備著
書及游說之用。」

181 李零:《郭店楚簡校讀記(增訂本)》,第 44、51 頁;林素清:《郭
店竹簡〈語叢四〉箋釋》,《郭店楚簡國際學術研討會論文集》第
390 頁。按,李零在前揭書(第 52 頁)中也提到此類著作與小說
家的關係,他說:「古之所謂小說,本來是『街談巷語,道聽途說
者之所造』,被人瞧不起,但對研究談話技巧卻很重要。《漢書・
藝文志》收載的小說,估計很多都是演義類的故事或諸子百家語
的發揮……它們應與口頭文學更為接近。我們可以估計,其中必
有許多跟談話技巧有關的資料。」並參考張鐵《語類古書研究》,
北京大學中國語文學系碩士論文,2003 年 5 月,第 15-17 頁。

182 參考范文瀾:《文心雕龍注》,北京,人民文學出版社,1958 年 9

下至漢代，經學昌盛，學者說「堯典」二字至十餘萬言[183]。《漢書・藝文志・六藝略》所記西漢傳、說、故、訓多至七十餘種，計一千三百餘篇[184]。漢初流行黃老之學，《漢志》載西漢《老子》之傳、說亦有四部，計五十一篇。除了《漢志・六藝略》及《諸子略》所載經師及道家之傳、說外，還有一類文獻值得注意，即儒家類中由劉向所采之《新序》、《說苑》之屬及《淮南子・說山》、《說林》二篇。後者性質近於《韓非子・說林》，但其內容少故事而多雜說，不少地方似是輯錄當時的格言諺語，與《說苑・談叢》、馬王堆帛書《稱》最為接近（詳見下文）。至於劉向所編《新序》、《說苑》等書，本與小說家《百家》一書來源、性質相近，《百家》諸篇乃因「淺薄不中義理」而入小說家[185]。屈守元說：

> 《說苑》的取材，十分廣博，上自周秦經子，下及漢人雜著，「以類相從，一一條別篇目」（見《序錄》），很像後代的類書。……翻開《說苑》的《君道篇》第一章便載師曠的話，說：「人君之道……務在博愛，趨在任賢；廣開耳目，以察萬方；不固溺於流俗，不拘繫於左右。」這段古代名言，便可能出於《漢志》著錄在小說

---

183 按，桓譚《新論》記《尚書》今文家學者秦恭，說「堯典」二字至十餘萬言，解「曰若稽古」四字至三萬言（見《漢書・藝文志》顏師古注引）。

184 參考馮浩菲：《中國訓詁學》，濟南，山東大學出版社，1995 年 9 月，第 34－35 頁。

185 袁行霈《〈漢書藝文志〉小說家考辨》，《文史》第七輯，第 184 頁。

家類中的「《師曠》六篇」……名之為《說苑》，使我們很自然地聯想到《韓非子》的《儲說》和《說林》，劉向所序六十七篇中就還有《世說》。這些以「說」為名的典籍、篇章，它的特點往往近於講故事。《說苑》除《談叢》以外，大多數的章節都具有一定的故事性。通過故事講明道理，一般還多採用相與往復的對話體。不僅有首有尾，而且短短的一段文字，往往波瀾起伏，出現高潮。這可以說是頗具中國特色的古代「說話」形式。[186]

小說家《師曠》之佚篇，除屈氏所舉外，魯迅也曾指出「《逸周書‧太子晉篇》記師曠見太子，聆聲而知其不壽，太子亦自知『後三年當賓於帝所』，其說頗似小說家。」[187] 此外，《韓非子‧外儲說右上》所載齊景公問政於師曠章，疑亦取自小說家《師曠》。《後漢書‧蘇竟傳》：「論者若不本於天，參之於聖，猥以《師曠雜事》輕自眩惑，說士作書，亂夫大道，焉可信哉？」李賢《注》以《師曠雜事》即兵陰陽之《師曠》，並說為「雜占之書」。筆者認為《師曠雜事》當為小說家之《師曠》，其為「說士作書」，並以「雜事」題名，其性質蓋近於《伊尹說》、《黃帝說》，乃雜記師曠之言行。至於《漢志》兵陰陽家之《師曠》，如其所言，當屬「雜占之書」。

綜上所論，《韓非子‧說林》、《儲說》諸篇、《淮南子‧說

---

186 屈守元：《說苑校證‧序言》，收入向宗魯《說苑校證》，北京，中華書局，1987 年 7 月，第 2－3 頁。

187 魯迅：《中國小說史略》，《小說史論文集》，台北，里仁書局，1992 年 9 月，第 23 頁。

林》及劉向所編《新序》、《說苑》，實小說之淵藪，其性質如
魯迅所云：「或託古人，或記古事，託人者似子而淺薄，記事
者近史而幽繆。」[188]《說林》、《儲說》以其編入《韓非子》、
《淮南子》中而未被摒棄；《新序》、《說苑》則因可藉以感悟時
主，有益教化而入儒家，皆得以傳世，其命運自較《伊尹
說》、《師曠》、《宋子》等書為善。

四、論《彭祖》與箴銘體之關係

　　《彭祖》全篇之對話以四言韻語為主，亦為其體製特色之
一。《莊子·天下》謂宋鈃「上說下教，雖天下不取，強聒
〈聞〉而不舍者也」知其不獨游說君王，亦向大眾說教，故宋
子一派除依託老壽之聖賢、假事於鄰人外[189]，以韻語編綴文
句，使之琅琅上口，更易浹髓淪膚而入於人心。劉節曾云：

> 在戰國初期的思想家，有一種共同的風氣，各家往往把
> 自己的思想，造成韻語，作為格言。例如《呂氏春秋·
> 知度篇》引子華子的話說：「厚而不薄，敬守一事，正
> 性是喜。群眾不周，而務成一能。盡能既成，四夷乃
> 平。唯彼天符，不周而周。此神農所以長，而堯、舜之
> 所以章也。」又如《意林》引《慎子》，有「不聰不

---

188 魯迅：《中國小說史略》，《小說史論文集》，第 9 頁。
189 參考顧頡剛：《宋鈃書入小說家》，《史林雜識初編》，第 294 頁。
　　按，「假事於鄰人」如《呂覽·去尤》、《去宥》所載「人有亡鈇
　　者，意其鄰之子」、「魯有惡者」、「鄰父有與人鄰者，有枯梧樹」
　　等寓言，皆取譬相喻，務在眾曉。

明，不能為王；不瞽不聾，不能為公。」而《心術》、《白心》《內業》諸篇中的韻語更多。筆者以為這些韻語，原本都是宋鈃、尹文的話。[190]

從體製上看，諸子或小說家這類濃縮的韻語格言若省去依託對話之人物及背景，即成為簡鍊的「語」（文獻常以「語曰」稱引），其形式與箴銘體尤近。《漢志》謂小說家「街談巷語，道聽途說者之所造也。」「閭里小知者之所及，亦使綴而不忘。」即桓譚所說「合殘叢小語，近取譬喻，以作短書，治身理家，有可觀之辭。」[191] 其所「綴」者蓋為短小故事或韻語，以二者皆淺近，易動人心。

關於小說家之源流，《隋書‧經籍志》所論較全面：

> 小說者，街談巷議之說也。《傳》載輿人之誦，《詩》美詢於芻蕘。古者聖人在上，史為書，瞽為詩，工誦箴諫，大夫規誨，士傳言而庶人謗。孟春，徇木鐸以求歌謠，巡省觀人詩，以知風俗，過則正之，失則改之，道聽塗說，靡不畢紀。《周官》誦訓「掌道方志以詔觀事，道方慝以詔辟忌，以知地俗」；而訓方氏「掌道四方之政事，與其上下之志，誦四方之傳道而觀衣物」是也。

按，此說引《周禮‧地官‧誦訓》、《夏官‧訓方氏》及《左

---

190 劉節：《管子中所見之宋鈃一派學說》，《劉節文集》，第 209 頁。
191 見《文選》卷三一江文通《雜體詩‧擬李都尉》李善注所引。

傳》襄公十四年師曠答晉悼公語為據。明人胡應麟論小說種類
有六：志怪、傳奇、雜錄、叢談、辨訂、箴規。所謂「箴規」
即《家訓》、《世範》、《勸善》、《省心》之類 [192]。蓋小說既有
取於「工誦箴諫」之意，故本有近於箴銘之一類。《四庫全書
總目》謂歷代小說「迹其流別，凡有三派：其一敘述雜事，其
一記錄異聞，其一綴輯瑣語也。」並論小說具「寓勸戒、廣見
聞、資考證」之功能 [193]。張舜徽更謂：「顧世人咸知史鈔之為
鈔撮，而不知小說之亦所以薈萃群言也。」[194] 凡此所論，皆
合於《漢志》小說之觀念。

　　戰國時期，道家擅長以類似箴銘之格言說教，此不獨《老
子》然 [195]，前文所舉稷下道家作品，如《管子·心術》、《白

---

192 胡應麟：《少室山房筆叢》，上海書店，2001 年 8 月，第 282－283
　　頁。

193 按，關於「資考證」一項，可舉《青史子》為代表。此外，《說
　　文》兩引「伊尹曰」與《呂氏春秋·本味》，學者多指為《伊尹
　　說》之佚文，從其內容看，頗有記述名物，以資考之意味。參
　　考魯迅：《中國小說史略》，《小說史論文集》，第 21 頁；袁行霈：
　　《〈漢書·藝文志〉小說家考辨》，《文史》第七輯，第 181－182
　　頁；王慶華：《論〈漢書·藝文志〉小說家》，《內蒙古社會科學
　　（漢文版）》第 22 卷第 6 期（2001 年 11 月），第 74 頁。

194 張舜徽：《四庫提要講疏》，台北，臺灣學生書局，2002 年 3 月，
　　第 174－175 頁。又參考宋莉華：《清代筆記小說與乾嘉學派》，
　　《文學評論》2001 年第 4 期，第 110－111 頁。

195 關於《老子》的文體，馮友蘭說是「經體」、「非問答體」，錢穆說
　　是「韻化的論文」，顧頡剛說是「賦體」，王先進說是「格言體」。
　　唐蘭《老子時代新考》指出：「周初的無逸，是一篇將近七百字的
　　文章。大雅的抑，是近乎格言的詩，也有四百七十多字。此外還
　　有許多周任、史佚等遺言，這大概是老子這一類文體所從出
　　的。」按，王先進、唐蘭說是。《老子》及宋子一派著作與《金人

心》等篇及馬王堆帛書《稱》、竹書《彭祖》皆有此一特色[196]。《漢志・諸子略》道家類有《黃帝銘》六篇，顧實云：「黃帝《金人銘》，見於《荀子》、《太公金匱》、劉向《說苑》；黃帝《巾几銘》，見於《路史》。是六銘尚存其二也。」[197]按，《路史・疏仡紀》引黃帝《巾几之銘》云：「毋弇弱，毋俿德，毋違同，毋敖禮，毋謀非德，毋犯非義。」[198] 至於黃帝《金人銘》，今本《荀子》並無此文，顧實謂：「《太平御覽》三百九十引《孫卿子》。又五百九十引《家語》孔子觀金人節，注云：『《孫卿子》、《說苑》又載也。』皆可為荀子書有黃帝《金人銘》，今本脫佚之證。」[199]《說苑・敬慎》載孔子之周，於太廟見三緘其口的金人，其背有銘曰：

> 古之慎言人也。戒之哉！戒之哉！無多言，多言多敗；無多事，多事多患。安樂必戒，無行所悔。勿謂何傷，其禍將長；勿謂何害，其禍將大；勿謂何殘，其禍將然；勿謂莫聞，天妖伺人。熒熒不滅，炎炎奈何；涓涓不壅，將成江河；綿綿不絕，將成網羅；青青不伐，將

銘》一類的箴銘體有關（說詳下）。諸家對於《老子》文體的討論，參考張揚明：《老子考證》，台北，黎明文化公司，1995 年 3 月再版，第 254－261 頁。

196 陳偉武《試論簡帛文獻中的格言資料》（發表於「2008 年國際簡帛論壇」，芝加哥大學國際學社，2008 年 11 月）認為「格言」即「恪言」（取其謹慎、恭敬義），並從出土簡帛中輯出數十則格言，詳細為之疏證，可參看。

197 顧實：《漢書藝文志講疏》，第 129 頁。

198 羅泌：《路史》，第一冊，《後紀五》，第 9 頁。

199 顧實：《漢書藝文志講疏・自序》，第 3 頁。

尋斧柯。誠不能慎之，禍之根也；曰是何傷，禍之門
也。強梁者不得其死，好勝者必遇其敵，盜怨主人，民
害其貴。君子知天下之不可蓋也，故後之，下之，使人
慕之，執雌持下，莫能與之爭者。人皆趨彼，我獨守
此；眾人惑惑，我獨不徙；內藏我知，不與人論技；我
雖尊高，人莫我害。夫江河長百谷者，以其卑下也。天
道無親，常與善人。戒之哉！戒之哉！[200]

據鄭良樹所考，《金人銘》與《老子》關係密切，有不少雷同
的文字可相互印證，其時代當在春秋之季。他又指出，《老
子》的作者不但引用該銘，且推崇《金人銘》，以之為教父、
聖人，其著成時代應不晚於孔子[201]。取《金人銘》、《巾几
銘》、《老子》及楚竹書《彭祖》合觀，可知道家咸取箴銘「規
諫禦過」之思想，於人世之論多尚敬慎，並擅長編綴格言以說
理。

馬王堆帛書《老子》乙本卷前佚書《稱》篇，體裁亦類似
箴銘格言。葉山認為該篇「不是一部系統完整的著作中的一個
有機的部分，而是一部引自早期文獻或口頭名言的格言集錦匯
編。從這部匯編中，帛書其他文章的著者吸收了靈感。也就是

200　參考向宗魯：《說苑校證》，第 258−259 頁。

201　鄭良樹：《〈金人銘〉與〈老子〉》，《諸子著作年代考》，北京圖書
　　　館出版社，2001 年 9 月，第 12−19 頁。按，張舜徽先生云：「自
　　　『老子』以前，為道論者已眾，老子裒集以為一書，其言論既不
　　　出于一時，不成于一手，故前後字句多複見，且有後人附增之
　　　辭。」說見《漢書藝文志通釋》，第 263 頁。

說，這意味著其他文章著於這一格言匯編之後。」[202] 李學勤進一步指出，其年代早於《慎子》[203]，而與《老子》、《逸周書·周祝》一脈相承[204]。該篇之所以題為「稱」，乃稱引、稱述之意，王利器云：

> 《管子》有《小稱》篇，蓋即對《稱》而言，謂之小者，謙也。有如是者，特其一隅爾。取他人之說以為己說，非掠人之美，揜人之長，蓋將以為此乃天下之常言，人所共知，故人得而用之，孔子所謂「述而不作」是也。[205]

《稱》篇之性質近於《說苑·談叢》、《逸周書·周祝》[206]，當為稷下學者所蒐集，用來作為教學或談資的格言錄。關於《稱》

---

202 葉山（Robin D.G Yates）：《對漢代馬王堆黃老帛書的幾點看法》，《馬王堆漢墓研究文集》，長沙，湖南出版社，1994 年 5 月，第 21 頁。

203 按，李氏引錢穆《先秦諸子繫年》所定慎子年世（公元前 350 至 275 年）為說。

204 李學勤：《〈稱〉篇與〈周祝〉》，《道家文化研究》第三輯（1993 年 8 月），第 241－244 頁。

205 王利器：《呂氏春秋注疏·序》，成都，巴蜀書社，2002 年 1 月，第 22 頁。

206 按，《逸周書》中有《殷祝》、《周祝》二篇，朱右曾《集訓校釋》以為二篇乃商祝、周祝所記，故以名篇。《殷祝》敘湯放桀之事，並記湯與諸侯之誓辭。《周祝》無敘事成分，全篇輯錄格言，形式多為一章十二至十五字的韻語，內容上則突出一「道」字，如「時之徙也勤以行，不知道者以福亡」、「天地之間有滄熱，善用道者終不竭」，並涉五行、陰陽、剛柔之理及君人南面之術。

與《周祝》之關係，李學勤認為：祝專掌文辭，他們在工作中
蒐集、累積一些格言諺語，正是其職業之需要。先秦祝、史每
相兼互通 207，史官掌記述「成敗存亡禍福古今之道」，歷史經
驗的凝結也往往以當時流傳的格言諺語表現。《漢書・藝文
志》云「道家者流，蓋出於史官」實際是說，道家之所以有
「秉要執本，清虛以自守，卑弱以自持」的思想，乃是導源於
史的經驗 208。老子之被傳為「太史」、「守藏室之史」、「柱下
史」，或亦與此有關 209。

---

207 李氏引孫詒讓《周禮正義》為說。按，從《左傳》等文獻中可知
　　春秋時代的史與祝均有參與祭祀、禳除災祟的職能，所以祝史往
　　往連稱，如《禮記・郊特牲》：「禮之所尊，尊其義也。失其義，
　　陳其數，祝史之事也。」《左傳》桓公六年：「祝史正辭，信
　　也。」祝、史負責儀式中的文辭，祝所重在口語的言辭；史則重
　　在書面的文字記載，二者在祭儀中相輔相成。參考拙著：《殷代巫
　　覡活動研究》，台灣大學中國文學研究所碩士論文，2003 年 1 月，
　　第 91－93 頁、第 100－101 頁。

208 李學勤：《〈稱〉篇與〈周祝〉》，《道家文化研究》第三輯，第 247
　　－248 頁。

209 關於老子其人其書與史官之關係可參考王博：《老子思想的史官特
　　色》，台北，文津出版社，1993 年 11 月，第 7－103 頁。

第三章

《管子‧白心》校釋及其
學派歸屬探論

　　前文已論證戰國楚竹書《彭祖》為宋鈃學派遺著,本章將
進一步討論前人指為宋鈃、尹文作品的《管子‧心術》等四篇
之性質及學派歸屬問題。

　　目前學界傾向將《管子‧心術上》、《心術下》、《白心》及
《內業》視為一組不可分割的作品。此看法肇於郭沫若、劉
節。後人雖對二氏將《管子‧心術》等四篇視為宋鈃一派著作
提出諸多質疑,但皆承認諸篇為思想內涵相通、學派性質一
致、時代相近的一組文獻(參考本文導論)。不過,學界對於
此一「共識」的論證並不充分,實在需要在文獻的校理基礎
上,分篇考證,才能提出確鑿的論斷。關於此點,朱伯崑在
《再論〈管子〉四篇》一文作了初步的嘗試。在該文中,他主
張從《管子》篇卷的分合及思想內涵,將《內業》一篇與《心
術上》、《心術下》及《白心》區別開來。他說:

> 　　《心術》、《白心》既談養生,又談刑名,而《內業》
> 只談養生,不談刑名。據此,不能將此四篇混為一談。
> 　　《管子》一書的編者,將《心術》上、下和《白心》編

為一組，同《內業》區別開來，是有眼力的。[1]

本文即從分篇考察的角度討論《管子・心術》等四篇的性質及學派歸屬問題。

　　筆者在討論《白心》及《心術上》的學派歸屬前都列有專節校釋二篇，惟《心術下》及《內業》關係密切，二篇有較多相應的段落，所以在本篇第五章第一節改以對照表的方式呈現兩篇文本，凡表中有改釋或校正處皆以腳註說明，彌補未有專節校釋二篇的缺憾。

第一節　《白心》校釋

　　建當（常）立有〈首（道）〉(1)：以靖為宗(2)，以時為寶，以政（正）為儀(3)，和則能久(4)。非吾儀（義），雖利不為(5)；非吾當，雖利不行；非吾道，雖利不取(6)。上之隨天，其次隨人(7)。人不倡不和，天不始不隨，故其言也不廢，其事也不隨（墮）(8)。原始計實，本其所生(9)。索其象（像），則知其形（型）(10)；緣其理，則知其情；索其端，則知其名。故苞物眾者莫大於天地，化物多者莫多於日月，民之所急，莫急於水火。然而天不為一物枉其時，明君聖人亦不為一人枉其法(11)。天行其所行，而萬物被其利。聖人亦行其所行，

1　朱伯崑：《再論〈管子〉四篇》，《朱伯崑論著》，瀋陽出版社，1998 年 5 月，第 435 頁。

而百姓被其利，是故萬物均既（概）誇（姱）眾矣⑫。是以聖人之治也，靜身以待物，物至而名自治⑬。正名自治，奇名自廢⑭。名正法備，則聖人無事⑮。不可常居也，不可廢舍（捨）也⑯。隨變以斷事，知時以為度⑰。大者寬，小者局。物有所餘，有所不足⑱。

兵之出，出於人；其入，入於身⑲。兵之勝，從於適（敵）；德之來，從於身⑳。故曰：祥於鬼者義於人，兵不義不可㉑。強而驕者損其強，弱而驕者亟死亡。強而卑，義（宜）信（伸）其強；弱而卑，義（宜）免於罪㉒。是故驕之餘（徐）卑，卑之餘（徐）驕㉓。道者，一人用之，不聞有餘；天下行之，不聞不足，此謂道矣。小取焉，則小得福；大取焉，則大得福㉔；盡行之，而天下服；殊無取焉，則民反，其身不免於賊㉕。左者，出者也；右者，入者也㉖。出者不傷人，入者自傷也㉗。不日不月，而事以從㉘；不卜不筮，而謹知吉凶。是謂寬乎形，徒居而致名㉙。去善之言，為善之事㉚，事成而顧反無名㉛。能者無名，從事〈者〉無事㉜，審量出入，而觀物所載㉝。孰能法無法乎？始無始乎？終無終乎？弱〈為〉無弱〈為〉乎㉞？故曰：美哉崇〈蕭〉崇〈蕭〉㉟！故曰：中有（又）有中。孰能得夫中之衷乎㊱？故曰：功成者墮，名成者虧。孰能棄名與功，而還與眾人同㊲？孰能棄功與名，而還反無成？無成，貴〈責〉其有成也；有成，貴其無成也㊳。故曰：日極則仄（昃），月滿則虧㊴。極之徒仄（昃），滿之徒虧，巨之徒滅㊵。孰能已〈亡（忘）〉

己乎，效夫天地之紀⑷？人言善亦勿聽，人言惡亦勿聽，持而待之，空然勿兩之⑿，淑然自清，無以旁言為事成⒀。察而徵之，無聽而辯（辨）⒁，萬物歸之，美惡乃自見。

天或維之，地或載之。天莫之維，則天以墜矣；地莫之載，則地以沈矣。夫天不墜，地不沈，夫或維而載之也夫，又況於人乎⒂！人有治之者，辟（譬）之若夫雷鼓之動也⒃，夫不能自搖者，夫或搖之⒄。夫或者何？若然者也⒅：視則不見，聽則不聞。洒乎天下，不見其塞⒆。集於肌膚，知於顏色⒇。責其往來，莫知其時。薄乎其方也，摶〈摶〉乎其圜也，鄟（淳）鄟（淳）乎莫得其門㉑。故口為聲也，耳為聽也，目有視也，手有指也，足有履也，事物有所比也㉒。當生者生，當死者死。言有西有東，各死其鄉㉓。

置常立儀，能守貞乎㉔？事常通道，能官人乎㉕？故書其惡者，言其薄者㉖。上聖之人，口無虛習也，手無虛指也，物至而命之耳㉗。發於名聲，凝於體色，此其可諭者也；不發於名聲，不凝於體色，此其不可諭者也㉘。至於至者，教存可也，教亡可也㉙。故曰：濟於舟者，和於水矣；義於人者，祥於神〈鬼〉矣㉚。

事有適，無適若有適；觹可解，不解而后解㉛。故善舉事者，國人莫知其解。為善乎，毋提（媞）提（媞）㉜；為不善乎，將陷於刑。善不善，取信而止矣。若左若右，正中而已矣。縣乎日月，無已也。故曰：愕（詻）愕（詻）者不以天下為憂，剌（暨）剌

（暨）者不以萬物為筊（愜）⑹。孰能棄刺（暨）刺（暨）而為愕（詻）愕（詻）乎？

　　難（謹）言憲術，須（需）同而出⑹。無益言，無損言，近可以免⑹。故曰：知何知乎？謀何謀乎？審而出者，彼自來⑹。自知曰稽，知人曰濟⑹。知苟周，可為天下適（帝）⑹。內固之一，可以久長⑹。論而用之，可以為天下王⑺。

　　視天之精（清），四璧（辟）而知請（情），與壞土而生⑺。能若夫風與波乎？唯其所欲適⑺。故子而代其父曰義也，臣而代其君曰篡也，篡何能歌？武王是也⑺。故曰：孰能去辯與巧，而還與眾人同道⑺？故曰：思索精者明益衰，德行修者王道狹，名利臥者寫生危⑺。知周於六合之內者，為吾知生之有阻也⑺。持而滿之，乃其殆也。名滿於天下，不若其已也。名進〈遂〉而身退，天之道也⑺。滿盛之國，不可以仕；滿盛之家，不可以嫁子；驕倨傲暴之人，不可與交〈友〉⑺。

　　道之大如天，其廣如地，其重如石，其輕如羽，民之所知者寡⑺。故曰：何道之近，而莫之能服也？棄近而就遠，何費力也⑻！故曰：欲愛吾身，先知吾情。君〈周〉親〈視〉六合，以考內身⑻。以此知象（像），乃知行情；既知行情，乃知養生⑻。左右前後，周而復所⑻。執儀服象（像），敬迎來者。今夫來者，必道其道⑻。無遷無衍，命乃長久⑻。和以反中，形性相葆（抱）。一以無貳，是謂知道⑻。將欲服之，必一其端而固其所守⑻。責其往來，莫知其時。索之於天，與之

為期⑻。不失其期，乃能得之。故曰：吾語若大明之極。大明之明，非愛人不予也⑻。同則相從，反則相距也。吾察反相距，以故知從之同也⑽。

校釋

(1)**建當（常）立有〈首（道）〉**：王念孫云：「『當』當為『常』，『有』當為『首』，皆字之誤也。……『首』即『道』字也。『道』字古讀如『首』，故與寶、久為韻。『建常立道』者，建亦立也。立之而可行，謂之道；立之而可久，謂之常，其實一也。」² 按，其說是。本句「當」讀為「常」，非誤字³。「有」為「首」字之誤，當如王氏說讀為「道」。下文云：「事常通道（今本「事」、「常」二字倒，詳下），「常」與「道」亦並舉。所謂「建常立道」，即以下文「以靖為宗，以時為寶，以政（正）為儀，和則能久」為治國處事之綱領。

(2)**以靖為宗**：「靖」字如字讀，訓為安定。《廣雅·釋詁一》：「靖，安也。」《說文》：「靜，審也。」「竫，亭安也。」「靖，立竫也。」段玉裁《注》：「謂立容安竫也。安而後能慮，故《釋詁》、《毛傳》皆曰：靖，謀也。」⁴ 靜、竫、靖

---

2 王念孫：《讀書雜志》，南京，江蘇古籍出版社影印王氏家刻本，2000 年 9 月，第 469−470。

3 王叔岷云：「王氏謂『有』為『首』之誤，是也；惟當、常古通，則無煩改字。」說見《管子斠證》，《諸子斠證》，台北，世界書局，1964 年 4 月，第 26 頁。

4 段玉裁：《說文解字注》，第 504 頁。

三字音同義通，為一組同源詞 [5]。宗者，尊尚也 [6]，義與下句「寶」字相近。

(3) **以政（正）為儀**：王念孫云：「政與正同。儀，法也。言以正為法也。」張舜徽云：「大抵古之明於君道者，自守必靜，故曰以靜為宗。……其處事必及時，故曰以時為寶。……其應物必以正，故曰以政為儀。本書《法法篇》曰：『政者，正也。正也者，所以正定萬物之命也。是故聖人精德立中以生正，明正以治國。』是其義也。」[7] 按，二氏說是。《說文》：「儀，度也。」「度，法制也。」

(4) **和則能久**：陶鴻慶以「和」乃「利」字之誤 [8]，張舜徽則以為「私」字之訛 [9]。按，稷下道家言「別囿」（宋鈃、尹文主之）、「無私」（彭蒙、慎到等主之），若云「私則能久」、「利則能久」頗與諸家所論不合。和即《書‧堯典》「協和萬邦」之和，訓為和諧、和順。「和則能久」乃針對君人者言，其義本通，不必改字為說。

(5) **非吾儀（義），雖利不為**：諸家多以此「儀」字即上文「以政（正）為儀」之儀，惟張舜徽云：「吾，謂人君也。儀與

---

5 參考王力：《同源字典》，台北，文史哲出版社，1991 年 10 月，第336 頁。

6 「宗」之本義為祖廟，故引申有尊義。《說文》：「宗，尊祖廟也。」段玉裁《注》：「宗、尊雙聲。當云『尊也，祖廟也。』今本奪上『也』字。」

7 張舜徽：《管子四篇疏證》，《周秦道論發微》，武漢，華中師範大學出版社，2005 年 12 月，第 269 頁。

8 陶鴻慶：《讀諸子札記》，《陶鴻慶學術論著》，杭州，浙江人民出版社，1998 年 6 月，第 191 頁。

9 張舜徽：《管子四篇疏證》，《周秦道論發微》，第 268 頁。

義古字通。義者，宜也。此處所云『吾儀』、『吾常』、『吾道』，實一物耳。『不為』、『不行』、『不取』，亦一意而分言之。謂人君分內所宜為者，雖暫見利，亦不為之。」[10] 茲從之。

(6) **非吾當，雖利不行；非吾道，雖利不取**：王念孫以「非吾當」之「當」本作「常」[11]。按，此「當」字不必破讀。《說文》：「當，田相值也。」段玉裁云：「值者，持也。田與田相持也。引申之，凡相持相抵皆曰當。」「當」可訓為「任」，《國語·晉語九》「夫幸非福，非德不當雍。」韋昭注：「當，猶任也。雍，穌也。言惟有德者任以福祿為穌樂也。」《玉篇·田部》亦云：「當，任也。」「非吾當」即「非吾任」，義與前文「非吾義」近。頗疑此文「當」、「道」二字互倒，本當作「非吾道，雖利不行；非吾當，雖利不取。」行與道、取與當皆相應成文。

(7) **上之隨天，其次隨人**：張舜徽云：「上文既言無為之要，此又續申如不得以而有為，亦當隨乎自然之變化，應乎人事之推移，物倡而己隨之，亦即《老子》『不敢為天下先』之旨也。」[12] 按，隨天、隨人，所謂「因也」。《心術上》云：「毋先物動，以觀其則。」又云：「因也者，捨己而以物為法者也。感而後應，非所設也；緣理而動，非所取也。」

(8) **其事也不隨（墮）**：王念孫云：「隨，當作墮……《呂氏春秋·必己篇》注曰：『墮，廢也。』『不廢』、『不墮』義正相

10 張舜徽：《管子四篇疏證》，《周秦道論發微》，第 269 頁。
11 王念孫：《讀書雜志》，第 469－470 頁。
12 張舜徽：《管子四篇疏證》，《周秦道論發微》，第 270 頁。

承。今作『不隨』者，涉上文『不始不隨』而誤。」[13] 此從之。

(9) **原始計實，本其所生**：張舜徽云：「『原始計實』，乃總起下文之語。『本其所生』，即原始之意，謂推原事物之所由起也。『知其象則索其形』三語，即計實之事，謂由表可以知裏，由此可以知彼，而人君因應變化，制物而不制於物。而物先己隨，物唱己和之效宏矣。」[14] 按，張氏所釋是。

(10) **索其象（像），則知其形（型）**：今本作「知其象，則索其形」，郭沫若云：「宋本、古本作『刑』，劉本、朱本、趙本作『形』。刑、形古通用。」[15] 鵬按，二句與下文「緣其理，則知其情；索其端，則知其名」並列，且形、情、名為韻，疑「索」與「知」二字誤倒，且「形」當讀為型範之「型」，「象」則讀為「像」。《鄧析子‧無厚》：「故見其象，致其形；循其理，正其名；得其端，知其情」，所云與此文雷同。「見其象，致其形（型）」即「索其象，則知其型」。至於《白心》「緣其理，則知其情；索其端，則知其名」，義自可通，不必據彼改此。「像」字本義為似，引申為類、法效之義，又有形象之訓，其字與「型」、「形」疑皆取義於鑄器。《說文》：「型，鑄器之灋也。」「形，象（像）也。」鑄器之模范稱為「型」，所成之器以其似型而稱「形」、「象」。古書「型」字多作「形」或「刑」，後人往往昧於「型」字本義，往往以「形」、「刑」說之。《左傳》昭公十二年：「形

13 王念孫：《讀書雜志》，第469頁。
14 張舜徽：《管子四篇疏證》，《周秦道論發微》，第270-271頁。
15 郭沫若：《管子集校》，《郭沫若全集‧歷史編》第六卷，北京，人民出版社，1984年10月，第446頁。

民之力,而無醉飽之心。」杜預注:「言國之用民,當隨其力任,如金冶之器,隨器而制形。故言形民之力,去其醉飽過盈之心。」阮元《校勘記》:「形,《家語》作刑。」並引段玉裁云:「形同型。型,法也。謂為之程法,以用民之力而不太過也。杜注得之。型,古通刑,亦作形。《正義》云『作器而制其模,謂之為形。』正謂形即型也。」[16]《老子》曰「大象(像)無形」,解者多以形象、形跡說之,不知此形字亦當讀為型,謂大象(像)不以型為之範式。郭店《老子‧乙》簡 12 正作從井從土之字,即「型」之異體[17]。

⑾ <u>明君聖人亦不為一人枉其法</u>:丁士涵云:「『明君』二字衍。下文但言『聖人』,即蒙此文言之,不當有『明君』二字。」張舜徽則指出:「周秦諸子中,常以『明君聖人』連稱,乃精於君道者之稱,《商君書‧更法篇》:『聖人明君者,非能盡其萬物也,知萬物之要也。』是其例已。」[18]按,張氏說是。

⑿ <u>是故萬物均既(概)誇(姱)眾矣</u>:「均既誇眾」四字並列,疑「既」讀為「概」,「誇」則讀為「姱」。「概」之本義為平斗斛之木,引申為平。《楚辭‧惜誓》「苦稱量之不審

---

16 參考《春秋左傳正義》,北京大學出版社,1999 年 12 月,下冊,第 1308 頁。

17 按,《管子‧心術下》說:「形(型)不正者德不來,中不精者心不治。正形(型)飾(飭)德,萬物畢得。」同書《君臣下》云:「道德定於上,誠心形(型)於內,則容貌定於外矣。」所言均為心之「型」。

18 丁氏說見郭沫若《管子集校》,第 446 頁;張舜徽:《管子四篇疏證》,《周秦道論發微》,第 272 頁。

兮，同權而就衡」，王逸注：「概，平也。」[19] 姱者，美好也。《楚辭‧離騷》「苟余情其信姱以練要兮」、「余雖好脩姱以鞿羈兮」、「紛獨有此姱節」，諸姱字均作此訓[20]。「均概姱眾」謂萬物均平美庶。

⒀ **静身以待物，物至而名自治**：今本作「靜身以待之，物至而名自治之」。尹知章《注》：「循名責實，則下無隱情，故理。」按，疑今本二句兩「之」字涉上文「之」字而衍，且「物」字下又脫一重文符，當校正為「靜身以待物，物至而名自治」。《心術上》云：「紛乎其若亂，靜之而自治，強不能遍立，智不能盡謀。物固有形，形固有名，名當謂之聖人。必知不言、無為之事，然後知道之紀。」與此文意旨相通。

⒁ **正名自治，奇名自廢**：今本作「正名自治之，奇身名廢」。王念孫云：「此皆四字為句。『治』下『之』字，涉上文『物至而治之』而衍。『奇身名廢』當作『奇名自廢』，『自』與『身』相似，又因上文兩『身』字而誤為『身』，又誤倒於『名』字之上耳。尹《注》曰：『奇謂邪不正也。』『正名自治，奇名自廢』，相對為文，謂名正則物自治，不正則物自廢也。《樞言篇》曰：『名正則治，名倚則亂』，是其證矣。倚與奇通。」[21] 其說是。

⒂ **名正法備，則聖人無事**：張佩綸認為「法」當作「治」，承

---

19 王逸：《楚辭章句》，台北，藝文印書館影印明萬曆觀妙齋刻本，1974 年 4 月再版，第 320 頁。

20 參考洪興祖：《楚辭補註》，台北，長安出版社，1991 年 8 月，第 12、14、19 頁。

21 王念孫：《讀書雜志》，第 470 頁。

上文「自治」[22]。黎翔鳳則云：「《荀子・正名》：『其民莫敢託為奇辭以亂正名，故壹於道法而謹於循令矣。』法與正奇之關係如此。『法』字不誤。」[23] 按，黎氏說是。

(16) **不可常居也，不可廢舍（捨）也**：二句承上啟下。承上句「名正法備」，言名與法不可常居（即不可執持名、法而不知變通），亦不可廢捨，需要因時制宜，即下文所謂「隨變以斷事，知時以為度」。

(17) **隨變以斷事，知時以為度**：前句今本作「隨變斷事也」，張佩綸云：「似當作『隨變以斷事』。」[24] 按，其說是，今本「隨變斷事也」句脫一「以」字，「也」字涉上文「不可常居也」、「不可廢舍也」而衍。

(18) **大者寬，小者局。物有所餘，有所不足**：尹知章《注》：「寬則有餘，局則不足。以有餘補不足，則事平理均也。」按，《說文》：「局，促也。」今本《老子》第七十七章：「天之道，其猶張弓與？高者抑之，下者舉之。有餘者損之，不足者補之。之道，損有餘而補不足。」尹《注》所謂「事平理均」即前文「萬物均概」之意。

(19) **兵之出，出於人；其入，入於身**：後二句今本作「其人入，入於身」。尹知章《注》云：「兵而有功，入其賞賜，必反於身。」王念孫云：「『其人』之『人』，涉上句『人』字而衍，尋尹《注》亦無『人』字。……人與身對，尹《注》

22　張佩綸：《管子學》，台北，商務印書館影印張氏手稿本，1971 年 5 月，中冊，第 1357 頁。

23　黎翔鳳：《管子校注》，北京，中華書局，2004 年 6 月，中冊，第 793 頁。

24　張佩綸：《管子學》，中冊，第 1357 頁。

非。」[25] 按，王氏說是。兵泛指兵械、兵事。身者，人之軀體也。「入於身」指兵械之傷人。

⒇<u>兵之勝，從於適（敵）；德之來，從於身</u>：尹知章《注》：「適，和也。所謂師克在和也。脩身則德立也。」洪頤煊云：「『適』古『敵』字，言兵之勝則從於敵，德之來則從於身。敵與身對言之。」[26] 張佩綸謂：「《樞言》『故德莫如先，應敵莫如後』，即此義。適、敵通，元注誤。『從敵』，《孟子》『量敵而後進，慮勝而後會。』」[27] 按，洪、張二氏說是。「從於身」之「身」訓為自身，與上文「入於身」之「身」訓為軀體略異。尹《注》釋「德之來，從於身」為「脩身則德立」亦不誤。

㉑<u>祥於鬼者義於人，兵不義不可</u>：尹知章《注》：「義於人者，則鬼祐之，以福祥也。兵不義而還自害，故不可。」安井衡申其說云：「得福祥於鬼神者，必施義於人者也，故用兵不義則不可，以鬼神不祐之也。」[28] 張佩綸云：「《樞言》：『人以德使，鬼神以祥使，禽獸以力使。所謂德者，先之之謂也。』此言德足以格鬼神而為祥，其於人則為義矣。」[29] 鵬按，安井衡、張佩綸說得之。下文云：「義於人者，祥於鬼矣」（據王引之校改，詳下），與此呼應。「不義不可」即

25 王念孫：《讀書雜志》，第 470 頁。

26 引自郭沫若：《管子集校》，《郭沫若全集・歷史編》第六卷，第 448 頁。

27 張佩綸：《管子學》，中冊，第 1358 頁。

28 安井衡：《管子纂詁》，台北，河洛出版社，1976 年 3 月，卷 13，第 16 頁。

29 張佩綸：《管子學》，中冊，第 1358－1359 頁。

《墨子‧非儒下》「不義不處,非理不行」之意。《管子‧問》云:「夫兵事者危物也,不時而勝,不義而得,未為福也。」與此文意旨相通。《墨子‧公孟》載公孟子持「有義不義,無祥不祥」以難墨子,墨子答曰:「古聖王皆以鬼神為神明,而為禍福,執有祥不祥,是以政治而國安也。自桀、紂以下,皆以鬼神為不神明,不能為禍福,執無祥不祥,是以政亂而國危也。」墨子說與本文「祥於鬼者義於人」合。

(22) 強而卑,義(宜)信(伸)其強;弱而卑,義(宜)免於罪:于省吾說:「此應讀作『強而卑』句,『義信其強』句,『弱而卑』句,『義免於罪』句。義之言宜也。」[30] 按,于氏說是。此數句承「強而驕者損其強,弱而驕者亟死亡」而言,「強而卑」、「弱而卑」與「強而驕」、「弱而驕」相對。

(23) 驕之餘(徐)卑,卑之餘(徐)驕:尹知章《注》:「於驕有餘則弱,弱則卑也;於卑有餘則強,強則又驕。」于省吾謂:「餘應讀為除,除、餘並諧余聲,古文亦並省作余。……蓋驕傲者則不卑屈,卑屈者則不驕傲,故云『驕之除卑,卑之除驕』。」[31] 鵬按,于省吾讀「餘」為「除」是,但釋義則非。《說文》:「除,殿陛也。」段玉裁云:「凡去舊更新皆曰除,取拾級更易之義也。《天保》『何福不除』,傳曰:『除,開也。』」[32] 除有「拾級更易」之義,字又與「徐」、「舒」二字音近義通[33]。《說文》:「徐,安行

---

30 于省吾:《雙劍誃諸子新證》,上海書店,1999 年 4 月,第 229 頁。

31 于省吾:《雙劍誃諸子新證》,第 229 頁。

32 段玉裁:《說文解字注》,第 743 頁。

33 按,上古音「徐」、「除」、「舒」三字韻母皆為魚部,聲母則分別為

也。」「**徐，緩也**」（徐鍇云：「與徐字義同。」）「舒，伸也。……一曰緩也。」《爾雅‧釋詁上》：「舒，敘也。」邢昺疏：「舒者，展舒徐緩有次也。」此處二「餘」字當讀為「徐」，今本作「餘」又涉下文「不聞有餘」而誤。今本《老子》第十五章：「孰能濁以靜之徐清，孰能安以動之徐生。」徐字正取「拾級更易」、「展舒徐緩有次」之義。「驕之徐卑，卑之徐驕」謂任驕逐步發展則成卑，任卑逐步發展則為驕。

⑭ **小取焉，則小得福；大取焉，則大得福**：張舜徽云：「福猶利也。本書《勢篇》所云『小取者小利，大取者大利』，語意與此正同。」[34] 按，其說非。此段論「道」與前文論「兵」對舉，文句多相承。前文云「祥於鬼者義於人」，福猶祥也，指鬼神之祐助。《說文》：「福，祐也。」「祥，福也。」

⑮ **殊無取焉，則民反，其身不免於賊**：尹知章《注》：「殊無取焉，則動皆違道，故人反背之而賊害也。」安井衡云：「殊，絕也。絕無取於道，則民反之，終不免於賊殺也。」[35] 按，三句之主語為君。反者，叛也。賊者，敗也（見《說文》）。謂君主無取於道，則民必叛之，其身不免於敗。

⑯ **左者，出者也；右者，入者也**：尹知章《注》：「左為陽，陽主生，故為出也；右為陰，陰主死，故為入也。」按，此數

邪、定、書，音近可通。「徐」、「舒」二字古書中往往通用，如《左傳》哀公十四年「陳恆執公于舒州」，《史記‧齊太公世家》作「徐州」。

34 張舜徽：《管子四篇疏證》，《周秦道論發微》，第 278 頁。

35 安井衡：《管子纂詁》，卷 13，第 16 頁。

句需聯繫上文「兵之出，出於人；其入，入於身。兵之勝，從於敵；德之來，從於身」為解，所云與陰陽刑德說有關。古人有「左文右武」之說，見於《管子・版法解》：「四時之行，有寒有暑，聖人法之，故有文有武。天地之位，有前有後，有左有右，聖人法之，以建經紀。春生於左，秋殺於右，夏長於前，冬藏於後。生長之事，文也；收藏之事，武也。是故文事在左，武事在右，聖人法之，以行法令，以治事理。」類似的說法見於《逸周書・武順》，但更強調人心之用，其說云：「天道尚右，日月西移：地道尚左，水道東流；人道尚中，耳目役心。……吉禮左還，順地以利本；武禮右還，順天以利兵；將居中軍，順人以利陣。」依此觀念，則所謂「左」及「出者」指陽，主文德（即前文所謂「德」）；「右」及「入者」指陰，主刑殺（即前文所謂「兵」）。「兵」依一般觀念應該在外屬陽，但前文已說「兵之出，出於人；其入，入於身」，故而可視為在內屬陰。此處所謂「左」、「右」仍緊扣前文「道」而言，「左者」指「道之左」（即陽），「右者」指「道之右」（即陰）。

(27) **出者不傷人，入者自傷也**：今本作「出者而不傷人，入者自傷也」，一本「自」上有「而」字[36]。按，「出者」、「入者」對文，二句「而」字疑涉上下文衍。「出者不傷人，入者自傷也」字面的意思是說文德不傷人，但刑兵傷人，但實際上是說在上位者以文德治國可保全其身及黎民；若徒用刑殺，則「民反，其身不免於賊。」

36　參考郭沫若：《管子集校》，《郭沫若全集・歷史編》第六卷，第 450 頁；安井衡：《管子纂詁》，卷 13，第 16 頁。

㉘**不日不月，而事以從**：郭沫若云：「『從』如《洪範》『庶民從』之從，與『不卜不筮而謹知吉凶』相連成義。《韓非子‧亡徵篇》『用時日，事鬼神，信卜筮而好祭祀，可亡也』，則不『用時日』、不『信卜筮』，即此『不日不月』、『不卜不筮』矣。……言無須假鬼神卜筮，選擇日月，已得人心，故舉事必吉。」[37] 按，其說是。「以」猶乃[38]，「從」訓為順。

㉙**是謂寬乎形，徒居而致名**：尹知章《注》：「守道者，靜默而已，故其身寬閑，徒然而居，能致令名。」郭沫若指出：「宋本作『刑』，古本、劉本、朱本、趙本均作『形』。當以刑為是。上文所言均關於兵事，故以寬刑承之。」[39] 鵬按，尹《注》不誤，當從古本作『形』。二句總承上文論道之用，言人主寬綽乎形體，不勞而天下治，美名自致。《管子‧任法》云：「聖君任法而不任智，任數而不任說，任公而不任私，任大道而不任小物，然後身佚而天下治。……不思不慮，不憂不圖，利身體，便形軀，養壽命，垂拱而天下治。」

㉚**去善之言，為善之事**：劉績《補注》云：「『去』乃『云』字誤，言云善言、為善事。」許維遹則謂：「『去』疑為『出』

---

37 郭沫若：《管子集校》，《郭沫若全集‧歷史編》第六卷，第 451－452 頁。

38 參考裴學海：《古書虛字集釋》，北京，中華書局，1954 年 10 月，上冊，第 19－20 頁。

39 郭沫若：《管子集校》，《郭沫若全集‧歷史編》第六卷，第 452 頁。

字之誤。」[40] 黎翔鳳云:「《左》閔二年傳『衛侯不去其旗』,注:『藏也。』」[41] 鵬按,黎氏說是。金文「去」作「𠫑」,象一有蓋之器,且強調其蓋侈大足以掩覆其器,其本義為藏。《左傳》昭公十九年「紡焉以度而去之」,孔穎達疏:「去,即藏也。」《三國志・魏書・華佗傳》「何忍無疾去藥,以待不祥」,裴松之注:「古語以藏為去。」[42] 所謂「去善之言,為善之事」者,人以善言賚之,己則藏而行之。

(31) **事成而顧反無名**:王念孫謂:「郭璞注《穆天子傳》云:『顧,還也。』下文曰『孰能棄功與名,而還反無成。』」[43] 按,王氏說是。《說文》:「反,覆也。」(段《注》:「覆、復同。」[44])「返,還也。」又「顧,還視也。」引申為還、返。

(32) **能者無名,從事〈者〉無事**:「名」,宋本作「□」,乃缺文,各本均作「名」[45]。尹知章《注》:「深能其事者,必不求名,然其從事安然閑暇,若無事然。」按,據尹《注》,各本作「名」是。「從事無事」前一「事」字疑涉上下文而

---

40 劉、許二氏說引自《管子集校》,《郭沫若全集・歷史編》第六卷,第 452 頁。

41 黎翔鳳:《管子校注》,中冊,第 796 頁。

42 按,惠棟《九經古義・周禮上》亦云:「古人皆謂藏為去。《春秋傳》云『去樂,卒事』,又云『紡焉以度而去之』;《公羊傳》云『去其有聲者』,皆訓為藏。」

43 王念孫:《讀書雜志》,第 470 頁。劉氏說亦引自此。

44 段玉裁:《說文解字注》,第 72 頁。

45 參考郭沫若:《管子集校》,《郭沫若全集・歷史編》第六卷,第 453 頁。

誤，本當作「者」。從，順也，即上文「而事以從」之從。「從者」，謂順道而行者。

(33)審量出入，而觀物所載：尹知章《注》:「謂凡出命令，當觀物載之所堪，然後當量而出之也。」陳鼓應云:「此謂審量事物之發生與應接是否得當，考究事物與所載之名稱是否相符。《心術下》第一章『凡物載名而來，聖人因而才（裁）之』即此。」[46] 按，陳氏說是。

(34)孰能法無法乎？始無始乎？終無終乎？弱〈為〉無弱〈為〉乎：尹知章《注》:「凡此皆謂為而忘之者也。」顏昌嶢疑「弱」乃「為」之誤 [47] 張舜徽云:「此數語乃言人君致治之道，物動而應，隨變而化，初無常形，無定法，不知其始，不知其終，以歸於無為也。……末句『弱無弱』當作『為無為』，乃由傳寫致譌，則顏說為不可易耳。」[48] 按，此從顏、張二氏說。

(35)美哉岪〈茀〉岪〈茀〉：尹知章《注》:「岪岪，興起貌。謂能為而不為，有契於道。如此，則功美日興，故曰『美哉岪岪』。」郭沫若云:「『岪岪』當是『赤岪』之訛，即赤芾也。……芾衣與中、衷之必相連屬矣。『美哉赤岪，有中有中』，殆古諺。引用之者，取中、衷之義云耳。」[49] 張舜徽云:「岪岪，猶昏昏也。即所以形容人君無智無能，冥冥昏

---

46 陳鼓應:《〈白心〉注釋與詮釋》,《管子四篇詮釋——稷下道家代表作》，台北，三民書局，2003 年 2 月，第 188 頁。

47 顏昌嶢:《管子校釋》，長沙，岳麓書社，1996 年 2 月，第 340 頁。

48 張舜徽:《管子四篇疏證》,《周秦道論發微》，第 282 頁。

49 郭沫若:《管子集校》,《郭沫若全集・歷史編》第六卷，第 455 頁。

昏之狀。……（《說文》）『𡷼，山脅道也。』山脅道自視常
道為陰暗矣。……蓋人君南面之術，不以察察為尚，而以昏
昏為美。」[50] 鵬按，尹《注》釋「𡷼𡷼」為「興起貌」，疑
其所見本作「芾芾」。「芾」因形近誤為「𡷼」。《詩·大雅·
皇矣》「臨衝芾芾」，毛《傳》：「芾芾，強盛也。」《廣雅·
釋訓》：「芾芾」與「茀茀」同訓「茂也」。《說文》：「芾，道
多艸，不可行。」「宋，艸木盛宋宋然。」其字孳乳為
「茀」。上古音「芾」為滂母物部，「茀」為幫母月部，幫、
滂二母為旁紐，韻則物、月旁轉可通。芾與茀音近義通，為
一組同源詞。「芾芾」、「茀茀」皆艸木茂盛隱蔽貌，與
《詩·召南·甘棠》「蔽芾甘棠」之「蔽芾」實為一語之轉。
典籍常以「芾」、「蔽」為車蔽字（本字作「弼」，王國維有
說），二字本相通[51]。上文云「道者，一人用之，不聞有
餘；天下行之，不聞不足」「盡行之而天下服」。道之用，大
矣、盛矣，明君聖王順道而行，「事成而顧反無名」。無名
者，掩隱其名，「無伐善，無施勞」之謂也。此云「美哉芾
芾」蓋以大木茂盛掩覆貌贊頌道用之美。

(36) **中有（又）有中，孰能得夫中之衷乎**：今本前句作「有中有
中」。尹知章《注》：「舉事雖得其中，而不為中，乃是有中
也。」劉績云：「此即前『心之中又有心』意。」王念孫申

---

50 郭沫若：《管子集校》，《郭沫若全集·歷史編》第六卷，第 282 至
283 頁。

51 王國維：《釋弼》，《觀堂集林》，石家莊，河北教育出版社，2003 年
11 月，第 142 至 143 頁。並參考拙著：《釋楚系簡帛中的「弼」
字——兼論車蔽之形制及別名》，《傳統中國研究集刊》第三輯
（2007 年 11 月）。

劉說云:「『有中有中』當作『中有有中』,上『有』字讀為
『又』。『中又有中』者,中之中又有中也。下句云『孰能得
夫中之衷乎』,是其明證矣。《內業篇》云『心以藏心,心之
中又有心焉』,義與此同。『中有』二字誤倒,故尹不得其解
而強為之詞。」[52] 按,劉、王二氏說是。《說文》:「中,內
也。」引申為凡內、裡之稱。人之中即心也。「中之衷」,指
心之情實。

(37) **功成者隳,名成者虧。孰能棄名與功,而還與眾人同**:今本
「孰能棄名與功」上有「故曰」二字。王叔岷云:「『故曰』
二字疑涉上『故曰』二字而衍,上文『故曰:有中有中。孰
能得夫中之衷乎?』與此文例同。」[53] 許維遹、何如璋指
出,此四句亦見於《莊子・山木》,何氏更謂《莊》文本
此[54]。張舜徽云:「《莊子・山木》:『孰能去功與名,而還
與眾人。』郭象《注》云:『功自眾成,故還之。』郭注此
解,可謂精諦。《莊子》彼文,無『同』字,於義為長。」
按,王叔岷說是。《莊子・山木》載孔子圍於陳、蔡之間,
太公任往弔之,曰:「昔吾聞之大成之人曰:『自伐者無功。
功成者墮,名成者虧。孰能去功與名,而還與眾人。』」由
彼文可知《白心》「孰能棄名與功」上當無「故曰」二字。
本文功、同、名、成為韻,「還與眾人同」謂功成後,棄功
名而返與眾人等同,不必據《莊子》刪去「同」字。前引
《莊子》文此四句前有「自伐者無功」,其語見今本《老子》

---

52 王念孫:《讀書雜志》,第 470 頁。劉氏說引自此。

53 王叔岷:《管子斠證》,《諸子斠證》,第 26 頁。

54 許、何二氏說引自《管子集校》,《郭沫若全集・歷史編》第六卷,
第 455 頁。

第二十四章,則其所謂「大成之人」指老子而言。

(38) **無成,貴〈責〉其有成也;有成,貴其無成也**:今本作「無成有貴其成也,有成貴其無成也」。王念孫云:「『有貴其成』,當作『貴其有成』,與下文『貴其無成』相對。『無成貴其有成』者,功未成則貴其有成也。『有成貴其無成』者,功成而不有其功,即上文所云『棄功與名,而還反無成』也。」[55] 郭沫若則云:「王校適得其反。原文之意貴『無成』而不貴『有成』,亦即方生而不貴方死。故曰『無成有貴其成也,有成無貴其成也。』下句誤耳。」[56] 鵬按,王氏說近是。上「貴」字疑為「責」之誤。下文「責其往來,莫知其時」,尹《注》云:「若責生之往來,則期不定。」一本「責」字作「貴」[57]。貴、責二字形近,傳抄易誤。《管子‧君臣下》「貴之以王禁」,「貴」疑亦「責」字之誤。責者,求也。謂功未成者求其有成,若功已成則貴能還反無成,而與眾人同。

(39) **故曰:日極則仄(昃),月滿則虧**:今本無「故曰」二字。上文「故曰:中又有中。孰能得夫中之衷乎」「故曰:功成者隳,名成者虧。孰能棄名與功,而還與眾人同?」皆先引前哲之言或諺語為說,再接以反詰語。「日極則仄,月滿則虧。極之徒仄,滿之徒虧,巨之徒滅」數句疑當時諺語,上應有「故曰」二字。「月滿則虧」、「滿之徒虧」之「滿」字疑原作「盈」,乃避漢惠帝諱而改。《易‧豐卦‧彖傳》云:

---

55 王念孫:《讀書雜志》,第 470 至 471 頁。

56 郭沫若:《管子集校》,《郭沫若全集‧歷史編》第六卷,第 456 頁。

57 參考黎翔鳳:《管子校注》,中冊,第 811 頁。

「日中則昃，月盈則食，天地盈虛，與時消息，而況於人乎？況於鬼神乎。」據此文，知「仄」當讀為「昃」（《說文》訓為「日在西方時側也」），「滿」原作「盈」。

⑷⓪**巨之徒滅**：張舜徽指出，「巨之徒滅」，亦太盛難守之意[58]。按，其說是。徒者，類也。巨者，大也。《方言》卷一訓巨為大，並云：「齊、宋之間曰巨，曰碩。」《荀子・王霸》「國者巨用之則大」，楊注：「巨者，大之極也。」

⑷①**孰能己〈亡（忘）〉己乎，效夫天地之紀**：前句今本作「孰能已無已乎」。尹知章《注》：「天地，忘形者也。能效天地者，其唯忘己乎！」王念孫云：「『己無己』當作『亡己』，亡與忘同。言唯忘己之人，能效天地之紀也。……《莊子・天地篇》云：『有治在人，忘乎物，忘乎天，其名為忘己。忘己之人，是之謂入於天。』意與此同也。今本作『己無己』者，俗書『亡』字作『亡』，與『己』相似，下文又有『己』字，故『亡』誤為『己』，兩『己』之間又衍『無』字（「無」字涉上文「無成」而衍），遂致文不成義。」[59] 俞樾則謂：「『己無己』猶云『吾喪我』也。」[60] 張佩綸說：「『已無已』即上之『始無始，終無終』，《中庸》所謂『至誠無息』是也。」[61] 鵬按，王念孫循尹《注》立論，說較有據。所謂「效夫天地之紀」疑指虛靜而言，《心術上》云：「天曰虛，地曰靜。」

⑷②**人言善亦勿聽，人言惡亦勿聽，持而待之，空然勿兩之**：兩

---

58 張舜徽：《管子四篇疏證》，《周秦道論發微》，第 284 頁。

59 王念孫：《讀書雜志》，第 471 頁。

60 俞樾：《諸子平議》，第 38 頁。

61 張佩綸：《管子學》，中冊，第 1365 頁。

「亦」字均作語辭，無義 [62]。「人言善」、「人言惡」指毀
譽。「兩之」者，人言毀譽而己從之。《莊子‧人間世》：「夫
傳兩喜兩怒之言，天下之難者也。夫兩喜必多溢美之言，兩
怒必多溢惡之言。凡溢之類妄，妄則其信之也莫，莫則傳言
者殃。」「空然勿兩之」謂毀譽任人，雖入於耳而不受影
響，即下文所謂「淑然自清，無以旁言為事成」，惟「察而
徵之」，以明事物之情實，便能「萬物歸之，美惡乃自見」。

(43)**淑然自清，無以旁言為事成**：黎翔鳳云：「《說文》：『淑，清
湛也。』湛、沈古今字，猶言深沈也。雜質沈澱則清
矣。」[63] 其說是。旁言，何如璋、許維遹釋為旁人之言。
張佩綸引《廣雅》「旁，大也」，訓為「大言」。郭沫若則
謂：「旁言猶言放言也」。黎翔鳳云：「旁言為謗。《說文》：
『謗，毀也。』」[64] 按，何、許二氏說是。「旁言」即他人毀
譽之言，義本甚明，不需破讀為說。

(44)**無聽而辯（辨）**：今本作「無聽辯」。李哲明云：「『聽』下當
有『其』字。《注》云：『無聽其利口之辯』，則原有『其』
字可知。」[65] 按，解者從尹《注》釋「辯」為言辭辯論，
疑非。辯、辨二字古通，此當讀為「明辨」之辨，且疑其上
奪一「而」字。「無聽而辨」謂無聽毀譽之言而美惡自辨，
此句承上啟下，若作「無聽辯」則失其旨。

62　參考劉淇：《助字辨略》，北京，中華書局，2004 年 7 月 2 版，第
　　271 至 272 頁。

63　黎翔鳳：《管子校注》，中冊，第 800 頁。李氏說亦見此。

64　諸家說見《管子集校》，《郭沫若全集‧歷史編》第六卷，第 458
　　頁。

65　見《管子集校》，《郭沫若全集‧歷史編》第六卷，第 458 頁。

⑷ **夫天不墜，地不沈，夫或維而載之也夫，又況於人乎**：尹知章《注》：「天張於上，地設於下，自古及今而不沈墜者，必有神靈維載之故。」按，「夫或為而載之也夫」與「天或維之」、「地或載之」之「或」同訓為「有」[66]。前「夫」字作指示詞，義猶「彼」，下文「夫不能自搖者」之「夫」用法相同。《漢書‧蕭何傳》：「夫李斯之分過，又何足法哉！句式與本文同[67]。句末「也夫」連用，表示感嘆語氣，如《左傳》成公十六年：「天敗楚也夫！」《國語‧魯語下》：「公孫氏之婦，知也夫！」[68] 下句「又況於人乎」，今本無「乎」字，《太平御覽‧天部》及《地部》兩引此文「人」下皆有「乎」字，當據補[69]。數句謂天、地之所以不墜不沈者，乃有物維繫、載任之。天、地尚且如此，又何況人乎。下文云「人有治之者」正承此而言。

⑷ **人有治之者，辟（譬）之若夫雷鼓之動也**：前句今本作「人有治之」。尹知章《注》：「必有以而動也。」郭沫若謂：「上言『天或維之，地或載之』均出以疑問，蓋不能確知也。而人則確有人治之，猶如雷鼓之鞻答（從革）乃有人擊之使然。《周禮‧地官‧鼓人》『以雷鼓鼓神祀』，鄭玄《注》云：『雷鼓，八面鼓也』，鄭司農則以為六面（見《大司樂》

66　可參考段玉裁《說文解字注》（第 637 頁）對「或」字之說解。

67　參考王叔岷：《古籍虛字廣義》，台北，華正書局，1990 年 4 月，第563 頁。

68　參考何樂士：《古代漢語虛詞詞典》，北京，語文出版社，2006 年 2月，第 478 頁。

69　參考《管子集校》，《郭沫若全集‧歷史編》第六卷，第 459 所引許維遹、任林圃說。

注）」[70] 按，郭沫若說近是，惟上文「或」非或然之詞（見前注），且「人有治之」下疑脫「者」字。治訓為主、統御。《莊子・在宥》「聞在宥天下，不聞治天下也」成玄英《疏》：「治，統馭也。」尹《注》蓋讀「治」為「以」，以、治二字古通[71]。以者，為也、因也。二句與下文「夫不能自搖者，夫或搖之」語意一貫，謂人亦有統御者（蓋指心也），此猶雷鼓之響，必有人擊之使然（參考下注）。

⒄ **夫不能自搖者，夫或搖之**：尹知章《注》：「無識之物，皆不能自搖。有時而動，則物搖之也。」按，二句承上「人有治之者，辟之若夫雷鼓之動也」而言。《說文》：「搖，動也。」與上文「雷鼓之動」相應。「夫不能自搖者」之「夫」訓為「彼」（見上文），「夫或搖之」之「夫」則猶乃[72]。「或」訓為有也。二句謂彼（指雷鼓）不能自己鼓動，乃有擊之者也。

⒅ **夫或者何？若然者也**：劉績《補注》云：「『或者』，指上『或搖之』之『或』，言天地尚有所以維載者，況人豈無治之者？故問治之者狀。下遂詳無聲無臭之妙，而口目手足等本之。」[73] 安井衡云：「或，不定之辭。上文疊用或字，故解之言：所云或者何也？若如此者也。」[74] 鵬按，此「夫」

---

70 郭沫若：《管子集校》，《郭沫若全集・歷史編》第六卷，第 459 頁。

71 按，如《書・無逸》『治民祇懼』，漢石經「治」作「以」。

72 王叔岷：《古籍虛字廣義》，第 562 至 563 頁。

73 劉說引自《管子集校》，《郭沫若全集・歷史編》第六卷，第 460 頁。

74 安井衡：《管子纂詁》，卷 13，第 18 頁。

字義猶「此」[75]，指「人有治之者」言。下文「視則不見」云云即形容「人有治之者」（即「心」也）。此段「或」皆訓為有，解者釋為疑似之辭，故所說往往失誤。

⑷ 洒乎天下，不見其塞：今本上句作「洒乎天下滿」。尹知章《注》：「風之洒散滿天下也。」丁士涵云：「滿字衍。上下文皆四字為句。」郭沫若云：「『洒乎天下滿』即『洒乎滿於天下』之意。」[76] 鵬按，丁氏說是。尹《注》「滿」字乃釋「塞」，其所見本未必即有「滿」字。凡人皆有心為之主，故云「洒乎天下，不見其塞」，強調心用之普遍性。

⑸ 集於肌膚，知於顏色：今本作「集於顏色，知於肌膚。」王引之曰：「當作『集於肌膚，知於顏色。』此以塞與色隔句為韻也。知，見也。道見於面，故曰『知於顏色』也。《心術篇》：『外見其形容，知於顏色。』（今本『知』上衍『可』字）《呂氏春秋・自知篇》：『文侯不說，知於顏色。』高注：『知，猶見也。』皆謂見於面也。今本倒『肌膚』於下，則既失其義，而又失其韻矣。」[77] 按，王氏說是。二句仍緊扣「心」言。心在人身之內，故云「集於肌膚」；心之發用為喜怒哀樂，則「知於顏色」。《心術下》云：「金〈全〉[78] 心在中不可匿，外見於形容，可知於顏色。」郭店

---

75 參考王叔岷：《古籍虛字廣義》，第 562 頁。

76 諸家說見《管子集校》，《郭沫若全集・歷史編》第六卷，第 460 至461 頁。

77 見王念孫：《讀書雜志》，第 471 頁。

78 此篇「金心」一詞，《內業》作「全心」，劉績據此謂「金心」當作「全心」，此從之。

楚竹書《成之聞之》謂：「型於中，發於色。」[79] 皆與此文相通。

(51)**薄乎其方也，韓〈搏〉乎其圜也，韓（淳）韓（淳）乎莫得其門**：尹知章《注》訓「韓」為「復貌」，釋三句云：「遇方則為方，遇圜則為圜。雖復圜轉，終不見其門也。」安井衡指出《管子‧樞言》「沌沌乎搏而圜，豚豚乎莫得其門」與此文相近 [80]。張佩綸以為上句「韓乎」之「韓」當作「韓」，讀為「郭」；下句「韓韓乎」之「韓」當作「淳」，引《老子》「其政悶悶，其民淳淳」為說 [81]。鵬按，三句蓋以門樞喻心，並下啟「口為聲也，耳為聽也」數句。《樞言》：「聖人用其心，沌沌乎搏而圜，豚豚乎莫得其門，紛紛乎若亂絲，遺遺乎若有從治。」與此文密切相關，其明言「用其心」可證此三句亦論心。「薄」訓為迫近。「韓乎其圜」之「韓」疑涉下句「韓韓」而誤，本當作「搏」，以《樞言》「沌沌乎搏而圜」可證。《說文》：「搏，以手圜之也。」[82]引申為旋轉。迫近門樞時先觸及門板，而門板為方，故云「薄乎其方」。「搏乎其圜」則以門樞之轉動為喻。樞者，居中以運外，動而不窮者也，故往往用以比喻事物的本原或中心，如《淮南子‧原道》：「經營四隅，還反於樞。」《管

---

79 關於郭店《成之聞之》二句之釋讀，參考周鳳五：《郭店竹簡文字補釋》，《古墓新知——紀念郭店楚簡出土十周年論文專輯》，香港，國際炎黃文化出版社，2003 年 11 月，第 65 頁。

80 安井衡：《管子纂詁》，卷 13，第 19 頁。

81 張佩綸：《管子學》，中冊，第 1367－1368 頁。

82 按，引文據段玉裁《注》本校補。參考《說文解字注》，第 613 頁。

子・樞言》開篇便云：「道之在天者，日也。其在人者，心也。」亦以心為人之樞機。下句「韓韓乎」當從張佩綸說讀為「淳淳乎」，乃形容心未發時之質樸狀態。

(52) **故口為聲也，耳為聽也，目有視也，手有指也，足有履也，事物有所比也**：張舜徽云：「此言五官四體，各有所司。喻百官執事，各守一職。心居五官四體之中，猶君居百官執事之上。事物既各有附屬，自可收無為而無不為之效也。本書《心術上篇》曰：『心處其道，九竅尋理。』又曰：『耳目者，視聽之官也。心而無與於視聽之事，則官得守其分矣。』」[83] 按，此文與《心術上》相通，張氏說是。此段接續前文論心，謂心統感官，並以感官認識外物，使物各有其歸屬、統類。

(53) **當生者生，當死者死。言有西有東，各死其鄉**：數句皆承上文「事物有所比」而言。「當生者生，當死者死」謂事物歸其常處，各得其當。《管子・勢》：「修陰陽之從，而道天地之常。贏贏縮縮，因而為當。死死生生，因天地之形。天地之形，聖人成之。」與本文意旨相通。「各死其鄉」之「死」訓為止息，《荀子・大略》：「流言止焉，惡言死焉。」正止、死二字並舉。「言有西有東」即《莊子・齊物論》「言者有言，其所言者特未定也」之意，所謂「未定」、「有西有東」，皆由於彼我之情偏[84]。《齊物論》又云：「夫道未始有封，言未始有常，為是而有畛也。請言其畛：有左有右，有倫有義，有分有辯，有競有爭，此之謂八德。」左右為西東

---

83 張舜徽：《管子四篇疏證》，《周秦道論發微》，第 289 頁。

84 按，《齊物論》郭象注：「未定也者，由彼我之情偏。」

之殊號，本文「有西有東」即《莊子》「有左有右」。所謂「各死其鄉」，即止息紛雜之言，回復事物的情實。

(54)**置常立儀，能守貞乎**：張舜徽云：「本書《正篇》曰：『立常行政，能服信乎？中和慎敬，能日新乎？正衡一靜，能守慎乎？廢私立公，能舉人乎？臨政官民，能後其身乎？』彼篇所言，與此數語，辭意大同。此云『置常立儀』，即彼篇之『立常行政』也。本篇篇首已言『以政為儀』，則儀者政之殊號也。『守貞』疑為『守慎』之譌。」[85] 鵬按，張氏舉本篇篇首及《管子·正》解「置常立儀」，其說是。下句「貞」字則不需改字為說。貞者，正也、定也。《正》篇云「立常行政（正）」、「正衡一靜」，本篇前文「以靖為宗」、「以正為儀」，皆言「正」、「定」（靜、靖皆有安定義，說詳前）。《管子·正》「正衡一靜，能守慎乎」之「慎」亦當讀為「貞」，與其前句「正」、「靜」應。

(55)**事常通道，能官人乎**：今本前句作「常事通道」，常、事二字疑倒。本篇首句「建常立道」以常、道並舉，此不當獨異。陳鼓應指出：「『官人』即《正》篇『臨政官民』的『官民』，管理百姓。」[86] 其說是。

(56)**故書其惡者，言其薄者**：尹知章《注》將二句與下句「上聖之人」合釋，其說云：「聖，通也。既設法以教之，立官以主之，猶有惡薄而不化者，則書而陳之居上者，然後化而通之也。」張舜徽謂：「惡猶粗也，薄猶淡也。此言道之載於書傳，布之言談者，皆古人之粗跡，其味不厚，不足以見道

---

85 張舜徽：《管子四篇疏證》，《周秦道論發微》，第 290 頁。

86 陳鼓應：《〈白心〉注釋與詮釋》，《管子四篇詮釋——稷下道家代表作》，第 197 頁。

之蘊也。」[87] 陳鼓應進一步訓兩「其」字為「乃」，並釋二句為「書帛乃聖人之所厭棄，言語乃聖人之所鄙薄。」[88] 按，張、陳二氏說雖似可通，但於前後文義實不能貫串。頗疑二句謂聖人口誅筆伐皆得其當，使惡者伏罪，薄者警惕，而為眾人之法式。若作此解，則與前文「置常立儀，能守貞乎」相合。

(57)**上聖之人，口無虛習也，手無虛指也，物至而命之耳**：王念孫云：「『上聖之人』四字，意屬下，不屬上，尹《注》（見前文引）非。」又引劉績說云：「耳，語辭，注以為耳目之耳，屬下為句，非。」[89] 茲從之。尹知章《注》釋「口無虛習」三句云：「口之習也，手之指也，終不徒然。必以事物之至，或以手指之，或以口命之。」安井衡從尹說，並謂：「物未至而先講習之，謂之虛習；物未至而先指示之，謂之虛指。」[90] 鵬按，安井衡說是。習字與下文「教存可也，教亡可也」呼應。「口無虛習也，手無虛指也，物至而命之耳」即《心術上》解文所謂「不言，之言應也。應也者，以其出為之入者也。……無為，之言因也。因也者，無益無損也。」[91]

(58)**不發於名聲，不凝於體色，此其不可諭者也**：尹知章《注》：「不發不凝，所謂頑鄙者也，故不可告諭也。」張舜

---

87 張舜徽：《管子四篇疏證》，《周秦道論發微》，第 290 頁。

88 陳鼓應：《〈白心〉注釋與詮釋》，《管子四篇詮釋──稷下道家代表作》，第 197 頁。

89 王念孫：《讀書雜志》，第 471 頁。

90 安井衡：《管子纂詁》，卷 13，第 19 頁。

91 引文經筆者校改，參考本文上編第四章第一節。

徽則謂:「諭與喻通,謂明白也。……《莊子‧天道篇》
曰:『視而可見者,形與色也;聽而可聞者,名與聲也。悲
夫!世人以形色名聲為足以得彼之情。夫形色名聲,果不足
以得彼之情。則知者不言,言者不知。而世豈識之哉!』
《莊子》所言,可與此數語相互證發。皆言君道之運用,深
不可測。其形諸外而可曉者,乃其粗跡;若其精妙,則蘊藏
於中,非人所能知也。」[92] 鵬按,張氏說近之,惟此段所
說非天道或君道,而是論心術之精妙。心蘊藏於中,若非
「形於外」(即此處所云「發於名聲,凝於體色」,也即上文
「知於顏色」)則不易為人所知曉。

⑸⑼ **至於至者,教存可也,教亡可也**:「至於至者」,今本作「及
至於至者」。鵬按,典籍中有「及至」連用之例(義猶「等
到」)[93],其後不加介詞,如《孟子‧滕文公上》:「及至
葬,四方來觀之。」《史記‧儒林列傳》:「及至秦之季世,
焚《詩》、《書》,坑術士。」今本「及至於至者」與上述
「及至」之用例不合,頗疑「及」字乃後人注文闌入(釋
「至」字),本作「至於至者」。前一「至」字當訓推至,後
一「至」則訓為窮至。三句仍扣緊「心」言,謂心術之用推
至窮極,道德型範於每個人的內在,外在的教化便可不用,
故教存可也,亡亦可也。《莊子‧在宥》云:「說明邪?是淫
於色也;說聰邪?是淫於聲也;說仁邪?是亂於德也;說義
邪?是悖於理也;說禮邪?是相於技也;說樂邪?是相於淫
也;說聖邪?是相於藝也;說知邪?是相於疵也。天下將安

---

92 張舜徽:《管子四篇疏證》,《周秦道論發微》,第 291 頁。

93 參考楊伯峻:《古漢語虛詞》,北京,中華書局,1981 年 2 月,第
80－81 頁。

其性命之情,之八者,存可也,亡可也。」說較激切,但意旨與此相通。

(60) **濟於舟者,和於水矣;義於人者,祥於神〈鬼〉矣**:「祥於神〈鬼〉矣」,一本「於」作「其」。尹知章《注》:「水和靜無有波浪,則能濟舟。與人理相宜,則神與之福祥也。」王引之云:「『其』當作『於』。正文及注『神』字皆當為『鬼』,上文曰『祥於鬼者義於人』是也。『鬼』與『水』為韻,後人改『於』為『其』,改『鬼』為『神』,既失其義,而又失其韻矣。鬼、神,對文則益,散文則通,故神亦謂之鬼。」[94] 按,王氏說是,茲據其說校改。

(61) **事有適,無適若有適;觿可解,不解而后解**:今本作「事有適而無適,若有適,觿解,不可解而后解」。尹知章《注》:「事雖有所適,可常者若無適然。雖時有適,潛默周密,人莫知其由然。結必待觿而後解。觿,所以解結也。」王引之謂:「此當作『事有適,無適而后適;觿有解,不可解而后解。』言事之有適也,必無適而后適;觿之有解,必不可解而后解。下文云『善舉事者,國人莫知其解』,正所謂『不可解而後解』也。事之無適而後適,亦猶是也。今本『無適而』誤作『而無適』,『后』誤作『若』,『觿有解』之『有』,又誤入上句內,遂致文不成義,尹《注》及句讀皆非。」[95] 俞樾則云:「《小爾雅·廣言》曰:『若,乃也。』管子書《君臣上》篇『若任之以事』、『若量能而授官』,下篇『若稽之以眾風,若任以社稷之任』,諸『若』字並猶

---

94 王念孫:《讀書雜志》,第472頁。
95 王念孫:《讀書雜志》,第472頁。

『乃』也。此文『若有適』亦當訓為乃有適。」[96] 丁士涵
曰：「當作『觿可解，不解而后解』，此句原本尚不誤，惟
『可』字移在『不』字下耳。」[97] 鵬按，王引之說近之，惟
「無適若有適」之「若」，當依俞樾說訓為「乃」（或可訓
「始」）[98]，今本此句前「而」字涉下文「不解而後解」衍，
「觿可解，不解而后解」則依丁士涵說校改。

(62) 為善乎，毋提（媞）提（媞）：王念孫云：「提提，顯著之
貌，謂有為善之名也。『提』與『㮹』同，《說文》：『㮹，顯
也。』為善而有名，則必為人所嫉，為不善則陷於刑。《莊
子·養生主》曰『為善無近名，為惡無近刑。』語意正與此
同。又《山木篇》曰：『子其意者飾知以驚愚，修身以明
汙，昭昭呼如揭日月而行，故不免也。』《淮南·說林篇》
曰：『旳旳者獲，提提者射，故大白若辱，大德若不足。』
皆是『為善毋提提』之意。」又云：「旳旳、提提，皆明
也，語之轉耳。」[99] 按，「提提」可從王氏說讀為
「㮹㮹」，訓為顯明貌；亦可讀為「媞媞」，訓為分辨貌。「媞
媞」、「㮹㮹」，意義相通。《說文》：「媞，諦也。從女，是
聲。一曰妍黠也。」段《注》：「諦者，審也。審者，悉
也。」[100] 媞訓為審諦，故「媞媞」者，分別貌、顯著貌
也。

---

96 俞樾：《諸子平議》，第 38 頁。

97 丁氏說見《管子集校》，《郭沫若全集·歷史編》第六卷，第 465
頁。

98 若訓為乃、始，參考楊伯峻《古漢語虛詞》，第 134 頁。

99 王念孫：《讀書雜志》，第 472、919 頁。

100 段玉裁：《說文解字注》，第 626 頁。

⑥故曰愕（詻）愕（詻）者不以天下為憂，剌（暨）剌（暨）者不以萬物為笑（愜）：今本無「故曰」二字，此依文例補。俞樾曰：「『笑』字義不可通，當讀為愜。《說文‧心部》：『愜，快也。』《廣雅‧釋詁》：『愜，可也。』『不以萬物為愜』，正與『不以天下為憂』相對，言萬物不足以快其心也。」[101] 鵬按，俞樾讀「笑」為「愜」，其說是。頗疑「愕愕」當讀為「詻詻」[102]，愕、詻二字皆疑母鐸部，可以通用；「剌剌」讀為「暨暨」，「剌」字上古音為來母月部，「暨」則為群母物部，物月旁轉可通。《禮記‧玉藻》云：「戎容暨暨，言容詻詻，色容厲肅，視容清明。」正「暨暨」、「詻詻」並舉。鄭玄注：「暨暨，果毅貌。詻詻，教令嚴也。」但「言容詻詻」下已云「色容嚴肅」，「詻詻」不當再解為嚴厲貌。《說文》：「詻，論訟（頌）也。傳曰：詻詻，孔子容。」段《注》：「訟當作頌，『論訟』即『言容』也。《玉藻》曰：『戎容暨暨，言容詻詻』。」又云：「『詻詻，孔子容』，未聞。《論語》曰『子溫而厲。』」[103] 鵬按，疑「詻詻」即《論語‧述而》所述孔子「溫而厲，威而不猛，恭而安」之貌。《說文》「詻」、「誾」二篆相鄰，蓋以義繫聯。「誾」訓為「和說而諍」，段玉裁申之云：「《論語‧鄉

---

101 俞樾：《諸子平議》，第 39 頁。

102 《史記‧天官書》記太歲在酉之年為「作鄂」，《漢書‧天文志》則為「作詻」；《墨子‧親士》「分議者延延，而支苟者詻詻，焉可以長生保國。」洪頤煊以為：「詻詻與諤諤同。言分議者皆延延以念久長，而致敬者又諤諤已盡其誠。」二例可作為「愕」、「詻」通假之旁證。

103 段玉裁：《說文解字注》，第 92 頁。

黨》（記孔子『朝，與下大夫言，侃侃如也；與上大夫言，誾誾如也與上大夫言，誾誾如也』）孔注：『侃侃，和樂貌；誾誾，中正貌。』《先進》（『閔子侍側，誾誾如也』）皇侃亦云爾。……誾誾為中正者，謂和悅而諍，柔剛得中也。言居門中，亦有中正之意。」[104] 據此可推知「詻詻」為和悅而威嚴貌，有中正之意，與上文「若左若右，正中而已矣」呼應。《玉藻》「山立，時行，盛氣顛實揚休，玉色」[105] 即所謂中正之容也。「暨暨」為即戎之貌[106]，自當果毅勇猛，蠥萬物而不以為悷。本文既強調中正之道，故云「孰能棄暨暨而為詻詻乎？」

⑷難（謹）言憲術，須（需）同而出：「難」疑讀為「謹」。《說文》有從鳥、從堇聲之字，訓為鳥名，段《注》謂此字「今為難易字，而本義隱矣。」[107] 甲骨文有「𦰩」字，隸定為「熯（省火）」，本義為饑饉[108]。陳夢家曾指出，艱、嘆、熯、饉、難、歎等字皆由「𦰩」所孳乳[109]。徐中舒也說：「熯、堇初為一字，而古從熯之字，《說文》篆文悉變從

---

104 段玉裁：《說文解字注》，第 92 頁。

105 鄭玄注：「山立，不搖動也。時行，時而後行也。」孫希旦《集解》云：「揚讀如字。盛氣顛實揚休，謂盛其氣以闐實於內，而發揚其休美於外，若《聘禮記》所謂『發氣盈容』也。玉色，謂溫潤也。」

106 按，「暨暨」義猶「晏晏」，《詩・周頌・良耜》云：「畟畟良耜」，乃形容農具銳利快進之貌。

107 段玉裁：《說文解字注》，第 152 頁。

108 參考拙著：《殷代巫覡活動研究》，臺灣大學中國文學研究所碩士論文，2003 年 1 月，第 168－171 頁。

109 陳夢家：《殷虛卜辭綜述》，台北，大通書局，1971 年 5 月，第 564 頁。

董。」[110]「謹」、「難」所從聲符既同源,則二字可相通。
「謹言憲術」四字,言與術、謹與憲皆相對,「憲」當訓敏
(見《說文》)。「謹言憲術」,謂謹於言,敏於術(在內為心
術,發於外則為法術)。《大戴禮記‧文王官人》:「其老,觀
其意憲慎,強其所不足而不踰也。」王聘珍《解詁》引《說
文》云:「憲,敏也。慎,謹也。」[111]「憲」、「慎」連言猶
此文「謹」、「憲」並舉。「須同而出」之「須」疑讀為
「需」,訓為待;「同」訓為和同之同;「出」,謂發佈也。「需
同而出」,謂言與術須待名實相符、上下和同,才能發佈於
外。

(65) **近可以免**:黎翔鳳謂:「《爾雅‧釋詁》:『幾,近也。』《史
記‧老莊列傳》『則幾矣』,《索隱》:『庶也。』合言之曰
『庶幾』。『近』假為『幾』。」按,「近」、「幾」音近義通,
但此處如字讀即可。

(66) **知何知乎?謀何謀乎?審而出者,彼自來**:張佩綸云:「『審
而出』即上所謂『同而出』。」[112] 按,其說是。數句承「謹
言憲術,需同而出」而來,謂審慎發言出術,自能近悅遠
來,民心歸附,不需汲汲於智謀。

(67) **自知曰稽,知人曰濟**:張佩綸云:「『濟』即《易》所謂『道
濟天下』。《爾雅‧釋言》:『濟,成也。』」[113] 張舜徽云:

---

110 徐中舒:《甲骨文字典》,成都,四川辭書出版社,1998 年 10 月,
第 1463 頁。

111 王聘珍:《大戴禮記解詁》,北京,中華書局,1983 年 3 月,第
187－188 頁。

112 張佩綸:《管子學》,中冊,第 1367 頁。

113 張佩綸:《管子學》,中冊,第 1367 頁。

「二句當釋為『自知之術曰稽，知人之術曰濟』，先秦古書，行文簡質，故但以四字為句耳。稽猶考也，謂考之於人，以正得失也。……濟之言齊也，謂齊度人之才智高下也。」[114]。按，「稽」訓為度，有審諦以求情實之意。「濟」之本義為渡，可引申為通、成。疑「知人曰濟」之「濟」如字讀，訓為通（張佩綸則訓為成）。張舜徽謂二句之「自知」、「知人」即「自知之術」、「知人之術」之省，其說是。自知之術指心術而言，《管子・七法》：「實也、誠也、厚也、施也、度也、恕也，謂之心術。」知人之術指法術而言，即循名責實之術。今本《老子》第33章：「知人曰智，自知曰明。」乃從結果論，與此文意旨相通。

⑥⑧ **知苟周，可為天下適（帝）**：今本作「知苟適，可為天下周。」俞樾云：「周字無義，疑『君』字之誤。『可為天下君』，猶下文言『可以為天下王』也。『君』古文與『周』相似而誤。」[115] 郭沫若云：「『周』當為『帝』，與稽、濟、適為韻。『帝』古作『啻』……啻稍蠹蝕，故誤為『周』。」[116] 于省吾則指出：「下云『知周於六合之內者』，即此文『知苟適，可以為天下周』之謂也。」[117] 鵬按，郭氏以「周」為「帝」之形訛，說頗迂曲；俞氏改「周」為「君」，又失其韻。以于氏所舉下文「知周於六合之內」，可證此文當作「知苟周」，今本「適」、「周」二字誤倒。周者，合也、密固

---

114 張舜徽：《管子四篇疏證》，《周秦道論發微》，第296頁。

115 俞樾：《諸子平議》，第39頁。

116 郭沫若：《管子集校》，《郭沫若全集・歷史編》第六卷，第468頁。

117 于省吾：《雙劍誃諸子新證》，第230頁。

也，與上文「需同而出」之「同」及下文「內固之一」相
應。「可為天下適」之「適」當讀為「帝」（二字同為錫部
字），與下文「可以為天下王」之「王」對舉。

(69) **內固之一，可以久長**：今本「久長」作「長久」，張文虎
云：「『長久』當作『久長』，『長』與下『王』字為韻。」郭
沫若說：「『長久』殆『人長』之誤而倒，或『久』字乃衍
文。上句『為天下帝』，下句『為天下王』，此言『為長
久』，殊不倫類。『為人長』或『為長』，則相類矣。」[118] 鵬
按，郭氏必改今本「可以長久」為「可為人長」，求與「可
為天下帝」、「可以為天下王」排比，其說非。疑此二句當移
至「可以為天下王」下，作為此段結語。「長久」當如張文
虎說作「久長」。「內固之一，可以久長」，「內」指心，
「之」訓為「至」，「一」即純一不雜。二句謂心術密固而至
於純一，帝王之業可長久不墜。

(70) **論而用之，可以為天下王**：二句呼應本段首句「難（謹）言
憲術」，「論」扣緊「言」而說，「用」則針對「術」而言，
謂能審慎發言用術（包含前文所謂自知之術、知人之術），
可以王天下。「論而用之，可以為天下王」當移至「知苟
周，可以為天下帝」之後，帝、王對舉，且王字與下文「可
以久長」之「長」為韻。

(71) **視天之精（清），四壁（辟）而知請（情），與壤土而生**：今
本作「天之視而精，四壁而知請，壤土而與生。」一本
「壁」作「璧」[119]。尹知章《注》：「四壁，《周禮》所謂

---

118 二家說見《管子集校》，《郭沫若全集・歷史編》第六卷，第 468
頁。

119 參考郭沫若：《管子集校》，《郭沫若全集・歷史編》第六卷，第

『四珪有邸』者也，祭天所奠也，同邸於璧，故曰四璧。既能知天，則祭以四璧，而祈請祈福祥也。」丁士涵云：「精者，明也。璧當作辟。辟，開也、通也。《堯典》『闢四門』，《史記》作『辟』。請者，情之借字。」張舜徽申其說云：「此言人君之德，上法天地。『天之視而精，謂明四目也』。『四辟而知情』，謂辟四聰也。『壤土而與生』，謂如地之生長萬物，各得其宜也。」[120] 鵬按，三句之主語為人君，張舜徽說是。「精」疑讀為「清」。《說文》：「清，朗也。」《淮南子・精神》：「天靜以清，地定以寧。」「璧」、「請」當從丁氏說讀為「辟」、「情」。頗疑今本「天之視而精」當作「視天之精（清）」，「而」字涉下文衍，「視」當移至句首，訓為比照、效法。「四辟而知情」，如丁士涵、張舜徽釋。所謂「四辟」即《書・堯典》「闢四門，明四目，達四聰」，兼耳目聰明言。又疑今本「壤土而與生」當作「與壤土而生」。三句謂人君效法天之明察，耳目四通而知事物之情實，如此則與之土地乃能生養百姓與庶物。

(72) **能若夫風與波乎？唯其所欲適**：尹知章《注》：「風動波應，大小唯所欲適，天地之應聖人，亦猶是也。」張舜徽申尹《注》之意云：「此言道之運用，在能隨時推移，與物變化，如波之應風而上下起伏也。」[121] 按，其說是。二句又與上文「事有適，無適若有適」相通。

(73) **故子而代其父曰義也，臣而代其君曰篡也，篡何能歌？武王**

---

468 頁。

120 丁說見《管子集校》，《郭沫若全集・歷史編》第六卷，第 469 頁；張舜徽：《管子四篇疏證》，《周秦道論發微》，第 297 頁。

121 張舜徽：《管子四篇疏證》，《周秦道論發微》，第 297 頁。

<u>是也</u>：郭沫若聯繫上下文解云：「蓋言人能如風波之無心，則能隨心所欲，聽其自然。苟一涉及人事，則與自然迥異。同一易位也，子代父則為義，臣代均則為簒。既簒矣，而又有可歌者如周武王在焉。是人事之不可端倪，有如此者。故總結以『故曰孰能去辯與巧，而還與眾人同道。』」[122] 其說是。

(74) <u>孰能去辯與巧，而還與眾人同道</u>：張佩綸云：「上武王之事既非解『去辯與巧』，而上句與上『棄功與名』、『棄名與功』實為一類，宜移置於前。而『子而代父』數語，于本篇不倫，乃他篇錯簡，今不可攷矣。」張舜徽駁之曰：「此非錯簡也。上文既言義之與簒，本無定界。以見此等名目，皆起自衰世闇主，所以禁人窺竊，自固其位者之所為也。《老子》第十八章曰：『大道廢，有仁義；智慧出，有大偽；六親不和，有孝慈；國家昏亂，有忠臣。』《老子》斯言，最為透闢。蓋自仁、義、忠、孝，此類名目一出，於是好辯之士，巧飾之徒，蓋有所取資，而天下紛紛矣。故此處總結之曰：『孰能去辯與巧，而還與眾人同道』也。」[123] 按，張舜徽說是。

(75) <u>思索精者明益衰，德行修者王道狹，名利臥者寫生危</u>：後句今本作「臥名利者寫生危」。尹知章《注》：「思索太精則矜名，故王道狹也。臥，猶息也。寫，猶除也。能息名利，則除身之危。」馬瑞辰據《爾雅‧釋詁下》訓「寫」為

---

122 郭沫若：《管子集校》，《郭沫若全集‧歷史編》第六卷，第 469 頁。

123 張佩綸：《管子學》，中冊，第 1378 至 1379 頁；張舜徽：《管子四篇疏證》，《周秦道論發微》，第 298 頁。

「憂」，釋二句云：「謂寢息於名利，必多危險，故憂生危。」[124] 張舜徽云：「《說文》：『寫，置物也。』此處『寫』字，自當訓置。謂寢息於名利，貪求不已者，是置其生於險境也。上云『思索精者明益衰，德行修者王道狹』乃言二事，尹《注》合而為一以釋之，亦非也。大抵用心深，則流於刻覆，有損主道之明。矜小節，則難圖大事，有害王道之廣。」[125]。鵬按，張舜徽釋「思索精者明益衰，德行修者王道狹」二句，說甚確，當從之。「名利」疑與「思索」、「德行」對文，今本「臥」字當在「名利」之下，與前二句文例一致。張舜徽訓「名利臥者寫生危」之「寫」為「置」，其說是。「寫生危」者，置生於危也。解者多訓「臥」為寢息，疑非。「臥」當訓為委。《說文》：「臥，伏也。從人臣取其伏也。」段玉裁《注》：「伏，大徐本作休，誤。臥與寢異。寢於牀，《論語》『寢不尸』是也；臥於几，《孟子》『隱几而臥』是也。」[126] 王念孫《廣雅疏證》：「臥之言委也。」[127] 此句謂委身於名利者，將處於險境。

(76) **知周於六合之內者，為吾知生之有阻也**：後句今本作「吾知生之有為阻也。」按，「為」疑當移至句首，作「為吾知生之有阻也」，此「為」字猶「以」、「因」也。古書中「……者，為……也」之句式如《墨子‧耕柱》：「所謂貴良

---

124 引自郝懿行：《爾雅義疏》，台北，漢京文化公司，1985 年 9 月，第 1 冊，第 170 頁。

125 張舜徽：《管子四篇疏證》，《周秦道論發微》，第 299 頁。

126 段玉裁：《說文解字注》，第 392 頁。

127 王念孫：《廣雅疏證》，北京，中華書局影印清嘉慶年間王氏家刻本，2004 年 4 月第 2 版，第 118 頁。

寶者，為其可以利也。」《管子・版法解》：「今人君之所尊
安者，為其威立而令行也。」《荀子・性惡》：「凡人之欲為
善者，為性惡也。」阻者，止也、限也。「生之有阻」猶
「生之有限」、「生之有涯」。《莊子・養生主》：「吾生也有
涯，而知也無涯。以有涯隨無涯，殆已；已而為知者，殆而
已矣。」與本文意旨相近。

(77) **持而滿之，乃其殆也。名滿於天下，不若其已也。名進
〈遂〉而身退，天之道也**：張舜徽云：「《老子》第九章曰：
『持而盈之，不如其已；揣而梲之，不可長保；金玉滿堂，
莫之能守；富貴而驕，自遺其咎。功遂身退，天之道。』
《老子》所言，與此段文字，意無二致，皆所以誡盈溢
也。」[128] 許維遹云：「『進』當作『遂』。遂，成也。《老
子》曰『功成名遂身退，天之道也。』[129] 是其證。今本作
『進』，或後人以為『身退』與『名進』相對而妄改之。尹
《注》『未有能名身俱進者』，是其所據本已誤。」[130] 按，二
氏說是。據上引《老子》「持而盈之」句，又疑此文「持而
滿之」原當作「持而盈之」。《國語・越語下》「持盈者與
天」，《史記・越王勾踐世家》作「持滿者與天」，即避漢惠
帝諱而改 [131]。

---

128 張舜徽：《管子四篇疏證》，《周秦道論發微》，第 299－300 頁。

129 按，《老子》此章「功遂身退」句（郭店楚簡本《老子》、馬王堆
《老子》甲、乙本同），或作「名成功遂身退」、「功成名遂身
退」、「成名功遂」。參考島邦男：《老子校正》，東京，汲古書院，
1973 年 10 月，第 70 頁。

130 見郭沫若：《管子集校》，《郭沫若全集・歷史編》第六卷，第 470
－471 頁。

131 參考王彥坤：《歷代避諱字彙典》，鄭州，中州古籍出版社，1997

⒄滿盛之國，不可以仕；滿盛之家，不可以嫁子；驕倨傲暴之
人，不可與交〈友〉：今本「不可以仕」句末有「任」字。
尹知章《注》：「滿盛則敗亡，故不可任其仕也。嫁子於滿盛
之家，則與之俱亡。交於驕暴，則危亡及己也。」王念孫
云：「『任』即『仕』字之誤，今作『仕任』者，一本作
『仕』，一本作『任』，而後人誤合之也。尹《注》云『不可
任其仕』，則所見本已衍『任』字矣。『交』當為『友』，亦
字之誤也（隸書『交』字或作『友』，與『友』相似）。仕、
子、友為韻（『友』古讀若『以』，說見《唐韻正》）。」[132]
鵬按，王氏說是。馬王堆帛書《老子》乙本卷前佚書《稱》
類似文句作「不士於盛盈之國，不嫁子於盛盈之家，不友
〔暴傲慢〕易之人。」[133] 正作「士」、「嫁子」、「友」，與王
氏說合。此文「滿盛」亦疑本作「盈盛」。

⒅民之所知者寡：今本作「民之所以知者寡」。郭沫若云：「當
於『所以』斷句，言道乃民之所用，但知之者寡。此即『百
姓日用而不知』之意。」[134] 鵬按，「以」字疑涉上文「不可
以仕」、「不可以嫁子」而衍，本作「民之所知者寡」。

⒆何道之近，而莫之能服也？棄近而就遠，何費力也：今本作
「何道之近，而莫之能與服也。棄近而就遠，何以費力
也。」安井衡指出：「莫之能服」，「諸本『能』上有『與』

年 5 月，第 555 頁。

132 王念孫：《讀書雜志》，第 472 頁。

133 缺文依魏啟鵬補。參考氏著《馬王堆漢墓帛書〈黃帝書〉箋證》，
北京，中華書局，2004 年 12 月，第 203 頁。

134 郭沫若：《管子集校》，《郭沫若全集・歷史編》第六卷，第 471
頁。

字，今從古本。」[135] 按，安井衡說是。「與」涉上文「不可與友」而衍。今本「何以費力也」當作「何費力也」，「以」字涉下文「以考內身」、「以此知象」而衍。「何」字在此作狀語，兼表詢問與慨嘆。

(81) **君〈周〉親〈視〉六合，以考內身**：俞樾云：「此『君』字乃為『周』字之誤，與上文可互證。尹《注》『遍六合之種，一一考之於身』蓋以『遍』釋『周』，是其所據本未誤也。惟『親』字無義，尹亦無注，或『視』字之誤。」按，俞樾說是。「內身」即上文「內固之一」之「內」，均指心。「周視六合，以考內身」謂遍觀上下四方而返求於心。

(82) **以此知象（像），乃知行情；既知行情，乃知養生**：尹知章《注》：「於身知象，乃知可行之情。知行情則不違理，不違理則生全，故曰『乃知養生』。」張舜徽則謂：「此段文字，言養生之道，貴在自知情欲之所蔽，而有以驅遣之也。『行』，猶驅遣也。『情』，謂悲樂喜怒好惡也。必盡去斯情，而後可清吾心，靜吾慮，以攝養其精神。」[136] 鵬按，此段與「周視六合，以考內身」意義相貫，謂所以養生者，養心也。並呼應上文「索其像，則知其型；緣其理，則知其情。」尹說近之。「行」者，運也、施也。「情」訓情實，非情欲也，張舜徽說非。

(83) **左右前後，周而復所**：尹知章《注》：「行身之道，或從左右，或從前後，行之既周，還復本所也。」張舜徽云：「『左右前後』猶上所云『周視六合』也。『周而復所』即『以考

---

135 安井衡：《管子纂詁》，卷13，第22頁。
136 張舜徽：《管子四篇疏證》，《周秦道論發微》，第301頁。

內身』也。」¹³⁷ 按，張氏說是。「所」非訓處所。《心術
上》：「捨者，言復所於虛也。」復所於虛，即「復於虛」。
「所」者，語詞耳¹³⁸。「周而復所」猶「周而復」，言周視六
合而返於內（或復於虛）。

(84) **執儀服象（像），敬迎來者。今夫來者，必道其道**：尹知章
《注》：「執常儀，行常像，將來可行之理，敬而迎之。上道
從也，將來之理，並從道而來也。」陳鼓應則說：「執、服
皆是用義。儀、象，謂禮數儀節。行用禮數儀節敬迎來者，
喻正身誠意應接事物。」¹³⁹ 鵬按，「儀」、「象」非指禮數儀
節。尹《注》謂指常儀、常象，其說是。前文云：「以正為
儀」，即所執持之常儀；又云：「周視六合，以考內身，以此
知像」，即所服用之常像也。「執儀服象」指正心誠意，即前
文所謂「內固之一」。「敬迎來者」，即《心術上》所謂「虛
其欲，神將入舍；掃除不絜，神乃留處」。「今夫來者」，一
本「今」作「令」¹⁴⁰ 鵬按，作「今夫」是。「今夫」為承
上啟下，具有提示作用的複音虛詞，猶言「若彼」也¹⁴¹。
「必道其道」謂「來者」（指「神」）將循其道而留處。

---

137 張舜徽：《管子四篇疏證》，《周秦道論發微》，第 302 頁。

138 說見王念孫：《讀書雜志》，第 521 頁；王引之：《經傳釋詞》，台
  北，漢京文化公司，1983 年 4 月，第 211 頁。並參考本文上篇第
  四章第一節。

139 陳鼓應：《〈白心〉注釋與詮釋》，《管子四篇詮釋——稷下道家代
  表作》，第 205 頁。

140 參考安井衡：《管子纂詁》，卷 13，第 23 頁。

141 參考吳昌瑩：《經詞衍釋》，北京，中華書局，1956 年 10 月，第
  74 頁；裴學海：《古書虛字集釋》，北京，中華書局，1954 年 10
  月，第 349 頁。

(85) **無遷無衍，命乃長久**：尹知章《注》：「理既從道而來，但遵
而行之，無遷移，無寬衍，勤而為之，則命久長也。」丁士
涵則謂：「衍與延同，《文選・西京賦》『遷延，邪睨』，薛綜
《注》：『遷延，退旋也。』」俞樾亦說：「尹《注》曰『無遷
移，無寬衍』，兩意不倫，恐非也。衍當讀為延。……遷、
延乃疊韻字，古有此語。襄十四年《左傳》『晉人謂之遷延
之役』是也。『無遷無延』猶曰無遷延耳，不當分為二
義。」[142] 鵬按，尹《注》訓「無遷無衍」為「無遷移，無
寬衍」不誤，丁、俞二氏改讀非是。「無遷無衍」扣上文
「周而復所」而說。周者，密合也，故無衍餘[143]；復者，還
返也，故無遷移。

(86) **和以反中，形性相葆（抱）。一以無貳，是謂知道**：二
「以」字皆訓「而」。「和以反中」即上文「周視六合，以考
內身」。「反」即「周而復所」之「復」。「中」指「心」，本
篇「中又有中，孰能得夫中之衷乎」即《內業》「心以藏
心，心之中又有心焉」（此王念孫說，詳見前文）。「葆」當
讀為「抱」或「保」（保、抱二字同源[144]），訓為持守。下
句「一以無貳」即承「形性相抱」句而言。顏昌嶢云：「一
者，純一無貳，即誠也。」[145] 其說是。今本《老子》第 10
章：「載營魄抱一，能無離乎？專氣致柔，能嬰兒乎？滌除

---

142 丁說見《管子集校》，《郭沫若全集・歷史編》第六卷，第 472
    頁；俞樾：《諸子平議》，第 39 頁。
143 按，《楚辭・天問》「東西南北，其修孰多？南北順橢，其衍幾
    何？」朱熹《集注》：「衍，餘也。」
144 參考王力：《同源字典》，第 244 頁。
145 顏昌嶢：《管子校釋》，第 346 頁。

玄覽，能無疵乎？」與此文意旨相通。

(87) **將欲服之，必一其端而固其所守**：郭沫若云：「宋本無『一』字，古本、劉本、朱本、趙本均有，當據補。」[146] 按，其說是。「一其端而固其所守」即前文「內固之一」，其修養工夫均在心上。二句謂心術將發用於外，必一其端緒而使所守密固。

(88) **索之於天，與之為期**：尹知章《注》：「求性命之理於天，則期時可知也。」張舜徽云：「《廣雅‧釋詁》：『期，會也。』會與合同義，此云『與之為期』、『不失其期』，皆言與天道合也。」[147] 鵬按，尹《注》釋「索之於天」為「求性命之理於天」，其說是。「與之為期」之「期」則當從張舜徽說訓為合。心術（即性命之道）與天道貫通，疑受儒家子思一派之影響（參考本文下篇第二章第三節）。郭店楚竹書《性自命出》第 2 至第 3 簡云：「性自命出，命自天降。」《禮記‧中庸》也說：「天命之謂性，率性之謂道，修道之謂教。道也者，不可須臾離也，可離非道也。」

(89) **吾語若大明之極。大明之明，非愛人不予也**：尹知章《注》：「若，女也。大明之極，謂天也。愛，惜也。非有所隱惜於人而不與之也。」按，尹《注》釋義可從。「大明」即「天」之代稱（文獻或以「大明」代稱日、月）。「極」之本義為房屋的脊檁，引申有中正、準則之意。「大明之極」指天之準則，即天道也。「大明之明」即天之明德、天之明命。

---

146 郭沫若：《管子集校》，《郭沫若全集‧歷史編》第六卷，第 472 頁
147 張舜徽：《管子四篇疏證》，《周秦道論發微》，第 304 頁。

⑼同則相從，反則相距也。吾察反相距，以故知從之同也：今
本末句作「吾以故知古從之同也」上有「吾」字。尹知章
《注》：「與天同則從，反則相距也。察今反則有距，故知古
之從者以其同也。」于省吾云：「『之』猶『與』也，詳《經
傳釋詞》。『從之同』謂『從與同』也，即承上文『同則相
從』為言。」[148] 按，于氏說是。末句當作「以故知從之同
也」，今本衍「吾」（涉上句衍）、「古」（涉本句「故」字
衍）二字。

第二節　論《白心》之學派歸屬——兼論其與《莊子》之關係

一、論《白心》之學派歸屬

　　《莊子・天下》云：「不累於俗，不飾於物，不苟於人，不
忮於眾。願天下之安寧，以活民命。人我之養，畢足而止。以
此白心，古之道術有在於是者，宋鈃、尹文聞其風而悅之，作
為華山之冠以自表，接萬物以別囿為始。」白心者，彰明其
心，使心恢復本然的狀態。從內言為「白心」；從外言則為
「別囿」或「去囿」，二者實相通。陳鼓應指出：「白心」即
《心術上》所謂「絜其宮」、「虛其欲」[149]。戰國楚竹書《彭
祖》亦云：「遠慮用素，心白身懌。」白心一詞應為宋子學派

<hr>

148 于省吾：《雙劍誃諸子新證》，第 230 頁。
149 陳鼓應：《〈白心〉注釋與詮釋》，《管子四篇詮釋——稷下道家代
　　表作》，第 175 頁。

之專門術語。

朱伯崑、白奚等學者反對郭沫若將《管子·白心》視為宋、尹一派著作的理由之一，便是《莊子》所謂的「白心」與篇名《白心》含意不同。朱伯崑說：「《莊子·天下》中講的『白心』，白為動詞，意謂表白。『白心』即表白心意。《白心》講的白為形容詞，乃『虛素生白』的白，即『去辯與巧』，也就是《心術上》說的『虛素』。『白心』指排除情欲和智巧干擾的心理狀態。」白奚說略同[150]。按，此說疑非。前引《天下》論宋、尹一段「以此白心」句實承上啟下，「白」當訓彰明而非訓表白，《荀子·正名》「說不行，則白道而冥窮（躬）」，「白」字用法正與此同。「以此白心」是指以前面所說「不累於俗，不飾於物，不苛於人，不忮於眾」、「人我之養，畢足而止」作為處世應對之原則，以達到「白心」的目的，而所謂「不累於俗，不飾於物，不苛於人，不忮於眾」亦即下文所說「別囿」（去外在之囿蔽）之具體方法，故云「接萬物以別囿為始」。以此理解《天下》「白心」一詞，便不存在與篇名《白心》內涵上的差異。

戰國時期，學者將知識的來源歸結為心統感官，並以耳、目接觸外物而獲得知識[151]。在認識論上，著重探討兩方面的問題：一是妨礙正確認識的因素是什麼，二是「心」處於什麼狀態才能獲得正確認識。宋鈃提出「別囿」、「白心」之說，便

---

150 朱伯崑：《〈管子〉四篇考》，《朱伯崑論著》，瀋陽出版社，1998 年 5 月，第 415 頁；白奚：《稷下學研究——中國古代的思想自由與百家爭鳴》，北京，三聯書店，1998 年 9 月，第 188 頁。

151 參考拙著：《〈大學〉「格物」讀為「觀物」說——「格物」本義鉤沈之三》（待刊稿）

是對於此一問題之回應 [152]。別囿者，去除外在事物對於內心之拘囿，其工夫乃在心上。白心者，潔白其心。二者互為表裡。《白心》云「中又有中。孰能得夫中之衷乎」，與《內業》「心以藏心，心之中又有心焉」意同（說本王念孫），宋鈃一派重視心之作用及修養如此，其學可謂「心學」矣。

　　《白心》論心，但全篇卻絕不見「心」字，可見該篇採用一種隱晦的方式論述，此種形式疑與文獻中所謂「隱」有關。《漢書‧藝文志‧詩賦略》雜賦類著錄有《隱書》十八篇，顏師古引劉向《別錄》云：「隱書者，疑其言以相問，對者以慮思之，可以無不諭。」[153] 春秋之時，貴族流行賦《詩》斷章取義，或可視為隱語風氣之濫觴。後世的謎語為隱語之嫡裔，《文心雕龍‧諧讔》：「君子嘲隱，化為謎語。」《說文》新附：「謎，隱語也。」[154] 詩賦有「詠物」一類，疑亦源於隱語、諧隱之賦。

　　《白心》論心多以隱語出之，後人往往誤解其意，如「中又有中。孰能得夫中之衷乎」，尹知章《注》解為「舉事雖得其中，而不為中，乃是有中也」，以「中」為「執兩用中」之「中」（兩端之中）；又如「人有治之者，辟之若夫雷鼓之動也……視則不見，聽則不聞。洒乎天下滿，不見其塞。集於肌膚，知於顏色。責其往來，莫知其時。薄乎其方也，韕〈搏〉乎其圜也，韕（沌）韕（沌）乎莫得其門。故口為聲也，耳為

---

152 參考本文上篇第二章第二節以及白奚《稷下學研究──中國古代的思想自由與百家爭鳴》，第 104－107 頁。

153 班固：《漢書》（中華書局點校本），第六冊，第 1753 頁。

154 關於隱語和謎語的關係，參考詹鍈《文心雕龍義證》，上海古籍出版社，1989 年 8 月，上冊，第 548 頁，注 3。

聽也，目有視也，手有指也，足有履也，事物有所比也。」
「發於名聲，凝於體色，此其可論者也；不發於名聲，不凝於
體色，此其不可論者也。至於至者，教存可也，教亡可也。」
二段言心為身主及心之發用，卻未見「心」字。

　　《白心》用隱語論心，疑與齊稷下之風氣有關，《史記・田
敬仲完世家》、《新序・雜事》載淳于髡以隱語向鄒忌陳志，
《滑稽列傳》又載「齊威王之時喜隱，好為淫樂長夜之飲」，故
淳于髡以「國中有大鳥」之隱語勸諫。至戰國末，荀卿更作
禮、智、雲、蠶、箴等諧隱之賦，亦為此風之遺。《文心雕
龍・諧讔》云：「讔者，隱也。遁辭以隱意，譎譬以指事
也。……隱語之用，被於紀傳，大者興治濟身，其次弼違曉
惑。」精確地道出此體之特色。

　　《白心》篇中多處呼籲人們去除外在事物對心的干擾，其
目的不外是「白心」，如云：「靜身以待物。」「去善之言，為
善之事。」「孰能去功與名，而還反無成。」「人言善亦勿聽，
人言惡亦勿聽，持而待之，空然勿兩之，淑然自清，無以旁言
為事成。察而徵之，無聽而辨，萬物歸之，美惡乃自見。」篇
中更說：「原始計實，本其所生。索其像，則知其型；緣其
理，則知其情；索其端，則知其名」已從理論的高度將「白
心」、「去囿」歸納為抽象原則。

　　除重視「心」的作用外，《白心》還有以下思想特點與傳
世文獻及楚竹書《彭祖》所反映的宋鈃學說相合：

1. 以天道為尚，亦不廢人道：《白心》說：「上之隨天，其次隨
　　人」可見其立場乃以天道為主，但亦重視人道。本篇首句說
　　「建常立道」，其具體內容為「以靖為宗，以時為寶，以正為
　　儀，和則能久」兼天道、人道言，下更云「非吾義，雖利不

為；非吾當，雖利不行；非吾道，雖利不取」則直言人道。
又以天與聖人並舉，其言云：「天不為一物枉其時，明君聖
人亦不為一人枉其法。天行其所行，而萬物被其利。聖人亦
行其所行，而百姓被其利，是故萬物均概㮣眾矣。」更可見
其一貫主張。楚竹書《彭祖》云：「天地與人，若經與緯，
若表與裡。」正與《白心》之說合拍。

2. 重視「正名」：稷下道家取儒家「正名」之說而發展其形名
論，法家更取形名論而發展為君王「循名責實」之術，此為
「正名」說在戰國時期的發展大勢 [155]。楚竹書《彭祖》說：
「余〔告汝尤〕：父子兄弟，五紀畢周，雖貧必攸；五紀不
正，雖富必失。」近於儒家之正名說。《白心》則說：「聖人
之治也，靜身以待物，物至而名自治。正名自治，奇名自
廢。名正法備，則聖人無事。」所述與《心術上》「紛乎其
若亂，靜之而自治，強不能遍立，智不能盡謀。物固有形，
形固有名，名當謂之聖人。」相通，可視為孔子「正名」說
之進一步闡釋，但未如後來法家之嚴刻，也沒有名家末流苛
察繳繞之失。

3. 主張「義兵」：楚竹書《彭祖》有「毋尚鬭」之說，《白心》
則云：「兵之出，出於人；其入，入於身。兵之勝，從於
敵；德之來，從於身。故曰：祥於鬼者義於人，兵不義不
可。」此處言「兵不義不可」，知作者主張「義兵」而非
「偃兵」。《呂氏春秋‧孟秋紀》：「古之聖王有義兵而無有偃
兵。」《莊子‧天下》謂宋鈃「禁攻寢兵，救世之戰。」論

---

155 參考本文下篇第三章第一、二節對於尹文、慎到等人學說之討
論。

者或以「寢兵」即「偃兵」，但呂思勉指出：「《墨子》但言攻之不義不利，以抑人好鬥之念；宋子則兼言見侮不為辱，人情本不欲多，以絕其爭心之萌，其說蓋益進矣。……墨子之所非，不過當時之所謂攻國。至於兵，則墨子非謂其竟不可用，亦非謂其竟可不用……其後由非攻變為偃兵，一若兵竟可以不用者，則墨家末學之流失，非墨子之說本然也。」[156] 按，寢字本義為病臥，偃字本義為僵死（見《說文》[157]），二者意義有別。宋子主張「寢兵」猶如墨子之「非攻」，皆非謂兵可盡偃而不用。《孟子·告子下》載宋子至楚、秦遊說罷兵，遇孟子於石丘，二子論兵，宋子的著眼點在利與不利，孟子則主張以仁義說服二國息兵，二者似不能相容，實則在宋子的觀念中，義、利是二而為一的，所謂「利」本有「義」作為正當性之前提（此點與孔子思想相通[158]）；孟子則主張嚴義利之辨，高揭仁義之價值，此為其學說之發展[159]，故其與宋子論寢兵主張「懷仁義以相接」、

---

156 呂思勉：《非攻寢兵平議》，《呂思勉論學叢稿》，上海古籍出版社，2006 年 12 月，第 26－27 頁。

157 參考段玉裁：《說文解字注》，第 344、351、385 頁。

158 按，《論語·憲問》：「見利思義，見危授命，久要不忘平生之言，亦可以為成人矣。」《季氏》、《子張》并言「見得思義」，知孔子所謂「利」、「得」需有「義」作為其正當性的保證。孔子亦說：「君子喻於義，小人喻於利」（《里仁》），又可見孟子嚴義利之辨、公私之分，孔子已發其端。

159 按，《孔叢子·雜訓》：「孟軻問：『牧民何先？』子思曰：『先利之。』曰：『君子之所以教民亦有仁義而已矣，何必曰利？』子思曰：『仁義固所以利之也，上不仁則下不得其所，上不義則下樂為亂也，此為不利大矣。故《易》曰：利者，義之和也。又曰：利用安身，以崇德也。此皆利之大者也。』」此段所記雖非實錄，但

「何必曰利」，與梁惠王論政也說：「王何必曰利，亦有仁義
而已矣。」(《梁惠王上》)。

4. 反對「盈滿」：《老子》云：「見素抱樸，少私寡欲」、「少則
得，多則惑」。又說：「持而盈之，不如其已；揣而銳之，不
可長保；金玉滿堂，莫之能守；富貴而驕，自遺其咎。」宋
子發展《老子》之說，倡人情欲寡而不欲多，亦反對盈滿貪
求，所以《莊子‧天下》述其語云「情固欲寡，五升之飯足
矣！」楚竹書《彭祖》則說：「泰匡之愆，難以遣欲。」《白
心》亦反對盈滿，如云：「日極則仄，月滿則虧。極之徒
仄，滿之徒虧，巨之徒滅。」又說：「持而滿之，乃其殆
也。名滿於天下，不若其已也。名遂而身退，天之道也。滿
盛之國，不可以仕；滿盛之家，不可以嫁子；驕倨傲暴之
人，不可與友。」

從上可知，《白心》多處申論《老子》義理 [160]，又談「正
名」、「義兵」，反對「盈滿」，凡此皆與《彭祖》及文獻所述宋
鈃學風較近，當為該派著作。

二、論《白心》與《莊子》之關係

李存山、陳鼓應曾指出，《白心》有與《莊子‧養生主》
及《山木》二篇相應的文句，並據此推論《白心》晚於《莊
子》。此點涉及《白心》的學派及時代，需稍加辨說。二氏所
說《白心》與《莊子‧養生主》對應之文句為：

可看出義利之辨確為孟學之發展。
160 胡家聰在《管子新探》(第 309－310 頁) 有《白心》與《老子》
相關詞句的對照表，可參看。

> 為善乎，毋提（媞）提（媞）；為不善乎，將陷於刑。
> 善不善，取信而止矣。若左若右，正中而已矣。（《白
> 心》）

> 為善無近名，為惡無近刑。緣督以為經，可以保身，可
> 以全生，可以養親，可以盡年。（《養生主》）

陳鼓應認為：「為善乎，毋提提；為不善乎，將陷於刑」數句
承繼《養生主》「為善無近名，為惡無近刑」之論點，此為
《白心》晚於《莊子》之一證[161]。李存山則分析說：「『為善
乎，毋提提』，實就是『為善無近名』。『為不善乎，將陷於
刑』，這是『為惡無近刑』的換文，辭意和文彩已均不及《莊
子》。『若左若右，正中而已矣』，這實際上是對『緣督以為
經』的解釋。……《白心》的作者為求其辭意顯明，所以把
『緣督以為經』改寫為『若左若右，正中而已矣』。但這樣一
改，就破壞了原文的韻腳，為避免失韻，所以作者在前邊又加
上『善不善取信而止矣』。《白心》篇作於《養生主》之後是確
定無疑的。」[162] 鵬按，《白心》與《養生主》有相應文句，只
能說明兩篇有一定的關聯，但二篇著作時代先後，其間關係為
何，實難遽定。僅以李存山所舉《白心》相關文句「辭意和文
彩已均不及《莊子》」而言，也可據此反向推論《白心》之語
言質樸，近於民間之俗諺，《養生主》則較為整飭，後者為對

---

161 陳鼓應：《〈白心〉注釋與詮釋》，《管子四篇詮釋——稷下道家代
　　表作》，第 200 頁。
162 李存山：《〈內業〉等四篇的寫作時間和作者》，《管子學刊》1987
　　年創刊號，第 35 頁。

前者的提煉。再就韻腳而論，也不存在李氏所說《白心》作者
改寫「緣督以為經」為「若左若右，正中而已矣」於是失韻，
遂得加上「善不善取信而止矣」一句以求諧韻的情形。「善不
善取信而止矣」為對上句「為善乎」、「為不善乎」二句的進一
步說明，並非後人所加。《白心》以「提」（支部）、「刑」（耕
部）、「止」（之部）、「已」（之部）為韻，支、耕二部陰陽對
轉，之、支二部則為旁轉關係。「正中而已矣」本與前文押
韻，無待乎增「善不善取信而止矣」而後諧韻。《養生主》以
「名」、「刑」、「經」為韻，三字皆為耕部。從押韻現象看，甚
至可以推論：《養生主》的作者除重新改造《白心》的文句
外，也進一步將韻腳統一為同部字。

　　《白心》與《莊子‧山木》相應的文句為：

> 故曰「功成者隳，名成者虧。」故曰：孰能棄名與功，
> 而還與眾人同？孰能棄功與名，而還反無成？無成，貴
> 〈責〉其有成也；有成，貴其無成也。（《白心》）

> 昔吾聞之大成之人曰：「自伐者無功。」功成者墮，名
> 成者虧。孰能去功與名，而還與眾人。（《山木》）

陳鼓應認為：《白心》「故曰」一詞顯然表明是引用古語，而所
引與《山木》相合，故此為《白心》晚於《莊子‧山木》之一
證 [163]。李存山則說：「（《莊子》）成玄英《疏》云：『大成之人
即老子也。』『自伐者無功』見於今本《老子》二十四章。『功

163 陳鼓應：《管子四篇詮釋──稷下道家代表作》，第 192 頁。

成者墮，名成者虧。孰能去功與名，而還與眾人。」這當是
《山木》作者對老子話的發揮。《白心》篇的作者把《山木》發
揮老子的話破為兩句，又加上兩個『故曰』。這說明是《白
心》的作者引用了《山木》的話。」[164] 張固也批評李氏所說
為「一種或然的解釋」，他說：「(《白心》)把緊接著的短短幾
句話用兩個『故曰』破讀為二，終究有點不合情理，也可以推
測《白心》是從另外兩處抄來的，而《山木》又用來解釋老子
的話。」[165] 鵬按，諸家所說疑非。《白心》「孰能棄名與功」
前「故曰」二字當為衍文，此從該篇前文「故曰：『中又有
中。』孰能得夫中之衷乎？」可證，二者皆先引前哲之言或諺
語為說，再接以反詰語。頗疑「功成者墮，名成者虧」為當時
俗諺，故《白心》作者引以為說，並進一步質問「孰能棄名與
功，而還與眾人同？孰能棄功與名，而還反無成？」然後提出
「無成，貴〈責〉其有成也；有成，貴其無成也」之說。《莊
子‧山木》載孔子圍於陳、蔡之間，太公任往弔之，並說了前
引「昔吾聞之大成之人」云云的那段話。「大成之人」自指老
子，但其謂之「大成」，未嘗不可視為對《白心》「無成」、「有
成」數句的精鍊歸納。《山木》「功成者墮，名成者虧。孰能去
功與名，而還與眾人」為寓言中太公任之語，究竟是該篇作者
自鑄其詞還是承襲前人之語，實難判定。但《白心》「孰能棄
名與功，而還與眾人同？孰能棄功與名，而還反無成？」從文
例上可以肯定是作者對於當時諺語「功成者墮，名成者虧」的

---

164 李存山：《〈內業〉等四篇的寫作時間和作者》，《管子學刊》1987
　　年創刊號，第35頁。

165 張固也：《管子研究》，濟南，齊魯書社，2006 年 1 月，第 279
　　頁。

發揮。由此來看,實在沒有理由將《山木》的那段話視為《白心》所本。如果從情理上推論,很可能是《山木》作者改造了《白心》,而並非相反。

　　《白心》與《莊子》關係密切,不獨從上述兩段類似文句的比對中可見,二者在義理上也有頗多相通之處。下舉數例明之:

1. 《白心》云:「孰能忘己乎,效夫天地之紀」與《莊子・天地篇》:「有治在人,忘乎物,忘乎天,其名為忘己。忘己之人,是之謂入於天」意旨相通 [166]。

2. 《白心》論心術云:「發於名聲,凝於體色,此其可諭者也;不發於名聲,不凝於體色,此其不可諭者也。」《莊子・天道篇》曰:「視而可見者,形與色也;聽而可聞者,名與聲也。悲夫!世人以形色名聲為足以得彼之情。夫形色名聲,果不足以得彼之情。則知者不言,言者不知。而世豈識之哉!」二者可相互證發 [167]。

3. 《莊子・在宥》:「說明邪?是淫於色也;說聰邪?是淫於聲也;說仁邪?是亂於德也;說義邪?是悖於理也;說禮邪?是相於技也;說樂邪?是相於淫也;說聖邪?是相於藝也;說知邪?是相於疵也。天下將安其性命之情,之八者,存可也,亡可也。」可視為對《白心》「至於至者,教存可也,教亡可也」的進一步闡釋。

4. 《白心》:「視天之清,四辟而知情,與壤土而生」與《莊子・天道》:「明於天,通於聖,六通四辟,於帝王之德者,

---

166 參考上節《白心》校釋注第 41 所引王念孫說。
167 參考上節《白心》校釋注第 58 所引張舜徽說。

其自為也，昧然無不靜者矣」相通 [168]。

5. 《莊子‧秋水篇》：「差其時，逆其俗者，謂之篡夫；當其時，順其俗者，謂之義之徒。」即《白心》「能若夫風與波乎？唯其所欲適。故子而代其父曰義也，臣而代其君曰篡也，篡何能歌？武王是也」之意 [169]，但前者之說較為顯豁。

6. 《白心》「知周於六合之內者，為吾知生之有阻也」謂吾知生之有限，故僅求「知周於六合之內」，而不妄於六合之外求之。《白心》二句實與《莊子‧養生主》：「吾生也有涯，而知也無涯。以有涯隨無涯，殆已；已而為知者，殆而已矣。」意旨相通。《白心》下文又云：「周視六合，以考內身。以此知象，乃知行情；既知行情，乃知養生。」則知周於六合之內，而不妄論六合之外（妄論者如鄒衍之屬），乃得養生之方，此又與《莊子》所云合。「知周於六合之內」，即《齊物論》所謂「六合之外，聖人存而不論；六合之內，聖人論而不議。」

7. 《白心》「周視六合，以考內身」謂遍觀上下四方而返求於心，與《莊子‧知北遊》「六合為巨，未離其內」相通。

宋子、莊子皆為宋人，年世又相及 [170]，僅《白心》一篇就與《莊子》諸篇有如此多對應或相關的段落，可見宋、莊二派關係匪淺（關於二者之關係，見本文下篇第二章第一節）。

---

168 參考張佩綸：《管子學》，中冊，第 1377 頁。

169 參考張舜徽：《管子四篇疏證》，《周秦道論發微》，第 298 頁。

170 宋鈃的生卒年約數為公元前 382 至 305 年，莊子則為公元前 369 至 295 年。關於二者之年世，參考本文下篇第一章第一節、第二章第一節。

第四章

《管子‧心術》校理及其
學派歸屬析論

第一節　《心術上》經、解復原及校釋

一、前言

　　《心術》分上、下二篇，上篇前經後解，尹知章《注》於經末句「靜因之道也」下云：

> 此已下上章之解也。然非管氏之辭。豈有故作難書，而復從而解之？前修之制，皆不然矣。凡此書之解，乃有數篇，《版法》、《勢》之屬，皆簡錯不倫，處非其第。據此則劉向編授之日，由謂為管氏之辭，故使然也。今究尋文理，觀其體勢，一〔似〕《韓非》之論，而《韓》有《解老》之篇，疑《解老》之類也。[1]

郭沫若則云：「經乃先生學案，解則為講習錄。」並說：「尹謂

1　所引尹知章注經郭沫若校改，見《管子集校》，《郭沫若全集‧歷史編》第六卷，第 413 頁。

解文非管氏之辭，然經文亦非管氏之辭。此乃宋銒師弟在稷下學宮之傳授錄，亦非韓非之論也。」[2] 按，此篇區分經、解，當為稷下先生的著作及後學的傳習錄。關於此篇的學派歸屬詳見下節析論。

篇名「心術」二字見於解文：「心術者，無為而制竅者也，故曰君。」乃釋經「心之在體，君之位也；九竅之有職，官之分也」之語。心術一詞又見於《管子・七法》：「正天下有分：則、象、法、化、決塞、心術、計數。……實也、誠也、厚也、施也、度也、恕也，謂之心術。……不明於心術，而欲行令於人，猶倍招而必拘之。……布令必行，不知心術不可。」關於「心術」一詞之源流，參考本文下篇第一章第三節。

《說文》：「解，判也，從刀判牛角。」其本義為分析。與「經」相對的「解」體之特徵為：依傍經文，隨句說解，分析文義。從先秦文獻的形式觀察，《管子》有《形勢解》、《版法解》用以解說《形勢》、《版法》等篇，「解」的部分逐句解說正文，並在各章後援引正文。如《形勢解》第一章「山者，物之高者也」云云乃解釋《形勢》首二句「山高而不崩，則祈羊至矣」，在解的章末便引《形勢》二句作結。《韓非子・解老》藉著訓解字詞意義來分析《老子》思想內涵，如其第一章「德者，內也；得者，外也。上德不德，言其神不淫於外也」云云便是對《老子》：「上德不德，是以有德」的解說，章後亦引二句作結。馬王堆帛書《五行》亦有經有解，經在前，解接抄於

2　郭沫若：《管子集校》，《郭沫若全集・歷史編》第六卷，第 403、413 頁。

後，其形式近於上述《管子‧形勢解》、《韓非子‧解老》。唯一不同者，是帛本《五行解》[3] 各章引文在解說文字之前，這點正與《管子‧心術上》合。今依《心術上》原文區分經、解，並循上述解體之特徵，復原此篇，並詳加校釋。

二、經、解復原及校釋 [4]

經	解
心之在體，君之位也。九竅之有職，官之分也。心處其道，九竅循理。嗜欲充益〈盈〉(1)，目不見色，耳不聞聲。上離其道，下失其事(2)。	「心之在體，君之位也。九竅之有職，官之分也。」耳目者，視聽之官也。心而無與於視聽之事，則官得守其分矣。夫心有欲者，物過而目不見，聲至而耳不聞也。故曰「上離其道，下失其事。」心術者，無為而制竅者也，故曰「君」(3)。
毋代馬走，使盡其力；毋代鳥飛，使獘其翼(4)。	「毋代馬走」、「毋代鳥飛」，此言不奪能，能（而）不與下誠（成）也(5)。
毋先物動，以觀其則。	「毋先物動」者，搖者不定，趮者不靜，言動之不可以觀〔其則〕也(6)。
動則失位，靜乃自得。	「位」者，謂其所立也。人主者，立於陰，陰者靜，故曰「動則失位」。陰能

3　按，帛書本解說經文的部分，學者習稱《五行說》，此依周鳳五說改稱。參考拙著：《簡帛〈五行〉篇文本差異析論》，《中國文學研究》第 15 期（2001 年 6 月），第 26 頁，注 13。

4　經文略依文義分為六章，分章參考陳鼓應：《〈白心〉注釋與詮釋》，《管子四篇詮釋——稷下道家代表作》，第 125 頁。

經	解
	制陽矣，靜則能制動矣，故曰「靜乃自得」。
道不遠而難極也，與人並處而難得也。	道在天地之閒也，其大無外，其小無內(7)，故曰「不遠而難極也」。虛之與人也無閒，唯聖人得虛道，故曰「並處而難得也」。
虛其欲，神將入舍；掃除不絜，神乃留處(8)。	人之所職者，精也(9)。去欲則宣〈寡〉，宣〈寡〉則靜矣(10)；靜則精，精則獨矣(11)；獨則明，明則神矣。「神」者，至貴也。故館不辟除，則貴人不舍焉，故曰：不絜則神不處。
人皆欲智，而莫索其所以智（知）。智乎！智（知）乎？(12)	「人皆欲知（智），而莫索其所以知。」其所知，彼也；其所以知，此也(13)。不脩之此，焉能知彼？脩之此，莫（漠）能（而）虛矣(14)。
投之海外無自奪。求之者不得〈及〉處〈虛〉之者(15)。夫正（聖）人無求也，故能虛(16)。	「虛」者，無藏也。故去知則奚求矣(17)？無藏則奚設矣？無求無設則無慮，無慮則反虛矣(18)。
虛無〈而〉無形謂之道，化育萬物謂之德。	天之道「虛其〈而〉無形」(19)，虛則不屈（竭）(20)，無形則無所位〈低（抵）〉啎(21)。無所位〈低（抵）〉啎，故徧流萬物而不變。「德」者，道之舍。物得以生，生得以知，職道之精(22)。故德者，得也。得也者，謂其所以得也(23)。無為之謂道(24)，舍之之謂德。道之與德無閒(25)，故言之者不別也。無閒者，謂其所以舍也(26)。

經	解
君臣父子人閒之事謂之義。登降揖讓、貴賤有等、親疏之體謂之禮(27)。	「義」者，謂各處其宜也(28)。「禮」者，因人之情，緣義之理，而為之節文者也(29)。故禮者，謂有理也(30)。理也者，明分以諭義之意也。故禮出乎義，義出乎理。理，因乎宜者也(31)。
簡物（勿〈爹〉）小未〈大〉一道，殺僇禁誅謂之法(32)。	「法」者，所以同出(33)，不得不然者也。「殺僇禁誅」，以一之也(34)。事督乎法，法出乎權，權出乎道(35)。
大道安而不可說(36)。	道也者，動不見其形，施不見其德，萬物皆以得，然莫知其極(37)。故曰：「安而不可說」也。
直（悳）人之言，不義（俄）不顧〈頗〉(38)。	「莫〈直（悳）〉人」，言至人也(39)。「不宜（俄）」，言應也。應也者，非吾所設，故能無宜（俄）也。「不顧〈頗〉」，言因也。因也者，非吾所顧〈取〉(40)，故無顧〈頗〉也。
不出於口，不見於色。	「不出於口，不見於色」，言無形也。
四海之人，孰知其則(41)。	「四海之人，孰知其則」，言深圉也。
天曰虛，地曰靜，乃不伐〈貸〉(42)。	天之道虛，地之道靜。虛則不屈（竭），靜則不變，不變則無過，故曰「不伐〈貸〉」。
絜其宮，開其門，去私言，神明若存(43)。	「絜其宮，闕（開）其門。」宮者，謂心也。心也者，智之舍也，故曰「宮」。絜之者，去好過〈惡〉也(44)。「門」者，謂耳目也。耳目者，所以聞見也。

經	解
紛乎其若亂，靜之而自治。強不能徧立，智不能盡謀。	
物固有形，形固有名，名當謂之聖人。	「物固有形，形固有名」，此言言不得過實，實不得延（衍）名⑷。姑（號）形〈物〉以形，以形務（侔）名⑷。督言正名，故曰「聖人」⑷。
必知不言、無為之事⑷，然後知道之紀。	「不言」，之言應也。應也者，以其出為之人〈入〉者也⑷。執〈埶（設）〉其名，務其應，所以成，之應之道也⑸。「無為」，之道〈言〉因也⑸。因也者，無益無損也。以其形，為之名，此因之術也⑸。名者，聖人之所以紀萬物也。
殊形異埶（設），與萬物異理⑸，故可以為天下始。	人者，立於強，務於善，未（昧）於能，動於故者也⑸；聖人無之，無之則與物異矣，異則虛⑸。虛者，萬物之始也。故曰：「可以為天下始」。
人之可殺，以其惡死也；其可不利，以其好利也。是以君子不怵（誅）乎好⑸，不迫乎惡。恬愉無為，去智與故⑸。	人迫於惡，則失其所好；怵（誅）於好，則忘其所惡，非道也。故曰「不怵（誅）乎好，不迫乎惡。」惡不失其理，欲不過其情，故曰「君子」⑸。「恬愉無為，去智與故」，言虛素也⑸。
其應也，非所設也；其動也，非所取也。	「其應也，非所設也；其動也，非所取也」⑹，此言因也。因也者，舍（捨）己而以物為法者也⑹。感而後應，非所設也；緣理而動，非所取也。

經	解
過在自用，罪在變化⑫。是故有道之君〔子〕⑬，其處也若無知，其應物也若偶之，靜因之道也。	「過在自用，罪在變化」，自用則不虛，不虛則仟於物也。變化則為（偽）生，為（偽）生則亂矣⑭，故道貴因。「因」者，言因其能而用者〈之〉也⑮。君子之「處也若無知」，言至虛也。「其應物也若偶之」，言時適也。若影之象形，響之應聲也。故物至則應，過則舍（捨）矣。舍（捨）者，言復所於虛也⑯。

校釋

(1) **嗜欲充益〈盈〉**：王念孫云：「『充益』當為『充盈』，字之誤也。上以道、理為韻，此以盈、聲為韻。此篇中多用韻之文。」[5] 此從之。

(2) **上離其道，下失其事**：今本二句上有「故曰」二字。俞樾認為此二字涉解文而衍[6]。按，其說是。本篇經文不引它書或古語為證，「故曰」二字無著落，當刪。何如璋又據解文指出，此下脫「心術者無為而制竅者也」十字，以解文引此有「故曰」字可證[7]。按，解文「心術者」前「故曰」二字乃衍文，且此十字乃釋經文「君」字（詳下文），不當據此補入經文。

(3) **心術者，無為而制竅者也，故曰君**：今本「心術者」前有「故曰」二字，王念孫云：「凡言『故曰』者，皆覆舉上文之詞。此文『心術者』二句，是釋『無代馬走，無代鳥飛』之

5　王念孫：《讀書雜志》，2000 年 9 月，第 465 頁。

6　俞樾：《諸子平議》，第 36 頁

7　參郭沫若：《管子集校》，《郭沫若全集·歷史編》第六卷，第 405頁所引何如璋說。

宋鈃學派遺著考論

意，不當有『故曰』二字，蓋涉上下文而衍。」[8] 按，王氏
說是。「心術者，無為而制竅者也」乃釋經「君之位也」之
「君」字。下解文云：「督言正名，故曰『聖人』。」「惡不失
其理，欲不過其情，故曰『君子』。」皆屬同類之訓解。

(4) **使獎其翼**：此句今本作「使獎其羽翼」，戴望引陳奐說云：
「『羽』字衍，『使盡其力』與『使獎其翼』皆四字為句，
『力』、『翼』為韻。尹《注》云『盡力獎翼』，其所見本無
『羽』字。」[9] 按，其說是。

(5) **此言不奪能，能（而）不與下誠（成）也**：于省吾指出，下
「能」字讀作「而」。「誠」本應作「成」，後人不解「成」
義，遂改為「誠」。于氏引《詩·節南山》：「誰秉國成。」
毛《傳》：「成，平也。」《周禮·地官·質人》：「掌成市之
貨賄、人民、牛馬、兵器、珍異。」《注》：「成，平也。」
為說，謂此言上不奪下之能，而不與下平也[10]。此從其說
改釋。

(6) **搖者不定，趮者不靜，言動之不可以觀〔其則〕也**：末句今
本作「言動之不可以觀也」。戴望引丁士涵說云：「『觀』
下疑脫『其則』二字。上文『毋先物動，以觀其則。』」[11]
按，其說是，當據補。今本《老子》二十六章：「重為輕
根，靜為躁君。……輕則失本，躁則失君。」即解文「趮者
不靜」之意。道家於修身講求虛、靜，今本《老子》十六章
云：「致虛極，守靜篤。萬物並作，吾以觀復。」若躁動而

8 王念孫：《讀書雜志》，第 466－467 頁。
9 戴望：《管子校正》，第 228 頁。
10 于省吾：《雙劍誃諸子新證》，第 229 頁。
11 戴望：《管子校正》，第 229 頁。

心有旁騖，不可以觀其則也，故下文云：「動則失位，靜乃自得。」

(7) **道在天地之閒也，其大無外，其小無內**：《管子‧內業》：「靈氣在心，一來一逝。其細無內，其大無外。所以失之，以躁為害。心能執靜，道將自定。」解文此處之「道」即指靈氣或精氣而言。心能執靜，則靈氣駐止於心，此即解文所謂「靜乃自得」。

(8) **掃除不絜，神乃留處**：「神乃留處」一句，俞樾、丁士涵認為當從宋本作「神不留處」，並引解文「不絜則神不處」為證。張舜徽則認為「掃除不絜，即虛其欲也。神乃留處，即神將入舍也。後解所云『不絜則神不處』，正所以說明『掃除不絜神乃留處』之意。」[12] 鵬按，張舜徽說是。尹《注》：「但能空虛心之嗜欲，神則入而舍之。」宋楊忱本作「神乃留處」，丁、俞二氏所謂「宋本」當為「朱本」之誤[13]。解文「不絜則神不處」乃約此二句而言，非直引經文，不必如丁、俞二氏據解改經。「絜」之本義為麻一束（見《說文》），束之則齊，故引申為潔淨（說本段《注》）。《說文》無「潔」字（見於《說文》新附），潔淨之「潔」經典作「絜」，本篇「絜」如字讀，不需改釋。

(9) **人之所職者，精也**：今本「人」字上有「世」字，安井衡引豬飼彥博云：「世當作也」，並認為「也」字屬上讀作「並處

---

12 俞樾：《諸子平議》，第 36 頁；張舜徽：《管子四篇疏證》，《周秦道論發微》，第 215－216（丁氏說亦見此）。

13 參考郭沫若：《管子集校》，《郭沫若全集‧歷史編》第六卷，第 406 頁；張舜徽：《管子四篇疏證》，《周秦道論發微》，第 216 頁。

而難得也」，下句則作「人之所職者」[14]。鵬按，經、解互參，知其說是。郭沫若將「職」字讀為「熾」，又從俞樾說讀「精」為「情」，更以下文「宣」為「寡」字之誤，謂「人之所熾者，情也。去欲則寡，寡則靜矣」合於《莊子·天下》所述宋鈃、尹文「情欲寡淺」之說[15]。張舜徽指出，《淮南子·精神》高誘注：「精者，人之氣也；神者，人之守也。」《管子·內業》：「精也者，氣之精也。」本文「人之所職者精也」乃謂人之所賴以為生者在氣，必去欲而氣乃通[16]。鵬按，張舜徽說是。郭沫若遷就其《管子·心術》等篇為宋、尹遺著之主張[17]，故改釋諸字，其說得失互見。「去欲則宣」可依其說校改為「去欲則寡」（詳下），但「人之所職者，精也」，語甚平易，不必如其說改讀。

⑽**去欲則宣〈寡〉，宣〈寡〉則靜矣**：尹知章《注》：「宣，通也。去欲則虛自行，故通而靜。」安井衡申其說云：「心之所以壅塞而不通者，唯以嗜欲充溢，故去欲則心宣通，宣通則心有所安而能靜。」[18] 郭沫若則謂今本「宣」為「寡」字之誤，並謂：「欲本不易去，但苟去之，則情欲可寡。」鵬按，「寡」字殘去下半則與「宣」形近，古書中二字混訛的現象見於《易·說卦》：「巽為木……其為人也，為寡

---

14 安井衡：《管子纂詁》，卷13，第4頁。

15 郭沫若：《管子集校》，《郭沫若全集·歷史編》第六卷，第 415－416頁。

16 張舜徽：《管子四篇疏證》，《周秦道論發微》，第234頁。

17 參考郭沫若：《宋鈃尹文遺著考》，《郭沫若全集·歷史編》第一卷，北京，人民出版社，1982年9月，第547－572頁。

18 安井衡：《管子纂詁》，卷13，第4頁。

髮」，《釋文》謂寡字「如字，本或作宣，黑白襍為宣髮。」
《考工記・車人》「半矩謂之宣」，《釋文》亦謂宣字「如字，
本或作寡。」[19] 本文「宣」可如郭氏說視為「寡」之誤
字，「去欲則寡」謂去欲則能使心恢復寡欲的本然狀態。《莊
子・山木》云：「吾願君刳形去皮，洒心去欲，而遊於無人
之野。南越有邑焉，名為建德之國。其民愚而朴，少私而寡
欲。」可見在道家心目中「寡欲」乃是人性本然，但凡俗之
人追逐物欲，要恢復此一純樸狀態，就需「洒心去欲」。所
謂「洒心」者，掃除不潔也。《荀子・正名》批評「去欲」、
「寡欲」說云：「凡語治而待去欲者，無以導欲而困於有欲者
也；凡語治而待寡欲者，無以節欲而困於多欲者也。」亦去
欲、寡欲並舉。

⑾ **静則精，精則獨矣**：今本後句作「精則獨立矣」，劉師培指
出「立」字衍[20]。鵬按，從上下文例觀之，知其說是。《說
文》：「精，擇米也。」即經揀擇之米，引申為不含雜質之意
（此義與「清」相通）。「靜則精」指靜定然後能去除外在之
干擾（即所謂雜質），使心澄澈。此「精」字與上文「人之
所職者，精也」之「精」（指精氣）涵義不同。若嫌語複，
則不妨改讀此「精」字為「清」，不過兩「精」字的語境略
有不同，不致混淆，故仍如字讀。張舜徽謂「獨與一同

---

19 參考陸德明：《經典釋文》，台北，藝文印書書館四庫善本叢書本，
第 1 冊第 2 卷第 31 頁、第 4 冊第 9 卷第 30 頁；黃焯：《經典釋文
彙校》，北京，中華書局，2006 年 7 月，第 309 頁；孫詒讓：《墨子
閒詁》（中華書局點校本），第 14 冊，第 3507、3509 頁。

20 劉師培：《管子斠補》，《劉申叔遺書》，南京，江蘇古籍出版社，
1997 年 11 月，上冊，第 801 頁。

義」，並引《韓非子・揚權》：「道無雙，故曰一，是故明君貴獨道之容」為說。鵬按，郭店楚竹書《五行》第 16 簡引《詩・曹風・鳲鳩》「淑人君子，其儀一也」，並謂「能為一，然後能為君子，君子慎其獨也。」[21] 亦可證「獨」與「一」同義。《廣雅・釋詁》：「蜀，弌也。」《方言》：「一，蜀也。南楚謂之獨。」錢繹《疏證》：「《管子・形勢篇》云『抱蜀不言，而廟堂既修。』惠氏定宇云：『抱蜀』即《老子》『抱一』也。」[22] 「慎獨」及「精則獨」之「獨」皆訓為純一，皆指內心的專一及真實狀態，與「誠」相通 [23]。

⑿ **人皆欲智，而莫索其所以智（知）。智乎！智（知）乎**：今本經「莫索其所以智」下原有「乎」字，王念孫以為涉下文兩「智乎」而衍，當刪。解文「莫索其所以知」，今本「莫索」下有「之」字，王念孫亦以為衍文 [24]。鵬按，經、解互參，知其說是。「人皆欲智」之「智」指「仁義禮智」之智；「莫索其所以智」之「智」疑讀為知覺之「知」，二義稍別。下句「智乎！知乎？」與此呼應，是說「你們所盛稱的『智』啊，難道真的是『知』嗎？」此章與今本《老子》第 18 章「智慧出，有大偽。」第 19 章「絕聖棄智，民利百

---

21 按，簡文末句脫「君子」二字，據馬王堆帛書本補。參考荊門市博物館：《郭店楚墓竹簡》，第 149 頁、第 152 頁注 18。

22 參考華學誠：《揚雄方言校釋匯證》，北京，中華書局，2006 年 9 月，上冊，第 861 頁。

23 關於此點，參考戴君仁：《荀子與大學中庸》，《梅園論學集》，台北，臺灣開明書店，1970 年 9 月，第 225－231 頁；梁濤：《郭店竹簡與「君子慎獨」》，《古墓新知》，台北，台灣古籍出版公司，2002 年 5 月，第 228－229 頁。

24 王念孫：《讀書雜志》，第 466 頁。

倍。」皆道家非智之論。

(13) **其所知，彼也；其所以知，此也**：今本作「人皆欲知，而莫
索之其所以知，彼也。其所以知，此也。」王念孫校改為
「人皆欲知，而莫索其所以知。其所知，彼也；其所以知，
此也。」[25] 按，王氏說是。疑「莫索其所以知」句「其」、
「所」、「知」下俱有重文符，後人不明古書通例，遂有此
誤。所謂「彼」指外物；所謂「此」指自身（或指己心）。

(14) **莫（漠）能（而）虛矣**：張文虎謂：「能」讀為「而」，
「而」、「如」古通用[26]。按，「能」當讀為「而」，張氏說
是，並疑以此「而」字為連接詞。「莫」讀為「漠」，訓為清
明。《說文》：「漠，北方流沙也。一曰清也。」《爾雅‧釋
言》：「漠、察，清也。」郭璞注：「皆清明。」《莊子‧知北
遊》：「澹而靜乎！漠而清乎！」是漠為清也[27]。《應帝
王》：「汝遊心於淡，合氣於漠，順物自然而無容私焉，而天
下治矣。」漠亦訓清。

(15) **投之海外無自奪。求之者不得〈及〉處〈虛〉之者**：尹
《注》釋前句云：「其智雖復遠投海外，虛心用之，他毋
從而奪之也。」蓋訓「無自奪」之「自」為由、從。其
說是。下句今本作「求之者不得處之者」，俞樾以下「之
者」二字為衍文，張佩綸則以「處之者」三字衍。許維
遹於「處之者」下補「不知」二字，求與「求之者不
得」對文[28]。郭沫若云：「『處』當為『虛』，字之誤也。

25　王念孫：《讀書雜志》，第 466 頁。
26　張氏說見郭沫若《管子集校》引。
27　參考王引之：《經義述聞》，卷 27，第 5 頁。
28　諸說見《管子集校》，《郭沫若全集‧歷史編》第六卷，第 406－407

『得』當作『及』，草書形近而誤。此處所謂『智』皆俗智世故，故下文言『去智與故』。此言『求之者不及虛之者』，正起下文『夫聖人無求也故能虛』之意。」[29] 鵬按，郭沫若說是。此言外求不如內虛以待之，故解文以「無求無設則無慮，無慮則反虛矣」說之，前後解文「脩之此，漠而虛矣」、「恬愉無為，去智與故，言虛素也」，意旨皆與此相通。

(16) **夫正（聖）人無求也，故能虛**：今本作「夫正人無求之也，故能虛無。」王念孫據解文指出，今本「聖人」作「正人」，聲之誤也。「無求」下有「之」字，涉上文「求之」而衍，「故能虛」下有「無」字，則後人所加[30]。按，王氏說是，當據之校正。本篇解文云：「督言正名，故曰聖人。」以「正」釋「聖」，今本經文之「聖」作「正」疑後人據此解而改。

(17) **故去知則奚求矣**：今本作「故曰去知則奚率求矣」，王念孫指出：「故」下衍「曰」字，「奚」下不當有「率」字，此即「奚」字之誤而衍者。「去知則奚求」、「無藏則奚設」相對為文[31]。張舜徽引郭大癡說云：「去知者，外不紛鶩於視聽也。無藏者，內不豫有所意必設謂，挾成心以縣待物之至也。」[32] 按，王、郭二氏校改、釋義皆是，此從之。

(18) **無慮則反虛矣**：此句今本作「無慮則反覆虛矣」，疑「覆」

頁引。

29 《管子集校》，《郭沫若全集‧歷史編》第六卷，第 407 頁。

30 王念孫：《讀書雜志》，第 466 頁。

31 王念孫：《讀書雜志》，第 466 頁。

32 張舜徽：《管子四篇疏證》，《周秦道論發微》，第 236 頁。

釋「反」字，乃後人之注文闌入。解文末句云：「舍（捨）
者，言復所於虛也。」所謂「復所於虛」即「復於虛」
（「所」為虛詞，詳下），也即「反虛」。

⒆ **天之道「虛其〈而〉無形」**：王念孫、劉師培據《文選‧遊
天台山賦》注、《嘯賦》注、左思《詠史詩》注、嵇康《雜
詩》注、應貞《晉武帝華林園集詩》注引此文作「虛而無
形」、「虛無形」，謂經文「虛無無形」當作「虛而無形」[33]。
鵬按，解文「虛則不屈，無形則無所抵牾」以「虛」及「無
形」並列，亦可證此句經文當作「虛而無形」。據此，則解
文之「虛其無形」亦為「虛而無形」之訛[34]。解文「天之
道虛而無形」，與下解文「天之道，虛；地之道，靜」合，
皆以「天之道」為「道」，明顯將「道」置於「天」之下，
此與《老子》所說「道」在「天」之上，作為宇宙根源不
同[35]。劉笑敢、裘錫圭曾指出，《莊子》外篇的《天道》、
《天地》、《在宥》等篇，道通常被放在天之下，這種思想可

---

33 王念孫：《讀書雜志》，第 466 頁；劉師培：《管子斠補》，《劉申叔
遺書》，上冊，第 801 頁。

34 許維遹謂解文「天之道，虛其無形」之「其」猶「而」也。按，虛
詞「其」可訓「而」，見吳其昌《經詞衍釋》，北京，中華書局，
1956 年 10 月，第 89 頁；王叔岷《古籍虛字廣義》，台北，華正書
局，1990 年 4 月，第 205 頁。但二書所引例證，「其」字可訓為
「而」者，皆作為順承連詞（前項多表示動作行為的時間，後項表
示動作行為），沒有作並列連詞用者，但經文「虛而無形」之
「而」乃並列連詞，則解「虛其無形」當改為「虛而無形」，不當
以「其猶而也」說之。參考何樂士：《古代漢語虛詞詞典》，北京，
語文出版社，2006 年 2 月，第 103、105 頁。

35 參考裘錫圭：《稷下道家精氣說的研究》，《文史叢稿》，第 45－46
頁。

能受到稷下道家的影響[36]。

⒇**虛則不屈（竭）**：尹知章《注》：「屈，竭也。」按，「屈」字，《說文》訓為「無尾也」，引申為凡短之稱。文獻中「屈」又有竭盡一義，如《莊子·天運》：「目知窮乎所欲見，力屈乎所欲逐。」此二義別為二音，前者為溪母物部，後者為群母物部。頗疑「屈」之竭盡一義（讀群母物部）乃其假借，其本字即「竭」（群母月部），二者雙聲，韻則物、月旁轉可通。今本《老子》第五章云：「虛而不屈，動而愈出。」疑此「屈」亦讀為「竭」。王弼注：「橐籥之中空洞，無情無為，故虛而不得窮屈，動而不可竭盡也。」即以窮盡釋「屈」。嚴復云：「屈音掘，竭也。虛而不屈，虛而不可竭也。」[37]

㉑**無形則無所位〈低（抵）〉啎**：「啎」字，今本作「午（從走）」，王引之以此文「位午（從走）」二字義不相屬，「位」當為「低」，隸書二字形近，故「低」訛為「位」，「低午（從走）」即「抵啎」，並謂：「凡物之有所抵啎者，以其有形。道無形，則無所抵啎，故下文云『無所抵啎，故徧流萬物而不變也。』」[38] 此從其說校讀。

㉒**德者，道之舍。物得以生，生得以知，職道之精**：尹知章《注》：「謂道因德以生物，故德為道舍。」郭沫若謂「舍」

---

36 劉笑敢：《莊子哲學及其演變》，北京，中國社會科學出版社，1988年，第 305 頁；裘錫圭：《稷下道家精氣說的研究》，《文史叢稿》，第 46 頁。

37 引自陳鼓應：《老子註譯及評介》，北京，中華書局，1984 年 5 月，第 81 頁。

38 見王念孫：《讀書雜志》，第 467 頁。

為「施舍」之舍 [39]。鵬按，下文解云：「心也者，智之舍
也。」乃館舍之舍。上文經「虛其欲，神將入舍」，解文
云：「館不辟除，則貴人不舍焉。」則作為動詞，訓為寓
居、停留。「德者，道之舍」之「舍」亦作此解 [40]。黎翔鳳
釋此句云：「道為虛位不可見，道即寓於德中。」[41] 裘錫圭
則解為「道停留在物之中的那部分就是德」[42]，較黎氏說為
確。「物得以生，生得以知，職道之精」，今本作「物得以生
生知得以職道之精」，諸家多以「物得以生生」為句，唯張
佩綸指出，「生知得以」當作「生得以知」[43]。鵬按，《莊
子‧天地》：「物得以生，謂之德。」與此文「德者，道之
舍。物得以生」相合，知當在前一「生」字下斷句。今本下
句「生知得以」當從張佩綸說校改為「生得以知」。裘錫圭
指出，《管子‧內業》「彼道不遠，民得以產。彼道不離，民
因以知」，可與此文對照 [44]。「職道之精」之「職」，張文虎
讀為「識」，又以前句「知」為衍文 [45]。鵬按，「知」非衍

---

39 郭沫若：《管子集校》，《郭沫若全集‧歷史編》第六卷，第 417－
418 頁。

40 參考馮友蘭：《中國哲學史新編》第二冊，北京，人民出版社，
1984 年 10 月修訂二版，第 207 頁；裘錫圭：《稷下道家精氣說的研
究》，《文史叢稿》，第 22 頁。

41 參考黎翔鳳：《管子校注》，北京，中華書局，2004 年 6 月，中冊，
第 772 頁。

42 裘錫圭：《稷下道家精氣說的研究》，《文史叢稿》，第 22 頁。

43 張佩綸：《管子學》，中冊，第 1320 頁。

44 裘錫圭：《稷下道家精氣說的研究》，《文史叢稿》，第 22 頁。

45 張氏說引自《管子集校》，《郭沫若全集‧歷史編》第六卷，第 418
頁。

文。「職」雖「識」之本字 [46]，唯此處與上解文「人之所職者，精也」之「職」皆訓為主、守。

(23)**謂其所以得也**：今本作「其謂所得以然也」，張舜徽云：「原句當作『謂其所以得也』，與下文『謂其所以舍也』句法一致。今本文字既有誤倒，又衍『然』字，而字義晦矣。『然』字因注而衍。」[47] 按，其說是，此從之。

(24)**無為之謂道**：今本此句「無為」上有「以」字。俞樾、戴望謂「以」字衍，並引尹《注》：「無為自然者，道也。」為說 [48]。鵬按，從句例上看，「無為之謂道」與「舍之之謂德」對文，不應有「以」字，疑涉上句衍。

(25)**道之與德無閒**：今本此句「道」前有「故」字，疑涉下文而衍。尹知章《注》：「道德同體，而無外內、先後之異，故曰無閒。」其說是。

(26)**無閒者，謂其所以舍也**：前句今本作「閒之理者」。王引之謂：「『之理』二字，因注而衍。『閒者』上又脫『無』字。無閒者，謂其所以舍也。言道之與德，所以謂之無閒者，謂德即道之所舍，故無閒也。」[49] 郭沫若則認為：「『舍』者，施舍之謂。……施舍亦即『化育萬物』之意。『間之理者』上脫『人』字。上文『君臣父子，人間之事謂之義』彼

---

46 《說文》：「職，記微也。」段玉裁《注》：「記猶識也。纖微必識是曰職。」桂馥《義證》：「經典通用從言之識，以此職為官職，又以幟代識，行之既久，遂為借義所奪，今人不之識為幟之正文，職為識之本字矣。」

47 張舜徽：《管子四篇疏證》，《周秦道論發微》，第 237 頁。

48 俞樾：《諸子平議》，第 36 頁；戴望：《管子校正》，第 230 頁。

49 見王念孫：《讀書雜志》，第 467 頁。

『事』當是『理』字之誤，不然則下文諸『理』字即無著
落。『人間之理者謂其所以舍也』，『其』指道言，言道不僅
化而為萬物，且發而為萬理，而禮義刑法生焉。」[50] 按，
郭沫若說非。「舍」當訓館舍，且下解文分釋「義」、「禮」、
「法」乃緊扣經文，未必與此解前後呼應。下經文「君臣父
子人閒之事謂之義」，尹知章《注》：「人事各有宜也」，是尹
氏所據本已作「事」，解文「禮也者謂有理也」、「理也者明
分以諭義之意」、「義出乎理」、「理因乎道者也」之「理」乃
由前解文「禮也者，因人之情，緣義之理，而為之節文者
也」推衍而來，不必與經文「人閒之事」相涉。此從王引之
說校改。

(27) **親疏之體謂之禮**：今本「親疏之體」，丁士涵以為當作「親
疏有體」。陳鼓應謂：「體者，體統也，指不同身分者之間關
係的合乎體統。」[51] 按，「之」不誤。體當訓為分，「親疏
之體」即「親疏之分」。《墨子·經上》：「體，分於兼也。」
孫詒讓云：「蓋并眾體則為兼，分之則為體。」[52]《周禮·
天官·序官》「體國經野」鄭玄注、《禮記·朝事》「以體上
下」王聘珍《解詁》皆謂：「體，猶分也。」《禮記·仲尼燕
居》「官得其體」，鄭玄注：「尊卑異而合同。」文獻中體、

50 郭沫若：《管子集校》，《郭沫若全集·歷史編》第六卷，第 419
頁。

51 丁說見戴望：《管子校正》，第 229 頁引；陳鼓應：《管子四篇詮
釋──稷下道家代表作》，台北，三民書局，2003 年 2 月，第 138
頁。

52 孫詒讓：《墨子閒詁》，北京，中華書局，2001 年 4 月，上冊，第
309 頁。

禮、履三字常互訓 [53]。此處經文以「體」說「禮」，解文則云：「故禮也者，謂有理也；理也者，明分以諭義之意也」進一步以「理」（本有剖析之意，詳下）、「分」說禮。

(28) **義者，謂各處其宜也**：戴望云：「各，一本作名。」張舜徽指出，作「各」是。經云「君臣父子人閒之事謂之義」，此則以各處其宜解之。《荀子・彊國》：「分義則明」，楊倞《注》：「義謂各得其宜。」[54] 按，張氏說是。

(29) **禮者，因人之情，緣義之理，而為之節文者也**：郭店竹書《語叢一》第 31、97 號簡「禮，因人之情而為之即（節）文者也。」陳偉綴合二簡，並指出類似的表述見於《禮記・坊記》：「禮者，因人之情而為之節文，以為民坊者也。」《淮南子・齊俗訓》：「故禮因人情而為之節文，而仁發併以見容。」郭店《性自命出》第 15 至 20 簡「詩、書、禮、樂，其始出皆生於人。……聖人比其類而綸會之 [55]，觀其先後而逆順之，體其義而節文之，理其情而出入之，然後復以教。教，所以生德於中者也。禮作於情，或興之也。當事因方而制之，其先後之序，則義道也。或序為之節，則文也。致容貌，所以文節也。」他解釋「節文」一詞云：「『節文』是圍繞著禮的等級制度和儀式規定，亦即禮外在的表現形

---

53 參考宗福邦等：《故訓匯纂》，北京，商務印書館，2003 年 7 月，第 2559－2560 頁。

54 戴望：《管子校正》，第 230 頁；張舜徽：《管子四篇疏證》，《周秦道論發微》，第 238 頁。

55 「綸」原作「侖」，整理者讀為「論」，此依陳偉說改釋。參考《郭店簡書〈性自命出〉校釋》，《新出土文獻與古代文明研究》，上海大學出版社，2004 年 4 月，第 195 頁。

式。依這種觀念，『人之情』只是禮的基礎，『節文』才是禮
的具體表現。」[56] 鵬按，陳氏之說可移為此文之解。《心術
上》此處所論與《坊記》、《性自命出》等子思學派作品相
合 [57]，可見該篇受儒家子思一派之影響。本篇解文重視
「因」，疑又與慎到一派有關，《慎子‧因循》云：「天道因則
大，化則細。因也者，因人之情也。」[58] 白奚指出，田
駢、慎到「因性任物」之說，主張順應人的自然本性並加以
利用。《心術上》的作者不僅對「因」作了明確界定，並且
提出「靜因之道」，將「因」之原則引入認識論，影響荀
子、韓非，如《韓非子‧八經》：「凡治天下，必因人情。人
情者，有好惡，故賞罰可用。」[59]

---

56 陳偉：《〈語叢一〉零釋》，《郭店竹書別釋》，武漢，湖北教育出版
社，2003 年 1 月，第 209－210 頁。

57 周鳳五《郭店竹簡的形式特徵及其分類意義》（載《郭店楚簡國際
學術研討會論文集》）指出：「《魯穆公問子思》、《窮達以時》、《緇
衣》、《五行》、《性自命出》、《成之聞之》、《尊德義》、《六德》等八
篇的寫作，直接間接都與子思有關，內容也都是子思生平或學術思
想的記錄與闡述。……上述八篇似乎可以匯為一編，且很可能就是
傳自先秦、北宋以後漸散佚的《子思子》的主體。」《隋書‧音
樂志》引沈約語：「《中庸》、《表記》、《坊記》、《緇衣》，皆取《子
思子》」關於《禮記》此四篇為子思學派所作，還可參考李學勤
《周易溯源》，成都，巴蜀書社，2006 年 1 月，第 98－101 頁；范
麗梅：《郭店儒家佚籍研究──以心性問題為開展之主軸》，臺灣大
學中國文學研究所碩士論文，2002 年 1 月，第 199－222 頁。

58 見《慎子》，台北，臺灣中華書局影印守山閣本，1981 年 10 月，卷
1，第 4 頁。

59 白奚：《稷下學研究──中國古代的思想自由與百家爭鳴》，第 104
頁。

⑩ **故禮者，謂有理也**：「故」字，張舜徽疑涉下文而衍 [60]，但此處「禮者，謂有理也。理也者，明分以諭義之意也」乃承上啟下，「故」字非衍。此「理」訓為文理。《韓非子‧解老》「理者，成物之文也。」《說文》：「理，治玉也。」段玉裁云：「《戰國策》鄭人謂玉之未理者為璞，是理為剖析也。」朱駿聲亦訓「理」為「順玉之文而剖析之」[61]。理引申有剖析義，故下文以「明分以諭義」釋「理」。《禮記‧樂記》云：「禮也者，理之不可易者也。」亦以「理」論「禮」。

⑪ **禮出乎義，義出乎理。理，因乎宜者也**：王引之依文意將數句校改為「禮出乎理，理出乎義，義因乎宜。」郭沫若則以王校不可從，謂「原文當作『禮出乎義，義出乎理，理因乎道』，『道』因形近誤為『宜』耳。此與下文『事督乎法，法出乎權，權出乎道』同例。」[62] 鵬按，上文謂「禮者，因人之情，緣義之理，而為之節文者也」其重點在「緣義之理」一句，據此可知禮由義出，而理又義之基礎，故下文云「禮也者，謂有理也。」此「理」即「義之理」。是以解文當作「禮出乎義，義出乎理」，今本不誤。至於「理因乎宜者也」一句，非與「禮出乎義，義出乎理」並列，否則「者也」二字無著落 [63]（除非視「者」字為衍文）。頗疑「因乎

---

60 張舜徽：《管子四篇疏證》，《周秦道論發微》，第 239 頁。

61 段玉裁：《說文解字注》，第 15 頁；朱駿聲：《說文通訓定聲》，第 190 頁。

62 王引之說見《讀書雜志》，第 467 頁；郭沫若：《管子集校》，第 420 頁。

63 按，「者也」為慣用詞組，其中「者」為結構助詞，它與之前的動

宜者也」五字乃釋「理」字，其句式與下文「事督乎法，法
出乎權，權出乎道」小異。郭沫若必改「宜」為「道」，求
與下文「權出乎道」對文，但二者句式本不相同，不必據彼
改此[64]。

⒉ **簡物（勿〈多〉）小末〈大〉一道，殺僇禁誅謂之法**：丁士
涵曰：「『末』疑『大』字之誤，六字作一句讀。」[65] 郭沫
若謂：「『簡』與『物』對文，物者眾也，雜也。故眾論謂之
『物論』，於旗則『雜帛為物』。……『簡物小大一道』者，
言不問事之繁簡、物之大小，其本一也。」[66] 鵬按，「末」
為「大」之誤，丁氏說是。「物」字疑由「勿」轉讀而來，本
為「多」之誤書。郭店竹書《五行》簡 37 至 40 云：「不簡，
不行。不匿，不察於道。有大罪而大誅之，簡也。小罪而赦
之，匿也。……簡之言猶練（闌）[67] 也，大而晏者也[68]。

詞詞組構成名詞性短語，然後由「也」表達判斷語氣，如《禮記·
樂記》：「樂也者，情之不可變者也。禮也者，理之不可易者也。」
又如解文「禮者，因人之情，緣義之理，而為之節文者也。」
「法」者，所以同出，不得不然者也。」參考何樂士：《古代漢語
虛詞詞典》，第 592 頁。

64 張舜徽《管子四篇疏證》（第 239 頁）且謂：「郭氏必謂『宜』字為
『道』字之訛，不特前無所承，而語意亦墜虛矣。」

65 引自戴望：《管子校正》，第 229 頁。

66 郭沫若：《管子集校》，《郭沫若全集·歷史編》第六卷，第 408
頁。

67 此字馬王堆帛書本作「賀」，帛書整理者讀「賀」為「加」，龐樸
《帛書五行篇研究》及魏啟鵬《德行校釋》皆依帛本解文「簡為
言，猶衡也」，改讀為「衡」。鵬按，《說文》：「衡，牛觸橫大
木。」帛本「衡」字蓋用此義，段玉裁《注》：「許於『告』字下曰
『牛觸角箸橫木，所以告也。』是設於角者謂之告，此云『牛觸橫

匿之為言也猶匿匿（忒）[69]，小而鬠者也。」[70] 裘錫圭指出，《五行》以簡、大、晏（或罕）與匿、小、對言，疑《心術上》「簡物小未」為「簡鬠小大」之誤，「簡鬠」猶言「疏密」[71]。鵬按，裘氏說是。「鬠」可訓為車馬湊集盛多貌 [72]，形容一般事物的稠密盛多，疑當讀為「㐱」或「縝」（與「簡」之訓為「疏」相對）。《說文》：「㐱，稠髮也。……《詩》曰『㐱髮如雲』。」所錄篆文或體作「鬒」。「縝」與「㐱」為同源詞，可訓為密緻 [73]。《禮記·聘儀》：「縝密以栗，知也。」鄭玄《注》：「縝，緻也。」《方言》卷四：「繿謂之縝」，郭璞《注》：「謂繿縷也。」丁惟汾《音釋》：「縝為緻密，布縷之縝密者謂之縝。今俗謂縫紉精緻者謂之細縝密縷，言其縝密如織，

大木』，是闌閑之謂之衡。」衡有闌閑之意，然則郭店竹書本「練」當讀為「闌」（二字上古音皆來母元部字），訓為遏止、限制。

68 「晏」字馬王堆帛書本作「罕」。

69 龐樸《帛書五行篇研究》讀後「匿」字為「慝」。按，《說文》無「慝」字，「慝」即「忒」，訓為過差。

70 荊門市博物館：《郭店楚墓竹簡》，第 150–151 頁、第 154 頁；國家文物局古文獻研究室：《馬王堆漢墓帛書〔壹〕》，第 18、25 頁。帛本有解，見前揭書第 22 頁。

71 裘錫圭：《馬王堆〈老子〉甲乙本卷前後佚書與「道法家」——兼論〈心術上〉〈白心〉為慎到田駢學派作品》，《文史叢稿》，第 72、77 頁注 19。

72 如《淮南子·兵略》：「甲堅兵利，車固馬良，畜積給足，士卒殷鬠，此軍之大資也。」高誘《注》：「鬠，乘輪多盛貌。」

73 參考王力：《同源字典》，台北，文史哲出版社，1991 年 10 月，第 534 頁。

如布之纑縝平勻，無縫紉之跡象也。」[74]「彡」、「勿」二字形近，故而致訛。

(33) **法者，所以同出**：郭沫若云：「此釋『簡物小大一道』。『出』謂參差，『同出』謂統一其參差。」[75] 陳鼓應則認為，「出」為「之」字之訛，二字形近，且涉上下文「出」字而訛。「同之」即下文「一之」[76]。鵬按，郭氏說是。《說文》：「出，進也。象艸木益茲，上出達也。」引申為外出、高出。《孟子‧公孫丑上》：「出於其類」，朱熹《集注》：「出，高出也。」本文訓為參差，又此義之進一步引申。若改「同出」為「同之」，則「之」字上下文皆無所承。下文「一之」針對「出」（參差）而言，若此改為「同之」，不僅語意重複，且「殺僇禁誅，以一之也」亦無著落。

(34) **殺僇禁誅，以一之也**：二句釋經「殺僇禁誅」。「殺僇」二字前本有「故」字，疑涉下文而衍。「以」字在此為連詞，用以連接前後兩項，後項為前項之目的，義猶「用以」、「用來」。類似的結構如《孟子‧滕文公下》：「我亦欲正人心、息邪說、距詖行、放淫辭，以承三聖者。」《韓非子‧五蠹》：「構木為巢，以避群害。」[77]

---

74 丁惟汾：《方言音釋》，濟南，齊魯書社，1985 年 1 月，第 86 頁。鵬按，簡帛《五行》下文云：「大而晏者，能有取焉；小而軫者，能有取焉，索纑纑達諸君子道，謂之賢。」疑此「纑」字亦訓為布縷縝密，蓋以紡織之事比喻君子成德之進程。

75 郭沫若：《管子集校》，《郭沫若全集‧歷史編》第六卷，第 420 頁。

76 陳鼓應：《管子四篇詮釋——稷下道家代表作》，第 142 頁。

77 參考王海棻等：《古漢語虛詞詞典》，北京大學出版社，1996 年 12 月，第 414 頁；王叔岷：《古籍虛字廣義》，第 8 頁。

㉟ **事督乎法，法出乎權，權出乎道**：今本首句有「故」字，許
維遹以為衍文。「督」字，許氏以為與《莊子・養生主》「緣
督以為經」之「督」同訓「中」，但郭沫若、張舜徽皆以尹
《注》訓督察為是 [78]。鵬按，此從許氏說刪「故」字，但
「督」仍從尹《注》訓察。本文說：「法出乎權，權出乎
道」，法即由道而出，馬王堆帛書《經法》開篇便云「道生
法」，意旨與本文相通。「法」有權衡義，故本文說「法出乎
權」，《慎子・威德》謂：「蓍龜，所以立公識也。權衡，所
以立公正也。書契，所以立公信也。度量，所以立公審也。
法制禮籍，所以立公義也。凡立公，所以棄私也。」[79]《管
子・七法》亦云：「尺寸也、繩墨也、規矩也、衡石也、斗
斛也、角量也，謂之法。」

㊱ **大道安而不可說**：此句今本作「大道可安而不可說」，解文
引作「可以安而不可說」，蒙上省「大道」二字，並添一
「以」字。按，經文前「可」字疑涉「不可說」而衍。《說
文》：「安，靜也。」「大道安」即「大道靜」，是以解文云：
「動不見其形，施不見其德。」解文「可以安而不可說」亦
當據經文校改為「安而不可說」。「大道」之稱，先秦道家著
作習見，如今本《老子》第 18 章「大道廢，有仁義。」第

78　見郭沫若：《管子集校》，《郭沫若全集・歷史編》第六卷，第 420
　　頁；張舜徽：《管子四篇疏證》，《周秦道論發微》，第 240 頁。

79　《太平御覽》卷 830 引《慎子》佚文：「措鈞石使禹察錙銖之重，
　　則不識也；懸於權衡，則毫髮之不可差，則不待禹之智，中人之
　　智，莫不足以識之矣。」同書卷 429 又引《慎子》：「有權衡者不可
　　欺以輕重，有尺寸者不可差以長短，有法度者不可巧以詐偽。」皆
　　與此文所云相通。見守山閣叢書本《慎子》，第 4 頁、逸文部分第
　　1、2 頁。

34 章「大道氾兮，其可左右。」《莊子・齊物論》:「大道不稱。」《尹文子》:「大道無形，稱器有名。」

(37)**萬物皆以得，然莫知其極**：郭嵩燾謂「以得」二字倒，「然」字當屬上讀，二句作「萬物皆得以然」。張舜徽云：「『然』字應屬下。『然莫知其極』與『動不見其形，施不見其德，萬物皆以得』俱五字成句。德、得、極為韻。」[80] 按，張氏說是。

(38)**直（悳）人之言，不義（俄）不顧〈頗〉**：王念孫云：「直人當作真人」又指出解文「莫」亦「真」之形訛，二字隸書形近 [81] 張舜徽則認為「直」乃「悳」（「德」之本字）之脫誤，德人即《莊子・德充符》之「全德之人」[82]。鵬按，《管子》中無「真人」一詞。張舜徽說是。《說文》:「悳，外得於人，內得於己也。從直、心。」字從直亦聲，直亦可逕讀為德，未必為脫誤。「不義不顧」一句，張佩綸謂:「顧當作側，字之誤也，側與色、則、貪為韻，義讀為俄 [83]。言無反無側也。」[84] 郭沫若認為，「顧」乃「頗」之誤，義、頗為韻，並引《書・洪範》「無偏無頗」為說 [85]。鵬按，「義」當讀為「俄」[86]，張佩綸說是。俄者，傾斜也。「顧」

---

80 說見張舜徽:《管子四篇疏證》，《周秦道論發微》，第 240 頁。

81 王念孫:《讀書雜志》，第 466 頁、467−468 頁。

82 張舜徽:《管子四篇疏證》，《周秦道論發微》，第 220 頁。

83 按，章炳麟亦以「義」為「俄」之借字，說見《管子餘義》。此不具引。

84 張佩綸:《管子學》，中冊，第 1311 頁。

85 郭沫若:《管子集校》，《郭沫若全集・歷史編》第六卷，第 409 頁。

86 按，二字上古音皆歌部疑母。《說文》將「義」字分析為「從我、

字則從郭沫若說視為「顐」之誤字。解文「不宜」、「無宜」之「宜」疑當從經文釋為「俄」，義、宜二字古書常通用，而義、俄則同從「我」聲。解文「不顧」、「無顧」則亦「不顐」、「無顐」之誤。

㊴莫〈直（惪）〉人，言至人也：今本作「莫人，言至也」，俞樾據經文認為「莫人」乃「直人」之誤，並疑原文作「直人，言正也」，蓋以正釋直，今本「至」為「正」之誤[87]。郭沫若指出，「至」下奪一「人」字[88]。按，今本「莫人言至也」之「莫」，疑涉上文「莫知其極」而誤，當依經文改為「直」（讀為「惪」）。「至」字下則如郭氏說，脫一「人」字。惪、至二字音近，蓋為聲訓。《莊子‧天道》：「通乎道，合乎德，退仁義，賓禮樂，至人之心有所定矣。」同書《田子方》引老聃語：「至人之於德也，不修而物不能離焉，若天之自高，地之自厚，日月之自明。」皆謂至人之合德。

㊵非吾所顧〈取〉：一本重一「所」字，黎翔鳳據此謂「非吾所所顧」即「非吾處所顧」[89]。俞樾則指出，「非吾所顧」當作「非吾所取」，與上文「應也者，非吾所設」對文。下文云「其應非所設也，其動非所取也」，又云「感而後應，非所設也；緣理而動，非所取也」，並以「所設」、「所取」對言。《廣雅‧釋詁》：「取，為也。」[90] 郭沫

羊」，蓋視為會意，但此字從「我」得聲，其後當云「我亦聲」。

87 俞樾：《諸子平議》，第36－37頁。
88 郭沫若：《管子集校》，《郭沫若全集‧歷史編》第六卷，第422頁。
89 黎翔鳳：《管子校注》，第774頁。
90 俞樾：《諸子平議》，第37頁。

若從俞樾說，並謂：「宋本作『所所』，下『所』字即『取』字之譌。」[91] 鵬按，俞、郭二氏說是。「取」可訓「為」，《廣雅‧釋詁三》：「取，為也。」《大戴禮記‧主言》：「雖有國焉，不教不服，不可以取千里。」王聘珍《解詁》即引《廣雅》訓「取」為「為」[92]。張洪義《廣雅疏證拾補》云：「《老子》『取天下常以無事』，河上公注云：『取，治也。』『為』亦『治』也，見《小爾雅‧廣詁》，是『取』與『為』同義。」[93]

(41)<u>四海之人，孰知其則</u>：尹《注》聯繫上文云：「謂安道之君子，雖人言其不義，驚然不顧。言既不出於口，理又不見於色。言理既絕，四海之人，誰有能知其則義哉。」今本「孰知其則」上有「又」字，丁士涵以「又」即上文「人」字訛衍，下解無，當刪。許維遹更指出：「據尹《注》亦不當有『又』字，今本『又』字涉《注》『又不見於色』而竄入正文內。」[94] 按，許氏說是。

(42)<u>天曰虛，地曰靜，乃不伐〈貸〉</u>：俞樾據解文「不變則無過」，以「伐」為「貸」字之闕壞，並以「不貸」即「不忒」，並謂「貸」與上文「色」、「則」二字為韻。張舜徽不從俞氏改字，認為「不伐者，謂不自矜誇也。」[95] 鵬按，

---

91 郭沫若：《管子集校》，《郭沫若全集‧歷史編》第六卷，第 423 頁。

92 王聘珍：《大戴禮記解詁》，第 2 頁。

93 引自徐復：《廣雅詁林》，南京，江蘇古籍出版社，1998 年 2 月，第 273 頁。

94 參考郭沫若：《管子集校》，《郭沫若全集‧歷史編》第六卷，第 409 頁。

95 俞樾：《諸子平議》，第 36 頁；張舜徽：《管子四篇疏證》，《周秦道

「伐」當為「貸」之壞字，俞樾說是。惟「不貸」自亦可通，不需進一步破讀為「忒」。《說文》：「貸，施也。」「貣，從人求物也。」段玉裁《注》：「我施人曰貸也。」「向人求物曰貣也。按，代、弋同聲，古無去、入之別。求人、施人，古無貸、貣之分，由貣字或作貸，因分其義，又分其聲。如求人曰乞，給人之求亦曰乞，今分去訖、去既二音。」[96] 此文「不貸」乃兼施、求言，謂天地虛靜，無求無施（即「無為」之表現），故能無所損益而不窮不竭，是以解文云：「虛則不屈（竭）。」（前文亦以此句釋經「虛而無形謂之道」）今本《老子》第五章云：「天地之間，其猶橐籥乎？虛而不屈（竭），動而愈出。」與此文意旨相通。

(43) **絜其宮，開其門，去私言，神明若存**：「開其門」解文引作「闕其門」。孫星衍、俞樾皆以解文之「闕」當作「開」。張文虎則認為「開」、「闕」皆「關」字之誤，「關其門」即收返視聽也[97]。黎翔鳳則引《漢書・王莽傳》「圍城為之闕」，注：「不合也。」以解文作「闕」實與經文「開」同[98]。鵬按，此處解文引經訓釋，不當別為二文。「闕」字作為動詞雖有留出空闕之意（如《孫子・軍爭》：「歸師必遏，圍師必闕」），但作「闕其門」，語意稍嫌迂曲。疑解文「闕」當從經文讀為「開」，二字同為溪母，韻則月、微旁對轉可通。從義理上說，本篇前文云：「四海之人，孰知其則，言深囿

論發微》，第 221 頁。

96 段玉裁：《說文解字注》，第 282 頁。

97 以上三家說見《管子集校》，《郭沫若全集・歷史編》第六卷，第 423 頁。

98 黎翔鳳：《管子校注》，第 774 頁。

也」，下文論「靜因之道」更謂「因也者，舍己而以物為法
者也」，故須使心清靜（絜其宮）、耳目聰明（開其門），方
能去囿而應物無窮。若作「關其門」，則耳目閉塞，無由
「以物為法」[99]。解文以耳目聞見釋「門」，合於《說文》
「門，聞也。」之訓。「去私言」本作「去私毋言」，「毋」字
疑涉注文而衍（尹知章《注》：謂無私言）。

(44) **絜之者，去好過〈惡〉也**：丁士涵指出，今本「好過」當作
「好惡」。好惡，謂私也（經文云「去私言」）[100]。按，其說
是。此段解文至「耳目者，所以聞見也」。郭沫若因經文
「去私毋言」至「智不能盡謀」一字無解，以為其下當有脫
簡。鵬按，解文「絜之者，去好過也」兼釋經文「去私
言」，至於「紛乎其若亂，靜之而自治。強不能徧立，智不
能盡謀」四句，語意顯豁，可能作者認為不需進一步解釋，
是以無解。馬王堆帛書本《五行》有經有解，解文雖依傍經
文，但于經文淺顯處，僅以「直之」註明經文顯而易懂，毋
庸解釋[101]。此段經文無解，未必即有缺文。

(45) **此言言不得過實，實不得延（衍）名**：前句今本作「此言不
得過實」，王念孫、安井衡俱以「不得過實」上當有「名」
字，陶鴻慶則以為「言」下當重「言」字，蓋脫一重文

99　參考郭沫若：《管子集校》，《郭沫若全集‧歷史編》第六卷，第
　　423 頁。鵬按，前文云「嗜欲充盈，目不見色，耳不聞聲」，耳目
　　之閉塞乃因過度縱欲。

100　引自戴望：《管子校正》，第 231 頁。

101　參考龐樸：《帛書五行篇研究》，濟南，齊魯書社，1988 年 8 月 2
　　版，第 78 頁。

符 [102]。張舜徽指出：「『此言』二字下乃解說之語。解者以『言』當『名』，以『實』當『形』，故云『言不得過實，實不得延名』也。……（韓非）《主道篇》曰：『有言者自為名，有事者自為形。形名參同，君乃無事焉。』據此，可知『言』猶『名』也。」[103] 鵬按，陶、張二氏說是。言、名錯綜成文，下文「督言正名」，言、名亦並舉。後句「實不得延名」，疑「延」當讀為「衍」，二字聲母同為餘母，韻則真元旁轉，可以通假 [104]。《管子‧白心》「無遷無衍」，俞樾云：「衍當讀為延。」（按，《白心》此「衍」字疑如字讀，詳上章第一節）又指出：《周官‧大祝》「衍祭」，鄭《注》曰：「衍字當為延。」《男巫》「掌望祀望衍授號」，《注》曰：「衍讀為延」。《詩‧椒聊》「蕃衍盈升」，《一切經音義》卷 19 引作「蕃延盈升」，是衍、延古通用也 [105]。段玉裁謂：「衍字水在中。在中者，盛也。」[106]「衍」字可訓為滿溢，其例如《詩‧小雅‧伐木》「伐木於版，釃酒有衍」，又引申為餘，如《楚辭‧天問》「東西南北，其修孰多？南北順橢，其衍幾何？」朱熹《集注》：「衍，餘也。」[107]「衍」字與上句「過」對文。

---

102 王念孫：《讀書雜志》，第 468 頁；安井衡：《管子纂詁》，卷 13，第 7 頁；陶鴻慶：《讀諸子札記》，第 190 頁。

103 張舜徽：《管子四篇疏證》，《周秦道論發微》，第 244 頁。

104 按，延、衍同有「引」之一義，聲音又相近，或以為二字同源。見王力：《同源字典》，第 537-538 頁。

105 俞樾：《諸子平議》，第 39 頁。

106 段玉裁：《說文解字注》，第 551 頁。

107 朱熹：《楚辭集注》，台北，藝文印書館，1983 年 6 月 4 版，第 107 頁。

(46)**姑（號）形〈物〉以形，以形務（侔）名**：二句上承「言不
得過實，實不得衍名」，仍釋經「物固有形，形固有名」。此
二句今本作「姑形以形，以形務名」。郭沫若謂：「姑讀為
詁，言詁物之形而象之也。務讀為侔，取也。《說文》『蝥』
或作『蛑』，是敄音與牟音可通之證。」鵬按，若依郭氏
說，則今本「姑形以形」當作「姑（詁）物以形」，前一
「形」字當為「物」之訛。又疑「姑」當讀為「號」。「姑」
字上古音為見母魚部，「號」為匣母宵部，二字聲音相近，
可以通假。「姑」從「古」聲，而從「古」之「胡」字在文
獻中與「號」通假，如《荀子‧哀公》「君號然也」，楊倞
注：「號讀如胡，聲相近，字遂誤耳。《家語》作『君胡然
也』。」號者，呼也、名也。《詩‧小雅‧正月》「維號斯
言，有倫有脊」，馬瑞辰云：「《周官‧司常》：『官府各象其
事，州里各象其名，家各象其號。』注：『或謂之事，或謂
之名，或謂之號，異外內也。』是名與號對文則異，散文則
通。『維號斯言』即《論語》『名之必可言也』之義。……
『有倫有脊』，即正名之本。」[108] 此云「號物以形」，乃依事
物本然之樣態命名之意[109]。「以形務名」之「務」疑當如郭
沫若說讀為「侔」，訓為齊等。「以形侔名」即「以形（訓為
實）正名」之義。

(47)**督言正名，故曰聖人**：張舜徽認為「故」字為「是」字之

---

108 馬瑞辰：《毛詩傳箋通釋》，北京，中華書局，1989 年 3 月，中
　　冊，第 604 頁。

109 按，所謂「形」指「實」而言，疑讀為「型」。型者，模範也，姑
　　以「事物本然之樣態」釋之。參看本文下篇第二章第三節論
　　「型」字。

訛 [110]，但本篇解文前有「故曰君」，後有「故曰君子」之例，則此句「故」字不誤。此處蓋以「正」釋「聖」，「督言」與「正名」對舉，「督」如字讀可通，訓為察。又疑此「督」字與《莊子・養生主》「緣督以為經」同讀為「裻」[111]，取其正中之義。《心術下》云：「凡物載名而來，聖人因而裁之，而天下治。」與解文此段相通。

(48) **必知不言、無為之事**：今本作「故必知不言無為之事」，「故」字疑衍。王念孫認為「不言」下脫「之言」二字，蓋據今本解文「不言之言，應也」而補。郭沫若則云：「當作『不言之意』，意、是、紀為韻。」張舜徽謂：「『不言』與『無為』，乃君道之綱。周秦故書中有分舉之者，亦有合言之者。《老子》第二章曰：『聖人處無為之事，行不言之教。』四十三章『不言之教，無為之益，天下希及之。』此分舉之例也。《管子》此處所云『不言無為之事』，乃合言之例，不必如王、郭二家說為增二字也。」[112] 按，張舜徽說是。尹《注》釋解文「不言之言應也」云：「言則言彼形爾，於我無言」，疑解文當於「不言」下斷讀，而「之言應也」作一句讀。前句即引經文「不言」，後「之言應也」即「此言應也」[113]「之」猶「此」也 [114]。依校正之解文，則經文

---

110 張舜徽：《管子四篇疏證》，《周秦道論發微》，第 244 頁。

111 按，「裻」字本義為衣背之中縫，引申為人身後中脈之稱（即「緣督以為經」之「督」）。

112 王念孫：《讀書雜志》，第 466 頁；郭沫若：《管子集校》，《郭沫若全集・歷史編》第六卷，第 411 頁；張舜徽：《管子四篇疏證》，《周秦道論發微》，第 224－225 頁。

113 按，經師訓解有「A，之言 B 也」之體式，例為聲訓，但此為漢代以下之通例，《心術解》為先秦故籍，或不受此限制。

當作「必知不言、無為之事。」今本《老子》第七十三章謂
天之道「不言而善應」，《莊子・知北遊》云「至言去言，至
為去為。」皆與此文意旨相通。

⑭ **應也者，以其出為之人〈入〉者也**：下句今本作「以其為之
人也」。張舜徽指出「以其」下脫「出」字，「人」字當為
「入」字之誤，並引《呂氏春秋・審應覽》：「人主出聲應
容，不可不審。凡主有識，言不欲先。人唱我和，人先我
隨。以其出為之入，以其言為之名。取其實以責其名，則說
者不敢妄言，而人主之所執其要矣。」為說。[115] 按，茲依
其說校改。

⑮ **執〈埶（設）〉其名，務其應，所以成，之應之道也**：王引
之據尹《注》「物既有名，守其名而命合 [116] 之，則所務自
成。」認為「務其」下「應」字，「所以成」下「之」字皆
衍文，校改作「執其名，務其所以成，應之道也。」[117] 張
佩綸以「之應之道也」當作「此應之道也」，許維遹亦以
「之」字為「此」字之爛脫而誤 [118]。鵬按，末句不誤。
「之應之道」即「此應之道」。解文「之」訓為「此」，已

---

114 段玉裁《說文解字注》云：「之有訓為此者，如『之人也、之德
也、之條條、之刀刀。』《左傳》：『鄭人醢之三人也。』《召南》
毛《傳》曰：『之事，祭事也。』《周南》（毛《傳》）曰：『之子，
嫁子也』此等之字皆訓為是。」「之」訓為「此」或「是」之例，
詳見宗福邦等編：《故訓匯纂》，第 37−38 頁。

115 張舜徽：《管子四篇疏證》，《周秦道論發微》，第 245 頁。

116 按，王氏以尹《注》「合」字為「令」之誤。

117 王念孫：《讀書雜志》，第 468 頁。

118 張佩綸：《管子學》，中冊，第 1325 頁；許氏說見《管子集校》，
《郭沫若全集・歷史編》第六卷，第 425 頁。

見上文「不言，之言應也」。「之應之道也」與下文「此因
之術也」句例一致。此處以名、應、成為韻，疑數句當斷
讀為「執其名，務其應，所以成，之應之道也。」並疑首
句「執」字當為「埶」之誤，「埶」讀為「設」，訓為制
置。今本《老子》第三十五章「執大象，天下往」，郭店
本《老子・乙》簡 7「執」作「埶」，裘錫圭云：「首字實
為『埶』，當讀為『設』。」[119] 上古音「埶」為疑母月部，
從其得聲之「勢」則為書紐月部，與「設」同音，故可通
假。本篇下文云：「名者，聖人之所以紀萬物也」，故「名」
乃聖人所設。《禮記・祭法》：「黃帝正名百物，以明民共
財。」《書・呂刑》云：「禹平水土，主名山川。」《列子・
湯問》列舉世上極大、極小之物後，也說「大禹行而見之，
伯益知而名之。」裘錫圭指出，古人以黃帝、大禹等聖人具
有為萬物命名之能力，顯然是由於這些人具有生而知之的能
力[120]。「務其應」之「務」如字讀，訓為求。《呂氏春秋・
孝行覽》「凡為天下，治國家，必務本而後末。所謂本者，
非耕耘種殖之謂，務其人也」，高誘注：「務猶求也」。

⑸<u>無為，之道〈言〉因也</u>：張佩綸據經文「必知不言、無為之
事」謂今本解文「之道」乃「之事」之訛[121]。按，其說
非。此段解文分別釋經「不言」及「無為」，解說之結構與

---

119 荊門市博物館：《郭店楚墓竹簡》，第 122 頁，注 7。裘錫圭後來在
《關於郭店簡中的道家著作》一文（《中國出土古文獻十講》，上
海，復旦大學出版社，2004 年 12 月，第 215－216）申論此說。

120 裘錫圭：《說「格物」——以先秦認識論的發展過程為背景》，《文
史叢稿》，第 5 頁。

121 張佩綸：《管子學》，中冊，第 1326 頁。

句式對稱，前文以「應」釋「不言」，此則以「因」釋「無為」。疑「道」涉上文「之應之道」而訛，本當作「言」，「之言因也」與上文「之言應也」句式一致。

⑸以其形，為之名，此因之術也：今本「為之名」上有「因」字，蓋涉上下文「因」字而衍。「以」訓由、因，「以其形，為之名」即前文所謂「號物以形，以形侔名」。此三句與前文「設其名，務其應，所以成，此應之道也」對應，其後「名者，聖人之所以紀萬物也」乃總攝「物固有形」至「此因之術也」一段解文，不當如黎翔鳳《校注》別立一段 [122]。

⑸殊形異埶（設），與萬物異理：後句今本作「不與萬物異理」，王念孫謂「不」字涉上文「不言」而衍 [123]。按，王氏說是。解文謂聖人「與物異矣」，亦可證經無「不」字。「殊形異埶」之「埶」諸家多讀為「勢」，頗疑此「埶」字當讀為「設」，指設名。「殊形異設」即前解文「設其名」「以其形，為之名」之意。李零曾指出，先秦兵家講「形勢」，「形」是已素備者，勢是因敵而設。作為合成詞，「形勢」是人為製造的格局。《韓非子‧難勢》分別自然之勢與人為之勢，並說：「吾所為言勢者，言人之所設也。」便是以音訓的方法來解釋（「勢」、「設」皆書母月部字）[124]。據此說，「勢」、「設」或有同源的關係。

⑸人者，立於強，務於善，未（昧）於能，動於故者也：「未

---

122 見黎翔鳳：《管子校注》，中冊，第 776 頁。

123 王念孫：《讀書雜志》，第 466 頁。

124 李零：《兵以詐立──我讀〈孫子〉》，北京，中華書局，2006 年 8 月，第 168－195 頁。

於能」之「未」字，諸家解釋紛紜[125]。陳鼓應讀「未」為「昧」，謂「昧於能」即「執迷於一己之能」[126]，說較平實，此從之。此節解文以「人」與「聖人」對舉，謂眾人為強、善、能、故四者所囿，拘執於一端；聖人則與物異理，隨時推移，故能虛而為萬物之始。《莊子‧漁父》云：「聖人法天貴真，不拘於俗。愚者反此。不能法天而恤於人，不知貴真，祿祿而受變於俗，故不足。」聖人法天，故能虛（本篇前文云「天之道虛」）；常人「立於強，務（訓趨）於善，於能，動於故」，皆所謂「拘於俗」也。上文云「名者，聖人之所以紀萬物也」，此節經、解謂聖人可為「天下始」、「萬物之始」疑指制名及「督言正名」而言。

⒅ **聖人無之，無之則與物異矣，異則虛**：郭沫若謂：「『聖人無之』者，無上述四端通習……亦即是舍己。如是則能因應於物。『與物異』者，隨物而異也。物有萬彙，理有萬殊，因其異而異之，無所凝滯。故云『異則虛』也。」[127] 其說是。

⒆ **君子不怵（詶）乎好**：王念孫云：「怵與詶通。《說文》曰：『詶，誘也。』《漢書‧賈誼傳‧鵩賦》『怵迫之徒，或趨西東』，孟康曰：『怵，為利所誘怵也。迫，迫貧賤也。』此云

---

125 丁士涵、姚永概以為乃「本」之誤；安井衡則讀為「昧」；吳汝綸以「未」當作「成」，二字漢隸形近，因而致誤；陶鴻慶疑本作「習於能」，今本「未」字涉注文而誤；李哲明認為「未」當為「制」之缺訛；郭沫若以「未」為「舉」之誤。說俱見《管子集校》，《郭沫若全集‧歷史編》第六卷，第 425－426 頁。

126 陳鼓應：《管子四篇詮釋——稷下道家代表作》，第 151 頁。

127 郭沫若：《管子集校》，《郭沫若全集‧歷史編》第六卷，第 426 頁。

怵乎好，迫乎惡，即承上好利惡死而言。」[128] 按，王氏說
是。

(57) **去智與故**：許維遹則云：「智與故相對，故猶詐也。《呂氏春
秋‧論人篇》『釋智謀，去巧故』，高注：『巧故，偽詐
也。』」王叔岷謂：「故猶巧也，《淮南子‧俶真篇》：『不以
曲故是非相尤』，注：『曲故，曲巧也。』《主術篇》：『上多
故則下多詐』，注：『故，巧也。』並其證。《韓非子‧揚搉
篇》：『去智與巧』，故正作巧。」[129] 鵬按，二氏說是。《說
文》：「故，使為之也。」《墨子‧經上》：「故，所得而後成
也。」張惠言云：「故者，非性所生，得人為乃成。」[130] 則
故者，偽（人為）也，進一步引申為巧、詐。《莊子‧刻
意》：「去知與故，循天之理。」郭慶藩云：「故，詐也。《晉
語》：『多為之故以變其志』，韋注：『謂多設計術以變易其
志。』」[131]

(58) **故曰君子**：丁士涵據經文，以「君子」二字當在此節解文
「不怵乎好」前。郭沫若則以為原文乃先釋「不怵乎好，不
迫乎惡」，再釋「君子」，先後分為兩項，故有兩「故曰」。
「故曰君子」四字當自為句。張舜徽從郭氏說，並指出「故
曰君子」，與上文「故曰聖人」，句例正同[132]。按，郭、張

---

128 王念孫：《讀書雜志》，第 466 頁。
129 許氏說見《管子集校》，《郭沫若全集‧歷史編》第六卷，第 412
頁；王叔岷：《管子斠證》，《諸子斠證》，第 25 頁。
130 張氏說引自孫詒讓《墨子閒詁》，北京，中華書局，2001 年 4 月，
上冊，第 309 頁。
131 郭慶藩：《莊子集釋》（北京，中華書局，1961 年 7 月），第三冊，
第 540 頁。
132 丁氏說見戴望《管子校正》，第 231 頁；郭沫若：《管子集校》，

二氏說是。

⑼ **言虛素也**：張舜徽云：「周秦故書言及君道，以虛素為言者
多矣。《韓非·揚權篇》：『權不欲見，素無為也。虛而待
之，彼自以之。』《呂氏春秋·上德篇》曰『愛惡不臧，虛
素以公。』皆言人君貴能清虛自守，任人而不任智也。」[133]
鵬按，《呂氏春秋·分職》云：「夫君也者，處虛服素 [134] 而
無智，故能使眾智也。」戰國楚竹書《彭祖》也說：「遠慮
用素，心白身懌。」皆所謂「虛素」之意。「虛」者，空
也。《莊子·人間世》言「瞻彼閴者，虛室生白，吉祥止止
（之）。」虛其心即「白心」也。素者，亦白也。《說文》：
「素，白致繒也。」引申之，凡白而無文飾者皆謂之素。

⑽ **其應也，非所設也；其動也，非所取也**：本作「其應，非所
設也；其動，非所應也。」「應」、「動」字下當據經文各補
一「也」字。

⑾ **因也者，舍（捨）己而以物為法者也**：丁士涵、陶鴻慶將
「舍己而以物為法者也」連作一句讀，此從之。張舜徽指
出，「以」為「從」字之訛。鵬按，「舍」讀為「捨」，訓為
釋。「以」字可逕訓為由、因、從 [135]，不煩改字。「捨己而
以物」即「釋己而由物」或「釋己而因物」之意。前文云

《郭沫若全集·歷史編》第六卷，第 427；張舜徽：《管子四篇疏
證》，《周秦道論發微》，第 248 頁。

133 張舜徽：《管子四篇疏證》，《周秦道論發微》，第 248 頁

134 按，本作「處虛素服」，王念孫謂：「『素服』疑當為『服素』。」

135 參考王引之：《經傳釋詞》，台北，漢京文化公司，1983 年 4 月，
第 19－20 頁；劉淇：《助字辨略》，北京，中華書局，2004 年 7 月
2 版，第 128－129 頁；王叔岷：《古籍虛字廣義》，第 8－9 頁、第
14 頁。

「物固有形，形固有名」「號物以形，以形侔名」「以其形，
為之名，此因之術也」，所謂「以物為法」疑指「督言正
名」而言。

⒃ **過在自用，罪在變化**：「過在自用」承上文「其應也，非所
設也；其動也，非所取也」而言，人君有所預設而致物，動
而皆為自取，乃所謂私也，亦即「自用」也。《心術下》
云：「聖人若天然，無私覆也；若地然，無私載也。私者，
亂天下者也。」本篇前文云「殊形異設，與萬物異理」，是
順物而異理；此云「變化」，則是物變而己亦隨之化。《心術
下》謂聖人之道乃「與時變而不化，應物而不移。」本篇下
文論及對待物之態度也說「物至則應，過則舍（捨）矣。」
馬王堆帛書《經法‧名理》亦云：「道者，神明之原
也。……靜而不移，動而不化，故曰神。」《心術》等篇主
張應物「變而不化」，《莊子》則云「物化」，異趣相映。稷
下道家以君王為陳論之對象，故言「因」，言「變而不化」；
莊子則以「物化」、「氣化」破除主、客之界限，達到「萬物
與我為一」之境界 [136]，建立一套士人得以安身立命的修養
論。

⒃ **有道之君〔子〕**：郭沫若云：「下解作『君子』，此『君』下
當奪『子』字。」[137] 按，解文云「君子之『處也若無知』，
言至虛也」即針對經文「君子」而言，郭氏說是。

⒃ **變化則為（偽）生，為（偽）生則亂矣**：尹知章《注》「為

---

[136] 參看拙著：《從神話素材的再創造論〈莊子〉的文學表現》，《中國
文學研究》第 14 期（2000 年 5 月），第 259－260 頁。

[137] 郭沫若：《管子集校》，《郭沫若全集‧歷史編》第六卷，第 413
頁。

生」云：「謂有為於營生」，俞樾則以「為」字當讀為「偽」[138]。按，此「為」指人為之智巧，可依俞氏說讀為「偽」。

(65) **因者，言因其能而用者〈之〉也**：此兼釋經「靜因」及解文上句「貴因」之「因」。今本作「因者，因其能者，言所用也。」張舜徽校改為「因者，因其能而用之也」；陳鼓應則改為「因者，言因其能而用者也。」[139] 鵬按，今本「言」字領「因其能而用也」句，不當刪。「因其能而用者」之「者」當作「之」，涉上句「因者」而誤。

(66) **舍（捨）者，言復所於虛也**：今本作「舍矣者，言復所於虛也。」李哲明以此「矣」字涉上而衍，「所」字亦衍文。鵬按，「矣」涉上句「過則舍矣」而誤，李說是。「所」為語詞，非衍文。《詩・小雅・采菽》「載驂載駟，君子所屆。」王念孫云：「屆者，至也。『君子所屆』者，君子至也。所，語詞耳。」王引之也指出：「所，語助也。《書・無逸》曰：「嗚乎！君子所其無逸。」言君子其毋逸也。君子，謂人君也。所，語詞耳。《禮記・檀弓》曰：『君之臣免於罪，則有先人之敝廬在。君無所辱命。』言君毋辱命也。成二年《左傳》曰：『能進不能退，君無所辱命。』義與此同。襄二十七年《公羊傳》曰：『無所用盟，請使公子鱄約之。』言毋用盟也。昭二十五年《傳》曰：『君無所辱大禮。』言君毋辱大禮也。」[140] 「復所於虛」即「復於虛」、「返於虛」。

---

138 俞樾：《諸子平議》，第 37 頁。

139 張舜徽：《管子四篇疏證》，《周秦道論發微》，第 249 頁；陳鼓應：《管子四篇詮釋——稷下道家代表作》，第 156 頁。

140 王念孫：《讀書雜志》，第 521 頁；王引之：《經傳釋詞》，第 211

「舍」讀為「捨」，《說文》：「捨，釋也。」二句謂物過則釋
之而不隨物化，即回復心之虛靜狀態。

第二節　論《心術上》經、解之學派歸屬

　　《管子》將《心術上》、《心術下》及《白心》同列「短
語」十八篇中，且前後接續，三篇之性質、來源可能有關。郭
沫若曾指出：

> 《心術》和《內業》同在一卷，而《白心》是被編在
> 《心術》的直後。這不正表示著所據的原有資料本來是
> 有一定的先後的嗎？那麼，《內業篇》為什麼又編次得
> 很後去了呢？這也不難說明，因為那是另一組資料，來
> 源不同。[141]

雖說《心術上》、《心術下》及《白心》具有內在聯繫（都強調
「心」的功能及地位），且編入同卷，但三篇內涵、體製仍有差
異，需要進一步分辨。個人認為，《白心》是一篇獨立的作
品，前章已論證其為宋鈃一派著作；至於《心術》上、下兩
篇，則為一組由經、解、傳組成的作品，其形成的過程較為複
雜，非一人一時所作。以下先就《心術上》經、解的學派歸屬
提出個人淺見。

頁。

141 郭沫若：《宋鈃尹文遺著考》，《郭沫若全集‧歷史編》第一卷，第
569頁。

一、論《心術上》經文之學派歸屬

　　《心術上》經、解應該分別看待，郭沫若認為經的部分乃稷下先生學案，解則為後人講習錄 [142]，其說大致不誤。《心術上》經的部分極為簡鍊，全文僅四百餘字，內容所論雖圍繞篇名「心術」，但段落的聯繫並不緊密。該篇經的部分大致可分為兩段，前半部分由心為身主談到「虛其欲」、「掃除不潔」，提出虛靜的修養原則，但在「虛而無形謂之道，化育萬物謂之德」之下卻緊接著談義、禮、法，又忽言「大道安而不可說」，並有「不出於口，不見於色」等數句申述。下半部分轉而以「天曰虛，地曰靜」論虛靜之道，又有「潔其宮，開其門，去私言，神明若存」數句，頗與上文「掃除不潔，神乃留處」義複。下文則以物之形、名關係論聖人應當「殊形異設，與萬物異理」，並由此推出「靜因之道」。全篇多以韻語編綴，語句多似格言，文義則若斷若續，不像是一篇結構嚴謹的文章。其實，《白心》也有這種傾向，該篇有十三個「故曰」，其下皆引前賢嘉言或諺語為說，劉節曾懷疑「《白心》篇恐怕也是為許多句子作解的，所有『故曰』以下的句子，原本也都是正文……所以這一篇的句子，泰半自為起迄，不大很連貫。」[143] 鵬按，劉氏謂《白心》一篇自為經、解，恐怕推論過度 [144]，但他指出該篇往往被「故曰」云云隔斷，而使全篇

142　郭沫若：《管子集校》，《郭沫若全集・歷史編》第六卷，第 403 頁。

143　劉節：《管子中所見之宋鈃一派學說》，《劉節文集》，第 198 頁。

144　按，《白心》以「故曰」引用前人話語之後，往往接上作者的反詰

文義不甚連貫，卻是事實。從文體上看，《心術上》經、《白心》與《老子》文體最接近，如果我們將二篇的內容依文義分成若干獨立的章節，所得出的結果便是一部類似今本《老子》八十一章的格言體著作。

前文述及《白心》時曾指出，該篇以隱語形式論「心」，《心術上》亦有此種傾向，如經的部分說「虛其欲，神將入舍；掃除不潔，神乃留處」「絜其宮，開其門，去私言，神明若存」，只是《心術上》開篇便點出「心之在體，君之位也」，又有解文闡釋，後人不易誤解。

篇名「心術」，亦當為宋鈃一派術語。《莊子‧天下》謂宋子：「語心之容（用），命之曰心之行。」意即宋子論心之用，將之名為「心之行」。「心之行」即「心之術」，行、術二字本義皆為道[145]。《說文》：「術，邑中道也。」《廣雅‧釋言》：「術，道也。」甲骨文、金文「行」字象四通之衢，本義為行道。此外，《管子‧七法》云：「實也、誠也、厚也、施也、度也、恕也，謂之心術」，以「恕」為心術，而《韓非子‧顯學》將宋鈃思想歸納為「寬」、「恕」，或亦間接說明「心術」與宋子一派有關。

《心術上》經的部分與宋子學說相合處有四：

1. 重視心之功能及地位：《心術上》經云：「心之在體，君之位也。九竅之有職，官之分也。」以心為身之君，統領耳目口

語（以「孰能」開端，其例有三），或接以「是故」云云（有一例），亦有連用兩「故曰」云云者（有三例）。上述這幾種形式都與先秦解經的傳、說體式不盡相合，只能視為單純的引用。

145 郭沫若已指出此點，說見《宋鈃尹文遺著考》，《郭沫若全集‧歷史編》第一卷，第553頁。

鼻等感官，並謂「心處其道，九竅循理」，皆與《莊子・天下》「語心之用，命之曰心之行」內涵相通。類似的表述見於《管子・君臣下》：「君之在國都，若心之在身體也。道德定於上，戒〈成（誠）〉[146] 心形（型）[147] 於內，則容貌定於外矣。」

2. 主張去除心之拘蔽：《心術上》經雖無「白心」、「別囿」之用語，但篇中云「掃除不潔」、「去私言」、「君子不誘乎好，不迫乎惡。恬愉無為，去智與故」、「過在自用，罪在變化」，皆存去囿之旨。

3. 反對盈滿，重視虛靜無為：《心術上》經云：「嗜欲充盈，目不見色，耳不聞聲。上離其道，下失其事。」此與宋子「情欲寡」之說相合，也即楚竹書《彭祖》「泰匡之愆，難以遣欲」、《白心》「持而盈之，乃其殆也」之意。《心術上》經文從反對盈滿，進一步談到「靜」（「動則失位，靜乃自得」）、「虛」（「虛其欲，神將入舍」），又將「虛靜」視為天、地之

---

146 王念孫以為「戒」為「成」字之誤，「成」與「誠」通。見《讀書雜志》，第 458 頁。

147 郭店竹書及馬王堆帛書《五行》開頭以仁、義、禮、智、聖「型於內謂之德之行；不型於內謂之行。」二本的整理者皆讀「型」字為「形」。周鳳五指出：此字不需破讀。「型」之本義為模型、器范。可引申為規範。所謂「型於內謂之德之行」指仁、義、禮、智、聖五種道德意識在人心中產生如模型、器范的規範作用，使人的行為合乎道德標準。說見《郭店竹簡文字補釋》，《古墓新知——紀念郭店楚簡出土十周年論文專輯》，香港，國際炎黃文化出版社，2003 年 11 月，第 65 頁。鵬按，《君臣下》此文云「誠心形於內」，則「形」字亦當讀為「型」。關於戰國時期「型」之概念的形成及內涵，參考本文下篇第二章第三節、第三章第一節。

道，故云：「天曰虛，地曰靜，乃不貣」謂天地正因虛靜，故無求無施，終能不窮不竭，此即《老子》「天地之間，其猶橐籥乎？虛而不竭，動而愈出」之意。此處將「虛靜」視為人與天地共通之道，亦合於《彭祖》「天地與人，若經與緯，若表與裡」之說。

4. 融合儒家學說，兼重「禮」、「義」：《心術上》經文在「虛而無形謂之道，化育萬物謂之德」下緊接著說：「君臣父子人閒之事，謂之義。登降揖讓、貴賤有等、親疏之體，謂之禮。」融合儒、道二家的意圖十分明顯，這點與楚竹書《彭祖》強調「五紀畢周」，皆為援儒入道之說。

綜上所論，《心術上》經的部分與《彭祖》、《白心》內涵、意旨相通，且其以「心術」名篇，作為該派術語，此與《莊子‧天下》謂宋鈃論心之用，將之名為「心之行」吻合，故可斷定此部分為宋子一派作品。

二、《心術上》經、解比較 —— 並論解文之學派歸屬

《心術上》經之大意及思想特色已如前述，茲再取經與解合觀，比較二者之差異：

1. 《經》言「神」、「神明」，但不言「精」；《解》則言「精」、「神」（但未言「氣」或「精氣」）：「神」與「神明」分見《經》之二處，前者見於「虛其欲，神將入舍；掃除不絜，神乃留處」，後者見於「絜其宮，開其門，去私言，神明若存」，二者所論主旨相同，可見本篇「神」與「神明」為同義詞。熊鐵基曾指出：「神明」一詞在先秦典籍中有多種意

涵，一是作為神祇，或專指日神；二為無所不知，「如神之明」，並引申為神聖之意；三為與物質對立的精神，如《黃帝內經》：「心者，君主之官，神明出焉。」《楚辭‧遠遊》：「保神明之清澄兮，精氣入而麤穢除」皆指人的精神。熊氏並說：「以神明形容人的智慧或精神作用，甚至擴大到天地精神，與道、與天地聯繫起來，屬於道家系統的著作。」[148]鵬按，《心術上》的「神明」無疑是指與物質相對的精神而言。該篇說「神將入舍」、「神乃留處」，可見精神可由外而來。值得注意的是，《黃帝內經》「心者，君主之官，神明出焉」的說法與《心術上》「心之在體，君之位也」「虛其欲，神將入舍」若合符節，一言出，一言入，皆承認心為身主，神明以心為宮室而往來於人身內外。《心術上》論心、神明既與《黃帝內經》同，可知班固謂《宋子》十八篇「其言黃老意」，並非虛言 [149]。此外，由《遠遊》「保神明之清澄

---

148 熊鐵基：《對「神明」的歷史考察——兼論《太一生水》的道家性質》，《郭店楚簡國際學術研討會論文集》，湖北人民出版社，2000年5月，第533－534。

149 按，《漢書‧藝文志》所錄黃帝書，以道家、醫家及術數類著作為大宗。稷下道家重視虛靜、養生，其說與醫家理論相通，二者當有相互影響、融合的歷程（道家與數術家之相通則源於史官的傳統）。「黃老」之學的成立並不單純為道家內部的發展，李零就曾指出：「數術方伎是道家所本。黃帝書既是數術方伎之書最時髦的題材，而《老子》也是道論之雄，二者並稱，當然也就是代表了這兩方面的結合。前者是後者的知識基礎，後者是前者的理論抽象，正好相得益彰。」班固說：《宋子》十八篇「其言黃老意。」今從《彭祖》、《白心》、《心術上》看，宋子一派發揮《老子》義理不遺餘力，又有與醫家《黃帝內經》相通之說，可見所謂「黃老意」乃是指宋鈃的思想與黃老道家相近。白奚曾將班固所謂

兮，精氣入而麤穢除」二句，又可知「神明」、「精氣」混言之無別；析言之則「神明」指人內在的精神，「精氣」則為往來天地、萬物之間的精粹之氣。《心術上》解文以「精」釋《經》之「神乃入舍」、「神乃留處」之「神」，其言云：

> 人之所職者，精也。去欲則寡，寡則靜矣；靜則精，精則獨矣；獨則明，明則神矣。「神」者，至貴也。故館不辟除，則貴人不舍焉。故曰：不潔則神不處。

前言「精」，後言「神」，可見二者內涵相通。解文作者描述修養過程時，把「精」、「神」的概念套入其中，且將「神」、「明」分言（在經文中「神明」與「神」相通），於是精、明、神三者又成為不同的修養境界。解文此說為《經》的進一步發展，與經文不盡相合。解文言「精」，而不言「神明」，又以之為「人之所職」，已見稷下道家精氣論的色彩。嚴善炤指出，「神」字較「精」字早出，而且使用廣泛。「神明」亦早於「精

「孫卿道宋子。其言黃老意」解釋為「孫卿是以『黃老意』來『道宋子』的，即這個『黃老意』應歸之於孫卿。」其說有待商榷。筆者認為班固的話應斷作二句讀，前句「孫卿道宋子」之「道」猶「稱」也，即荀卿曾稱引《宋子》之意（荀子引宋子之說見於《正論》、《正名》等篇），其例猶同書「《列子》八篇」班固自注「先莊子，莊子稱之」、《鄭長者》一篇班氏注「先韓子，韓子稱之」，皆謂後人曾稱引該書之說。至若「其言黃老意」自指宋鈃學說而言，不容有它解。李零說見《說「黃老」》，《李零自選集》，桂林，廣西師範大學出版社，1998 年 2 月，第 288 頁。白奚說見《稷下學研究——中國古代的思想自由與百家爭鳴》，第 201 頁；又見《『孫卿道宋子，其言黃老意』正解》，《中國哲學史》1996 年第 4 期。

神」一詞。戰國後期,「精」、「神」正式結合,形成「精神」之複合詞。「精神」一詞似乎寓意「精」為「神」之物質基礎,古代醫家認為這兩者皆發生於男女性愛之中。《靈樞‧本神》:「故生之來謂之精,兩神相摶謂之神。」可見「精神」與生命發生的根源有緊密的關係,也是與人體直接相關的一個重要概念。他說:「所謂『精神』,首以體內的精液或精氣為基礎,其次使超越漂遊於天地之間的『神』下降至人間,然後再把它移植結合到『精』上。」[150]。鵬按,「精氣」、「精神」二詞的形成可能皆與古代醫家理論有關,且二詞之產生後於「氣」、「神」、「神明」等詞。《心術上》經文言「神」、「神明」,解文則言「精」、「神」,至《心術下》、《內業》又云「精氣」,皆有時代之印記。先秦文獻所述宋鈃學說並無精氣論色彩,由此來看,《心術上》解文、《心術下》及《內業》可能並非宋鈃一派著作。

2. 《經》初步提出「靜因之道」,《解》進一步對此多所發揮:《經》言「虛」、「靜」,並由虛靜推出靜因之道,乃是對《老子》虛靜無為說的發展。《經》所謂「靜因之道」為「其應也,非所設也;其動也,非所取也」「其處也若無知,其應物也若偶之」,初步提出「因」、「應」之概念,但全篇所重仍在「虛」、「靜」。《解》出現大段討論「因」、「應」的文字,尤其重視「因」這個概念。「因」、「應」兩概念的提出,是作為解釋《經》「不俄不頗」及「不言、無為之事」而出現的,但以《經》觀之,二句實為「虛」、「靜」概念的

---

150 嚴善炤:《古代房中術的形成與發展:中國固有「精神」史》,台北,臺灣學生書局,2007 年 9 月,第 11－17 頁。

延伸，解文以「因」、「應」釋之，乃其進一步之引申，未必符合《經》之原意。值得注意的是，《解》釋「不言」為「應」，解「無為」為「因」，並與形名論結合，如云：「因也者，無益無損也。以其形，為之名，此因之術也。名者，聖人之所以紀萬物也。」而所謂「聖人」，《解》云：「言不得過實，實不得衍名。號物以形，以形侔名。督言正名，故曰聖人。」又較《經》「名當謂之聖人」更進一步。《解》重視「因」這個概念，應該與田駢、慎到一派有關。《呂氏春秋·執一》載田駢說齊王之語云：「變化應來而皆有章，因性任物而莫不宜當，彭祖以壽，三代以昌，五帝以昭，神農以鴻。」《慎子·因循》云：「天道因則大，化則細。因也者，因人之情也。人莫不自為也，化而使之為我，則莫可得而用矣。」[151] 所論與《心術上》解文「因也者，非吾所取，故無頗也」「因也者，捨己而以物為法也」「因者，言因其能而用之也」相通。《解》論「禮」說：「禮者，因人之情，緣義之理，而為之節文者也。」又與《慎子》所謂「因也者，因人之情」合。蒙文通及裘錫圭都曾據《心術上》、《白心》等篇對於「應物」、「因」之重視，推測其為慎到、田駢一派所作 [152]，這一點放到《心術上》解文來說，應該可以成立。《莊子·天下》云：「慎到棄知去己而緣不得已，泠汰於物以

---

151 見《慎子》，台北，臺灣中華書局影印守山閣本，1981 年 10 月，卷一，第 4 頁。

152 蒙文通：《儒家哲學思想之發展》、《楊朱學派考》，《先秦諸子與理學》，第 51 頁、第 116－123 頁；裘錫圭：《馬王堆〈老子〉甲乙本卷前佚書與「道法家」──兼論〈心術上〉〈白心〉為慎到田駢學派作品》，《文史叢稿》，第 72－74 頁。

為道理」「椎拍輐斷，與物宛轉」「推而後行，曳而後往，若飄風之還，若羽之旋，若磨石之隧，全而無非，動靜無過，未嘗有罪。」所言皆慎到、田駢一派因循之義。由此看來，因循說的有無，可作為宋子與慎到、田駢一派學說的分野。《心術上》經文雖有「靜因」之說，《白心》也有「上之隨天，其次隨人。人不倡不和，天不始不隨」「隨變以斷事，知時以為度」的話，但都未像《心術上》解文對「因」作出明確界定，並以之為認識論及修養論的重要原則。

3. 《經》云：「虛而無形謂之道，化育萬物謂之德」，《解》釋之云：「天之道『虛而無形』，虛則不竭，無形則無所抵牾。無所抵牾，故徧流萬物而不變。德者，道之舍。物得以生，生得以知，職道之精。」解文逕以「天之道」為「道」，明顯將「道」置於「天」之下，未必合於《經》義，並與《老子》「道」超乎「天」、「地」之上不同。解文又云：「道在天地之閒也，其大無外，其小無內。」道既已在天地之間，就已非包裹天地、先天地生之「道」[153]。

從以上的分析，可以看出《心術上》經、解二部分非一時、一人之作，二者之學術淵源也略有不同。我們可以籠統地說，這兩部分都是稷下道家的作品，但析言之，仍可分出經、解的學派傾向。經的部分疑為宋子一派所作，解的部分則主要受慎到一派的影響，而與宋鈃學說關係較遠。一般而言，一組有經有解的文獻應是同一學派的作品，經、解的作者可能有直接的師

---

153 參考裘錫圭：《稷下道家精氣說的研究》，《文史叢稿》，第 45—46 頁。鵬按，《老子》非不言「天之道」，但其所論「天之道」多與「人之道」對舉，而以「聖人之道」與之相應。見今本第 9、73、77、81 章。楚竹書《彭祖》的情況也與《老子》類似。

承關係，但亦有例外。如郭店楚墓所出戰國竹書有《五行》一篇，乃子思學派經典 [154]，馬王堆漢墓亦有《五行》的另一抄本（篇章結構、文字略有差異 [155]），但有經有解。帛本《五行》從《經》文的改編到《解》文之撰寫均較重視「仁義」的線索（此與楚簡本強調「聖智」有異），學者或認為《解》乃孟子或其後學所作 [156]，但《五行解》兩引世子之說，亦有學者據此以為《解》乃世碩一派之作品 [157]。嚴格說來，《五行》經、解的思想並不一致，二者並不形成於同一時期 [158]，亦未

---

154 李學勤：《荊門郭店楚簡中的〈子思子〉》、《從簡帛佚籍〈五行〉談到〈大學〉》二文，《重寫學術史》，石家莊，河北教育出版社，2002 年 1 月，第 10 頁、第 114－115 頁；陳來：《竹帛〈五行〉篇為子思、孟子所作論——兼論郭店楚簡〈五行〉篇出土的歷史意義》，《儒家文化研究》第 1 輯（2007 年 6 月），第 46 頁。

155 參考徐少華：《楚簡與帛書〈五行〉篇章結構及其相關問題》，《中國哲學史》2001 年第 3 期；拙著：《簡帛〈五行〉篇文本差異析論》，《中國文學研究》第 15 期（2001 年 6 月）。

156 參考前揭拙著，第 28、40 頁；陳來：《竹帛〈五行〉篇為子思、孟子所作論——兼論郭店楚簡〈五行〉篇出土的歷史意義》，《儒家文化研究》第 1 輯（2007 年 6 月），第 47－48 頁。

157 邢文：《楚簡〈五行〉試論》，《文物》1998 年第 10 期，第 60 頁；李學勤：《荊門郭店楚簡中的〈子思子〉》，《重寫學術史》，第 10 頁。丁四新進一步以《五行》經、解俱為世子一派所作，說見《郭店楚墓竹簡思想研究》，北京，東方出版社，2000 年 10 月，第 165—168 頁。

158 梁濤指出：《五行》的經、說在思想內涵上經歷了「從『為德』、『為善』的並重到偏重『為德』」、「從超越、內在的天人關係到內在、同一的天人關係」、「從『德之行』到『德之氣』」之發展。他認為：「《五行》『經』應為子思學派的作品，而『說』則可能完成於孟子後學之手，二者並不形成於同一時期。」說見《從簡帛〈五行〉「經」到帛書〈五行〉「說」》，簡帛研究網，2008 年 1 月

必為同一派學者所作。又如《韓非子·解老》藉著訓解字詞意義來發揮《老子》思想內涵，但其所論多借《老子》之文表述其法治思想，非為闡明《老子》所作 [159]，亦不能據此將二者劃為一派。

第三節　論《心術下》之性質及其學派歸屬

一、論《心術下》之性質 [160]

《心術上》由經、解兩部分組成，《心術下》則是對《心術上》經文的進一步發揮，可視為其「傳」，故附於經、解之後。馬瑞辰《毛詩故訓傳名義考》云：

> 《說文》：「詁，訓故言也。」至於「傳」則《釋名》訓為「傳示」之「傳」，《正義》以為傳通其義，蓋詁、訓第就經文所言者而詮釋之，傳則並經文所未言而引申之，此詁訓與傳之別也。[161]

---

26 日。關於《五行》經、解之差異及學派歸屬，又參考陳來：《帛書〈五行〉篇說部思想研究 —— 兼論帛書〈五行〉篇與孟子的思想》，《中華文史論叢》第 87 輯，第 1－43 頁。

159 參考陳奇猷：《韓非與老子》，收入《韓非子新校注》，上海古籍出版社，下冊（附錄九），第 1266－1270 頁。

160 該篇釋文見本文上篇第五章第一節。

161 馬瑞辰：《毛詩傳箋通釋》，台北，廣文書局，1980 年 8 月再版，第 2 頁。

「傳」著重微言大義的闡發,與「解」、「說」之依傍經文,隨句或隨章解釋不同。《心術下》全篇論心,許多文句頗能發明《心術上》經文之義理。如:

1. 《經》以心居君位,統領感官,故云:「心之在體,君之位也。九竅之有職,官之分也。心處其道,九竅循理。嗜欲充益,目不見色,耳不聞聲。上離其道,下失其事。」《心術下》則總結為「毋以物亂官,毋以官亂心。」

2. 《經》以君喻心,重視心之地位與功能。此點在《白心》中以隱語暗示,如云:「中又有中。孰能得夫中之衷乎。」「人有治之者,辟之若夫雷鼓之動也。」《心術下》則明確地說:「心之中又有心」、「金〈全〉[162] 心在中不可匿,外見於形容,可知於顏色。……不言之言〈音〉[163],聞於雷鼓。金〈全〉心之形,明於日月,察於父母。」

3. 《經》云:「虛其欲,神將入舍;掃除不絜,神乃留處。」《心術下》亦說:「形(型)不正者德不來,中不精者心不治。正形(型)飾(飭)德[164],萬物畢得。翼然自來,神

---

162 劉績引《內業》「全心在中」,謂此文「金」乃「全」之誤。俞樾又進一步以「全」為「正」之誤。鵬按,《尹文子》云:「金治而無闕者,大小多少,各當其分。」王啟湘《尹文子校詮》已指出「金」乃「全」之誤,但未引《管子》為說。《尹文子》以「金」、「闕」對文,知「金」為「全」字之訛。以此例之,則《心術上》「金心」當為「全心」之誤。

163 張舜徽引《內業》相應文句作「不言之聲」,認為下「言」字乃「音」之誤,此從之。

164 按,二「形」字,解者多以「外形」解之,但此篇論心,且「形」與「中」對文,頗疑「形」字當讀為型範之「型」。「飾」字,李哲明讀為「飭」,此從之。

莫知其極。」與二者相近的表述見於《莊子‧知北遊》:「若
正汝形(型),一汝視,天和將至。攝汝知,一汝度,神將
來舍。德將為汝美,道將為汝居。」

4. 《經》云:「物固有形,形固有名,名當謂之聖人。」《心術
下》:「凡物載名而來,聖人因而裁之,而天下治。」意旨略
同。

5. 《經》云:「過在自用,罪在變化。是故有道之君,其處也
若無知,其應物也若偶之,靜因之道也。」《心術下》謂聖
人之道乃「與時變而不化,應物而不移。」論及對待外物之
態度也說「物至則應,過則捨矣。」上節已指出《心術上》
經文由虛靜推出靜因之道,初步提出「因」、「應」之概念:
解文則十分重視「因」之概念,且與形名論結合。《心術
下》雖言「應物」,但未如《心術上》解文離經闡釋,從此
點來看,《心術下》所說較近經文之原意。

二、論《心術下》之學派歸屬

《心術下》闡釋《心術上》經文,未受慎到一派因任說影
響,但篇中論「精氣」,此則《心術上》經、《白心》及楚竹書
《彭祖》等宋鈃一派著作所無。《心術下》云:「思之思之,思
之不得 [165],鬼神教之。非鬼神之力也,其精氣之極也。一氣
能變曰精,一事能變曰智。」前節已指出,《心術上》經文言
「神」、「神明」,但不言「精」;解文則言「精」、「神」,但未言

---

[165] 今本「不得」上無「思之」二字,丁士涵據《內業》相應文句
補。

「氣」或「精氣」。《心術下》談「精氣」，似又較《心術上》解文更進一步。《心術下》有明確的「精氣」概念，可能受到宋鈃、尹文之外的齊國稷下道家學者之影響。

祝瑞開曾指出，《心術下》的「精氣」說，是對古代「氣」論及子產「物精」說的發展[166]。他認為《心術下》「使『精』和物質的『氣』結合起來，……這就捍衛、發展了古代『氣』和子產『物精』的唯物主義哲學，取得了更加精緻、完整而統一的形態。」[167] 裘錫圭則據金春峰說指出「精氣觀念是中國傳統思想中一種根深蒂固的古老觀念。」並說：「精氣觀念不但不是稷下道家的創造，也不是子產的創造。不過有一點需要指出，在時代較早的子產的話裡，只提到『精』而沒有提到『精氣』。明確地把精看作一種氣的思想，也許是稍晚一些才出現的。所以祝瑞開認為《心術下》派『使精和物質的氣結合起來』的意見，是需要重視的。」[168] 裘氏詳考古書中跟精氣有關的資料，並援引西方文化人類學「馬那」說來解釋精氣，對於稷下道家提出精氣說之原因，也作了一些推測。他說：

> 稷下道家為什麼需要精氣說呢？比較容易看到的原因，是他們要講養生之道。道家的先驅楊朱，是以「全生保

---

166 祝氏說：「子產曾用所謂『物精』來說明人的靈魂及其來源。他說：『人生始化為魄，既生魄，陽曰魂。用物精多則魂魄強，是以有精爽，至於神明。』(《左傳・昭公七年》)」

167 祝瑞開：《先秦社會和諸子思想新探》，福建人民出版社，1981年，第205頁。

168 裘錫圭：《稷下道家精氣說的研究》，《文史叢稿》，第28－31頁。

真，不以物累形」為宗旨的。道家有不少派別，但是重視養生是他們的共同特點。在古人看來，要養生就要保住天所給予的精氣。稷下道家在這方面取積極的態度。他們不但要保住精氣，還要不斷積累精氣；不但想使自己長壽，還想成為遍知天下萬物、不逢天災人害的「聖人」。[169]

按，裘錫圭點出稷下道家精氣說與楊朱一派之關係及其養生之目的，頗具啟發性。關於《管子》精氣說與養生或醫學之關係，李道湘有較詳細討論。他說：

> 《黃帝內經》的思想可能早在春秋時期就有其萌芽，戰國時期得到發展。但從《黃帝內經》的精氣說看，「精氣」已被當成一般理論加以運用，用它去解釋人體及生命現象，這顯然是受哲學的影響，看來二者是互受影響。劉文英教授在《中國古代意識觀念的產生和發展》一書中認為⋯⋯「精作為概念，來自生活，援入醫學，後又經過哲學家的概括，其名其實，都同當時的醫學有密切的關係。」可見《管子》的精氣概念一定與醫學有關，因為《管子》也用精氣概念去解釋生命的構成及各種生理現象。[170]

誠如裘錫圭所說的，先秦道家皆重視養生，但養生的途徑除了

---

169 裘錫圭：《稷下道家精氣說的研究》，《文史叢稿》，第 40 頁。

170 李道湘：《從〈管子〉的精氣論到〈莊子〉氣論的形成》，《管子學刊》1994 年第 1 期，第 20 頁。

積累精氣之外，注重心之修養，亦為一途。養氣、養心可說是道家對於「養生」所提出的兩種方法。所謂養心，即宋鈃一派白心、別囿之說。《白心》說：「欲愛吾身，先知吾情。周視六合，以考內身。以此知像，乃知行情；既知行情，乃知養生。」謂遍觀上下四方而返求於心，並以心觀物，讓萬事萬物各得其情實，此其所謂「養生」（或「養性」）。

《淮南子‧氾論》述楊朱學說的要旨在於「全生保真，不以物累形」。《莊子‧天下》謂宋、尹「不累於俗，不飾於物」，但其目的不在「全生」，而在恢復心的本然狀態（即「白心」），可說是「不以物累心」、「不以俗累心」，與楊朱「不以物累形」意旨殊異。馮友蘭曾指出，從《呂氏春秋‧本生》、《重己》、《貴生》、《情欲》、《審為》等篇所存楊朱一派遺說來看，「楊朱派所重的『生』就是生命。『生』的根本就是『身』，即身體。楊朱派認為一個人的生命是最重要的，生活中的一切都是為的養生，也就是養身。『物也者，所以養性（生）也，非以性（生）養也。』（《呂氏春秋‧本生》）……『身者，所為也；天下者，所以為也。』（《審為》）身是主體，一切都是為的它。」[171] 楊朱以身為主體之說，與宋鈃「心之在體，君之位也」之主張，適成鮮明對比。此外，《天下》謂宋子一派「其為人太多，其自為太少。曰：『情固欲寡，五升之飯足矣。』」更與《孟子‧滕文公下》所述「楊子取為我，拔一毛而利天下不為」之學風迥異。

---

171 馮友蘭：《中國哲學史新編》第一冊，北京，人民出版社，1982 年 1 月第 3 版，第 245 頁。關於楊朱學派之討論，可參考蒙文通：《楊朱學派考》，《先秦諸子與理學》，第 108－130 頁；王博：《論楊朱之學》，《道家文化研究》第 15 輯，第 140－150 頁。

近來蕭漢明重新討論《管子‧心術》等四篇的學派歸屬，認為諸篇皆重視養生，乃黃老之學的端緒，可能為楊朱後學所作 [172]。他說：

> 《莊子‧庚桑楚》記載南榮趎向老子問道，老子云：「衛生之經，能抱一乎？能勿失乎？能無卜筮而知吉凶乎？能止乎？能已乎？能舍諸人而求諸己乎？能翛然乎？能侗然乎？能兒子乎？兒子終日嗥而嗌不嗄，和之至也；終日握而手不掜，共其德也；終日視而目不瞚，偏不在外也。行不知所之，居不知所為，與物委蛇而同其波。是衛生之經已。」老子對南榮趎所說的衛生之經，大致與《老子》第十章、第五十五章之義相吻合。黃釗認為南榮趎即陽子居，亦即楊朱，其說可取。楊朱受老子之教，創貴生之論，一時之間成為顯學，影響很大。……老子傳授給楊朱上述衛生之經，應當是楊朱開創貴生論的重要出發點，因此無論是對楊朱，還是楊朱後學，這些說法都應當在他們的著作中有一定程度的反映。……《管子‧內業》云：「摶氣如神，萬物備存。能摶乎？能一乎？能無卜筮而知吉凶乎？能止乎？能已乎？能勿求

---

172 蕭漢明：《〈管子〉的衛生之經與楊朱學派的養生論》，《諸子學刊》第 1 輯（2007 年 12 月），第 167－182 頁。按，郭沫若在《稷下黃老學派的批判》已提出「宋鈃大約是楊朱的直系」之觀點，蒙文通在《楊朱學派考》也曾說過：「《白心》、《心術》者，慎到之書，而足以發楊朱之蘊也。」郭氏說見《十批判書》，《郭沫若全集‧歷史編》第二卷，北京，人民出版社，1982 年 9 月，第 163 頁；蒙氏說見《先秦諸子與理學》，第 120 頁。

諸人而得之己乎？思之思之，又重思之！思之而不通，
鬼神將通之，非鬼神之力也，精氣之極也。四體既正，
血氣既靜，一意摶心，耳目不淫，雖遠若近」《內業》
之言明顯承繼了老子之教，與《莊子》所記老子教楊朱
之言相合，並鄭重要對老子之教「思之思之，又重思
之」，其間的學術淵源與師傳關係十分清晰。《心術》上
下篇以及《白心》與《內業》的主旨是一致的，都是以
衛生之經為主體內容的著作。……就學術屬性而言，這
幾篇著作應屬於老學系統中專論衛生之經的著作，是對
老子養生思想的繼承與拓展。而在老子後學中，著重繼
承其衛生之經的只是楊朱及其後學，且在孟子時代其言
盈滿天下，因此就作者而言，這幾篇著作只能是楊朱後
學所作。由於楊朱及其學派的活動時限緊接老子之後，
直至孟子、莊子之時尚被視為顯學，故這幾篇著作的成
書時間當在黃老之學興起之前的戰國中期，是黃老之學
的前奏，並非黃老之學本身。[173]

按，蕭氏將《管子・心術》等四篇視為「黃老之學的前奏」，
其說不為無見，但他將《心術上》、《心術下》、《白心》及《內
業》等四篇視為同一學派的作品，並認為「都是以衛生之經為
主體內容」，似乎較為籠統。從本章各節的析論中，可以得知
《心術上》、《白心》所討論的重點在於心之作用及修養，與
「養身」的關係並不大。以蕭氏所舉《白心》「欲愛吾身，先知

---

173 蕭漢明：《〈管子〉的衛生之經與楊朱學派的養生論》，《諸子學
刊》第 1 輯（2007 年 12 月），第 167－168 頁。

吾情。周視六合，以考內身。以此知象，乃知行情；既知行情，乃知養生」[174] 一段而言，表面上是講「養生」，實際的重點卻是「養心」，這一點上文已明言。此外，蕭漢明認為《心術下》、《內業》所引古語（按，《心術上》有「故曰」二字）「思之思之」等句隱含了對老子之教的尊重態度，亦與本文之理解不同。個人認為，二篇中所謂「思之思之」乃扣上文「能勿求諸人而得之己乎」而言，此數句並無推崇老子之意。

劉節、羅根澤、李存山等人也注意到《莊子・庚桑楚》所引老子「衛生之經」與《心術下》、《內業》相應文句的關係。劉節認為，《庚桑楚》中所引老子的那段話，「是從《心術下》篇、《內業》篇中那幾句話演繹出來的，而今本《老子》卻把它分作兩處[175]。……可以看出衛生之經是原於《內業》、《心術》兩篇所共引的韻語。而今本《老子》又出於衛生之經。」[176] 羅根澤認為，《莊子》此文明引《老子》，且「詞意連貫，絕無割襲他書之跡」；《內業》則「語意不若《莊子》之銜接，

---

174 蕭氏在文中解釋此段說：「愛身，即珍愛自己的生命；六合，指人的生命依存的空間環境，即天地四方。行情，指人體的生成過程與氣血運行的情形。……人要珍愛自己的生命，必須首先瞭解人類的生存環境與自身形體的形成過程與氣血運行情況，然後才能談論如何養生。」理解與本文不同。

175 劉氏原文指出，《老子》：「載營魄抱一，能無離乎？專氣致柔，能嬰兒乎？滌除玄覽，能無疵乎？」又把「兒子終日嗥而嗌不嗄，和之至也；終日握而手不捉，共其德也」改作「含德之厚，比於赤子。蜂蠆虺蛇不螫，猛獸不據，攫鳥不搏。骨弱筋柔而握固。未知牝牡之合而全作，精之至也。終日號而不嗄，和之至也。」（按，末三句劉氏原文漏引，此據《老子》本文補）。

176 劉節：《管子中所見之宋鈃一派學說》，《劉節文集》，第198頁。

故疑此鈔《莊子》，非《莊子》鈔此。」[177] 李存山則推論：「(《庚桑楚》)這段話為現本《老子》所無，可能是《庚桑楚》的作者據《老子》十章『載營魄抱一，能無離乎』而發揮。這段話的前半截，『凶』字與『經』字協韻，後半截『己』字與『已』字協韻。《內業》篇的作者在刪改這段話時，未能注意音韻，他把『能摶乎？能一乎？能無卜筮而知吉凶乎？』放在『摶氣如神，萬物備存』的後面，『凶』字便失去了韻腳，因而露出了破綻。這個破綻被《心術下》的作者注意到了，他在注解《內業》的這段話時[178]，把『吉凶』二字的位置顛倒，成為『凶吉』，變失韻為協韻，很是高明。」並推論《心術下》、《內業》等篇的作者，很可能揣摩過《莊子》外、雜篇中較早的作品[179]。鵬按，對於《老子》、《莊子‧庚桑楚》及《管子‧心術下》、《內業》中相關段落的文獻序列或關係，若僅據相近文句的比對，不同的理解可以得出不同的結果，隨意性頗大，應該進一步考察各篇上下文脈絡及學術發展的軌跡，才能得到較可靠的結論。以下分四點說明這個問題：

1. 《老子》的成書時代在《莊子》之前，並不晚於戰國中期，

177 羅根澤：《〈管子〉探源》，《羅根澤說諸子》，上海古籍出版社，2001 年 12 月，第 347－348 頁。

178 李存山在文中謂「《心術下》為《內業》作注，郭沫若文已有說明。」鵬按，郭沫若在《宋鈃尹文遺著考》、《管子集校‧心術下》認為 「《心術下》篇是《內業》篇的副本。」「(《心術下》) 即《內業》篇別本之散簡，前後遺失，僅餘其中段而簡次凌亂。」並無李氏所舉之說。頗疑李氏誤以郭沫若《集校》所引何如璋「《心術上》乃《內業解》」為郭氏本人之說，遂有此誤。

179 李存山：《〈內業〉等四篇的寫作時間和作者》，《管子學刊》1987 年創刊號，第 35—36 頁。

這一點可從郭店楚墓出土《老子》三組摘抄本得到確證 [180]。莊子在寓言中往往改造先哲之語，將之融入對話，如《莊子・人間世》顏回向仲尼請教事衛君之道，孔子說：「夫道不欲雜，雜則多，多則擾，擾則憂，憂而不救。古之至人，先存諸己而後存諸人。」前半隱含《論語・里仁》：「吾道一以貫之」之意；後半則與《雍也》：「己欲立而立人，己欲達而達人」相似。又如《論語・微子》曾記載：「楚狂接輿歌而過孔子曰：鳳兮！鳳兮！何德之衰？往者不可諫，來者猶可追」在《人間世》描述了相同的情節，接輿的話卻變成「來世不可待，往世不可追也」，既否定往世，也不寄望來世，此一意境的改變可能反映出戰國中期政治、社會環境之黑暗 [181]。《庚桑楚》所引老子之語，性質與此類似，只能視為作者對於老子思想的發揮，不能據此證明《庚桑楚》所述為今本《老子》相關章節所本。

2. 從文理脈絡看，《莊子・庚桑楚》中老子與南榮趎關於「衛生之經」的對話有不同的層次，其中與《心術下》、《內業》相合的一段，並非作者心目中的最高境界。由此可推論，

---

180 李學勤在《孔孟之間與老莊之間》一文便說：「郭店簡本《老子》的存在，至少把《老子》成書在《莊子》之後的一派說法排除了。」關於郭店楚墓的年代，李學勤在前揭文中透過出土遺物及楚墓分期的分析，定為戰國中期後段，不晚於公元前 300 年。徐少華則認為墓葬的時代應屬於戰國晚期早段，具體年代應在公元前 300 年稍後不久。李文見《新出土文獻與先秦思想重構》，台北，臺灣古籍出版社，2007 年 8 月；徐氏說見《郭店一號楚墓年代析論》，《江漢考古》2005 年第 1 期。

181 參考拙著：《從神話素材的再創造論〈莊子〉的文學表現》，《中國文學研究》第 14 期（2000 年 5 月），第 253 頁。

《庚桑楚》的這段話很有可能即出自《心術下》或《內業》，《庚桑楚》的作者只是借用稷下道家之說作為引子，導出自家「身若槁木之枝，而心若死灰」之觀點 [182]。

3. 《心術下》的那段話在「思之思之，思之不得，鬼神教之」上有「故曰」二字，依古書通例，此三句當為前哲之言或諺語，餘則為作者自己的話。《庚桑楚》中無「故曰」云云等三句，《內業》相應的段落有類似文句，但其前無「故曰」二字，且作「思之思之，又重思之，思之而不通，鬼神將通之。」同樣要求思慮周到，《心術下》僅要求人再思，《內業》則更進一步要求三思。由此來看，《內業》的這段話很可能本於《心術下》，並予以改造，除了刪落原本作為標示引用之語的「故曰」二字外，《內業》並將《心術下》原本在「能專乎？能一乎？」之前的「專於意，一於心，耳目端，知遠之近」的相關文句移易於後，並在前、後增補了「四體既正，血氣既靜」、「食莫若無飽，思莫若勿致」等文句，將原本單純的心術轉化成養生之道。

4. 李存山基於韻腳的觀察，定出「《庚桑楚》→《內業》→《心術下》」的文獻序列，但其韻例分析未注意到上述篇章中存在字句誤衍的情形，所以其推論也尚待商榷。《莊子‧庚桑楚》云「衛生之經，能抱一乎？能勿失乎？能無卜筮而知吉凶乎？能止乎？能已乎？能舍諸人而求諸己乎？」李氏以此文中經、凶二字為韻，己、已二字為韻，但王念孫指出：

---

182 按，此即《庚桑楚》中「衛生之經」的最高境界。「身若槁木之枝，而心若死灰」二語，王先謙《莊子集解》已指出又見《莊》書中的《齊物論》、《徐无鬼》及《知北遊》等篇，可見其為莊子學派的重要觀點。

「『吉凶』當作『凶吉』。一、失、吉為韻，止、已、己為韻。《管子‧心術》篇：『能專乎？能一乎？能無卜筮而知凶吉乎？』是其證。（《內業》篇亦誤為『吉凶』，唯《心術》篇不誤）」[183] 後代傳抄者可能未留意文中有韻，故以習見之「吉凶」取代原本的「凶吉」。《白心》有「不卜不筮，而謹知吉凶」二句，與「能無卜筮而知吉凶乎」一句意旨相同，但在《白心》中「凶」字與「從」字為韻（二字韻母皆屬東部）。《內業》的改編者也可能受到《白心》的影響，而將《心術下》的「凶吉」改為「吉凶」。

　　《心術下》除有精氣說外，亦強調治心的重要性。若依蕭漢明之思路，由於《心術下》引有老子所述楊朱學說，故可推論此篇為楊朱後學受宋子一派影響之著作。但問題在於，蕭氏引黃釗之說，遽以「南榮趎」即「楊朱」，又依《莊子》寓言視楊朱為老子弟子，其說不無可疑 [184]。且《心術下》論精氣，僅見於「非鬼神之力也，其精氣之極也。一氣能變曰精」數語，並未將存養精氣作為修養之主要手段，亦非蕭氏所謂專論「衛生之經」之作品。頗疑《心術下》為齊稷下道家取精氣說闡釋《心術上》之作品，但其是否為宋鈃後學所作，實難判定。楚竹書《彭祖》雖借長壽之彭祖申說義理，但全篇並無養

183　王念孫：《讀書雜志餘編》卷上，《讀書雜志》，第 1018 頁。

184　黃釗認為《莊子‧庚桑楚》「南榮趎」即「陽子居」的化名，他引陸德明「陽子居姓陽名戎字子居」之說，認為「南榮趎」之「榮」與「戎」同音，「趎」則為「朱」之假借。鵬按，上古音「榮」為匣母耕部，「戎」為日母冬部，聲音並不相近，未必能通假。黃氏說見《道家思想史綱》，長沙，湖南師範大學出版社，1991 年 4 月，第 83－84 頁。

生、精氣之說。《莊子‧刻意》云：「吹呴呼吸，吐故納新，熊經鳥申，為壽而已矣；此道引之士，養形之人，彭祖壽考者之所好也。」《荀子‧大略》也說：「以治氣養生，則後彭祖；以修身自強，則配堯、禹。」可見在道家養氣一派的眼中，彭祖為治氣養生的大師，楚竹書《彭祖》依託彭祖，卻絕口不提養氣，似乎也間接說明宋子一派修養論的關注焦點不在頤氣養身，而專注在養心，即竹書《彭祖》所謂「遠慮用素，心白身懌」。

第五章

《管子・內業》與《心術下》比較及相關問題綜論

第一節　《心術下》與《內業》對照表

一、前賢對於二篇關係之看法

　　前人已注意到《內業》與《心術下》二篇相出入，關係密切。何如璋認為《心術下》乃《內業解》，因錯卷而附在《心術》之後[1]。郭沫若詳細比對二篇之異同，認為「《心術下》是《內業》篇的副本。」他說：

> 　　《心術下》篇只是《內業》篇的中段，而次序是紊亂了的。依著《內業》所得的新次序，比原有的次序讀起來更成條貫。因此，可知《心術下》篇只是《內業》的另一種不全的底本，因為脫簡的原故，不僅失掉了首尾，而且把次第都錯亂了。……二篇兩兩對照，雖互有詳略，而大抵相同，亦有可以比附之語而錯雜於中，無法

---

1 何氏說見郭沫若：《管子集校》，《郭沫若全集・歷史編》第六卷，第 430 頁。

> 割裂者。……這是因為兩家弟子記錄一先生之言，有詳
> 有略，而亦有記憶不確、自行損益的地方。這和墨家三
> 派所記錄的《尚賢》、《尚同》諸篇一樣，雖然每篇分
> 為上中下，而實則大同小異。[2]

按，郭氏將《心術下》與《內業》的關係同《墨子》書中《尚
賢》等篇分上中下的情形比附，並不恰當。一者，《墨子·尚
賢》、《尚同》等篇以「子墨子言」開端，直記其語，《心術
下》、《內業》兩篇非語錄體，所記非口頭語言；二者，《墨
子》書中凡別為三篇者必在同卷，《內業》在《管子》書中入
「區言」，不與《心術下》同卷。且郭氏所謂「大同小異」只
是著眼於二篇相似文字的比較，其實《心術下》與《內業》的
性質及所論重點並不相同（詳下文）。

陳鼓應曾提出二篇相關性的三種可能設想：

> 其一，《心術下》可能是《內業》的摘錄，並加上摘錄
> 者個人的論點。因為《心術下》有多處與《內業》文字
> 相同，冠以「故曰」字樣，而「故曰」中所引，即見於
> 《內業》。
> 其二，《內業》可能是根據《心術下》擴充而成，然而
> 這種假設較難成立，因《心術下》文意極不完整，疑是
> 殘卷，而《內業》則立論完整。
> 其三，兩文可能皆是稷下學士聆聽稷下先生講課所作的

---

2 郭沫若：《宋鈃尹文遺著考》，《郭沫若全集·歷史編》第一卷，第
553—557頁。

筆記，也即是說，此兩文可能另有祖本。[3]

最後他同意郭沫若之說，以《心術下》為《內業》之副本。鵬按，陳氏所設想的第一種可能性初步可以排除，因為《心術下》並無「多處」以「故曰」云云援引《內業》之現象。今本《心術下》「故曰」僅出現兩次，一是在篇首「是故曰：毋以物亂官，毋以官亂心。」陶鴻慶認為「曰字不當有，涉（《心術》）上篇之解而誤衍也。」[4] 但前文已指出，此二句是對《心術上》「心之在體，君之位也。九竅之有職，官之分也。心處其道，九竅循理。嗜欲充益，目不見色，耳不聞聲。上離其道，下失其事」之總結，「故曰」云云當是引《心術》經為說（《心術下》為其傳，說見前節）。二是前文已經討論過的「故曰：思之思之，思之不得，鬼神教之。」若《心術下》要援引《內業》，並為之作解，則篇中「故曰」不應僅有極少數的孤例。《心術下》「故曰」云云都是該篇作者援引前人之說，《內業》的相應文句無「故曰」二字，很可能是為了文義的順暢而將之刪去。陳氏將「《內業》是根據《心術下》擴充而成」的可能性排除，其理由是《心術下》「文意極不完整」而《內業》「立論完整」，但這只是基於二篇對照後的概略印象。前文已指出，《心術上》、《白心》全篇語句多似格言，文義若斷若續（馬王堆《老子》乙本卷前佚書亦有類似情形），可見這種以韻語編綴文句，以致「文意不完整」的情形，可能是稷下道家著作的體製特色，並不能據此推出《心術

3　陳鼓應：《管子四篇詮釋──稷下道家代表作》，第 161 頁。

4　陶鴻慶：《讀諸子札記》，《陶鴻慶學術論著》，第 190 頁。

下》為《內業》之殘卷之結論。

　　郭沫若在《宋鈃尹文遺著考》曾以《內業》為底本，將《心術下》相應段落比附於旁，作有一對照表，為遷就《內業》之章序，不得不割裂《心術下》。這種比較的方法原無可議，但如果未加入文本脈絡及思想內涵的辨析，則很容易得出「底本為完整，副本為殘缺」的印象，其結論也就未必可信。本文改弦更張，以《心術下》為底本，將《內業》的相應文句附於其旁，並依內容略為分章，再進一步論證二者之關係。

二、《心術下》與《內業》對照表

　　對照表中各欄所標數字為各章序號。同一章內依對照關係所區分之段落，另以英文字母標識，以方便下節討論。凡需校讀之字句皆於腳註說明，所引前人之說多見於郭沫若《管子集校》及黎翔鳳《管子校注》，少數見於其他著作者，則另作說明。筆者個人之意見則在註中以按語呈現。

《心術下》	《內業》
	(1) 凡物之精，此〈則（得）〉則〈此〉為生 [5]，下生五穀，上為列星。流於天地之間，謂之鬼神；藏於胸中，謂之聖人。是故民（萌）氣 [6]，杲乎

5　按，疑今本「此則為生」，此、則二字互倒。「則」（精母職部）讀為「得」（端母職部）。

6　按，「民」疑讀為「萌」。《說文》：「萌，艸芽也。」引申為初生、始生。「萌氣」即始生之氣，即精氣之異稱。

《心術下》	《內業》
	如登於天，杳乎如入於淵，淖（綽）[7] 乎如在於海，卒（萃）[8] 乎如在於己。是故此氣也，不可止以力，而可安以德；不可呼以聲，而可迎以音（意）[9]。敬守勿失，是謂成德。德成而智出，萬物果〈畢〉[10] 得。
	(2)凡心之刑（型）[11]，自充自盈，自生自成。其所以失之，必以憂樂喜怒欲利。能去憂樂喜怒欲利，心乃反濟。彼心之情，利安以寧，勿煩勿亂，和乃自成。折（晢）折（晢）[12] 乎如在於側，忽忽乎如將不得，渺渺乎如窮無極。此稽不遠，日用其德。夫道者，所以充形（型）也，而人不能固。

7　「淖」讀為「綽」，訓為「寬」，乃丁士涵之說。

8　陳鼓應讀「卒」為「萃集」之「萃」。按，其說是。「萃乎如在於己」呼應前文「藏於胸中」、下文「卒（萃）乎乃在於心」，皆指精氣藏於心中。陳氏說見《管子四篇詮釋——稷下道家代表作》，第88頁。

9　「音」讀為「意」，從王念孫說。

10　王念孫指出，「果」當為「畢」之誤。

11　按，二篇言內在之心、德，頗疑「凡心之形」及下文「所以充形」、「修心而正形」、「形不正，德不來」之「形」皆當讀為「型」。

12　「折折」讀為「晢晢」，訓為明，乃丁士涵之說。

《心術下》	《內業》
	其往不復，其來不舍。謀（晦）[13] 乎莫聞其音，卒（萃）乎乃在於心，冥冥乎不見其形，淫淫乎與我俱生。不見其形，不聞其聲，而序其成，謂之道。
	(3) 凡道無所，善心安（焉）愛〈處〉[14]。心靜氣理，道乃可止。彼道不遠，民得以產。彼道不離，民因以知。是故卒（萃）[15] 乎其如可與索，眇眇乎其如窮無所。彼道之情，惡音與聲，修心靜音（意）[16]，道乃可得。道也者，口之所不能言也，目之所不能視也，耳之所不能聽也，所以修心而正形（型）也。人之所失以死，所得以生也。事之所失以敗，所得以成也。

---

13 俞樾已指出「謀」即《禮記・玉藻》「瞿瞿梅梅」之梅，訓為微昧貌、晦貌。「梅」之或體從「某」聲，故與「謀」可通。鵬按，「謀」可逕讀為「晦」，包山楚簡遣冊所記陪葬品有「某」，即讀為「梅」。

14 「安」讀為「焉」，訓為乃，從章炳麟說；「愛」為「處」之訛，從王念孫說。

15 按，前文云「綽乎如在於海，卒（萃）乎如在於己」，此則云「卒乎其如可與索，眇眇乎其如窮無所」，意旨相同，二「卒」字皆當讀為「萃」。

16 「音」讀為「意」，從王念孫、豬飼彥博說。

《心術下》	《內業》
(1a) 形（型）不正者德不來，中不精者心不治。正形（型）飾（飭）德 [17]，萬物畢得。翼然自來，神莫知其極。昭知天下，通於四極。故曰：「母以物亂官，母以官亂心。」此之謂內德。	**(5d)** 形（型）不正，德不來；中不靜，心不治。正形（型）攝德，天仁地義，則淫然而自至。神明之極，照（昭）知萬物，中守不忒 [18]。不以物亂官，不以官亂心，是謂中得。
(1b) 是故意氣定然後反正。氣者，身之充也；行〈義〉者，正〈身〉之義〈行〉也 [19]。充不美，則心不得；行不正，則民不服。是故聖人若天然，無私覆也；若地然，無私載也。私者，亂天下者也。凡物載名而來，聖人因而財（裁）之 [20]，名實不傷 [21]，不亂於天下，而天下治。	
(2a) 專於意，一於心，耳目端，知遠之證〈近〉[22]。	**(6c)** 四體既正，血氣既靜，一意摶〈摶〉[23] 心，耳目不淫，

---

17 「飾」讀為「飭」，與「正」對文，從李哲明說。

18 今本作「神明之極，照乎知萬物，中義守不忒」，此依洪頤煊、王念孫說校正。

19 按，今本作「行者，正之義也」，疑「正」字涉上下文而誤，本當作「身」，且「行」、「義」二字互倒。「身之充」、「身之行」對文，且「正」、「充」、「行」為韻。

20 按，今本其下有「而天下治」句，上下文義扞格，疑涉下文而衍。「財」讀為「裁」，從劉績之說。

21 今本作「實不傷」，此依郭沫若補「名」字。

22 此依許維遹說（引《內業》相應文句「雖遠若近」為證）校改。

《心術下》	《內業》
	雖遠若近。思索生知，慢易生憂，暴傲生怨，憂鬱生疾，疾困乃死。思之而不捨，內困外薄（迫）[24]。不蚤為圖，生將巽（遜）[25] 舍。食莫若無飽，思莫若勿致，節適之齊，彼將自至。
(2b)能專乎？能一乎？能毋卜筮而知凶吉乎？能止乎？能已乎？能毋問於人而自得之於己乎？故曰：思之思之[26]，思之不得，鬼神教之。非鬼神之力也，其精氣之極也。	(6b)摶〈摶〉[27] 氣如神，萬物備存。能摶〈摶〉乎？能一乎？能無卜筮而知吉凶乎？能止乎？能已乎？能勿求諸人而得之己乎？思之思之，又重思之。思之而不通，鬼神將通之。非鬼神之力也，精氣之極也。
(2c)一氣能變曰精，一事能變曰智。慕〈纂〉[28] 選	(5b)一物能化謂之神，一事能變謂之智。化不易氣，變不易

23 本篇「一意摶心」、「摶氣如神」、「能摶乎」之「摶」字，王念孫已指出皆為「摶」字之誤，安井衡也據尹注「摶謂結聚」，謂其本作「摶」。鵬按，二家說是。「一意摶〈摶〉心」之「摶心」承上文（《內業》6b）「摶氣」而言，似不必據《心術下》相應文句讀為「專」。

24 「薄」當從陳鼓應說讀為「迫」。說見《管子四篇詮釋——稷下道家代表作》，第 115 頁。

25 「巽」讀為「遜」，訓為讓，乃丁士涵、黎翔鳳之說。

26 今本作「故曰：思之思之，不得，鬼神教之。」丁士涵云：「當以『思之思之』句，『不得』上又脫『思之』二字。」茲從之。

27 王念孫指出：此二「摶」字亦「摶」字之誤。

28 俞樾以今本「慕選」為「纂選」之誤，並訓纂、選二字為齊，此從之。

《心術下》	《內業》
者，所以等事也；極變者，所以應物也。慕〈纂〉選而不亂，極變而不煩，執一之君子。執一而不失，能君萬物，日月之與同光，天地之與同理。聖人裁物，不為物使。	智，惟執一之君子能為此乎！執一不失，能君萬物。君子使物，不為物使。
(3a)心安，是國安也；心治，是國治也。治也者，心也；安也者，心也。	(5f)何謂解之？在於心安（焉）²⁹。我心治，官乃治；我心安，官乃安。治之者，心也；安之者，心也。
(3b)治心在於中，治言出於口，治事加於民，故功作而民從，則百姓治矣。所以操者，非刑也；所以危者，非怒也。民人操，百姓治，道（導）³⁰ 其本至也。至不（丕）至無，非所〈人〉人〈所〉而（能）亂³¹。	(5c)得一之理，治心在於中，治言出於口，治事加於人，然則天下治矣。一言得而天下服，一言定而天下聽，公之謂也。
(3c)凡在有司執〈執（設）〉³² 制者之利，非道也。聖人之道，若存若亡；	(4)凡道，無根無莖，無葉無榮，萬物以生，萬物以成，命之曰道。天主正，地主平，人

29 此從陳鼓應說讀為「焉」，訓為句末語氣詞。說見《管子四篇詮釋——稷下道家代表作》，第106頁。

30 按，或斷讀為「道，其本至也」，並別為另章之首，疑非。此承本章上文「心安」、「心治」言，所謂「民人操」，所操者，心也，而心為身之本，故云「道（導）其本至也」。下文「至丕至無」仍扣心而言。

31 此二句依郭沫若說校改。

32 按，「執」疑為「執」之誤，讀為「設」。

《心術下》	《內業》
援而用之，歿世不亡。與時變而不化，應物而不移，日用之而不化（過）[33]。	主安靜。春秋冬夏，天之時也。山陵川谷，地之枝〈材〉[34]也。喜怒取予，人之謀也。是故聖人與時變而不化，從物而不移，能正能靜，然後能定。定心在中，耳目聰明。四枝堅固，可以為精舍。精也者，氣之精者也。氣道（導）[35]乃生，生乃思，思乃知，知乃止矣。
(4a)人能正靜者，筋肕而骨強；能戴大圓者，體（履）[36]乎大方；鏡大清者，視乎大明。正靜不失，日新其德，昭知天下，通於四極。	(5i)人能正靜，皮膚裕寬，耳目聰明，筋信而骨強，乃能戴大圜，而履大方。鑒於大清，視於大明。敬慎無忒，日新其德。遍知天下，窮於四極。敬發其充，是謂內得。然而不反，此生之忒。
(4b)金〈全〉[37]心在中不可匿，外見於形容，可知於顏色。善氣迎人，親如弟兄。惡氣迎人，害於戈兵。不言	(6a)凡道必周必密，必寬必舒，必堅必固。守善勿舍，逐淫澤薄。既知其極，反於道德。全心在中，不可蔽匿。和

---

33 按，「化」（曉母歌部）疑讀為「過」（見母歌部），化、移、過為韻。

34 王念孫謂：「『枝』當為『材』，字之誤也。」

35 按，「道」疑讀為「導」。戴望引《左傳》襄公三十一年注，訓「道」為「通」，說亦可通。

36 按，「體」字當從《內業》相應文句讀為「履」。

37 劉績以此段「金心」之「金」為「全」字之誤。按，其說是。《尹文子》：「金〈全〉治而無闕者，大小多少，各當其分。」亦「金」、「闕」對文，「金」即「全」字之誤。

《心術下》	《內業》
之言〈音〉[38]，聞於雷鼓。金〈全〉心之形，明於日月，察於父母。昔者明王之愛天下，故天下可附；暴王之惡天下，故天下可離。故貨之不足以為愛，刑之不足以為惡。貨者，愛之末也；刑者，惡之末也。	〈知〉[39]於形容，見於膚色。善氣迎人，親於弟兄。惡氣迎人，害於戎兵。不言之聲，疾於雷鼓。心氣之形，明於日月，察於父母。賞不足以勸善，刑不足以懲過。氣意（壹）[40]得而天下服，心意（壹）定而天下聽。
	(7) 凡人之生也，天出其精，地出其形，合此以為人。和乃生，不和不生。察和之道，其精不見，其徵不醜（儔）[41]，平正擅匈[42]，論治在心，此以長壽。忿怒之失度，乃為之圖。節其五欲，去其二凶。不喜不怒，平正擅匈。
(5a) 凡民之生也，必以正平，所以失之者，必以喜樂哀怒。節怒莫若樂，節樂莫若禮，守禮莫若敬。外敬而內靜者，必反其性。	**(8)** 凡人之生也，必以平正，所以失之，必以喜怒憂患，是故止怒莫若詩，去憂莫若樂，節樂莫若禮，守禮莫若敬，守敬莫若靜，內靜外敬，能反其性，性將大定。

---

38 張舜徽認為此「言」字為「音」之誤，「不言之音」即《內業》「不言之聲」。說見《管子四篇疏證》，《周秦道論發微》，第 264 頁。

39 劉績以為「和」乃「知」之誤，《心術下》相應文句正以「見」、「知」對文。

40 張佩綸云：「兩『意』字當作『壹』。」

41 尹知章《注》：「醜，類也。」按，若依尹《注》訓解，「醜」當讀為「疇」或「儔」。

42 丁士涵認為此句重見下文，疑衍。

《心術下》	《內業》
(5b) 豈無利事哉？我無利心；豈無安處哉？我無安心。心之中又有心。意以先言。意然後刑（型）[43]，刑（型）然後思，思然後知。	(5g)心以藏心，心之中又有心焉。彼心之心，音（意）[44]以先言。音（意）然後形，形然後言，言然後使，使然後治。不治必亂，亂乃死。
(5b) 凡心之形（型），過知失生（性）[45]。	(5a)凡心之形（型），過知失生（性）。
(5d)是故內聚以為原（淵）[46]。泉〈原〉[47]之不竭，表裏遂通〈徹〉[48]；泉之不涸，四支堅固。能令用之，被服四固（國）[49]。	(5h)精存自生，其外安（焉）[50]榮。內藏以為泉原，浩然和平，以為氣淵。淵之不涸，四體乃固；泉之不竭，九竅遂通〈徹〉。乃能窮天地，被四海。

---

43 按，《心術下》此句「刑」字（一本作「形」）亦讀為「型於內」之「型」。《內業》的作者可能已將此「型」字理解為「形於外」之「形」，故其下文云：「形然後言，言然後使，使然後治。」與《心術上》此文偏向在內之思與知，恰恰相反。

44 二「音」字讀為「意」乃王念孫說，此從之。

45 「生」讀為「性」乃陳鼓應之意見。說見《管子四篇詮釋——稷下道家代表作》，第97頁。

46 按，今本「內聚以為原」，劉績、王念孫皆以為當從《內業》作「內聚以為泉原」，但《內業》有「以為氣淵」一句，頗疑《心術下》「內聚以為原」其下本有重文符，前一「原」字（疑母元部）讀為「淵」（影母真部）；後一「原」則如字讀，並屬下句。「淵」之本義為深水（《說文》訓為回水），《荀子·勸學》：「積水生淵，蛟龍生焉。」引申為人或事物聚集之處。

47 按，此字疑涉下文「泉之不涸」而誤，本當作「原」，參看上注。

48 俞正燮云：「此及《內業》篇皆韻語，漢人改『徹』為『通』。」鵬按，其說是。改「徹」為「通」乃避漢武帝諱。「徹」與「竭」為韻。

49 按，「固」（見母魚部）疑讀為「國」（見母職部）。「四國」即「四

278 •

《心術下》	《內業》
	中無惑意，外無邪菑。心全於中，形全於外，不逢天菑，不遇人害，謂之聖人。
(5e)是故聖人一言解之 [51]，上察於天，下察於地 [52]。	(5e)有神在身 [53]，一往一來，莫之能思，失之必亂，得之必治。敬除其舍，精將自來。精想思之，寧念治之。嚴容畏敬，精將至（自）[54] 定，得之而勿捨，耳目不淫，心無他圖。正心在中，萬物得度。道滿天下，普在民所，民不能知也。一言之解，上察（際）[55]

域」，先秦文獻習見，不煩贅舉。

50 王念孫云：「安猶乃也。」按，其說是。安讀為焉，訓為乃。

51 王念孫以此句當依《內業》作「一言之解」，並認為「解」、「地」二字為韻。汪啟明指出：「『解』在錫部，『地』在歌部。非韻。」說見《〈管子〉諸家韻讀獻疑》，《管子學刊》，1994 年第 2 期，第 21 頁。鵬按，今本《心術下》「一言解之」不誤，「之」（之部）與「地」（歌部）為韻。戰國時代之、歌二部可通假，合韻之例則見於《管子‧形勢》及《孫臏兵法‧將失》，當為齊方言之特色。

52 按，頗疑三句當理解為「是故上察於天，下察於地，聖人一言解之」，所謂「解之」之解即「心」，此即《白心》「周視六合，以考內身」之意，皆謂遍觀天地上下四方而返求於心。

53 按，今本作「有神自在身」，「自」字疑涉下文「精將自來」、「精將自定」而衍。

54 王念孫云：「『至』當為『自』，上文『精將自來』即其證。」

55 此「察」字當破讀以與「極」對。許維遹云：「『察』與『際』聲同而義通，『上察於天』猶《莊子‧刻意》篇『上際於天』，《淮南子‧原道》篇高〈注〉：『際，至也。』」鵬按，許氏說是。《廣雅‧釋詁》：「察，至也。」王念孫已引《淮南》高誘注為說。王叔岷

《心術下》	《內業》
	於天，下極於地，蟠滿九州。
	(9) 凡食之道，大充，形傷而精不藏 [56]；大攝，骨枯而血沍。充攝之間，此謂和成，精之所舍，而知之所生。飢飽之失度，乃為之圖。飽則疾動，飢則廣思 [57]，老則長慮。飽不疾動，氣不通於四末；飢不廣思，飽而不廢 [58]；老不長慮，困〈困〉乃遫竭 [59]。大

《莊子校詮》引《左傳》昭公四年杜《注》訓「際」為「接」，義較切近。「上際於天，下極於地」即瀰漫天地之間。「上察（際）於天，下極於地，蟠滿九州」疑本《莊子・刻意》「精神四達並流，無所不極，上際於天，下蟠於地，化育萬物，不可為象，其名為同帝」為說，二篇之關係值得注意。

56 今本此句作「傷而形不臧」。鵬按，「形」字當從丁士涵說移至「傷」前，「形傷」與下句「骨枯」對文。「臧」，一本作「藏」，當從之，並疑其上脫「精」字。此云「大充，形傷而精不藏」，下文則說「充攝之間，此謂和成，精之所舍，而知之所生」，「精不藏」與「精之所舍」，文意正相對。

57 戴望云：「此『廣』字讀如《樂記》『廣則容姦』之廣，鄭《注》曰：『廣謂聲緩也。』飢則緩思者，亦恐傷其精氣也。」

58 戴望云：「『飽』疑『食』字之誤。《爾雅・釋詁》曰：『廢，止也。』言飢不緩思，雖食不能止飢。」鵬按，戴氏訓「廢」為「止」是，惟「飽」未必為「食」字之誤。「飽而不廢」謂雖已食飽而不止。

59 馬非白云：「『困』乃『困』字誤，即古『淵』字。『遫』古通『速』，均見《玉篇》。」並指出與前文「浩然和平，以為氣淵。淵之不涸，四體乃固；泉之不竭，九竅遂通」呼應。說見《〈管子・內業〉篇集注（續二）》，《管子學刊》，1990年第3期，第18頁。

《心術下》	《內業》
	心而敢〈敞〉[60]，寬氣而廣，其形安而不移。能守一而棄萬苛，見利不誘，見害不懼，寬舒而仁，獨樂其身，是謂雲氣[61]，意行似天。
	(10) 凡人之生也，必以其歡，憂則失紀，怒則失端，憂悲喜怒，道乃無處。愛欲靜之，遇（愚）[62]亂正之，勿引勿推，福將自歸。彼道自來，可藉與謀（媒）[63]。靜則得之，躁則

60 何如璋云：「『敢』當作『敞』字，敞與廣協。」

61 丁士涵、俞樾皆指出，「雲」當為「靈」字之誤，下文云：「靈氣在心，一來一逝。」按，「雲」如字讀。馬王堆三號漢墓有一幅名為「物則有形」的帛圖，其性質為黃老道家「心術說」或「內業」說的簡明圖譜，據陳松長的介紹：「這幅帛圖分三層佈局，最外一層是朱繪方框，在方框內側題有文字。第二層是用青色繪的圓圈，在圓圈外側題有文字。第三層是在圓圈的正中，用墨書文字組成一個如雲氣一樣迴環的圓，文字是從圓心開始向外旋轉書寫，其形狀與帛書《天文氣象雜占》中所繪月暈、日暈之類的雲氣圖有些類似，具有明顯的圖式意味。」陳氏所述帛圖中間的迴旋文字是全篇核心的部分，其內容正是論「心之理」，即「心術」。《內業》此段論心術之寬敞安靜，遂以「雲氣」名之，又說「意行似天」，正與帛圖的形式切合，亦可證「是謂雲氣」不需破讀。陳氏說見《馬王堆帛書「物則有形」圖初探》，《文物》，2006 年第 6 期；並參考拙著：《馬王堆帛書「物則有形」圖考論——兼說〈鶡冠子〉「夜行」》，「先秦文本與出土文獻國際學術研討會」論文，臺灣大學中文系，2008 年 12 月 27 日。

62 「遇」讀為「愚」，從章炳麟、安井衡說。

63 按，此「謀」字讀如「謀合」之「謀」，本字即「媒」，訓為合。

《心術下》	《內業》
	失之。靈氣在心，一來一逝。其細無內，其大無外。所以失之，以躁為害。心能執靜，道將自定。得道之人，理丞（烝）而屯〈毛〉泄[64]，匈中無敗。節欲之道，萬物不害。

《說文》：「媒，謀也。謀合二姓。」《周禮·地官·媒氏》鄭玄注：「媒之言謀也，謀合異類使和成者。」

64 此句從王引之說校改。《淮南子·泰族》：「今夫道者，藏精於內，棲神於心，靜漠恬淡，訟〈說〉繆（穆）胸中，邪氣無所留滯，四枝節族，毛蒸理泄，則機樞調利，百脈九竅，莫不順比。」楊樹達《淮南子證聞》云：「毛蒸理泄，謂毛孔腠理有所蒸發。」

第二節　論《內業》與《心術下》之關係及其學派歸屬

一、《內業》與《心術下》比較——並論二篇之關係

　　仔細分析上節之對照表，可以看出《內業》與《心術下》二篇在論述主旨、篇章結構及遣辭用字等方面存在明顯差異：

1. 論述主旨：朱伯崑云：「《心術》、《白心》既談養生，又談刑名，而《內業》只談養生，不談刑名。」[65] 已注意到二篇所論有異。具體而言，《心術下》與《內業》在論述主旨上有三點差別：

   (1) 《心術下》、《內業》二篇皆論修心養氣，但《心術下》偏重「心」之論述，此與其作為《心術上》之傳的性質有關。《內業》「精」字凡十二見，「氣」字凡十八見，「精」、「氣」皆指精氣言，異名同實[66]。該篇多數「道」字亦為精氣之異稱[67]，如第 3 章「凡道無所，善心焉處。」第 4 章「凡道，無根無莖，無葉無

---

65 朱伯崑：《再論〈管子〉四篇》，《朱伯崑論著》，第 435 頁。

66 參考馬非白：《〈管子・內業〉篇集注》，《管子學刊》1990 年第 1 期，第 6 頁。

67 馬非白、裘錫圭已指出此點。說見馬非白前揭文及《〈管子・內業〉篇之精神學說及其他》，《管子學刊》1988 年第 4 期，第 4 頁；裘錫圭：《稷下道家精氣說的研究》，《文史叢稿》，第 20-21 頁。

榮，萬物以生，萬物以成，命之曰道。」《內業》開篇便說精氣「下生五穀，上為列星。流於天地之間，謂之鬼神；藏於胸中，謂之聖人」，以精氣為萬物生成之根源，而心為涵攝精氣之型範，故云「凡心之型，自充自盈。」「夫道者，所以充型也。」（皆見第 2 章）。《內業》專論精氣者包括第 1、3、4 章，而第 5、6、7、10 章則兼論精氣與心。第 9 章則從飲食之道切入，論述精氣與形體的關係。由此可知精氣為貫串《內業》之最重要概念。

(2) 在修養論上，《心術下》較重視心的專一、安靜；《內業》則兼重修心與養形，全篇要旨即第 5 章 h 段所云「心全於中，形全於外」。《內業》第 4 章云：「定心在中，耳目聰明。四枝堅固，可以為精舍。」第 9 章云：「大充，形傷而精不藏；大攝，骨枯而血沍。充攝之間，此謂和成，精之所舍，而知之所生。」飲食得度及四枝堅固皆為精氣是否居處於身的前提。第 6 章 c 段云：「思之而不捨，內困外迫。不蚤為圖，生將遜舍。食莫若無飽，思莫若勿致，節適之齊，彼將自至。」更見其打通內外，兼重身心的主張。《內業》論節欲除見於此章外，又如第 7 章「節其五欲，去其二凶。不喜不怒，平正擅匈。」第 10 章「愛欲靜之，愚亂正之，勿引勿推，福將自歸。……得道之人，理丞而毛泄，匈中無敗。節欲之道，萬物不害。」其節欲之目的乃為養生，與宋鈃倡寡欲以息人我紛爭，論旨不同。

(3) 《心術下》前三章皆以聖人應物之道作結，強調其用心若鏡，此點乃延續《心術上》而來。相較之下，《內

業》強調「變化」之能動性，而較不重視「因應」之概念。如《心術下》第 2 章 c 段「一氣能變曰精，一事能變曰智」，《內業》將後句「變」易為「化」，且增「化不易氣，變不易智」二句，但無《心術下》「極變者，所以應物」句。又如《心術下》第 3 章 c 段論聖人之道有「與時變而不化，應物而不移」之語，《內業》後句「應」字作「從」，疑亦出於有意之改動。

2. 篇章結構：這方面的差異可歸納為以下幾點：

(1) 從對照表看，二篇最顯而易見的差別即郭沫若所指出的：《內業》內容較《心術下》為多，有「一首一尾無可比附」。《內業》多出的一首一尾包括對照表中的第 1 至 3 章及第 9 至 10 章。《內業》篇中的第 7 章亦無可對應，但從另一角度看，該篇第 7、8、10 章都以「凡人之生也」開端，皆倡調節欲望及情緒，論旨相同，可視為與《心術下》第 5 章 a 段「凡民之生也，必以正平」的對應章節。從《內業》多出的章節來看，第 1、3 章專論精氣，第 9 章論食之道，皆反映出《內業》較《心術下》重視精氣及養形的思想傾向。

(2) 《心術下》亦有《內業》無可比附的一段文字，出現在第 1 章 b 段。此段文字之思想內涵與《內業》不能相合，改編者或考慮此點將之刪去。該段一開頭說「意氣定然後反正。氣者，身之充也。」所謂「意氣」乃承該章 a 段「毋以物亂官，毋以官亂心」及「內德」而言，用《內業》的話來說即「心氣」（此詞《心術下》無，見於《內業》6a）。下句「氣者，身之充」之氣明顯指內在於心的「意氣」而非《內業》化生萬物的精氣。

《內業》所說的氣（或精氣）是「杲乎如登於天，杳乎如入於淵，綽乎如在於海，萃乎如在於己」，涵蓋天、地、人，範圍較《心術下》此段所說為廣[68]。此外，《心術下》此段云：「凡物載名而來，聖人因而裁之，名實不傷。」其重視名實概念亦為《內業》所無，此點即前揭朱伯崑所謂「《內業》只談養生，不談刑名」。《心術下》第 2 章末云「聖人裁物，不為物使」，亦呼應首章此段，但這二句出現在《內業》卻變為「君子使物，不為物使」，易「聖人」為「君子」，改前句「裁」為「使」，意趣迥異。

(3) 再就二篇對應之段落而論，《內業》往往較《心術下》繁富，許多詞句可能即為對《心術下》的進一步闡釋或補充說明。下舉數例明之：

　　a. 《心術下》第 2 章 a 段「專於意，一於心，耳目端，知遠之近」四句，《內業》相應段（6c）在其前有「四體既正，血氣既靜」二句，呼應前文修心、養形並重的觀點；其後又有「思索生知，慢易生憂」等句，可視為對「專於意，一於心」的闡釋；下文又云「內困外迫」、「食莫若無飽，思莫若勿致」更從正、反兩面申述其內外兼修之主張。值得注意的是，《內業》此段說「思之而不捨，內困外迫」、「思莫若勿致」，並不以思辨為貴，但該章前段（6b）說：「能勿求諸人而得之己乎？思之思之，又重思之」，

卻呼籲人返回內在三思，與此段所言不能相容。同一
章前後主張矛盾，似說明《內業》並非一人所作，而
具有雜糅的性質。

b. 《心術下》第 3 章 c 段僅說「有司設制者之利非
道」、「聖人之道，若存若亡」，與之對應的《內
業》第 4 章卻明確地說「凡道，無根無莖，無葉無
榮，萬物以生，萬物以成，命之曰道。」且包含天、
地、人之道，故云「天主正，地主平，人主安靜。」

c. 《心術下》第 4 章 b 段「全心在中不可匿」言心之地
位及效用，《內業》相應段落在其前有「凡道必密必
周」數句，進一步以道（精氣）的性質規範心的理想
狀態。

d. 《心術下》第 5 章 b 段言「心之中又有心」，其下即
接「意以先言」數句，與之對應的《內業》第 5 章 g
段則在中間加上「彼心之心」四字，指明「意以先
言」數句乃針對心之中之心而言。二篇對「意以先
言」的描述並不相同，《心術下》所說的歷程是「意
→形（型）→思→知」，《內業》所云則是「意→形
→言→使→治」。郭沫若已注意到此點，他認為二者
「大相懸異。一言思辨過程，一言意志過程。蓋弟子
二人聽一先生之言而筆記有誤。」[69] 鵬按，二者思
路迥異，疑非一人之說。《心術下》所述歷程無
「言」一項，蓋前文「意以先言」明以求意為尚，故

---

69 郭沫若：《管子集校》，《郭沫若全集‧歷史編》第六卷，第 440
頁。

其下即接內在之思辨過程，其理路猶《莊子・外物》「言者所以在意，得意而忘言」，既已消弭「言」之作用，則可不必再說「言」。《心術下》言「意然後刑（型），刑（型）然後思」，《內業》的改編者似將此「型」理解為「形於外」之「形」，故其下乃述向外的實踐過程。

(4) 前文已指出《內業》以「精氣」為論述的主軸，至於《心術下》則以「聖人」作為貫串各章的線索，二者適成對比。《心術下》全篇分五章，章末都以聖人或明王之道作結，可視為對《心術上》聖人觀念的進一步闡述。《內業》則以「凡」字領章，顯然經過後人的整理、編輯，有經典化的傾向。此種情形可舉郭店楚竹書《性自命出》為例說明。該篇竹書為子思學派經典，通篇以「二十凡」領章。李零指出：

> 簡文的「凡」字，在古書中有最括總計之義，因此常被誤認為是表示「一般地說」，但在古書中，「凡」字有發凡起例，表示通則、條例和章法的含義……例如《左傳》有「五十凡」。……這種「凡例」既可用於法律文書或儀典、政典類的古書，也可用於專講技術守則的實用書籍（章學誠《校讎通義》稱為「法度名數之書」）。……《孫子兵法》十三篇，它的各篇幾乎都是以「凡用兵之法」開頭，《司馬法》、《六韜》、《吳子》、《尉繚子》，還有《墨子》城守各篇，出土銀雀山漢簡《孫臏兵法》等書，它們講軍法、軍令和戰術規則，也都經常是以「凡」字發語。中國古代的數術、方技之書，書

中多載處方、配方，它們也多以「凡」字起方。這些
「凡例」，特點是條分縷析，自成片斷，隨時所作，即可
筆之於箚，便於排列組合，重新彙編。[70]

按，其說有助於理解《內業》之性質。與《內業》相較，《心
術下》的「凡」字共四見，僅第 5 章首句「凡民之生」之
「凡」字有領章作用，其餘則作為承接、總括之詞，且不出現
於章首。如第 1 章末「凡物載名而來，聖人因而裁之，名實不
傷，不亂於天下，而天下治。」乃承上文「聖人若天然，無私
覆也；若地然，無私載也。私者，亂天下者也」為說。又如第
5 章 b 段「凡心之型，過知失性」乃對上文「心之中又有心。
意以先言，意然後形，形然後思，思然後知」之總結。《內
業》中有與上述文句對應之段落，但結構不同，「凡心之型，
過知失性」二句被改編者置為第 5 章首，「彼心之心，意以先
言」云云則在其後，且中間被一大段文句隔斷。今本《內業》
各章的先後順序並非層次分明、井然有序的組合，若考慮到其
以「凡」字領章的特性（即李零所說「便於排列組合，重新彙
編」），可將該篇各章以類相從，依主題劃分為四個層次：

a. 第 1、3、4、6 章：以「凡物之精」、「凡道」發端，前
三章主要論精氣或道，第 6 章則兼論精氣與心之修持。

b. 第 2、5 章：皆以「凡心之型」發端，偏重於論心。

c. 第 7、8、10 章：皆以「凡人之生」發端，皆倡調節欲
望及情緒，使人復歸本性之平正。

d. 第 9 章以「凡食之道」開端，前半段以飲食為例說明養

---

70 李零：《郭店楚簡校讀記》（增訂本），第 115−116 頁。

形與精氣持存的關係，後半段則論及修心、養氣及安形三者的聯繫。

3. 遣辭用字：取《心術下》與《內業》比較，可知後者字句較整飭，部分字詞有經改動之痕跡。以下舉例說明：

(1)《心術下》篇末（5e）「聖人一言解之」，用語幽隱。該篇所謂「一言解之」指的是「心」，作者雖未明言，但觀其前文，其意自見；《內業》則將之和盤托出，於第5章 f 段說「何謂解之？在於心焉。」又改「一言解之」為「一言之解」而失韻（見對照表中該句腳註）。

(2)《內業》因改動字句而失韻的情形除了上述「一言之解」外，又見於該篇第 6 章 b 段「能無卜筮而知吉凶乎」，「吉凶」二字《心術下》作「凶吉」，「吉」與一、止、已、己等字協韻，改編者將「凶吉」改為習見之「吉凶」，卻未留意前後有韻。

(3)《內業》又有改動字句而詞義產生變化的情形，如《心術下》第 1 章 a 段「神莫知其極」，與之對應的《內業》文句作「神明之極」。前者屬上讀，「極」訓為「來至」之「至」或「招致」之「致」；後者則屬上讀，「極」訓為極至之極。又如《心術下》第 2 章 a 段「專於意，一於心」及 b 段「能專乎？能一乎？」《內業》分別作「一意摶心」、「能摶乎？能一乎？」頗疑《內業》經後人改動，其易「專」為「摶」，蓋受前文「摶氣如神」之影響。又改「專於意，一於心」為「一意摶心」，字句雖較簡鍊，但涵意轉較隱晦。

(4)《心術下》第 4 章 b 段「全心在中不可匿」至「察於父母」，雖以四字句為主，但仍有五、七字句，《內業》則

一律改為四字句，較為整飭。

從文本對勘的角度來看，《內業》可能是據《心術下》及其他相關文獻擴充、改編而成的，而非《心術下》為《內業》殘缺之副本。

二、論《內業》之性質及學派歸屬

《漢書‧藝文志》儒家類著錄《內業》十五篇，王應麟已疑「《管子》有《內業》篇。此書恐亦其類。」[71] 馬國翰進一步認為《管子‧內業》即《漢志》儒家類之《內業》十五篇[72]，梁啟超則以今本《管子‧內業》為十五篇中之一篇[73]。張舜徽云：

> （《內業》）與《管子》書中《心術》上下及《白心篇》，實相表裡，皆為君道而發。……其間精義要旨，足與道德五千言相發明。……孔子之言主術，亦無遠於道德之論。則《漢志》儒家有《內業》，不足怪也。[74]

按，張氏從《內業》等四篇言君人南面之術的角度，解釋《漢志》將之歸入儒家之原因，其說雖可通，但仍存在兩個問題：

---

71 參考陳國慶：《漢書藝文志注釋彙編》，北京，中華書局，1983 年 6 月，第 105 頁。

72 馬國翰：《玉函山房輯佚書》，揚州，廣陵書社影印楚南湘遠堂刻本，2004 年 11 月，第 4 冊，第 2507 頁。

73 陳國慶：《漢書藝文志注釋彙編》，第 105 頁。

74 參考張舜徽：《漢書藝文志通釋》，第 262－263 頁。

一是《管子‧心術》等四篇並非不可分割的一組作品，此點前
文已詳細論證；二是《心術》上、下及《白心篇》所論重點在
「心」，而《內業》之要旨則為「精氣」，四篇中雖涉君王統御
之術，但非專為君道而發。不過，張舜徽指出四篇與《老子》
相發明，又合於儒家之說，說明四篇具有融合儒、道的思想特
色。四篇中以《內業》受儒家思想影響較著，馬非白指出：

> （《內業》）篇中也有和《孟子》、《大學》、《中庸》互相
> 雷同的地方，但意義卻不盡一致。《孟子》言「萬物皆
> 備於我」「是非由外鑠我也，我自有之也」，本篇則言
> 「萬物備存」，只是「摶氣如神」的結果，乃自「外來」
> 而非「固有」。《大學》「定」先於「靜」，本篇則「靜」
> 先於「定」。和《中庸》相雷同的地方特多，但《中
> 庸》言「道」是抽象的，而本篇的「道」則指「精氣」
> 而言，是具體的。……篇中又提到「止怒莫若詩，去憂
> 莫若樂，節樂莫若禮，守禮莫若敬，守敬莫若靜」，比
> 《心術下》多了「止怒莫若詩」和「守敬莫若靜」二
> 句。說明本篇所受儒家思想之影響比《心術下》更深。
> 基於以上論述，我初步認為本篇是用道家的唯物主義觀
> 點來對《孟子》、《大學》、《中庸》加以改造的。[75]

按，《內業》所說的「精氣」並非是唯物的。精氣除作為化生
萬物的根源之外，亦有其內在於心的一面，如《內業》說「凡

---

75 馬非白：《〈管子‧內業〉篇之精神學說及其他》，《管子學刊》1988
年第 4 期，第 7 頁。

道無所，善心焉處。心靜氣理，道乃可止。」「修心靜意，道乃可得。」「定心在中，耳目聰明。四枝堅固，可以為精舍。」

馬非白點出《內業》較《心術下》受儒家影響為深以及《內業》與《孟子》、《大學》、《中庸》有雷同之處，頗具啟發性。除馬氏所舉例證外，《心術下》第 1 章 a 段「正型飭德，萬物畢得」，《內業》改為「正型攝德，天仁地義，則淫然而自來」；《心術下》第 4 章 a 段「正靜不失，日新其德」，《內業》改「正靜」為「敬慎」，所改易之字詞皆具儒家色彩，可作為旁證。從傳世文獻及近世出土的郭店竹書看，戰國中期子思、孟子一派儒家的影響力頗大，不但《內業》中出現與《孟子》、《大學》及《中庸》相近的觀點 [76]，《心術上》、《白心》亦見子思學派影響之痕跡（參考本文下篇第二章第三節）。事實上，「內業」一詞與「心術」、「白心」可能都是稷下道家援用子思學派術語，並賦予新的涵意（關於此點，詳見本文下篇第一章第三節）[77]。周鳳五已明確指出「內業」一詞見於郭店

---

76 傳統以《大學》、《中庸》為曾子、子思所作，前人雖多所懷疑，但郭店楚竹書出土後，李學勤、郭沂、梁濤人透過傳世及出土文獻的剖析，重新肯定傳統之說。筆者亦主張《大學》、《中庸》為曾子、子思一系的著作，見拙著：《〈大學〉著作時代及學派歸屬探論──「格物」本義鉤沈之二》（待刊稿）。

77 按，應該指出的是，「內業」一詞還見於《鶡冠子‧夜行》。該篇所謂「夜行」即「心行」，也就是「心術」。《夜行》說：「鬼不能見，不能為人業，故聖人貴夜行。」筆者曾指出，「人業」之「人」為「人」字之訛，「入」讀為「內」。「人業」當釋為「內業」。說見拙著：《馬王堆帛書「物則有形」圖考論──兼說〈鶡冠子〉「夜行」》，「先秦文本與出土文獻國際學術研討會」論文，臺灣大學中文系，2008 年 12 月 27 日。關於「夜行」即「心行」參考李學勤：

竹書《性自命出》第 54 簡「獨處而樂，有內業者也」[78]。在《性自命出》中「內業」與「美情」、「性善」、「德」、「道」等並舉，偏重內在的涵意，與《內業》以精氣說為基礎，主張內外兼修，意旨迥異。從這點來看，頗令人懷疑《管子‧內業》應非《漢志》儒家類的《內業》十五篇，而儒家《內業》佚書可能即子思一派學者所作。

　　楊儒賓將《心術下》、《內業》視為孟子後學所作，看法與本文不同，但他留意到「兩篇與孟子思想契合極深。這兩篇事實上屬於同一個來源」，卻頗值得深思。楊氏歸納二者有以下五點相近：

1. 孟子有「踐形」理論；《管子》（按，指《心術下》、《內業》二篇，下同）也有「全形」[79] 理論。

2. 孟子的「踐形」與「盡心」互為表裡，有諸內，必形諸外；《管子》也說「心全於內，形全於外。」

3. 孟子言心，必推至四端之心，而由四端之心可再推至「夜氣」、「平旦之氣」；《管子》言心，也必推至隱藏的心中之心，窮推其極，則為「心氣」之流行。

4. 孟子言夜氣——四端之心擴充至極，身體自然發出道德的光輝，睟面盎背，這就是踐形以後的「生色」；《管子》也說

　　《論先秦道家的「夜行」》，《史學集刊》2004 年第 1 期。

78　周鳳五：《上海博物館楚竹書〈彭祖〉重探》，《南山論學集 —— 錢存訓先生九五生日紀念》，第 15 頁，注釋 5。

79　按，《管子》二篇無「全形」一詞，但《內業》說「心全於內，形全於外。」楊氏在前文說：「全心狀態時，全心（意）是氣，志（意）氣合一，但另一方面，氣也滲入身中，全身是氣。比照『全心』此語，我們可稱呼此時的身體狀態是『全形』狀態，用孟子的詮釋，也就是一種『踐形』的狀態。」

「全心在中，不可藏匿，和於形容，見於膚色。」

5. 孟子描述盡心、踐形、養氣之境界為「君子所過者化，所存者神，上下與天地同流。」「萬物皆備於我矣！」《管子》也說：「敬慎無忒，日新其德，遍知天下，窮於四極。」「摶氣如神，萬物備存。」

楊儒賓認為以上所舉並非泛泛的相關，而具有最核心的關聯。他說：「孟子的身心理論是相當有原創性的理論，《管子》兩篇與它如此相近，絕非偶然。我們如果假設這兩篇的作者原本就是孟子後學，這兩篇原本就是為發揮孟子的內聖之學而作，那麼，兩者間的相似繼承就不足怪異了。」[80] 鵬按，楊氏從學術源流指出《心術下》、《內業》的「全心」與孟子「盡心」理論相通，可謂一語中的，但如前文所述，二篇並非儒家作品。從另一個角度看，孟子之學導源於子思，宋鈃思想亦受子思沾溉頗深（詳見本文下篇第二章第三節），而《心術下》、《內業》為稷下道家作品，兩篇的心性論，可能受到宋鈃或孟子的影響。

綜上所論，《管子‧內業》當為稷下道家以精氣說為基礎，雜糅宋鈃心術論及醫家養生說的作品。由體製特色來看，《內業》以「凡」領章，頗有經典化的傾向，可以將之視為齊稷下道家融合各家思想的集大成之作。錢穆曾說：「或以《白心》篇與《心術》、《內業》齊舉並稱，則非其倫也。大抵《內業》最粹美，《心術上》次之，而《白心》為下，語多歧雜，不足深究。」[81] 以思想的精深及連貫性來說，《內業》後出轉

---

80 楊儒賓：《儒家身體觀》，台北，中央研究院中國文哲研究所籌備處，2003 年 1 月修訂二版，第 56－57 頁。

81 錢穆：《釋道家精神義》，《莊老通辨》，北京，三聯書店，2002 年 9

精，誠為《管子》四篇之冠，但以《內業》融通之程度非議《白心》之隱晦駁雜，以後例前，似非通達之論。

月，第 206 頁。

第六章

《呂氏春秋・去尤》、《去宥》校釋及相關問題討論

第一節 《去尤》校釋

世之聽者，多有所尤（囿）⑴。多有所尤（囿），則聽必悖矣。所以尤者多故，其要必因人所喜與因人所惡。東面望者不見西牆，南鄉視者不覩北方，意有所在也。

人有亡鈇者，意其鄰之子⑵。視其行步，竊鈇也；顏色，竊鈇也；言語，竊鈇也；動作態度，無為而不竊鈇也。相〈扫〉其谷而得其鈇⑶，他日復見其鄰之子，動作態度，無似竊鈇者。其鄰之子非變也，己則變矣。變也者無他，有所尤也。

邾之故法，為甲裳以帛⑷。公息忌⑸謂邾君曰：「不若以組。凡甲之所以為固者，以滿竅也⑹。今竅滿矣，而任力者半耳。且組則不然，竅滿則盡任力矣。」邾君以為然，曰：「將何所以得組也？」公息忌對曰：「上用之則民為之矣。」邾君曰：「善。」下令，令官為甲必以組。公息忌知說之行也，因令其家皆為組。人

有傷之者曰：「公息忌之所以欲用組者，其家多為組也。」邾君不說，於是復下令，令官為甲無以組。此邾君之有所尤（囿）也。為甲以組而便，公息忌雖多為組，何傷也？以組不便，公息忌雖無組，亦何益也？為組與不為組，不足以累公息忌之說⑺。用組之心，不可不察也。

　　魯有惡者，其父出而見商咄⑻，反而告其鄰曰：「商咄不若吾子矣。」且其子至惡也，商咄至美也。彼以至美不如至惡，尤（囿）乎愛也。故知美之惡，知惡之美，然後能知美惡矣。《莊子》曰：「以瓦殺（投）者翔（祥）⑼，以鉤〈玉〉殺（投）者戰⑽，以黃金殺（投）者殆⑾。其祥〈殺（投）〉一也⑿，而有所殆者，必外有所重者也；外有所重者，蓋內掘（拙）也⒀。」魯人可謂外有重矣。

　　解在乎齊人之欲得金也，及秦墨者之相妒也，皆有所尤（囿）也⒁。老聃則得之矣，若植木而立乎獨，必不合於俗，何擴（廣）矣⒂！

校釋............

⑴ **多有所尤（囿）**：許維遹云：「《治要》有注：『尤，過也。』疑『尤』借作『囿』，謂有所拘蔽也，『過』字不足以盡其義。」[1] 陳奇猷則謂：「以尤為囿，與《去宥》相複。尤當為肬字之初形。肬即今贅疣字。……本篇所謂去尤者，正是

1　引自王利器：《呂氏春秋注疏》，成都，巴蜀書社，2002年1月，第1295頁。

去除心意中有所贅疣之意。」[2] 鵬按，許氏說是。「去宥」、
「去尤」、「多有所尤」之宥、尤皆當讀為「囿」。《說文》：
「囿，苑有垣也。從口，有聲。一曰所以養禽獸曰囿。」引
申為分別區域之稱，又引申為拘限，如《莊子・徐无鬼》：
「辨士無談說之序則不樂，察士無凌誶之事則不樂，皆囿於
物者也。」本篇下文云：「解在乎齊人之欲得金也，及秦墨
者之相妒也，皆有所乎尤也。」其說正見於《去宥》，可見
二篇關係密切。

(2) **人有亡鈇者，意其鄰之子**：王利器云：「『亡鈇』，文見《列
子・說符》篇，張湛注：『鈇，鍘也。』《釋文》：『鈇音斧，
鍘也。』……《漢書・文三王傳》：『於是天子意梁。』師古
曰：『意，疑也。』」[3] 按，其說是。

(3) **相〈扣〉其谷而得其鈇**：《列子・說符》作「俄而扣其谷而
得其鈇」，殷敬順《列子釋文》：「扣，胡末切，古掘字，又
其月切。一本作相，非也。」畢沅據此改此文「相」為
「扣」。許維遹、王利器又指出，《群書治要》、《長短經・雜
說》引此文作「扣」、「掘」。王叔岷謂：「舊校云：一作『拑
其舌而得其鈇』，『拑其舌』亦『扣其谷』之誤。」范耕研雖
從畢校，又云：「相字亦可通。相，視也。謂巡視其谷遂得
鈇也。」[4] 陳奇猷申范氏說云：「《說文》：『泉出通川為

---

2 陳奇猷：《呂氏春秋校釋》，台北，華正書局，1988 年 8 月，第 690
   頁。

3 王利器：《呂氏春秋注疏》，第 1295-1296 頁。

4 許維遹、范耕研及王利器說引自《呂氏春秋注疏》，第 1296 頁；王
   叔岷說見《呂氏春秋校補》，《慕廬論學集（二）》，北京，中華書
   局，2007 年 10 月，第 46 頁。

谷』，又云『相，省視也。』鈇既在谷中，則必無意失落於谷中者。失落於谷中，自可省視而得，不必拘而得之。若必拘之而後得，則必是被人埋入。若是被人埋入，則鄰人竊鈇之疑仍不可釋也。」[5] 鵬按，陳氏說甚辯，惟《列子》、《治要》、《長短經》俱作「拘」（通「掘」），當從之。「谷」可引申為坑穴，如《易·井·九二》：「井谷射鮒」，王引之云：「《說文》壑字從谷，谷猶壑也。……井中容水之處也。」[6]《莊子·天運》云：「在谷滿谷，在坑滿坑。」即此義。

(4) **為甲裳以帛**：高誘《注》：「以帛綴甲。」許維遹云：「此裳字其義為常。裳、常古通。《初學記》二十二、《御覽》八百十九引『裳』竝作『常』。」[7] 楊樹達則說：「古甲有衣有裳。宣公十二年《左傳》云：『趙旃棄車而走林，屈蕩搏之，得其甲裳。』是也。」[8] 按，楊氏說是。

(5) **公息忌**：王利器謂：「舊校云：『（忌）一作忘。』器案，《廣韻·一東》引作『邴大夫公息忘』，《古今姓氏書辨證·一東》引作『鄭大夫公息忘』，《路史後紀》卷十引作『鄭大夫公息房』。『邴』、『鄭』當為『邾』之誤。作『忘』者，與舊校合，作『房』者當為與『忘』音近而訛。」[9] 陳奇猷云：「公息忌疑即《史記·弟子傳》之公皙哀。《索隱》引《家語》作『公皙克』。『皙克』與『息忌』蓋音近通假耳。《弟

5　陳奇猷：《呂氏春秋校釋》，第 691 頁。

6　王引之：《經義述聞》，卷 1，第 30 頁。

7　引自王利器：《呂氏春秋注疏》，第 1297 頁。

8　楊樹達：《讀呂氏春秋札記》，《積微居讀書記》，上海古籍出版社，2006 年 12 月，第 228 頁。

9　王利器：《呂氏春秋注疏》，第 1298 頁。

子傳》云:『公皙哀,字季次。』季次見《史記・游俠傳》,
則公息忌係一游俠,故其明於甲裳之道,與此文所敘正
合。」[10] 鵬按,陳氏僅以「息忌」與「皙克」音近[11],謂
「公息忌」即孔門弟子「公皙克」(字季次),頗為可疑。季
次雖見於《游俠列傳》,但太史公僅說:「及若季次、原憲,
閭巷人也,讀書懷獨行君子之德,義不苟合當世,當世亦笑
之。故季次、原憲終身空戶蓬戶,褐衣疏食不厭。」並未視
原憲、季次為游俠。且《仲尼弟子列傳》引孔子稱公皙哀
云:「天下無行,多為家臣,仕於都,唯季次未嘗仕。」[12]皆
與《去尤》所載公息忌之出身(言「令其家皆為組」,則其
非閭巷寒儒可知)及言行風格不合。關於公息忌之身分,存
疑待考。

(6) **凡甲之所以為固者,以滿竅也**:惠棟云:「滿當作盈,惠帝
諱盈,改從滿。」[13] 楊樹達云:「襄公三年《左傳》云:
『使鄧廖帥組甲三百,被練三千。』《疏》引賈逵云:『組
甲,以組綴甲,車士服之;被練,帛也,以帛綴甲,步卒服
之。凡甲所以為固者,以盈竅也;甲盈竅而任力者半,卑者
所服;組盈竅而盡任力,尊者所服。』按,賈說全本《呂氏
春秋》。如其說,則此云『甲裳以帛』者,即《左傳》之

---

10 陳奇猷:《呂氏春秋校釋》,第 692 頁。

11 按,上古音「息」為心母職部,「皙」為心母錫部;「忌」為群母之
部,「克」為溪母職部,皆音近可通。

12 司馬遷:《史記》,北京,中華書局點校本,1959 年 9 月,第 7 冊第
2209 頁、第 10 冊第 3181 頁。

13 見王利器:《呂氏春秋注疏》,第 1298 頁引。

『被練』；『以組』，即《左傳》之『組甲』也。」¹⁴楊伯峻
解釋《左傳》「被練」、「組甲」云：「《初學記》二十二引
《周書》云：『年不登，甲不縷組。』又《燕策》云：『身自
削甲札，妻自組甲絣。』絣是用絲錦所織帶，以之穿組甲片
而組甲，則謂之組甲，較之以繩索穿成者自為牢固；即為兵
器所中，穿透後著肉亦無力。然太費工力，故年歲不豐，穿
甲不用組絣。……練是煮熟之生絲，柔軟潔白，用以穿甲片
成甲衣，自較以組甲為容易，但不若組甲之堅牢。」¹⁵
按，諸家說是。

(7) **不足以累公息忌之說**：許維遹云：「《治要》有注：『累猶辱
也。』」陳奇猷疑《群書治要》「辱」乃「縛」字之誤，累訓
為束縛¹⁶。鵬按，累如字讀。《說文》：「累，增也。」又引
申為重，下文「外有所重」猶「外有所累」。此謂不管公息
忌家是否預先用組，都不足以損益其主張。

(8) **商咄**：章太炎云：「商咄即是宋朝。宋亦稱商，朝、咄聲轉
也。」¹⁷《論語‧雍也》：「不免有祝鮀之佞，而有宋朝之
美，難乎免於今之世矣。」宋朝即宋公子朝，以美色見愛於
衛夫人南子。陳奇猷指出：「國名宋而稱商則有之，如宋太
宰稱商太宰是其例。人姓名宋而稱商者，未聞。」¹⁸鵬
按，「咄」、「朝」二字聲母皆為舌尖塞音，但韻則分別為

---

14 楊樹達：《讀呂氏春秋札記》，《積微居讀書記》，第228頁。

15 楊伯峻：《春秋左傳注》，下冊，第925頁。

16 許氏說引自王利器：《呂氏春秋注疏》，第1300頁；陳奇猷《呂氏
春秋校釋》，第693頁。

17 見王利器：《呂氏春秋注疏》，第1301頁引。

18 陳奇猷：《呂氏春秋校釋》，第693頁。

物、宵二部，韻母遠隔，恐不可通。存疑待考。

(9) **以瓦垼（投）者翔（祥）**：此下數句蓋以博戲為喻。所引
《莊子》見《達生》：「以瓦注者巧，以鉤注者憚，以黃金注
者殙。其巧一也，而有所矜，則重外也。凡外重者內拙。」
《淮南子‧說林訓》、《列子‧黃帝》引此段，文各小異。洪
頤煊云：「字書無『垼』字。《說文》：『毀，鬴擊也。從殳，
豆聲。古文投如此。』垼即投字。《列子‧黃帝》作『摳』，
張湛注：『互有所投曰摳。』摳即投假借字。《莊子‧達生》
篇作『注』，《淮南‧說林訓》作『鈺』。注亦投也，字相
近，合譌作『垼』。」[19] 鵬按，洪氏說近是。「垼」疑即
「投」字異體。《說文》：「投，擿也。從手，從殳。」「毀，
鬴擊也。從殳，豆聲。古文投如此。」段玉裁《注》從《說
文》體例辨「古文投如此」五字乃後人所加[20]，惟「投」
字古文作「毀」當無可疑。《玉篇》：「毀，徒透切。遙擊
也。古為投。」[21]《古文四聲韻》卷二引崔希裕《纂古》
「投」字正作「毀」[22]。「毀」從「豆」聲，與「投」字上
古音皆為定母侯部，故可通用（「投」本會意字，後注
「豆」為聲符，即為形聲字「毀」）。「投」字從殳，主聲（章

---

19 引自王利器：《呂氏春秋注疏》，第 1301－1302 頁。關於投字之考
　釋，學者說法紛歧，此不具引，可參考王利器前揭書，第 1301－
　1304 頁；陳奇猷：《呂氏春秋校釋》，第 693－696 頁；張雙棣：《淮
　南子校釋》，北京大學出版社，1997 年 8 月，第 1736－1738 頁。

20 段玉裁：《說文解字注》，第 120 頁。

21 顧野王：《大廣益會玉篇》，北京，中華書局影印張氏澤存堂本，
　1987 年 7 月，第 81 頁下左。

22 夏竦：《古文四聲韻》，台北，學海出版社影印汲古閣影宋抄本，
　1978 年 5 月，第 127 頁。

母侯部），與「投」、「殳」音近可通。從豆與從主之字，古
書有通假之例，如《漢書‧匈奴傳》「逗遛不進」，顏注：
「逗讀與住同。」《後漢書‧光武紀下》「不拘以逗留法」，李
注：「逗，古住字。」投、駐二字又可通假，如今本《老
子》五十章「兕無所投其角」，敦煌《想爾注》本「投」字
作「駐」。據此可知「殳」亦「投」字異體。至於「摳」、
「注」、「鉒」則「投」字之假借也。翔，孫鳴鏘讀為「佯」，
訓為安詳，並引《釋名》：「佯也，言仿佯也。」為說；宋慈
裒訓翔為翔舞 [23]。劉師培云：「據《莊子‧達生》兩『巧』
字證之，則翔、祥二字同義而異文。」陳奇猷從其說讀翔為
祥，訓為善，並說：「《漢修堯廟碑》『翔風膏雨』，以翔為祥
可證。祥者善也，謂博技善也，則此作『翔』與《列子》、
《莊子》作『巧』義近。《淮南》作『全』，全者完也，謂其
博技完善也。」[24] 鵬按，陳奇猷說是。翔通祥又見《論
衡‧是應》：「翔風起，甘露降。」翔風即祥風 [25]。

(10) <u>以鈎〈玉〉殳（投）者戰</u>：本句「鈎」，《列子‧黃帝》同，
《淮南子‧說林訓》作「金」；下句「黃金」，《淮南》則作
「玉」。鈎者，《莊子》成疏訓為鈎帶；《列子釋文》云：
「鈎，銀銅為之。」鵬按，此處「鈎」指博具。《慎子‧威
德》：「夫投鈎以分財，投策以分馬，非鈎、策為均也，使得
美者不知所以德，使得惡者不知所以怨，此所以塞怨望

---

23 孫、宋二氏說引自王利器：《呂氏春秋注疏》，第 1302、1303 頁。

24 陳奇猷：《呂氏春秋校釋》，第 696 頁。劉師培說亦引自此。

25 按，《論衡‧是應》前文以「翔鳳」為氣物卓異之瑞應，《藝文類
聚》卷 98 引「翔鳳」正作「祥風」，下文又云「鳳翔甘露」，《類
聚》引作「風祥露甘」，可證翔與祥通。

也。」《荀子・君道》:「探籌投鉤者,所以為公也。」郝懿
行云:「探籌,剡竹為書,令人探取,蓋如今之掣籤。投
鉤,未知其審。古有藏彄,今有拈鬮,疑皆非是。」[26] 豬
飼彥博云:「投鉤,蓋擲錢投笑之類。」[27] 鵬按,二氏說近
是。《洪武正韻・尤韻》:「鉤,與鬮同。投鉤,今俗謂拈
鬮。」已混投鉤與拈鬮為一。殷敬順《列子釋文》:「摳,探
也。以手藏物,探而取之曰摳,亦曰藏彄。」[28] 後人蓋誤
以「投鉤」即「藏彄」,《列子》上句投(投)字遂誤為摳。
《說文》:「鬮,鬥取也。」段《注》:「力取是此字本義,今
人以為拈鬮字,殆古藏彄之譌。」[29] 鬮為取,投為擲,則
「投鉤」自與「拈鬮」異。博戲所用「鉤」疑即投子,今稱
為骰。《說文》無「骰」,其字由「投」字孳乳,班固《奕
旨》:「夫博縣於投,不專在行。優者有不遇,劣者有僥倖。
踦挐相凌,氣勢力爭。雖有雌雄,未足以為平也。」(見
《全後漢文》卷 26)投即今骰字。投、鉤二字音近(上古
音同為侯部,聲母則分別為定母、見母),疑有語源上的
關係。古人蓋稱博戲所投之骰為「鉤」,鉤、投語音稍
別,以示異耳。范耕研云:「古博簺之具有五木,亦名投
子,今俗以骰為之,同從殳。以木為之,或以玉石。瓦易
碎,金貴重,皆不適為投子。鉤之結體迥異,亦莫能相

---

26 引自王先謙:《荀子集解》,台北,藝文印書館影印光緒辛卯刊本,
  2000 年 5 月初版七刷,第 420 頁。

27 引自王天海:《荀子校釋》,第 530 頁。

28 見楊伯峻:《列子集釋》,台北,華正書局,1987 年 9 月,第 61 頁
  引。

29 段玉裁:《說文解字注》,第 115 頁。

代。知《莊子》之注及本書之玫，皆謂博進，不指投子。」[30] 鵬按，此「鉤」非指鉤帶，且「瓦」非屋瓦之瓦，《說文》：「瓦，土器已燒之總名。」瓦字正作此訓，指材質而言。古代六博所用骰又稱為「瓊」或「凳」，《顏氏家訓‧雜藝》：「古為大博則六箸，小博則二凳。」鮑宏《博經》：「博局之戲……所擲骰謂之瓊。」[31] 馬王堆二、三號漢墓曾出土，其材質則為木[32]。《呂覽》此文所云骰，上句為「瓦」，下句為「黃金」，皆以材質論，此不應獨異，疑「鉤」乃後人注文闌入，當從《淮南子‧說林訓》作「玉」，惟《淮南》易黃金為金，句序遂異。本句「戰」字，《莊子‧達生》、《列子‧黃帝》皆作「憚」，《淮南子‧說林訓》作「跋」。陳奇猷云：「戰與憚同（《廣雅‧釋言》：『戰，憚也。』），故《呂》作『戰』，《列》、《莊》作『憚』一也。憚者心有所懼也。《淮南》作『跋』，跋蓋躓足之意（《漢書‧揚雄傳》『跋犀犛』，顏師古注引張晏曰：『跋，躓也。』）躓

30 引自王利器：《呂氏春秋注疏》，第 1303 頁。

31 見王利器：《顏氏家訓集解》（增補本），北京，中華書局，1993 年 12 月，第 592 頁引。

32 湖南省博物館、湖南省文物考古所：《馬王堆二、三號漢墓‧第一卷田野考古發掘報告》，北京，文物出版社，2004 年 7 月，第 166 頁、彩版 36 之 2。關於博戲及博具，可進一步參考《列子‧說符》「擊博樓上」殷敬順《釋文》引《古博經》；王利器：《顏氏家訓集解》，第 592－593 頁所引諸家說；楊寬：《六博考》，《楊寬古史論文選集》，上海人民出版社，2003 年 7 月，第 441－446 頁；勞幹：《六博及博局的演變》，《中央研究院歷史語言研究所集刊》第 35 本（1964 年 9 月）；傅舉有：《論秦漢時期博具、博戲兼及博局紋鏡》，《考古學報》1986 年第 1 期；李零：《中國方術考》，北京，東方出版社，2000 年 4 月，第 165－174 頁。

者不敢放膽而行，故跋與憚義亦近。」[33] 鵬按，陳氏說近是，惟《淮南子‧說林訓》作「跋」當讀為「怖」，即今「怖」字。《說文》：「怖，惶也。從心，甫聲。怖，怖或從布聲。」「惶，恐也。」怖與憚、戰意義相近。跋字上古音為並母月部，怖則為滂母魚部，聲母皆為唇塞音，且韻母之主要元音相同，音近可通[34]。

⑾ **以黃金垜（投）者殆**：本句「殆」，《莊子‧達生》作「殙」，《列子‧黃帝》作「惛」，《淮南子‧說林訓》作「發」。 王念孫云：「殆亦疑也。……襄四年《公羊傳》注：『殆，疑也。』《論語‧為政篇》『思而不學則殆』，言無所依據則疑而不決也。……《呂氏春秋‧去尤篇》『以黃金垜者殆』，《莊子‧達生》作『以金注者殙』。殙，迷也。殙即疑殆之殆，亦迷惑之意也。」[35] 陳奇猷云：「《說文》：『殆，危也。』段玉裁注云：『危者，在高而懼也。』則殆為懼之甚者也。《莊》作「殙」，讀如悶絕氣之悶，蓋形容賭博者屏氣不語，其緊張之狀態可知。……《列子》作『惛』，《四部叢刊》景印北宋本作『惛』。惛，亂也。……《淮南》作『發』，發亦亂也（《詩‧邶風‧谷風釋文》引《韓詩》：『發，亂也。』）」[36] 鵬按，王念孫說是。由陳奇猷所引段玉裁說，知「殆」可引申為疑懼。《說文》：「殙，瞀也。」段

---

33 陳奇猷：《呂氏春秋校釋》，第 695 頁。

34 按，《詩‧大雅‧抑》「告之話言」，《釋文》云：「告之話（月部）言……《說文》作詁（魚部）。」亦魚、月二部通假之例。

35 王念孫：《讀書雜志》，南京，江蘇古籍出版社影印王氏家刻本，2000 年 9 月，第 148 頁。

36 陳奇猷：《呂氏春秋校釋》，第 695–696 頁。

《注》:「瞀當作霧。《雨部》曰:『霧,昩也。』」[37] 故其字可引申為昏昧。《列子釋文》「惛」作「殙」,並云:「殙音昏。《方言》曰:『迷,殙也。』」[38] 殆(訓為疑懼)、殙(訓為昏昧、迷惑),意義相近。「發」字本義為射發,無緣引申為亂。《淮南》作「發」疑讀為「撥」,《說文》:「撥,治也。」「癹,以足蹋夷艸。」二字音近,且意義相通,當為一組同源詞。撥之反訓為亂,當從蹋夷雜草之義引申而來。《詩‧邶風‧谷風》「毋逝我梁,毋發我笱」,《韓詩》訓發為亂。陳喬樅云:「韓訓亂,是以發為撥之假借。《釋名‧釋言語》云:『撥,播也。播,使移散也。』移散即亂義。……毋亂我笱,謂勿移散之使魚得脫也。」陳奐亦云:「韓讀發為撥,《長發傳》:『撥,治也。』撥之為亂,猶治之為亂。」[39]

⑿ <u>其祥〈垼(投)〉一也</u>:祥字,《莊子‧達生》、《列子‧黃帝》皆作「巧」,與其前文「以瓦注(《列》作摳)者巧」應。孫鏘鳴、劉師培訓祥為善,指技術之巧[40]。王利器則指出:「陳景元《南華真經章句音義》載《呂覽》所引《莊子》作『其投一也』,義較勝。」[41] 鵬按,王利器說是,當據之校改。「以玉投者戰,以黃金投者殆」不可謂善,本句

---

37 段玉裁:《說文解字注》,第 163 頁。

38 引自楊伯峻:《列子集釋》,台北,華正書局,1987 年 9 月,第 61 頁。

39 陳喬樅、陳奐說引自王先謙:《詩三家義集疏》,台北,明文書局,1988 年 10 月,第 175 頁。

40 見陳奇猷:《呂氏春秋校釋》,第 696 頁引。

41 王利器:《呂氏春秋注疏》,第 1304 頁。

作「祥」無法涵蓋前文，當涉前文而誤。《莊子》、《列子》相應文句亦應校改為「其注一也」、「其摳一也」。

⒀ **外有所重者，蓋內掘（拙）也**：今本作「外有所重者泄，蓋內掘也。」陳奇猷云：「重猶累也（見《漢書‧荊燕吳傳贊》顏師古注）。累即累贅。」又訓泄為狎弄，謂指狎弄博籌言 [42]。王叔岷則指出：「泄字疑衍，蓋先涉上文『必外有所重者也』而衍『也』字，寫者因將也字點去作『池』，傳寫遂誤為『泄』字耳。」[43] 鵬按，「泄」當為衍文，王氏說是。「重」可依陳奇猷說訓為累。掘，當讀為拙。《莊子》相應文句作「凡外重者內拙」，《列子》作「凡重外者拙內」，陳奇猷云：「掘、拙字通。《史記‧貨殖傳》『田農掘業』，《集解》引徐廣曰：『古拙字亦作掘』；《韓非子‧難言》『見以為掘而不倫』，亦借掘為拙，並其證。」[44]

⒁ **解在乎齊人之欲得金也，及秦墨者之相妬也，皆有所尤也**：前二句所說事詳《去宥》（參考下節）。今本「皆有所尤也」之「所」字下有「乎」字，陳奇猷說：「乎字因上下諸『乎』字而衍。上文『有所尤』凡四見，皆無乎字。《去宥》亦皆作『有所宥』，可證。」[45] 茲從其說刪之。

⒂ **老聃則得之矣，若植木而立乎獨，必不合於俗，何擴（廣）矣**：譚戒甫云：「《莊子‧田子方》篇云：孔子見老聃。老聃新沐，方將被髮而乾，熱然似非人。孔子見曰：『向者先生形體掘若槁木，似遺物離人而立於獨也。』老聃曰：『吾遊

---

42 陳奇猷：《呂氏春秋校釋》，第 696 頁。
43 王叔岷：《呂氏春秋校補》，《慕廬論學集（二）》，第 49 頁。
44 陳奇猷：《呂氏春秋校釋》，第 696 頁。
45 陳奇猷：《呂氏春秋校釋》，第 696 頁。

心於物之初。』此文簡略，似指此事。」[46] 楊樹達云：「末三句與上文不貫，且以本卷前後諸篇篇末文例觀之，……皆以一二語斷制終篇，知此當於『老聃則得之矣』句為止，末三句他編錯簡入此耳。」[47] 陳奇猷則認為：「此三句之義與上文相應，而總結全篇。呂氏書非成於一人之手，體例當有出入，不可一概而論。」[48] 鵬按，陳奇猷說是。所謂「不合於俗」即《莊子・田子方》所謂「遺物離人而立於獨」，亦《天下》「不累於俗，不飾於物，不苟於人，不忮於眾」之意。「何擴矣」，今本作「則何可擴矣」。擴，陳奇猷訓為《孟子・公孫丑》「擴而充之」之擴[49]，疑非。「則何可擴矣」，「則」、「可」二字疑涉上文「老聃則得之矣」及「何」字而衍，「何擴矣」乃稱讚老子之語，「擴」當讀為「廣」。《說文》：「廣，殿之大屋也。」引申為宏大。本篇論人心之拘蔽，末以老子超然宏遠為宗，合於全篇要旨。

第二節　《去宥》校釋

　　東方之墨者謝子將西見秦惠王(1)。惠王問秦之墨者唐姑果。唐姑果恐王之親〈視〉謝子賢於己也(2)，對曰：「謝子，東方之辯士也，其為人甚險（憸）(3)，將以說取奮〈藋（懂）〉於少主也(4)。」王因藏怒以待

46　引自王利器：《呂氏春秋注疏》，第 1305 頁。
47　楊樹達：《讀呂氏春秋札記》，《積微居讀書記》，第 229 頁。
48　陳奇猷：《呂氏春秋校釋》，第 696 頁。
49　陳奇猷：《呂氏春秋校釋》，第 696 頁。

之。謝子至，說王，王弗聽。謝子不說，遂辭而行。凡
聽言，以求善也。所言苟善，雖取奮〈蘿（懽）〉於少
主(5)，何損？所言不善，雖不取奮〈蘿（懽）〉於少
主，何益？不以善為之愨(6)，而徒以取少主為之悖，惠
王失所以為聽矣。用志若是，見客雖勞，耳目雖弊，猶
不得所謂也。此史定（唐）(7)所以得行其邪也，此史定
（唐）所以得飾鬼以人，罪殺不辜，群臣擾亂，國幾大
危也。人之老也，形益衰而智益盛。今惠王之老也，形
與智皆衰邪！

　　荊威王學書於沈尹華(8)，昭釐惡之(9)。威王好制
(10)，有中謝佐制者(11)，為昭釐謂威王曰：「國人皆曰：
王乃沈尹華之弟子也。」王不悅，因疏沈尹華。中謝，
細人也(12)，一言而令威王不聞先王之術，文學之士不得
進，令昭釐得行其私。故細人之言，不可不察也。且數
怒人主，以為姦人除路(13)；姦路以（已）除而惡壅卻
（隙）(14)，豈不難哉？夫激矢則遠，激水則旱（悍）
(15)，激主則悖，悖則無君子矣。夫不可激者，其唯先有
度(16)。

　　人與鄰者有枯梧樹，其鄰之父言梧樹之不善也(17)，
鄰〈其〉人遽伐之，鄰父因請以為薪(18)。其人不說，
曰：「鄰者若此其險（憸）也，豈可為之鄰哉？」此有
所宥（囿）也(19)。夫請以為薪與弗請，此不可以疑枯梧
樹之善與不善也。

　　齊人有欲得金者(20)，清旦，被衣冠，往鬻金者之
所，見人操金，攫而奪之。吏搏（捕）而束縛之(21)，問

曰：「人皆在焉，子攫人之金，何故？」對曰：「殊不見人，徒見金耳。」此真大有所宥（囿）也。

夫人有所宥（囿）者，固以晝為昏，以白為黑，以堯為桀，宥（囿）之為敗亦大矣，亡國之主其皆甚有所宥（囿）邪⑵。故凡人必別宥（囿）然後知，別宥（囿）則能全其天矣。

校釋..........

(1) <u>東方之墨者謝子將西見秦惠王</u>：此則寓言又見於《說苑‧雜言》、《淮南子‧脩務》。「謝子」，《說苑》作「祁射子」，《淮南子》謂其為「山東辯士」。畢沅曰：「古謝、射通。」梁玉繩云：「高注：『謝，姓。子，通稱。』然則祁乃地名。祁屬太原，政是關東。」[50] 此文云「謝子將西見秦惠王」，王以此問唐姑果，是唐姑果於未見時已讒之；《說苑》、《淮南》則云「謝子（《說苑》作祁射子）見於秦惠王，惠王說之」，是先見而後讒，故《說苑》、《淮南子》後文皆云謝子「復見」惠王，《呂覽》則無此文。

(2) <u>唐姑果恐王之親〈視〉謝子賢於己也</u>：唐姑果，《說苑‧雜言》作「唐姑」，《淮南子‧脩務》作「唐姑梁」。舊校云：「親一作視。」陳奇猷云：「親當從舊校作視，形近而譌。謝子尚未見惠王，不足言『親』。」[51] 王利器云：「《淮南‧兵略》篇：『上親下如弟，則不難為之死。』《太平御覽》卷二百八十一引『親』作『視』，此二字形近易訛之證，此文則

---

50 畢、梁二氏說引自王利器：《呂氏春秋注疏》，第 1900 頁。
51 陳奇猷：《呂氏春秋校釋》，第 1014 頁。

二義俱可通。又案：賢猶愈也，勝也。」[52] 鵬按，今本
「親」當為「視」之誤，陳氏說是。「視」即《論語‧先進》
「回也視予猶父也」之視，訓為對待。賢訓為愈，王氏說
是。據前文，知唐姑果為秦之墨者。秦惠王時，墨者之居於
秦者尚有腹䵍，見《呂氏春秋‧去私》。李學勤曾指出：「秦
的稱王在惠文王十三年（公元前 325 年），次年為更元元
年。秦國墨學的興盛，正是在惠文王的時期。……據《去
宥》原文，唐姑果進讒時在惠文王末年。城守各篇（指《墨
子‧備城門》以下二十篇，今存十一篇）或稱『公』或稱
『王』，很可能是惠文王及其以後秦國墨者的著作 [53]。篇中
屢稱禽滑釐，墨學這一支派大約是禽子的徒裔。墨學何以在
秦興盛，與墨家擅長城守技術有關。秦在戰國後期十分注意
北方少數民族的防禦……《墨子》城守各篇，當即在此種需
要下應運而生。」[54]

(3)**其為人甚險（憸）**：楊樹達云：「險讀為憸，《說文‧心部》
云：『憸，憸詖也，憸利於上，佞人也。』……下文云『鄰
者若此其險也』同。」[55] 按，楊氏說是。憸訓姦佞，如
《書‧立政》「則罔有立政，用憸人」，《釋文》引馬融：「利
佞人也。」

(4)**將以說取奮〈萑（懽）〉於少主也**：今本作「將奮於說以取

---

52 王利器：《呂氏春秋注疏》，第 1900 頁。

53 李氏前文引蒙文通、岑仲勉、陳直說，以《墨子》城守各篇為秦人
之書。

54 李學勤：《秦簡與〈墨子〉城守各篇》，《簡帛佚籍與學術史》，南
昌，江西教育出版社，2001 年 9 月，第 132 頁。

55 楊樹達：《讀呂氏春秋札記》，《積微居讀書記》，第 254 頁。

少主也」，高誘注：「奮，彊也。」此句《淮南・脩務》作「固權說以取少主」，王引之謂：「權本作奮，奮字上半與權字右半相似，又涉注內『權』字而誤也。高注曰：『常發其巧說以取少主之權。』發字正釋奮字。『以取少主之權』，乃加『之權』二字以申明其義，非正文有權字也。」[56] 金其源則云：「《春秋繁露・玉英》：『懽，譎也。』《廣雅・釋詁》：『譎，欺也。』《呂覽・順說》：『臣勿得也』，注：『得猶取也。』《左傳》哀公二十四年『得太子適郢』，注：『得相親悅也。』此謂常以欺人之說取親悅於少主也。」[57]。鵬按，金氏說近是，但懽不當輾轉訓為欺。今本「奮」乃「蓳」之形訛。「蓳」異體作「奞」，《方言》卷十二：「奞，始也。奞，化也。」郭璞注：「音歡。」錢繹《方言箋疏》：「奞訓為始，當即蓳之異文。」[58] 奞與「奮」形近，故致訛。蓳讀為懽。《說文》：「懽，喜款也。」引申為合歡。《戰國策・秦策二》「齊、楚方懽」「大國與之懽」，高誘云：「懽猶合也。」「將懽於說以取少主」本當作「將以說取懽於少主」。高誘解《淮南》此句為「常發其巧說以取少主之權」，「權」亦讀為「懽」，其所據本當未誤為「奮」。本句「取」，當從金其源說訓為得。少主，高誘注：「惠王也。」楊樹達云：「少主非謂惠王⋯⋯『取少主』謂取得少主之歡心耳。下文云：『凡聽言以求善也，所言苟善，雖奮於取少

---

56 見王念孫：《讀書雜志》，第 944 頁。

57 金氏說引自張雙棣：《淮南子校釋》，北京大學出版社，1997 年 8 月，第 2012 頁。

58 參考華學誠：《揚雄方言校釋匯證》，北京，中華書局，2006 年 9 月，第 778 頁。

主，何損？所言不善，不奮於取少主，何益？』然則『少主』實有其人，蓋惠王太子也。」[59] 陳奇猷、王利器則據《呂氏春秋‧當賞》[60]、《史記‧秦本紀》、《秦始皇本紀》附《秦記》[61]，謂少主即秦惠公之太子出公[62]。鵬按，楊樹達將「少主」解為「惠王太子」，其說是。陳奇猷、王利器將「少主」定為出公，然則「秦惠王」即為秦惠公（公元前399 至前 387 年在位），恐誤。高誘《注》已明言「惠王，秦孝公之子駟也」，則此處所述秦惠王當即秦惠文王而非秦惠公。陳奇猷將「秦惠王」說為秦惠公，但考證此章後文之「史定」，又將之說為秦惠文王時之謀士陳軫（此說亦不確，詳下），前後明顯矛盾。

(5) 雖取奮〈蕃（懂）〉於少主：今本作「雖奮於取少主」。陶鴻慶云：「『奮於』下，皆當有『說以』二字，『將奮於說以取少主』本唐姑果讒謝子之言，此當全舉其辭。奪去二字則文不成義。」[63] 鵬按，奮為蕃之誤，讀為懂（詳上注）。今本

59　楊樹達：《讀呂氏春秋札記》，《積微居讀書記》，第 254－254 頁。
60　按，見《當賞》「秦小主夫人用奄變」一節。陳奇猷指出，此「小主」即出子、出公。「小主夫人」為出子之母。《史記‧秦本紀》：「惠公十二年，子出子生。十三年……惠公卒，出子立。」是惠公卒，秦小主夫人奉幼小之太子（出公）用奄變。
61　《秦紀》云：「出公享國二年。出公自殺，葬雍。」《史記索隱》：「《系本》謂『少主』。」
62　王利器：《呂氏春秋注疏》，第 1901 頁；陳奇猷：《呂氏春秋校釋》，第 1015 頁。按，陳氏在後來出版的《呂氏春秋新校釋》（上海古籍出版社，2002 年版）仍持此說。關於秦之出公，參考佐竹靖彥：《出子出公考》，《佐竹靖彥史學論集》，北京，中華書局，2006 年 2 月，第 121－135 頁。
63　陶鴻慶：《讀諸子札記》，《陶鴻慶學術論著》，杭州，浙江人民出版

「雖奮於取少主」當校正為「雖取懽於少主」。下文「雖不取
懽於少主」，今本作「雖不奮於取少主」，亦據此校改。

(6) **不以善為之愨**：高誘《注》：「愨，誠也。」吳汝綸云：「愨
當為『殼』之借字。」[64] 鵬按，高誘說是。《說文》：「殼，
從上擊下也。……一曰：素也。」段玉裁《注》：「素謂物之
質如土坯也。」[65] 故從「殼」之「愨」有實、誠義。

(7) **史定（唐）**：高誘注：「史定，秦史。」陳奇猷疑史定即陳
軫，以定、軫二字通假，「陳」為其姓，「史」乃其氏[66]。
鵬按，定、軫二字雖音近[67]，但陳氏說仍待商榷。《史記·
張儀列傳》：「陳軫者，游說之士。與張儀俱事秦惠王，皆貴
重，爭寵。」惠王雖善待之，但「居秦期年，秦惠王終相張
儀，而陳軫奔楚。楚未之重也，而使陳軫使於秦。」[68] 史
載陳軫周遊秦、楚、齊、魏等國，屢次為秦惠王謀畫，於秦
特有情，未聞有亂秦事。頗疑「史定」即「史唐」，即前文
之「唐姑果」，定、唐二字皆為定母，韻則耕、陽旁轉可
通。此段「史定所以得行其邪」云云乃承上而言，以史定為
唐姑果，則前後文氣一貫。

社，1998 年 6 月，第 131 頁。

64 引自陳奇猷：《呂氏春秋校釋》，第 1016 頁。

65 段玉裁：《說文解字注》，第 120 頁。

66 陳奇猷：《呂氏春秋校釋》，第 1016 頁。

67 「定」字上古音為定母耕部，「軫」為章母文部，定、章二母皆為
舌尖塞音，耕、文二部亦有通轉、押韻之例，如《周禮·地官·司
市》「展成奠賈」，鄭玄注「奠（文部）讀為定（耕部）。」《詩·衛
風·碩人》「巧笑倩兮，美目盼兮」以倩（耕部）、盼（文部）為
韻。

68 司馬遷：《史記》（中華書局點校本），第 7 冊，第 2300 頁。

⑻ **荊威王學書於沈尹華**：陳奇猷云：「《漢書‧古今人表》中中
有沈尹華，即此人。」[69] 沈尹即楚地沈縣主管官員。鵬
按，《戰國策‧楚策一》曾載莫敖子華對威王歷陳前代賢
臣事蹟，其地位若師若友，如本文「威王」不誤，則沈
尹華、莫敖子華可能為一人 [70]，惟前所冠官職隨其所任前
後不同而有異稱。莫敖，出土文獻多作「莫囂」，為東周時
楚國中央高級官職。春秋前期為楚國最高軍事長官，春秋中
期後地位下降，位次右、左司馬之後。戰國時，除中央有莫
敖之官外，地方政權亦有此官職。值得注意的是，莫敖一
職，春秋時期均由屈姓擔任，此種官職的世襲性質，可能出
於王室對屈氏的特殊褒賜 [71]。然則「莫敖」之性質近於爵
稱，「沈尹」則其職稱也。復按，《楚史檮杌》載此事，作
「莊王學書於沈尹華」，「莊王」當為「威王」之誤。楚莊王
時有沈尹筮（「筮」或作「巫」、「蒸」、「莖」、「竺」），莊王
待之如師。沈尹筮曾向王推薦孫叔敖為令尹，又為邲之戰時
楚君統帥，地位甚隆。華、巫二字上古韻母同為魚部，聲則

69　陳奇猷：《呂氏春秋校釋》，第 1016 頁。

70　按，趙逵夫亦主此說，論證較本文為詳。說見《屈原之前楚國的一
　　個愛國作家——莫敖子華》，《屈原與他的時代》，北京，人民出版
　　社，2002 年 10 月 2 版，第 79-80 頁。

71　石泉主編：《楚國歷史文化辭典》，武漢大學出版社，1996 年 1 月，
　　第 327 頁。關於「莫敖」，參考顧棟高：《春秋楚令尹表‧敘》，《春
　　秋大事表》，北京，中華書局點校本，1993 年 6 月，第二冊，第
　　1811 頁；唐嘉弘：《「莫敖」和「令尹」——楚官探源之一》，《先秦
　　史新探》，開封，河南大學出版社，1988 年 6 月，第 158-180 頁；
　　黃錫全：《古文字中所見楚官府官名輯證》，《文物研究》總第 7
　　輯，1991 年 12 月，第 217—218 頁。

分別為曉、明二母（俱為鼻音），音近可通。《楚史檮杌》蓋以「沈尹華」即「沈尹巫」，遂改「威王」為「莊王」。

(9)**昭釐**：王利器云：「《渚宮舊事》卷三『昭釐』上有『令尹』二字。《名賢氏族言行類稿》卷十八：『昭，《楚辭》云：『昭、屈、景，楚之三族也。』」[72] 鵬按，頗疑「昭釐」即楚宣王後期主政之「昭奚恤」。《說文》：「釐，家福也。從里，𠭰聲。」𠭰上古音為曉母之部，而「奚」為匣母支部、「恤」為曉母質部，曉、匣二母為舌根音，之部與支、質二部亦有通轉之例[73]，當可通假。昭奚恤在宣王時任令尹，封於工（江），馬王堆帛書《戰國縱橫家書》第 27 章稱其為「工君奚洫」[74]。昭奚恤主政時屢為江乙等人所讒，但始終得到宣王之信任，其事蹟集中見於《戰國策·楚策一》。據昭奚恤於宣王歿後是否繼續為威王之相，史籍缺載，但從本篇推測之，昭釐（疑即昭奚恤）以前朝舊臣，仍為威王所重。本文前注考證沈尹華即《楚策》「威王問於莫敖子華」章之莫敖子華，前人考證此章乃威王初立時事[75]，則《去宥》此章所述蓋威王初年舊臣排擠新貴之實錄。

(10)**威王好制**：高誘注：「制，術數也。」范耕研云：「高訓制

---

72 王利器：《呂氏春秋注疏》，第 1903 頁。

73 《書·堯典》：「惟時懋哉」，《史記·五帝本紀》作「惟是勉哉」，時（之部）、是（支部）通假。《詩·小雅·十月之交》：「抑此皇父」，鄭玄箋：「抑（質部）之言噫（之部）。」

74 馬王堆漢墓帛書整理小組：《馬王堆漢墓出土帛書〈戰國策〉釋文》，《文物》1975 年第 4 期。

75 顧觀光《戰國策編年》繫此章於楚威王元年（公元前 339 年），繆文遠《戰國策新校注》（成都，巴蜀書社，1998 年 9 月三版，第 442 頁）則云：「此蓋楚威王初立時事，確年不可考。」

字，前曰術數，後曰法制，必有一誤，以法制為勝。言好以
法制人，自行其威也。」王利器則說：「《韓非子‧喻老》篇：
『制在己曰重。』《鬼谷子‧謀》篇：『事貴在制人而不貴見
制於人。制人者，握權也；見制於人者，失命也。』[76] 鵬
按，《說文》：「制，裁也。」引申為專制、專斷，《國語‧晉
語六》「二三子之制也」，韋昭注：「制，專制也。」《淮南
子‧氾論》「行無專制」，高誘《注》：「制，斷也。」威王好
制，蓋奪人臣裁度之權。

(11) 中謝佐制者：高誘注：「中謝，官名也。佐王制法制也。」
趙逵夫則認為：「『佐制者』三字蓋注文衍入正文者。『有中
謝』一句上接『威王好制』，注者誤解文意，故如此注。『學
書於沈尹華』即『學制書於沈尹華』也。」[77] 按，趙氏說
疑非。前句「制」訓為專斷，此則訓為教令（即高誘所謂法
制），義稍別。《禮記‧曲禮下》：「士死制」，鄭玄注：「制謂
君教令。」畢沅云：「梁仲子曰：『楚官中有中射氏，見《韓
非子‧十過篇》。此作中謝，亦通用。』盧云：『《史記‧張
儀傳》後陳軫舉中謝對楚王云云，《索隱》曰：中謝，蓋謂
侍御之官。則知楚之官，實有中謝，與此正同。』」[78]《韓
非子‧說林》上、下篇及《戰國策‧楚策》俱載楚官有「中

---

76 王利器：《呂氏春秋注疏》，第 1903 頁。范氏說亦引自此。按，「事
貴在制人而不貴見制於人」，王氏所引脫「不」字，今據《鬼谷
子》原文補。

77 趙逵夫：《屈原之前楚國的一個愛國作家——莫敖子華》，《屈原與
他的時代》，第 91 頁，注 3。

78 見陳奇猷：《呂氏春秋校釋》，第 1016 頁引。

射之士」[79]。孫詒讓云:「謝與射通,字當以『射』為正,蓋即《周禮・夏官》之射人也。中射者,射人之給事宮內者,猶涓人之在內者謂之中涓,庶子之在內者謂之中庶子矣。《周禮》射人與大僕竝掌朝位,又大喪與僕人遷尸,《禮記・檀弓》云:『扶君,卜人師扶右,射人師扶左。』鄭《注》云:『卜當為僕,聲之誤也。』僕人、射人皆平生時贊正君服位者,是射人與僕人為官聯,故後世合二官以為侍御近臣之名曰僕射。」[80] 鵬按,中謝即中射,諸家說是,惟「謝」不必讀為「射」。「謝」可訓為請、告、謁,王念孫云:「謝,請也、告也。成十六年《左傳》『使子叔聲伯請季孫于晉』,《魯語》作『子叔聲伯如晉謝季文子』,是謝即請也。襄三年《左傳》『祁奚請老』是也。請之而見許,則得所請而去,故曰得謝(得謝即得請,僖十年《左傳》曰『余得請於帝矣』)。請老即告老,故謝又訓為告。襄二十六年《左傳》『使夏謝不敏』即告不敏也。」[81] 侍御之官於宮內負責傳達諭令及請謁之事,故稱「中謝」。

⑿ **中謝,細人也**:高誘謂:「細人,小人也。」《楚史檮杌》述此事即作「小人」,且將「中謝,小人也」至「不可不審(《呂覽》作「察」)也」均屬「大夫曰」,且於其下云:「莊王(當從《呂覽》作『威王』)於是罰中謝而黜昭釐」。《渚宮舊事》則以「一言而令威王不聞先王之術」至「不可不察

---

79 此點陳奇猷《呂氏春秋校釋》(第 1016 頁)、王利器《呂氏春秋注疏》(第 1904 頁)已指出。

80 孫詒讓:《札迻》,北京,中華書局點校本,1989 年 1 月,第 208 頁。

81 王引之:《經義述聞》卷 14,第 3 頁。

也」為「君子曰」之辭，皆與此文稍異。

⒀ **且數怒人主，以為姦人除路**：惠棟云：「『數怒』當作『數激』，觀下文便知。」[82] 鵬按，「數怒」之「怒」不必據下文改為「激」。怒作為使動，可訓為激怒。數者，疾也、速也。《爾雅‧釋詁上》：「數，疾也。」《論語‧里仁》：「事君數，斯辱矣。朋友數，斯疏矣。」何晏《集解》：「數謂速數之數。」劉寶楠《正義》引胡紹勳：「數者，疾諫也」[83]《大戴禮記‧子張問入官》：「且夫忿數者，獄之所由生也。」王聘珍《解詁》：「數，疾也。」[84]《禮記‧曾子問》：「不知其已之遲速，則豈如行哉。」鄭玄注：「數，讀為速。」[85] 數之本義為計（見《說文》），故可引申為密、屢，又進一步引申為驟、疾、速之義。數與速，音近義通[86]，二者可視為同源，不必如鄭玄以假借目之。「除路」之「除」，高誘注訓為「開通」，其說是。《說文》：「除，殿陛也。」段玉裁云：「凡去舊更新皆曰除，取拾級更易之義也。《天保》『何福不除』，傳曰：『除，開也。』」[87] 二句謂小人（指中謝）使人主驟怒，為姦邪之人（指昭釐）開路。

---

82 引自王利器：《呂氏春秋注疏》，第 1905 頁。

83 劉寶楠：《論語正義》，台北，世界書局，1992 年 4 月八版，第 86 頁。

84 王聘珍：《大戴禮記解詁》，北京，中華書局，1983 年 3 月，第 137 頁。

85 按，郝懿行《爾雅義疏》云：「數，通作速。」朱駿聲《說文通訓定聲》亦說：「數，假借為速。」

86 按，《說文》：「速，疾也。」上古音「數」為生母侯部（一讀屋部），「速」為心母屋部，聲音相近。

87 段玉裁：《說文解字注》，第 743 頁。

⑭**姦路以（已）除而惡壅卻（隙）**：高誘注：「除猶開通也，故曰而惡壅卻，豈不難也。」王利器訓「卻」為「止」，陳奇猷則訓為「息」，並云：「『以』字同『已』。注當有脫誤，疑當作『除猶開通也。姦路已開通而惡壅卻，故曰豈不難也。』」[88] 鵬按，「以」通「已」，其例如《國語・晉語四》：「從者將以子行，其聞之者，吾以（已）除之矣。」[89] 卻，疑讀為隙，訓為嫌隙。「隙」常假「卻」為之，如《莊子・知北遊》：「人生天地之間，若白駒之過卻。」卻、卻二字皆從谷得聲，上古音俱為溪母鐸部，故可通假。《說文》：「隙，壁際也。」[90] 引申為嫌隙，如《國語・周語》：「若承命不違，守業不懈，寬於死而遠於憂，則可以上下無隙矣。」此文「惡壅隙」之主詞為君王，二句謂姦佞之路已開，君主卻惡小人之壅蔽及君臣間之嫌隙，豈不難矣。

⑮**激矢則遠，激水則旱（悍）**：畢沅曰：「《淮南・兵略訓》、《鶡冠子・世兵篇》俱作『水激則悍，矢激則遠。』」洪頤煊云：「《文選・鵩鳥賦》李善注、《史記・賈誼列傳索隱》引《鶡冠子》皆作『水激則悍』。《史記・河渠書》『水湍悍』，《淮南・地形訓》高誘注：『湍，急流悍水也。』今作旱，是後人從《史》、《漢》、《文選》本改。」[91] 鵬按，《說文》：「悍，勇也。」引申為強勁。《史記・河渠書》「水湍悍」，裴

---

88 王利器：《呂氏春秋注疏》，第 1905 頁；陳奇猷：《呂氏春秋校釋》，第 1017 頁。

89 參考楊伯峻：《古漢語虛詞》，北京，中華書局，1981 年 2 月，第 262 頁。

90 按，今本「際」下有「孔」字，依段《注》刪之。

91 畢、洪二氏說引自陳奇猷：《呂氏春秋校釋》，第 1017 頁。

駟《集解》引韋昭云：「悍，強也。」《孫子兵法‧勢》：「激水之疾，至於漂石者，勢也。」即謂激水之悍也。

(16)**夫不可激者，其唯先有度**：高誘注：「度，法也。」王利器云：「本書有《有度》篇，又有《知度》篇，皆君人南面之術也。」劉咸炘論《知度》云：「度即數也。」[92] 鵬按，《有度》云：「賢主有度而聽，故不過。有度而以聽，則不可欺矣，不可惶矣，不可恐矣，不可喜矣。」正可移為本文之註腳。度者，度物制義也。《詩‧大雅‧皇矣》「帝度其心」，毛《傳》：「心能制義曰度。」朱熹《集傳》謂：「度，能度物制義也。」《知度》云：「明君者，非遍見萬物也，明於人主之所執也。有術之主，非一自行之也，知百官之要也。」君主之所執即術，其用則度，其義相通，如《荀子‧王霸》楊注引《慎子》云：「棄道術，捨度量，以求一人之識識天下，誰子之識能足焉？」[93] 值得注意的是，《知度》所論「術」，法術與心術並重，如云：「治道之要，存乎知性命。」又云「去想去意，虛靜以待。」《有度》則更偏重心術一義，如該篇引季子云：「諸能治天下者，固必通乎性命之情，通乎性命之情，當無私矣。」又云：「通意之悖，解心之繆，去德之累，通道之塞。貴、富、顯、嚴、名、利六者，悖意者也。容、動、色、理、氣、意六者，繆心者也。惡、欲、喜、怒、哀、樂六者，累德者也。智、能、去、就、取、舍六者，塞道者也。此四六者，不蕩乎胸中則正，

92　劉咸炘：《呂氏春秋發微》，《劉咸炘學術論集‧子學編》，上冊，第310頁。

93　參考臺灣中華書局影印守山閣本《慎子》（台北，1981 年 10 月）所附慎子逸文，第 5 頁。

正則靜，靜則清明，清明則虛，虛則無為而無不為也。」所論與宋、尹「別囿」、荀子「解蔽」之義合。陳奇猷以《知度》為尹文學派之著作，以《有度》為季真一派遺著，其說近之[94]。《管子·白心》云：「隨變斷事也，知時以為度。」楚竹書《彭祖》簡 1 曰：「乃將多問因由，乃不失度。」是宋子一派亦重視度物制義，而心乃度之主體，此即前引毛《傳》所謂「心能制義曰度」。

(17) **人與鄰者有枯梧樹，其鄰之父言梧樹之不善也**：今本作「鄰父有與人鄰者有枯梧樹，其鄰之父言梧樹之不善也。」陶鴻慶云：「『鄰父』二字當作『人』。《列子·說符篇》：『人有枯梧樹者』，此云『人有與人鄰者有枯梧樹』，文有詳略耳。」孫蜀丞云：「『之』字疑涉下文『之』字而衍。」陳奇猷則云：「『鄰父』二字當因下而衍。『有與人鄰者』，文義已足，『有』上不必更有『人』字。」又指出：下句「之」字不衍，《列子》下文有「鄰人之父」，亦有『之』字[95]。鵬按，後句「之」字不誤，陳氏說是。前句疑當作「人與鄰者有枯梧樹」，蓋表示枯梧樹乃「人」與「鄰者」共同所有，今本「鄰父有」三字涉下文而衍，「與人」二字則誤倒。

(18) **鄰〈其〉人遽伐之，鄰父因請以為薪**：今本作「鄰人遽伐之，鄰父因請而以為薪。」前句「鄰人」，《列子·說符》作「其鄰人」，俞樾已指出《列子》「其鄰人」衍「鄰」字，陶鴻慶進一步說：「『鄰人遽伐之』，本作『其人遽伐之』。下文云『其人不說』，即此人也。《列子》作『其鄰人遽而伐

---

94 見陳奇猷：《呂氏春秋校釋》，第 1094、1652 頁。

95 陶鴻慶：《讀諸子札記》，《陶鴻慶學術論著》，第 131 頁；陳奇猷：《呂氏春秋校釋》，第 1017－1018 頁。孫氏說引自陳奇猷前揭書。

之』，彼文衍『鄰』字，此沿彼文之誤，又奪『其』字。」[96]
後句「因請以為薪」，蔣維喬等云：「《日鈔》引無『而』
字，『而』字疑衍。」鵬按，陶、蔣二氏說是。《列子・說
符》後句亦作「因請以為薪」，無「而」字。

(19) **此有所宥（囿）也**：高誘《注》：「宥，利也。又云為也。」
畢沅曰：「注頗難通。疑『宥』與『囿』同，為有所拘礙而
識不廣也。以下文觀之，猶言蔽耳。」馬敍倫云：「下文
云：『故凡人必別宥然後知』即《莊子・天下》篇『宋鈃、
尹文以別宥為始』之『別宥』，別宥謂析其所以囿之故，故
此以『去宥』名篇也。」王利器云：「高注文有譌脫，疑當
作『宥，宥於物也。』《說文》『利，古文作𥝣』，形與
『物』近，故譌為『利』。古文重文多作小『＝』，轉寫易
漏，又奪『於』字，遂誤為『宥利也』而頗難通。」[97]
按，諸家說是。

(20) **齊人有欲得金者**：此寓言又見《淮南子・氾論》「齊人有盜
金者章」、《列子・說符》「昔齊人有欲金者」章。

(21) **吏搏（捕）而束縛之**：王叔岷云：「《文選注》引搏作捕，
《列子》同。搏、捕古通。」下文「對曰」，今本作「對吏
曰」，孫蜀丞以此「吏」字涉此句而衍[98]。鵬按，二氏說
是。下文「對吏曰」之「吏」依孫氏說刪之。

(22) **亡國之主其皆甚有所宥（囿）邪**：其者，推度之詞也。本句

96 俞樾：《諸子平議》，台北，世界書局，1991 年 9 月五版，第 188
頁；陶鴻慶：《讀諸子札記》，《陶鴻慶學術論著》，第 131 頁。

97 王利器：《呂氏春秋注疏》，第 1907 頁。畢、馬二氏說亦引自此。

98 王叔岷：《呂氏春秋校補》，《慕廬論學集（二）》，第 91 頁；孫氏說
見陳奇猷：《呂氏春秋校釋》，第 1018 頁。

「邪」不作疑問詞[99]，而是表示肯定，義猶「也」。王叔岷云：「《莊子·天地篇》：『始也我以女為聖人邪，今然君子也。』王氏《釋詞》云：『邪猶也也。』案《治要》引『邪』作『也』。又《天運篇》：『甚矣夫人之難說也，道之難明邪！』王氏云：『邪亦也耳。』案《史記·孔子世家索隱》引『邪』作『也』。」[100]

第三節　略論《去尤》、《去宥》之
學派歸屬及著成時代

　　《呂氏春秋》中《去尤》、《去宥》兩篇，前人多指為宋鈃一派著作。劉咸炘、楊樹達曾明確指出，《先識覽·去宥》言別宥，乃宋鈃、尹文之遺說[101]。陳奇猷進一步說：「此篇（《去尤》）與《去宥》意義全同，其為一家之言可知。《去宥》云：『凡人必別宥然後知，別宥則能全其天矣。』考《尸子·廣澤》云：『料子貴別囿』，《莊子·天下》云：『宋鈃、尹文接萬物以別宥為始』，囿與宥同，則此篇及《去宥》為料子、宋鈃、尹文等流派之言也。」[102] 郭沫若也認為：「《呂氏》書乃

99　按，王利器《注疏》、陳奇猷《校釋》俱以此「邪」字為疑問詞。

100　王叔岷：《古籍虛字廣義》，台北，華正書局，1990 年 4 月，第119 頁。

101　劉咸炘：《呂氏春秋發微》，《劉咸炘學術論集·子學編》，第 309頁；楊樹達：《莊子拾遺》，《積微居讀書記》，北京，中華書局，2006 年 12 月，第 176 頁。

102　陳奇猷：《呂氏春秋校釋》，第 690 頁。

雜集他人成說而成,此二篇明系一篇之割裂,殆系采自宋子小說十八篇之一。」[103] 顧頡剛則注意到二篇體製略有差異,他說:「《去尤篇》末云:『解在乎齊人之欲得金也,及秦墨者之相妬也,皆有所乎尤也。』此兩事皆見《先識覽・去宥篇》,一若《去宥》為《去尤》之傳者。」[104] 鵬按,諸家說是。《去尤》、《去宥》二篇關係密切,從體例來看,如顧氏所言,原本可能有經有傳,其形式如《韓非子・內儲說》、《外儲說》,但編入《呂覽》時割裂為二,內容亦可能經過增益或刪改。從內容上來看,二篇以短小寓言陳說「別囿」、「去囿」的道理,《去宥》又有論「度」之語,皆與宋鈃、尹文學說合,且《去尤》篇末獨宗老子之說,疑與二子學術淵源有關(參考本文下篇第二章第一節、第三章第一節),二篇可視為宋鈃一派作品。

《去宥》第一則寓言為秦惠王時謝子與唐姑果爭寵事,其後作者對此事有評語,其言云:「人之老也,形益衰而智益盛。今惠王之老也,形與智皆衰邪!」從其口吻可推知此章寫作年代在秦惠文王末年。惠文王於公元前 337 年至前 311 年在位,正與宋鈃活動時間相合(據本文下篇第一章第一節推定宋鈃生卒年約公元前 382 年至前 300 年)。此外,該篇第二則寓言述及「荊威王學書於沈尹華」事,楚威王在位年代為公元前 339 年至前 329 年,亦與秦惠王在位及宋鈃活動時代相近。推測此二則寓言為宋鈃手著之可能性很大。不過,二篇中亦有宋

---

103 郭沫若:《宋鈃尹文遺著考》,《郭沫若全集・歷史編》第一卷,第 550 頁。

104 顧頡剛:《宋鈃書入小說家》,《史林雜識初編》,北京,中華書局,1963 年 2 月,第 293 頁。

鈃一派後學附益之內容，如《去尤》「魯有惡者」章明引《莊
子・達生》，此章之寫作時代當在宋鈃、莊周之後。

《呂氏春秋》中除了《去尤》、《去宥》兩篇為宋子學派遺
著外，王范之還指出《至忠》也可能是宋鈃後學的作品。他
說：「《至忠》篇言申公子培之忠，可謂穆行，『穆行之意，人
知之不為勸，人不知不為沮，行無高乎此矣。』又文摯之死，
『非不知活王之疾，而身獲死也，為太子行難以成其義也。』
這是通乎宋子的譽之不加勸，非之不加沮的道理。我疑《至
忠》的言論，是將宋子之學用之於忠的方面。」[105] 鵬按，《至
忠》所記申公子培（陳奇猷《校釋》指為申叔時[106]）犯不敬
之名奪楚莊王所射之隨兕，乃因其嘗讀故記「殺隨兕者，不出
三月」，所以「驚懼而爭之，故伏其罪而死。」在該篇作者看
來，申公子培所以能「人知之不為勸，人不知不為沮」，乃因
其「忠」，而所謂「忠」是「其愚心將以忠於君王之身」，這與
《莊子・逍遙遊》所述宋榮子「舉世而譽之而不加勸，舉世而
非之而不加沮」乃因其「定乎內外之分，辨乎榮辱之境」並不
相同。後者乃是基於「別囿」、「白心」而達到的修養境界；前
者則以愚心、愚忠而得到「穆行」之清名，其情雖可憫，其愚
實不可及。王氏與之比附宋鈃學說，頗為不倫。此則故事中提
及「故記」，疑方士禁忌之書，而第二則故事載齊王烹文摯而
不能死，覆之以絕陰陽之氣乃亡，陳奇猷據此推測此篇乃陰陽
家言[107]，其說可信。大體而言，此篇當是晚周儒家後學以陰

---

105 王范之：《呂氏春秋研究》，內蒙古大學出版社，1993 年 10 月，第
166 頁。
106 陳奇猷：《呂氏春秋校釋》，第 581 頁，注 11。
107 陳奇猷：《呂氏春秋校釋》，第 579 頁，注 1。

陽說敷衍「尚忠」之論的作品。

　　《呂氏春秋》乃呂不韋使其門客「人人著所聞」（見《史記》本傳），匯集諸家學說而作，故是書保存先秦諸子遺說者頗多，陳奇猷《校釋》於每篇之首皆推論其所屬家派，作了一些索隱鉤稽的工作，王范之《呂氏春秋研究》亦以此方法嘗試復原已湮沒之諸子學說，但誠如陳氏所說，此一工作「椎輪始創，困難實多」[108]，在方法及材料上仍需後人繼續深化、充實。

108　參考陳氏《呂氏春秋校釋》卷首之「編纂說明」。

下 編

第一章

論宋鈃之年世及其思想面貌

第一節　宋鈃之本名及年世約數

一、論宋鈃之本名

　　《莊子・天下》宋鈃、尹文並稱，《經典釋文》云：「（鈃）音形。徐胡冷反，郭音堅。」[1] 宋鈃於《孟子・告子下》又稱宋牼，《莊子・逍遙遊》、《韓非子・顯學》又稱宋榮子。楊倞云：「宋鈃，宋人，與孟子、尹文子、彭蒙、慎到同時，《孟子》作『宋牼』。牼與鈃同，音口莖反。」[2] 王先慎云：「宋榮即宋鈃，榮、鈃偏旁相通，《月令》『腐草為螢』，《呂覽》、《淮南》作蚈。榮之為鈃，猶螢之為蚈也。」[3]

　　前人多以宋子本名當為「鈃」，「牼」、「榮」則為其借字。方以智說：「鉶、鈃一字。鉶，戶經切，盛粥器也，又作鈃。《漢書》『歔土刑罩』，作刑。鈃，經天切。《說文》曰：『似鐘

1　黃焯：《經典釋文彙校》，北京，中華書局，2006 年 7 月，第 826 頁。

2　引自王先謙：《荀子集解》，台北，藝文印書館影印光緒辛卯刊本，2000 年 5 月初版七刷，第 228 頁。

3　王先慎：《韓非子集解》，北京，中華書局，1998 年 7 月，第 458 頁。

而頸長。』《字林》曰：『似小鐘而長頸，一曰似壺而大。《莊子》曰：求鈃鐘也以束縛。』按二字多互亂，《莊子》宋鈃即《孟子》所謂宋牼，牼、鈃聲相近。郭象讀為堅，而鈃鐘之鈃讀為鉶，皆誤也。智按，古硎亦作『研』，則鉶、鈃之通用可知，鈃之為硎、為牼，則借耳。」[4] 徐文靖也指出「鈃」與「牼」皆有「形」音，是以可通[5]。俞志慧透過音理的辨析，認為宋子本名當為「鈃」，上古音為匣母耕部（讀如「形」），並說：

> 《莊子·天下》、《荀子·非十二子》、《韓詩外傳》（卷四）等皆將宋子書作「宋鈃」，書作「宋牼」的只有《孟子》，書作「宋榮」的只有《莊子·逍遙遊》和《韓非子·顯學》，准此，筆者判斷其本名應該就是宋鈃，而其他的書法則是「鈃」的借字。學者們讀「牼」作苦顏反、客田反、苦耕反、口耕切、工定反等等，或許都無誤，因為其本字有許多音讀，但這與宋鈃的「鈃」無關；至於楊倞謂宋鈃之「鈃」讀作「口莖反」，則是就借字「牼」為說，並誤以該借字為本字；而郭象讀「鈃」為堅，則又是從「鈃」字的另一讀音出發，但這偏偏不是宋鈃之「鈃」的音讀。[6]

---

4 方以智：《通雅》，景印《文淵閣四庫全書》，上海古籍出版社，1987 年，總第 857 冊，第 85 頁。

5 徐文靖：《管城碩記》，北京，中華書局，1998 年 2 月，第 426 頁。

6 俞志慧：《〈孟子〉舊注商兌九則》，《學燈》第三期，簡帛研究網，2007 年 7 月 1 日。

鵬按，《說文》「鈃」、「鍾」二篆相連，並訓後者為「酒器」，前者為「似鍾而長頸」，可見「鈃」為一種長頸的酒器。方以智謂「鈃」可通「鉶」，而「鉶」為一種盛羹器。宋子之本名若為「鈃」或「鉶」，似與古人命名「不以器幣」的原則牴觸，且以「鈃」為名，極為罕見。頗疑宋子的本名為「牼」，孟子與宋子年世相及，且曾與之論辯，《孟子・告子下》記宋子名「牼」當較它書可信。《說文》：「牼，牛膝下骨也。從牛，巠聲。《春秋傳》司馬牼字牛。」段玉裁《注》：

> 《仲尼弟子列傳》宋司馬耕，字牛。《左傳》哀十四年兩書司馬牛，不稱其名。許云司馬牼，豈即司馬耕與？外此，昭廿年、廿一年宋有華牼，《孟子》書有宋牼，皆不傳其字。[7]

可見東周時宋人名「牼」者並不少見。除此之外，《春秋》襄公十七年有邾子牼，亦以「牼」為名，楊伯峻指出：「《公羊》、《穀梁》俱作『牼』俱作『瞷』。端方《陶齋吉金錄》卷一有邾公牼鐘四器，足證《左氏經》正確。」[8] 以「牼」為名蓋取其堅實之意，從「巠」為聲之字常有堅意，如「勁」、「硜」（聲音果勁）。「硜」與「硻（從石，堅省聲）」通，故《釋文》引郭象說「宋鈃」之「鈃」音「堅」，並非無據。上古音「牼」溪母耕部，「瞷」為匣母元部，「堅」為見母真部，「鈃」、「榮」皆為匣母耕部。上古見、溪、群三聲母皆為舌根

7　段玉裁：《說文解字注》，第 53 頁。

8　楊伯峻：《春秋左傳注》，台北，洪葉文化公司，1993 年 5 月，下冊，第 1029 頁。

塞音，僅有送氣與否及清濁之差別[9]，真、耕二部主要元音相同，若配合聲母相近的條件，二部可以通假，惟元部與耕部聲音較遠。不過，耕部與真、文、元通轉的現象較多，章太炎《成均圖》有青（耕）真旁轉、青（耕）諄（文）旁轉、青（耕）寒（元）旁轉之例[10]，董同龢、汪啟明更指出，耕部與真、文、元相通為齊、楚方言之特色[11]。

綜上所論，宋子本名可能為「牼」，「鈃」、「榮」皆其借字。由於傳世典籍及學者習以「鈃」為宋子之名，為敘述之方便，本文仍從時俗之通稱。

二、宋鈃年世之推定

關於宋鈃的行事，可考者惟《孟子・告子下》所載秦、楚

---

9 見、溪二母為舌根清塞音，二者僅有送氣與否之差別。音韻學家大多認為上古及中古匣母都為舌根濁擦音，但龔煌城透過漢藏語的比較，指出中古的匣、群及喻三在上古應當擬為舌根濁塞音。此從其說。龔氏說見《從漢藏語的比較看上古漢語若干聲母的擬測》，《漢藏語研究論文集》，第 45 頁。

10 章太炎：《國故論衡》，《中國現代學術經典・章太炎卷》，石家莊，河北教育出版社，第 13－14 頁。

11 董同龢：《與高本漢先生商榷「自由押韻」說兼論上古楚方音特色》，《中央研究院歷史語言所集刊》第 7 本第 4 分冊（1938 年）；汪啟明：《先秦兩漢齊語研究》，成都，巴蜀書社，1998 年 8 月，第 129－135 頁。按，沈培曾舉出蒸、東（冬）與真、文二部相通之例，說明 -ŋ、-n 相混是不同時期、不同方言都有的現象。耕部與真、文、元相通的現象，亦與 -ŋ、-n 韻尾相混有關。沈氏說見《上博簡〈緇衣〉篇「关（從心）」字解》，《華學》第六輯，第 71－72 頁。

將構兵，孟子遇之於石丘一條。關於此事，張宗泰《孟子諸國年號表說》有較詳細的考證：

> 當孟子時，齊、秦所共爭者惟魏。若楚雖近秦，時方強盛，秦尚未敢與爭。惟梁襄王元年癸卯，有楚與五國共擊秦不勝之事，而獨與秦戰，則在懷王十七年。先是十六年秦欲伐齊，而楚與齊從親，惠王患之，乃使張儀南見楚王，王為儀絕齊，而不得秦所許，故分秦商於之地，懷王大怒，發兵西攻秦，秦亦發兵擊之。十七年春，與秦戰丹陽，大敗，擄大將軍屈丐等，遂取漢中。王復怒，悉國兵襲秦，戰於藍田，又大敗。韓、魏聞之，襲楚至鄧，楚乃引兵歸。此事恰當孟子時，孟子是年因燕人畔去齊，疑孟子或有事於宋，而自宋至薛，因與宋牼遇於石丘。[12]

依張氏所考，《告子下》所述宋子游說秦、楚弭兵事，可定於楚懷王 17 年（公元前 312 年）前後。

孟子之生卒年異說頗多，約成於宋末元初的《孟氏家譜》斷孟子生於周定王三十七年，卒於赧王二十六年。但前人已指出，此書所記孟子生年頗有問題，因周時有二定王，其一為春秋時的周定王瑜，公元前 606－586 年在位；其二為戰國時的周定王介，公元前 468－411 年在位。孟子生年不可能早至春秋時，所以前者可排除，而定王介在位僅 28 年，《孟氏家譜》

---

12 張氏說引自焦循：《孟子正義》，北京，中華書局，1987 年 10 月，下冊，第 824 頁。

卻記「周定王三十七年」，明顯有誤。元人程復心作《孟子年譜》據前述《家譜》所記孟子卒年逆推，定孟子生年為周烈王四年（公元前 372 年），卒於周赧王二十六（公元前 289 年）。其後，曹之升、狄子奇、朱駿聲、萬斯同等皆從之，並對程氏說有所補充 [13]。顧實據此謂：

> 楚懷王十七年，當周赧王之三年，時孟子年適六十歲也。假定宋鈃長於孟子十年左右，故孟子以先生稱之，則宋鈃年七十歲矣。故茲擬宋鈃年世，自周安王二十年至周赧王十年，略當西紀元前三八二至三零五年間。[14]

錢穆《先秦諸子繫年》懷疑世傳《孟氏家譜》的來歷，對其所定孟子卒年亦一併疑之。據其所考，孟子生年「最早當安王之十三年（公元前 389 年），最晚當在安王二十年（前 382 年）」該書所附諸子年表將孟子生卒年繫於公元前 390 年至 305 年 [15]。錢穆據其所定孟子生卒年及上述孟、宋遇於石丘事以定宋鈃之年世。他說：

> 其時（指二人相會於石丘之時）孟子年已踰七十，而牼欲歷說秦、楚，意氣猶健，年未能長於孟子。「先生」自是稷下學士先輩之通稱。孟子亦深敬其人，故遂自稱名為謙耳。又荀卿《正論》篇屢及子宋子曰：「今子宋

13　參考葉志衡：《戰國學術文化編年》，杭州，浙江大學出版社，2007年 6 月，第 101－103 頁。

14　顧實：《莊子天下篇講疏》，第 128 頁。

15　錢穆：《先秦諸子繫年》，第 188、617 頁。

子乃不然，獨詘容為己，慮一朝而改之，說必不行矣。
二三子之善於子宋子者，殆不若止之，將恐礙傷其身
也。」[16] 又曰：「今子宋子嚴然而好說，聚人徒，立師
學，成文典，然而說不免於以治為至亂，豈不過甚矣
哉？」凡此云云，足徵荀卿著書，宋鈃猶在，同居稷
下，故其辭氣如是。余考荀卿年十五始游學來齊，至宣
王末年，荀卿年近四十歲，成書著書當始其時。宋鈃之
沒，或值湣王之世，要與尹文相次。又考《鹽鐵論·論
儒》篇歷述湣王末世，稷下諸儒散亡，有慎到、接子、
田駢、孫卿而無宋子、尹文，疑兩人或先卒。今姑定宋
子遇孟軻，年近五十，則其生當周顯王十年前，或視莊
周稍晚。若壽及七十，則與莊卒年亦相先後。莊、宋同
時，故莊周著書亦時時稱述及之也。[17]

依錢氏所定宋子生卒年為公元前 360－290 年，上述顧實所擬
宋子年世則為公元前 382－305 年，二家所擬宋子生年相差二
十餘年。若據顧說，宋子為孟、莊前輩；或依錢說，宋子則在
孟子之後，而與莊子同時。事涉宋子在戰國學術史上之定位問
題，需要進一步辨析。

　　前人已注意到《孟子·告子下》宋、孟遇於石丘章，孟子
五稱宋鈃為「先生」，又自稱己名，意極謙恭，如趙岐《注》
云：「學士年長者，故謂之先生。」又說：「孟子敬宋牼，自稱
其名曰軻。」焦循申其說云：

---

16 錢氏此段所引略有刪節，本文未加校改。
17 錢穆：《先秦諸子繫年》，第 376－377 頁。

> 《禮記‧曲禮》云「從於先生」，注云：「先生，老人教
> 學者。」《國策‧衛策》云「乃見梧下先生」，注云：
> 「先生，長者有德者稱。」《齊策》云「孟嘗君讌坐謂三
> 先生」，注云：「先生，長老先己以生者也。」鈃蓋年長
> 於孟子，故孟子以先生稱之而自稱名。[18]

孟子稱宋為「先生」，當取此一通誼。《孟子》中用「先生」一
詞，除見於《告子》此章外，又見於《離婁上》「樂正子從於
子敖之齊」章及《離婁下》「曾子居武城」章，分別為孟子弟
子樂正子及曾子門人對其師之尊稱。孟軻稱宋鈃為「先生」，
又自稱「軻」，當視其為年長有德者，宋鈃之行年自在孟子之
前。以此點來看，則顧實所說較為合理，即楚襄十七年（公元
前 312 年）秦楚構兵時，孟子年六十，宋子則在七十歲上下，
宋子之生年可依其說擬為公元前 382 年左右。至於其卒年，顧
實定在公元前 305 年，乃據一般情理推測。錢穆則據《鹽鐵
論‧論儒》所述湣王末世稷下諸儒散亡未數宋、尹，斷言其時
二子已亡，並指出《荀子‧正論》屢稱「今子宋子」之言行，
所以推測荀子著書之時，宋鈃應該仍在世。若依錢穆所定荀子
年世（公元前 340 至 245 年 [19]），則公元前 300 年時荀卿已屆
不惑之年，已有所著述。或許荀子始著書時，正當宋子晚年，
仍親眼見其學派之盛，故在著述中屢屢針對其說提出尖銳批
評。考慮到上述情形，顧實所定宋子卒年為公元前 305 年，仍
在合理範圍，錢穆將宋子卒年定為公元前 290 年似乎過晚。大

18　焦循：《孟子正義》，下冊，第 824 頁。
19　錢穆：《先秦諸子繫年》，第 619 頁。

體而論，宋子之生年在莊子之前（依錢穆所定年世為公元前
365 至 290 年 [20]），並略早於孟子，其活動時代與莊子、荀子
相接。荀子壯年始著書時，宋子猶在世。

第二節　宋鈃學派之思想面貌

　　根據上文所考，可信為宋鈃學派之著作有五篇，即楚竹書
《彭祖》、《管子・白心》及《心術上》經文、《呂氏春秋・去
尤》、《去宥》。其中《去尤》明引《莊子》為說，《去宥》、《去
尤》又有經、傳之分，二篇雖有部分章節可能為宋鈃所作，但
其編定仍在其身後。此外，《心術下》為《心術上》之傳，頗
能闡發經文義理，其文雜有稷下道家之精氣論，雖未必即宋子
後學作品，但仍可視為受宋鈃思想影響較深的著作。上述篇章
所論有其側重點，如《白心》、《心術》偏重「心」之論述，
《去宥》、《去尤》以淺近寓言闡發宋子「別囿」之說，《彭祖》
則著重人倫的一面，未必能反映宋鈃一派的思想全貌。在此種
情形下，《莊子・天下》、《荀子・正論》、《正名》等評述資
料，對瞭解宋鈃的思想內涵就具有重要的補充作用。此外，
《韓非子・顯學》、《尹文子》「田子讀書」章對宋子的批評雖然
簡略，卻從正、反兩面彰顯出宋鈃學說的精神，亦不容忽視。

20　錢穆：《先秦諸子繫年》，第 269－270 頁、第 618 頁。

一、宋鈃學派之思想內涵

宋鈃學派的思想內涵可以歸納為以下幾個要點：

1. 白心：宋鈃重視心的作用及地位，以「心術」為其理論之基礎。所謂「心術」即「心之行」。葛瑞漢指出：「宋鈃有別於墨家的地方在於提出一個實行改革的新處方，通過意識到觀點狹隘（別囿）來改變人的內心世界，從他人的判斷祛除自負自大，以及認識到人把本來不多的基本需要人為地膨脹了（按，即「人之情欲寡，而皆以己之情為欲多」）。孔子和墨子把『行』理解為社會行為，宋鈃強調注意『心之行』。……他在轉向專注內心方面扮演了主要角色。」[21]《心術上》經文開篇便說：「心之在體，君之謂也。」《莊子・天下》亦點出宋子之學的要旨在於「語心之用，命之曰心之行」。本文考證楚竹書《彭祖》的學派歸屬時，已指出該篇重視「心」之認識功能，並涉及如何排除外在干擾，恢復心的本然狀態，如簡文云「執心不芒」、「遠慮用素，心白身懌」。《天下》謂宋子一派「不累於俗，不飾於物，不苟於人，不忮於眾。願天下之安寧，以活民命。人我之養，畢足而止。以此白心。」白心即彰明其心，使心恢復本然澄澈的狀態。《管子・白心》更以此為主旨，除以隱語論心為身主及其作用，並呼籲人們透過審慎的觀察，去除外在事物對心的干擾，如云：「人言善亦勿聽，人言惡亦勿聽，持而待之，空然勿兩之，淑然自清，無以旁言為事成。察而徵之，

---

21 葛瑞漢：《論道者——中國古代哲學論辯》，第 115－116 頁。

無聽而辨，萬物歸之，美惡乃自見。」「白心」可視為宋鈃學派追求之境界，其工夫則在別囿、寡欲及見侮不辱。

2. 別囿：《莊子・天下》謂宋子「接萬物以別囿為始」，所謂「別囿」，具體言之，即「君子不為苛察，不以身假物」、「不累於俗，不飾於物，不苟於人，不忮於眾」、「定乎內外之分」，即將外在的榮辱及多餘的物欲視為人心之囿限，別而去之，以維持心之潔白。《心術上》經文云：「虛其欲，神將入舍；掃除不絜，神乃留處。」「君子不誠乎好，不迫乎惡。恬愉無為，去智與故。」《心術下》云：「毋以物亂官，毋以官亂心。」皆合於別囿之旨。《呂氏春秋・去尤》說：「所以尤者多故，其要必因人所喜與因人所惡。」將人之拘蔽歸結為心中之喜惡，既有喜惡，則外有所重，而「外有所重者，蓋內拙也。」《去宥》也說：「凡人必別囿然後知，別囿則能全其天矣。」

3. 情欲寡淺：宋鈃主張「以情欲寡淺為內」、「情之欲寡以為主」，又說：「情固欲寡，五升之飯足矣，先生恐不得飽，弟子雖飢，不忘天下。」（見《莊子・天下》）宋子倡「情欲寡」乃認為人心的欲望本來不多，卻自以為本性多欲，如此只會徒增煩擾及紛爭。《彭祖》說：「泰匡之愆，難以遣欲」便明白指出此點。宋子反對盈滿過度的思想承自《老子》，《白心》對於此點頗為強調，如云「日極則仄，月滿則虧。極之徒戾，滿之徒虧，巨之徒滅。」又說：「持而滿之，乃其殆也。名滿於天下，不若其已也。」「滿盛之國，不可以仕；滿盛之家，不可以嫁子。」

4. 見侮不辱：宋鈃所欲除人心之囿，在內即自以為本性欲多，在外則為榮辱。榮辱之囿既破，則可使民無鬥，故《天下》

述其說為「見侮不辱，救民之鬥。」《莊子‧逍遙遊》謂宋子「舉世而譽之而不加勸，舉世而非之而不加沮」，即將世俗之非譽榮辱置於度外。葛瑞漢曾指出：「『見侮不辱』的趣味在於它引起一個問題：個人的自我評價能否完全獨立於他人的好惡。宋鈃和莊子主張它能夠獨立而且應該獨立。」[22]宋鈃此說在戰國中晚期影響頗大，所以荀子在《正論》區分義榮、勢榮、義辱、勢辱，強調「君子可以有勢辱，而不可以有義辱；小人可以有勢榮，而不可以有義榮」，欲破宋子此說；《正名》更從名實的角度，批評其說乃是「惑於用名以亂名者也」。

5. 禁攻寢兵及非鬥：宋鈃對於當時戰爭連年，民不聊生的情形提出「禁攻寢兵」及非鬥的主張，即《天下》所說「見侮不辱，救民之鬥；禁攻寢兵，救世之戰」，《韓非子‧顯學》所謂「設不鬥爭，趣不隨仇」，《彭祖》所謂「毋尚鬥」。《白心》主張義兵，謂「祥於鬼者義於人，兵不義不可」，亦與禁攻寢兵說相容（說見本文上篇第三章第二節）。《孟子‧告子下》並記載宋子晚年時，仍以實際行動遊說秦、楚等大國休兵。

6. 正名：楚竹書《彭祖》偏重人道之論述，篇中倡導等級名分乃人之綱紀，必須遵守，簡文說：「父子兄弟，五紀畢周，雖貧必攸；五紀不正，雖富必失。」《心術上》也強調「君臣父子人閒之事謂之義。」解文謂「義」為「各處其宜」。此主張表現出宋鈃兼融儒家學說的一面。宋鈃上承孔子「君君、臣臣、父父、子子」「名不正則言不順，言不順則事不

---

22 葛瑞漢：《論道者——中國古代哲學論辯》，第 117 頁。

成」之正名觀，主張「正名自治，奇名自廢。名正法備，則聖人無事。」(《白心》)「物固有形，形固有名，名當謂之聖人」(《心術上》)²³。宋子重視名、實（即所謂「形」）相應，其說直接影響尹文，如《尹文子》云：「名也者，正形者也。形正由名，則名不可差。」又云：「形以定名，名以定事，事以檢名。」並提出「名有三科，法有四呈」，且重視人君密用之術及制法之勢²⁴，已初步從名實論過渡到法家循名責實之說，可視為宋鈃之說的進一步發展。

7. 人道與天、地之道並重，但主張人當取法天、地：此一思想上承《老子》「人法地，地法天，天法道，道法自然。」《心術上》經文謂「虛其欲，神將入舍。」「動則失位，靜乃自得。」「聖人無求也，故能虛。」而虛、靜之原則正來自天地之道，故曰「天曰虛，地曰靜，乃不貸。」《白心》也有人法天地之說，如云：「上之隨天，其次隨人。人不倡不和，天不始不隨，故其言也不廢，其事也不墮。」「孰能忘己乎，效夫天地之紀。」「索之於天，與之為期。不失其期，乃能得之。故曰：吾語若大明之極。大明之明，非愛人不予也。」楚竹書《彭祖》也說：「天地與人，若經與緯，若表與裏」，不可偏廢。但從簡文中彭祖屢屢欲闡述「天道」之情形及耇老「未則於天，敢問為人」之語，可以推知在作者心目中仍以天道為尚。

8. 初步提出「靜因之道」：《心術上》由虛靜推出靜因之道，可視為對《老子》虛靜無為說的發展。所謂「靜因之道」即

---

23 解文云：「『物固有形，形固有名』，此言言不得過實，實不得衍名。號物以形，以形侔名。督言正名，故曰『聖人』。」
24 王啟湘：《尹文子校詮》，《周秦名家三子校詮》，第22-23頁。

「其應也，非所設也；其動也，非所取也。」「其處也若無知，其應物也若偶之。」不過，需要指出的是，《心術上》經文雖初步提出「因」、「應」之觀念，但全篇所重仍在「虛」、「靜」，解文則受慎到一派影響，大談因循之論（參考本文上篇第四章第二節）。此外，《白心》云：「聖人之治也，靜身以待物，物至而名自治。……不可常居也，不可廢捨也。隨變以斷事，知時以為度。」亦合於靜因之說。

上述宋鈃學說，第 7 項（人法天地）受《老子》影響，第 3（情欲寡淺）及第 8 項（靜因之道），為《老子》學說的進一步發展；第 6 項（正名）受儒家影響，第 1 項（白心）受子思學派影響（說詳下節及本文下編第二章第三節）；第 5 項（禁攻寢兵）受墨家影響，但立論基礎不同（說詳本文下編第二章第二節）。綜合來看，宋鈃學說融合道、儒、墨，而以《老》學為其根柢。若以漢人學術流派之劃分，其思想當歸入道家；《漢書・藝文志》將之劃入小說家，主要著眼於立論形式（參考本文上篇第二章第三節）。

二、宋鈃學說之基本精神

《韓非子・顯學》將儒家漆雕開與宋鈃對舉，並歸納宋子之思想特色在「寬」、「恕」。韓非說：「漆雕之議，不色撓，不目逃，行曲則違於臧獲，行直則怒於諸侯，世主以為廉而禮之。宋榮子之議，設不鬥爭，趣不隨仇，不羞囹圄，見侮不辱，世主以為寬而禮之。」儒家以勇為教，並不斥私鬥。《論語・憲問》：「或曰：『以德報怨，何如？』子曰：『何以報德？以直報怨，以德報德。』」以德報德、以怨報怨，即所謂

「直」也。《禮記・表記》載孔子語：「以德報德，則民有所勸；以怨報怨，則民有所懲。《詩》曰：『無言（愆）[25] 不讎，無德不報。』」即此意。由此觀念出發，因報私仇而鬥，未嘗為非禮或不法 [26]，故《檀弓》載子夏問居父母之仇該如何，孔子答曰：「寢苫枕干，不仕，弗與共天下也；遇諸市朝，不反兵而鬥。」至若從父昆弟之仇則「不為魁，主人能，則執兵而陪其後。」錢穆說：「韓非言儒分為八，漆雕居首，漆雕可為儒之代表矣。此儒之主有鬥也。」[27] 蒙文通更謂《孟子・公孫丑上》所記「不膚撓，不目逃」之北宮黝亦「所謂漆雕氏之徒，殆儒而俠者也。」並疑《禮記・儒行》為漆雕之儒所傳 [28]。《儒行》說：「儒有可親而不可劫也；可近而不可迫也；可殺而不可辱也。」既云可殺不可辱，必嚴榮、辱之辨，也難怪荀子對宋鈃「見侮不辱」說猛烈抨擊。宋子「趣不隨仇」、「見侮不辱」，對他人之怨仇與侮辱採取寬容之態度，故韓非以「寬」稱之，亦即孔子所謂：「以德報怨，則寬身之仁也。」（見《禮記・表記》）。

　　《顯學》又將宋子學說之精神歸結為「恕」。《說文》：

25　按，所引《詩》見《大雅・抑》，「言」與「德」對文，疑當讀為「愆」，訓為罪過。

26　按，錢穆《儒禮雜議之一——非鬥》一文指出：「孔子固未嘗指斥私鬥，則以鬥之為古禮也。」又云：「儒者終言『養勇』，言『不辱』，言『復讎』，而未嘗明斥鬥爭；則以鬥為古禮，儒者循禮，故不知非也。」

27　錢穆：《儒禮雜議之一——非鬥》，《中國學術思想史論叢（二）》2000 年 11 月，台北，蘭臺出版社，第 219 頁。

28　蒙文通：《漆雕之儒考》，《儒學五論》，桂林，廣西師範大學出版社，2007 年 5 月，第 61－62 頁。

「恕，仁也。從心，如聲。」《論語・里仁》「夫子之道，忠恕而已矣。」朱熹《集注》：「盡己之謂忠，推己之謂恕。……或曰：『中心為忠，如心為恕』於義亦通。」[29]《楚辭・離騷》「羌內恕己以量人兮」，王逸《章句》：「以心揆心為恕。量，度也。」[30]《管子・七法》云：「實也、誠也、厚也、施也、度也、恕也，謂之心術。」所謂「恕」者，以己心度他心，本隱含有人與人之間內在交流、疏通彼此隔閡的意義，故與「心之行」、「心術」涵義相通。

《尹文子》「田子讀書」一章載宋子認為「堯時太平」乃「聖人之治以致此」，彭蒙卻針鋒相對地說「聖法之治以致此，非聖人之治」，並進一步與之論「聖人」、「聖法」之別。此章所記雖未必為實錄，但表現出宋鈃重視「聖人之治」之傾向。《管子・白心》云：「聖人之治也，靜身以待物，物至而名自治。正名自治，奇名自廢。名正法備，則聖人無事。」宋子的聖人觀是與其正名理論相表裡的，《心術上》經文云：「物固有形，形固有名，名當謂之聖人。」解文也說：「名者，聖人之所以紀萬物也。」聖人督言正名，使名實相應，無益無損，天下自能太平。關於此點，《心術下》闡釋最明，傳文說：「凡物載名而來，聖人因而裁之，名實不傷，不亂於天下，而天下治。」

宋鈃重人治，但亦不廢法治，如《白心》：「天不為一物枉其時，明君聖人亦不為一人枉其法。」又如《心術上》經文將禮、法並舉，謂「簡多小大一道，殺僇禁誅謂之法」，解文釋

29 朱熹：《四書章句集注》，第 72 頁。

30 王逸：《楚辭章句》，台北，藝文印書館影印明觀妙齋刻本，1974 年 4 月再版，第 30 頁。

曰:「『法』者,所以同出,不得不然者也。「殺僇禁誅」,以一之也。事督乎法,法出乎權,權出乎道。」以「法」為不得不然者,且由權、道派生。值得注意的是,解文「事督乎法,法出乎權,權出乎道」之說與馬王堆《老子》乙本卷前佚書《經法》首句「道生法」[31] 相合,皆為稷下黃老道家之說。以宋鈃的思路來說,聖人取法天地虛靜之道,故能揆度萬物而設名制法,故聖人與聖法是二而為一的,聖人即「道生法」之中介,故宋子會懷疑:「聖人與聖法,何以異?」但彭蒙、田駢卻主張「聖人者,自己出也;聖法者,自理出也。理出于己,己非理也;己能出理,理非己也。故聖人之治,獨治者也;聖法之治,則無不治矣。此萬物之利,唯聖人能該之。」蓋以「理」[32] 作為道與法之中介,而認為法治高於人治。從此點來看,宋鈃融合「正名」及《老子》人法天地之說,影響尹文建立名法理論,可視為道、法轉關的初步階段。彭蒙、田駢及慎到等棄人治之私,而任法理之公[33],又為進一

31 按,學者對於「道生法」之說討論頗多,如白奚認為此說乃黃老學派的第一命題,他說:「這一命題首次將道與法統一了起來,明確地揭示了道與法的基本關係——法是由道派生的,是道這一宇宙間的根本法則在社會領域的落實和體現。」見《稷下學研究——中國古代的思想自由與百家爭鳴》,第 120 頁。相關之討論,可參考張增田:《「道」何以「生法」——關於〈黃老帛書〉「道生法」命題的追問》,《管子學刊》2004 年第 2 期,第 18—23 頁。

32 按,《心術上》解文云:「禮出乎義,義出乎理。理,因乎宜者也」以「禮」由「理」派生,彭蒙等人則進一步以「理」為「法」之本原,二者或有思想上的聯繫。

33 《莊子・天下》謂彭蒙等人「公而不黨,易而無私」,又「謑髁無任,而笑天下之尚賢也;縱脫無行,而非天下之大聖。」「動靜不離於理,是以終身無譽。」

步之發展，可視為道、法轉關的第二階段。

第三節 論「心術」及「白心」二詞之源流

一、論「心術」一詞的來源及心術說的發展

　　《管子》中「心術」一詞見於《心術上》解文「心術者，無為而制竅者也，故曰君」，亦見於《七法》：「正天下有分：則、象、法、化、決塞、心術、計數。……實也、誠也、厚也、施也、度也、恕也，謂之心術。」在出土文獻中，「心術」見於郭店楚竹書《性自命出》第 14 簡「凡道，心術為主。道四術，唯人道為可道也。」[34] 簡文以「術」代「道」除了避免行文單調外，頗疑亦有與道家分別之用意。周鳳五曾指出，該篇竹書乃儒家子思學派之經典[35]。依此推論，「心術」一詞的提出，可能即與子思一派有關。

　　《禮記・樂記》：「夫民有血氣心知之性，而無哀樂喜怒之常，感應起物而動，然後心術形焉。」「姦聲亂色，不留聰明；淫樂慝禮，不接心術。」亦見「心術」一詞。值得注意的是，後者與《心術上》經文「嗜欲充益〈盈〉，目不見色，耳不聞聲。上離其道，下失其事」相通。《史記正義》以《樂記》

34　荊門市博物館：《郭店楚墓竹簡》，北京，文物出版社，1998 年 5 月，第 179 頁。

35　周鳳五：《郭店竹簡的形式特徵及其分類意義》，《郭店楚簡國際學術研討會論文集》，第 54 頁。

為公孫尼子所作，但李學勤指出，《朱子語類》載朱熹曾嘆《樂記》「天高地下」一段「意思極好，非孟子以下所能作，其文如《中庸》，必子思之辭。」而董仲舒《春秋繁露・循天之道》引《公孫之養氣》，篇中強調「中和」、「養氣」之說與思孟一系有關，均可說明公孫尼子與子思學派的觀點接近 [36]。《樂記》之言「心術」可能亦受子思一派之影響 [37]。

　　《墨子・非儒下》載「孔某與其門弟子閒坐，曰：『夫舜見瞽叟就（蹙）然，此時天下坆（岌）乎！周公旦非其人（仁）也邪？何為舍亓家室而託寓也？』孔某所行，心術所至也。其徒屬弟子皆效孔某，子貢、季路輔孔悝亂乎衛……。」[38] 鵬按，此篇為墨子後學折儒之論 [39]。篇中兩引晏子與齊景公論孔子之言行以抑儒，且《孟子・萬章上》載咸丘蒙執《非儒》所

36　見李學勤：《周易溯源》，成都，巴蜀書社，2006 年 1 月，第 115－116 頁。

37　按，子思與公孫尼皆孔門的再傳。子思為孔子之孫，孔子之子鯉，較孔子謝世為早，所以孔子曾見到幼年的子思。至於公孫尼則為七十子弟子，見《漢書・藝文志》「公孫尼子二十八篇」，班固自注：「七十子之弟子。」《隋志》則云：「似孔子弟子。」李學勤《周易溯源》（第 112 頁）指出，《樂記》中有魏文侯及其樂人竇公，公孫尼做為孔子再傳弟子是合宜的。這和《公孫尼子》一書在《漢志》儒家中排列的位置也適相符合。

38　引文中「就」讀為「蹙」，「坆」讀為「岌」，「人」讀為「仁」，參考孫詒讓：《墨子閒詁》，北京，中華書局，2001 年 4 月，上冊，第 305－306 頁。

39　畢沅云：「《孔叢・詰墨篇》多引此詞。此述墨氏之學者設師言以折儒也。……此無『子墨子言曰』者，門人小子臆說之詞。」按，《非儒下》改竄史實，又非《莊》寓言之類，實屬學派對立之惡意詆毀，孔門後學更作《詰墨》條辨之，以正視聽，欲恢復先人之名譽。

述孔子之說以問孟子，被孟子斥為「此非君子之言，齊東野人之語也。」由此二點，可推測《非儒下》為齊稷下之墨家學者所造，其「心術」一詞或即取自子思或稷下道家之著作。

　　由於稷下的討論及傳布，心術說流行於戰國中晚期，如《莊子‧天道》云：「本在於上，末在於下；要在於主，詳在於臣。三軍五兵之運，德之末也；賞罰利害，五刑之辟，教之末也；禮法度數，形名比詳，治之末也；鐘鼓之音，羽旄之容，樂之末也；哭泣衰絰，隆殺之服，哀之末也。此五末者，須精神之運，心術之動，然後從之者也。」所論似與《心術上》相涉，但謂「禮法度數，形名比詳，治之末也」，明顯欲凌越稷下道家形名、禮法之說[40]。《天道》一篇與黃老道家有關，前人已有留意，如王夫之說：「此篇之說，有與莊子之旨迥不相侔者。特因老子守靜之言而演之，亦未盡合于老子。蓋秦漢間學黃老之術以干人主者之所作也。……莊子之說，和上下、顯隱、貴賤、小大而通於一。此篇以無為為君道，有為為臣道，則剖道為二，而不休乎天鈞。」[41] 劉笑敢也以《莊子》外篇《天道》、《天地》、《在宥》等為「莊子後學的黃老派作品」[42]。

40　《莊子‧天道》又云：「故書曰：『有形有名。』形名者，古人有之，而非所以先也。古之語大道者，五變而形名可舉，九變而賞罰可言也。驟而語形名，不知其本也；驟而語賞罰，不知其始也。倒道而言，迕道而說者，人之所治也，安能治人！驟而語形名賞罰，此有知治之具，非知治之道；可用於天下，不足以用天下，此之謂辯士，一曲之人也。禮法數度，形名比詳，古人有之，此下之所以事上，非上之所以畜下也。」所論更為顯豁。

41　王夫之：《莊子解》，台北，里仁書局，1984 年 9 月，第 114 頁。

42　劉笑敢：《莊子哲學及其演變》，北京，中國社會科學出版社，1988年，第 305 頁。

鵬按，《心術上》之「心之在體，君之位也。九竅之有職，官
之分也。」「心術者，無為而制竅者也，故曰君」即王夫之所
謂「以無為為君道，有為為臣道」。《莊子・天道》的著作年代
雖未必晚至秦漢，且莊子後學也未必有黃老一派，但莊子學派
受稷下道家之影響則為事實 43。《人間世》所謂「若一志，無
聽之以耳，而聽之以心；無聽之以心，而聽之以氣。聽止於
耳，心止於符。氣也者，虛而待物者也。唯道集虛。虛者，心
齋也。」即可視為宋銒心術說的進一步發展 44。

　　《荀子・解蔽》：「凡萬物異則莫不相為蔽，此心術之公患
也。」「聖人知心術之患，見蔽塞之禍，故無欲無惡，無始無
終，無近無遠，無博無淺，無古無今，兼陳萬物而中縣衡
焉。」所論與《心術上》及宋銒「去囿」說合，但同書《非
相》又說：「相形不如論心，論心不如擇術。形不勝心，心不勝
術。術正而心順之，則形相雖惡而心術善，無害為君子也；形
相雖善而心術惡，無害為小人也。」別心、術為二，又謂「心
不勝術」，則下開韓非法術之說。《韓非子・用人》云：「釋法

43　裘錫圭指出，《莊子・天道》有許多與道法家相通的思想，如「是
　　故古之明大道者，先明天而道德次之，道德已明而仁義次之，仁義
　　已明而分守次之，分守已明而形名次之，形名已明而因任次之，因
　　任已明而原省次之，原省已明而是非次之，是非已明而賞罰次之。
　　賞罰已明而愚知處宜，貴賤履位；仁賢不肖襲情，必分其能，必由
　　其名。以此事上，以此畜下，以此治物，以此修身，知謀不用，必
　　歸其天，此之謂大平，治之至也。」參考《馬王堆〈老子〉甲乙本
　　卷前後佚書與「道法家」──兼論〈心術上〉〈白心〉為慎到田駢
　　學派作品》，《文史叢稿》，第 75 頁。
44　劉節以莊子此說受宋銒「白心」之影響，說見《管子中所見之宋銒
　　一派學說》，《劉節文集》，第 203 頁。

術而任心治 [45]，堯不能正一國。去規矩而妄意度，奚仲不能成
一輪。廢尺寸而差短長，王爾不能半中。使中主守法術，拙匠
守規矩尺寸，則萬不失一 [46]。」已明確主張棄心術而任法術。

二、論「白心」一詞的起源

關於宋子一派「白心」術語的形成及來源，文獻中猶有線
索可追尋。《國語·周語上》載晉惠公即位，周襄王使邵公過
及內史過賜之命圭，惠公及其臣呂甥、郤芮執禮不敬，內史過
回去後，在周王面前預言晉國將衰，並說：

> 民之所急在大事，先王知大事之必以眾濟也，是故祓除
> 其心，以和惠民。考中度衷以蒞之，昭明物則以訓之，
> 制義庶孚以行之。祓除其心，精也。考中度衷，忠也。
> 昭明物則，禮也。制義庶孚，信也。則則長眾使民之
> 道，非精不和，非忠不立，非禮不順，非信不行。

其中「祓除其心，精也」一句與「白心」概念有關。韋昭讀
「祓」為「拂」，並訓「精」為「潔」 [47]。李銳解釋此句云：

---

45 王先慎《韓非子集解》云：「各本無『任』字，《御覽》八百三十引
『心』上有『任』字是。下『去規矩而妄意度』與『任心治』相對
為文，明此脫『任』字，今據補。」

46 今本「一」作「矣」，王先慎《集解》：「《藝文類聚》引『矣』作
『一』。」

47 說見上海師範大學古籍整理組校點本《國語》，台北，里仁書局，
1981 年 12 月，第 36 頁注 9、第 37 頁注 13。

「《廣雅・釋詁下》：『祓，除也。』《小廣雅・廣詁》：『祓，
潔也。』『祓除其心』就是指潔其心。潔其心就可以『和惠
民』，就是『精』。」[48] 鵬按，李氏說是。「祓除其心」即「潔
其心」、「白其心」之意，其概念疑源於宗教儀式。儺儀之「索
室毆疫」與宮室邪穢事物的清潔或禳除有關。殷代卜辭有貞問
「宅新室」、「宄寢」之辭例 [49]，「宄寢」之「宄」（字本從
宀，九聲）訓為清除，其儀式包括以祭祀及工具清除屋室中的
厲鬼與害蟲 [50]。由此引申，將心視為精神的宮室，故有「祓除
其心」之說。《心術上》經文云：「虛其欲，神將入舍；掃除不
絜，神乃留處。」解云：「神者，至貴也。館不辟除，則貴人
不舍焉。」更可見「白心」取喻於祓除宮室之儀式。

　　「白」與「祓」在語源上可能有關，出土文獻中亦有相通
之例，如上海博物館藏楚竹書有《柬大王泊旱》一篇，整理者
取首句「柬大王泊旱」為題。「泊」字，整理者引《廣韻》、
《集韻》訓為止 [51]。周鳳五指出：「泊，古音並紐鐸部；祓，幫
紐月部。音近可通。祓，除也。《說文》：『祓，除惡祭
也。』……簡文『祓旱』指舉行祭祀來祓除旱災。」[52]「泊」

---

48 李銳：《論帛書〈二三子問〉中的『精白』》，《簡帛釋證與學術思想
　　研究論集》，台北，臺灣書房，2008 年 3 月，第 191 頁。

49 見《甲骨文合集》13563、13573、22548、24951。

50 關於上古儺儀及卜辭「宄寢」，參考拙著：《殷代巫覡活動研究》，
　　臺灣大學中國文學研究所碩士論文，2003 年 1 月，第 268－295
　　頁。

51 馬承源編：《上海博物館藏戰國楚竹書（四）》，上海古籍出版社，
　　2005 年 12 月。

52 周鳳五：《上博四〈柬大王泊旱〉重探》，《簡帛》第 1 輯，上海古
　　籍出版社，2006 年 10 月。

與「祓」相通，猶「白心」即「祓除其心」。前引《周語》又有「考中度衷，忠也」一句，韋昭注：「忠，恕也。」「考中，省己之中心以度人之衷心，恕以臨之也。」[53] 說極精審。忠恕之觀念為儒家一貫主張，但在《管子》中亦有類似說法，如《管子・七法》「實也、誠也、厚也、施也、度也、恕也，謂之心術。」《白心》「中又有中。孰能得夫中之衷乎」亦與「考中度衷」相通。

值得注意的是，子思及莊子學派也有「白心」的類似表述。郭店竹書《性自命出》為子思一派的經典，該篇末章（簡62至67）描述君子的思想、行為及容貌云：

> 凡憂患之事欲任，樂事欲後。身欲靜而毋遣，慮欲淵而毋偽，行欲勇而必至，貌欲莊而毋廢，欲柔齊而泊，喜欲知而亡末，樂欲懌而有志，憂欲斂而毋悶，怒欲盈而毋暴，進欲遜而毋巧，退欲忍而毋輕。欲皆文而毋偽。……君子身以為主心。[54]

「欲皆文而毋偽」疑當作「皆欲文而毋偽」，乃此段之總結，簡

---

53 見上海師範大學古籍整理組校點本《國語》，第 36 頁注 10。

54 所錄釋文參考周鳳五：《郭店〈性自命出〉「怒欲盈而毋暴」說》，《新出土文獻與古代文明研究》，上海大學出版社，2004 年 4 月，第 185—190 頁；《上博〈性情論〉小箋》，《複印報刊資料・先秦、秦漢史》，2002 年第 6 期，第 25 頁；《上海博物館楚竹書〈彭祖〉重探》，《南山論學集——錢存訓先生九五生日紀念》，第 15 頁注 5（讀「貌欲莊而毋拔」之「拔」為「廢」）。分章則參考李零：《郭店楚簡校讀記》（增訂本），北京大學出版社，2002 年 3 月，第 108、111 頁。

文「皆」、「欲」二字誤倒。末句當作「君子心以為主身」，「身」、「心」二字誤倒，文義遂不通。「心以為主身」即《心術上》所謂「心之在體，君之位也。」《性自命出》「欲柔齊而泊」句與上下文例不合，當有缺文。李零、周鳳五在「欲」之上補「心」字，周鳳五更指出：「心欲柔齊而泊」似與「白心」說有關 [55]。按，上博本《性情論》此章有「用心欲德而毋偽」[56]，但郭店本此段排比未出現論「心」的相關句，故周、李二家補「心」字當無可疑。「泊」可依周鳳五說迻讀為「白」。

《莊子·天地》記子貢由楚反晉，見一丈人鑿隧入井、抱甕出灌以為圃畦，用力甚多而見功寡，子貢問丈人何不使用桔槹，他說：

> 吾聞之吾師：有機械者必有機事，有機事者必有機心。
> 機心存於胸中，則純白不備；純白不備，則神生不定；
> 神生不定者，道之所不載也。

「機心」即詐偽之心，純白存於胸中則為「白心」。《莊子》所謂「純白不備，則神生不定」即《心術上》「虛其欲，神將入舍；掃除不潔，神乃留處」、「潔其宮，開其門，去私言，神明若存」之意。

---

55 周鳳五：《上海博物館楚竹書〈彭祖〉重探》，《南山論學集——錢存訓先生九五生日紀念》，第 15 頁注 5；李零：《郭店楚簡校讀記》（增訂本），第 111 頁。

56 按，此句「偽」字整理者隸定為從「苟」省、從「心」，此據李零《上博楚簡三篇校讀記》（第 77 頁）改釋。

第二章

論宋鈃在道家之地位及其
與儒、墨之關係

第一節　論宋鈃學說為道家老、莊之鏈環

一、《老子》學說對宋鈃之影響

　　錢穆《宋鈃考》曾說：「余嘗謂黃老起於晚周，興於齊，又謂道原於墨。若宋子，宗墨氏之風，設教稷下，其殆黃老道德之開先耶！」其謂「道原於墨」、宋鈃「宗墨氏之風」，雖未必正確，但他提出宋子乃「黃老道德之開先」，卻是極具眼力的。錢氏在文中並詳舉《莊子》、《荀子》、《韓非子》等書所述宋子思想，比附《老子》相關詞句，以明班固稱其書近黃老意之因。茲將其說歸納為以下八點[1]：

1. 《荀子·正論》曰：「子宋子曰：人之情欲寡，而皆以己之情為欲多，是過也。」《解蔽》又曰：「宋子蔽於欲而不知得。」此《老子》謂「少施寡欲，絕學無憂」，而稱「禍莫大於不知足，咎莫大於欲得」者也。

2. 《荀子·天論》曰：「宋子有見於少，無見於多。」此《老

1　錢穆：《宋鈃考》，《先秦諸子繫年》，第 375－376 頁。

子》謂「少則得，多則惑。」「為道日損」、「儉故能廣」、
「餘食贅行，有道不處」者也。

3. 《荀子·正論》曰：「子宋子曰：明見侮之不辱，使人不
鬥。」《韓非子·顯學》亦言之曰：「宋榮子之議，設不鬥
爭，取不隨仇，不羞囹圄，見侮不辱。」此《老子》所謂
「勇於不敢」、「柔弱處上」、「大白若辱」、「知雄守雌」者
也。

4. 《莊子·逍遙遊》稱宋榮子：「舉世而譽之而不加勸，舉世
而非之而不加沮，定乎內外之分，辨乎榮辱之境。」此《老
子》所謂「明道若昧，深不可識。」「知我者希則我貴」者
也。

5. 《莊子·天下》稱之曰：「不累於俗，不飾於物，不苟於
人，不忮於眾。願天下之安寧，以活民命。人我之養，畢足
而止，以此白心。」此《老子》所謂「我有三寶，以慈為
先。」「聖人不積，既以為人己愈有，既以與人己愈多」者
也。

6. 《天下》又謂宋子「語心之容，命之曰心之行。」《韓非
子·顯學》：「是漆雕之廉，將非宋榮之恕；是宋榮之寬，將
非漆雕之暴。」宋榮之恕與寬即其所言心之容也（鵬按，其
解《天下》「心之容」與本文看法不同）。此《老子》所謂
「知常容，容乃公。」「聖人無常心，以百姓心為心。」

7. 《天下》又云「接萬物以別囿為始」，此《老子》「常善救
人，故無棄人；常善救物，故無棄物。是謂襲明」之旨也。

8. 《天下》又曰：「見侮不辱，救民之鬥；禁攻寢兵，救世之
戰。」此最墨徒之精神，而《老子》所謂「大國不過欲兼畜
人，小國不過欲入事人，兩者各得其所欲，大者宜為下。」

「雖有甲兵，無所陳之。」

按，從上引錢穆之說頗能看出宋銒在修身問題上繼承《老子》無名、無欲的立場[2]。所謂「無名」指破除得失寵辱之成見，即《老子》所說的「寵辱若驚」、「不以寵辱榮患損易其身，然後乃可以天下付之也」、「雖有榮觀，燕處超然」，也即宋銒所主張的「定乎內外之分，辨乎榮辱之境」、「見侮不辱」。所謂「無欲」非棄絕一切外在欲求，只是主張回歸自然本性，不追逐過度的物質享受，即《老子》「五色令人目盲，五音令人耳聾，五味令人口爽，馳畋獵令人心發狂，難得之貨令人行妨。是以聖人為腹不為目，故去彼取此。」「聖人之治，虛其心，實其腹，弱其志，強其骨。常使民無知、無欲，使夫知者不敢為也。」也即宋銒所說「情欲寡淺」、「泰匡之慾，難以遣欲。」

王博曾指出：《老子》基本上是反對戰爭的，更反對通過戰爭來達到兼併天下的目的，故云：「以道佐人主者，不以兵強天下。」後來的黃老道家（舉馬王堆《老子》乙本卷前佚書為說）在這一點上與老子有根本差異，它強調不爭亦無以成功，因而要抓住時機，通過戰爭解決問題[3]。鵬按，從上引錢穆說第 3、第 8 點已可看出宋銒非鬥反戰之立場與《老子》一致，前人多以宋子倡「禁攻寢兵」便將之歸入墨家，實為皮相之見。宋子主張「寢兵」猶如墨子之「非攻」，皆非謂兵可盡偃而不用，《白心》云：「祥於鬼者義於人，兵不義不可。」可見其有「義兵」之說。宋銒對於戰爭之態度，無疑是受到《老

2　王博曾明確指出：老子在治身問題上持守無名和無欲的立場。說見《老子思想的史官特色》，第 280－286 頁。

3　王博：《老子思想的史官特色》，第 359 頁。

子》及墨子之影響，而與後來的黃老道家迥異。

　　《老子》雖未強調「心」的認識功能及其地位，但已提出「不見可欲，使心不亂」[4]、「虛其心」（俱見今本第 3 章）的要求，初步注意到「心」在修養過程中的作用。今本《老子》第 5 章云：「天地之間，其猶橐籥乎？虛而不屈，動而愈出。多言數窮，不如守中。」前人或謂此「中」為《莊子》「得其環中」之「中」[5]，或釋為「沖」[6]，或訓為簿冊、契約[7]。鵬按，「中」猶「內」也[8]。「守中」即《彭祖》「執心不芒」之「執心」。張揚明推闡《老子》此章意旨云：「道是要自己去領悟，要在自身求得證明。所以他說不如守中養氣。所以老子的

4　此句傳世本或作「使民心不亂」，馬王堆帛書甲、乙本則俱作「使民不亂」。

5　錢穆云：「守中者，莊生所謂『得其環中以應無窮』，此皆明承《莊子》書而言之也（錢氏以《老子》之著成年代在莊學學說盛行之後）。」說見《關於〈老子〉成書年代之一種考察》，《莊老通辨》，第 53 頁。

6　見陳鼓應《老子註釋及評介》，北京，中華書局，1984 年 5 月，第 81–82 頁所引張默生、嚴靈峰說。

7　見章炳麟《文始》卷七、朱謙之《老子校釋》，台北，里仁書局，1985 年 3 月，第 24 頁。

8　《老子》此章前言「橐籥」，後言「中」。焦竑解釋說：「橐籥，冶鑄所用致風之器也。橐者，外之櫝，所以受籥也。籥者，內之管，所以鼓橐也。」吳澄也說：「為轄以鼓扇于內者，籥也。」由此可推論「中」當訓為內。此外，馬王堆帛書《老子》甲、乙本「不如守中」皆作「不如守于中」，「守于中」即「守于心中」之意，若「中」讀為「沖」或訓為簿冊，義較不通。焦竑說見《老子翼》，台北，新文豐出版公司，1978 年 10 月，卷一，第 9–10 頁；吳澄說引自陳鼓應：《老子註釋及評介》，第 81 頁。

守中是守其懷中，而不是環中。」蓋已切近本義 [9]。前文以橐
籥喻天地之道，又云「虛而不屈（竭）」，皆欲引出人心虛靜的
本質。此外，今本《老子》第 10 章也說：「滌除玄鑒，能無疵
乎？」高亨解釋云：

> 玄者，形而上也；鑒者，鏡也。玄鑒者，內心之光明，
> 為形而上之鏡，能照察事物，故謂之玄鑒。《淮南子‧
> 修務》篇：「執玄鑒於心，照物明白。」《太玄‧童》：
> 「修其玄鑒。」玄鑒之名，疑皆本於《老子》。《莊子‧
> 天道》篇：「聖人之心，靜乎天地之鑒，萬物之鏡
> 也。」亦以心譬鏡。洗垢之謂滌，去塵之謂除。《說
> 文》：「疵，病也。」人心中之欲如鏡上之塵垢，意即心
> 之病也。故曰：「滌除玄鑒，能無疵乎！」意在去欲
> 也。[10]

宋鈃「別囿」、「白心」之說不外是去除外在囿限拘蔽，使心歸
於虛靜潔白，與《老子》之說尤合。惟宋鈃更從儒家子思一派
借來「心術」（或「心之行」）及「型於內」（道德型範於內
在）的概念，發展出道家較具系統的心學，並進一步影響莊子

---

9 張揚明：《老子考證》，第 174 頁。按，孫以楷雖讀「守中」為「守
沖」，但將「不如守中」譯為「不如守持內心虛靜」，亦知此句緊扣
心言。孫氏說見《老子注釋三種》，合肥，安徽人民出版社，2003
年 7 月，第 14、16 頁。

10 高亨：《老子正詁》，《高亨著作集林》第 5 卷，北京，清華大學出
版社，2004 年 12 月，第 59 頁。

提出「心齋」、「坐忘」之說 [11]。在此意義上，我們可以說宋鈃為老、莊之間的連結。由《老子》之傾向外王之術發展到莊子偏重內聖之道 [12]，如未經宋子汲取儒家心性說之轉化，則此一學術脈絡便是斷裂而存在缺環的 [13]。前人或以莊子天資卓絕，

11　劉榮賢曾指出：「莊子思想的歸結點在『心』不在『物』。」《莊子》內篇的要旨在於「藉由一己『內在之德』的提升，來達到以德之符應安定天下人心之目的。」他說：「莊子思想中所謂的『一』，或所謂『無待』，指的是『心』與『物』的和諧。……《人間世》『乘物以遊心』一語最堪玩味，充分體現心與物的關係。」說見《莊子外雜篇研究》，台北，聯經出版公司，2004 年 4 月，第 124－125 頁。

12　王叔岷曾指出：老子偏重外王，莊子偏重內聖。他說：「老子偏重人事，由天道而應於人事，故亦偏重外王。莊子偏重天道，由人事而返於天道，故亦偏重內聖。」說見《老、莊思想之比較》，《先秦道法思想講稿》，台北，中央研究院文哲所，2002 年 5 月，第 124－125 頁。鵬按，在莊子心目中，內聖與外王之道應是貫通的，所以《天下》說：「判天地之美，析萬物之理，察古人之全，寡能備於天地之美，稱神明之容。是故內聖外王之道，闇而不明，鬱而不發，天下之人各為其所欲焉以自為方。悲夫，百家往而不反，必不合矣。」

13　劉榮賢說：「老子思想中的『道』指的是天地萬物背後的創造根源，『德』則是『道』創生天地萬物的過程及其所形成的方向或原則；然莊子的『道』指的是天地萬物生生不息的氣化，而『德』則是聖人內在的生命境界。……老子的『神』只『谷神』一義指『道』之『生養』、『虛無』之外，大部分指鬼神之義，都是就外在義而言；而莊子的『神』則是指聖人內在之德所展現出來的與天地同流的生命情態。這些最重要的觀念在老莊的思想內容中都有相當程度的差異，如果說莊子思想是『其要歸本於老子』，這種現象是無法想像的。」劉氏因老、莊思想具有上述本質之差異，乃進一步主張二者在先秦為不同的學術流派。說見《莊子外雜篇研究》，第 11－12 頁。鵬按，劉氏指出老、莊之學的差異，頗富啟發性，但因

不為《老子》所限,故能貫通內外而立說,但此種解釋僅訴諸個人天才之因素,未能從學術源流梳理先秦道家由天道轉向心術的緣由,難免有缺憾。

二、莊子對宋鈃學說之轉化及超越

顧實推衍馬敘倫《莊子年表》之說,將莊子之年世定為公元前 369 年至 295 年,此從之 [14]。至於宋鈃之生卒年,前文已據顧氏之說,定為公元前 382 年至 305 年,略早於莊子。關於莊子之籍里,《史記・老子韓非列傳》云:「莊子者,蒙人也」「嘗為蒙漆園吏」。裴駰《集解》指出:「《地理志》蒙縣屬梁國。」但司馬貞《索隱》引劉向《別錄》謂莊子為「宋之蒙人也。」[15] 陸德明《經典釋文・敘錄》又稱莊子「梁國蒙縣人也。六國時為梁漆園吏。」王叔岷云:「日本高山寺舊鈔卷子本《莊子・天下篇》末郭象《後語》引太史公曰:『莊子者,名周,守蒙縣人也。』守乃宋之誤……漢末高誘《呂氏春秋・

二者之差異便論定老、莊在先秦是不同的學術源流,似乎推論過度。若從學術發展的觀點來看,老子學說乃是經過宋鈃及稷下道家的闡述、改造,才演化為莊子之學。

14 顧實:《莊子天下篇講疏》,第 134－135 頁。鵬按,馬敘倫《莊子年表》敘莊周事蹟始於周烈王七年(公元前 369 年),終至周赧王二十九年(公元前 286 年)。錢穆《先秦諸子繫年》將莊子生卒年定為公元前 365 至 290 年,與顧氏所估年世僅有五年差距。馬、顧二氏皆據《莊》書相關人物、事件之年代考定,所說當較他家可信。關於莊子生卒年的討論可參考崔大華:《莊學研究》,第 2－6 頁;葉志衡:《戰國學術文化編年》,第 104－105 頁。

15 司馬遷:《史記》,中華書局點校本,第 7 冊,第 2144 頁。

必己篇》注及《淮南子‧脩務篇》注、晉皇甫謐《高士傳》
中,皆稱莊子為宋之蒙人。」至於《釋文》稱莊子為梁人,王
叔岷解釋說:「唐孔穎達《詩商頌譜疏》:『地理志云:宋地,
今之梁國。』蓋戰國時蒙屬宋地,至漢屬梁國。」[16] 既明莊子
之年世及國籍,可進一步論宋鈃與莊子之關係。

取《莊子》與竹書《彭祖》合觀,後者之彭祖與耇老對
話,尚未如《莊子‧秋水》、《知北遊》等篇賦為長篇大論,而
保有《老子》書要言不煩的特色,語不甚長,義亦不甚深。由
此可推論,《彭祖》之對話體裁作為寓託思想的著作形式較
《莊子》諸篇原始,時代當在其前。從宋鈃後學所編纂之《去
尤》、《去宥》二篇,亦可看出宋鈃一派所作寓言較為淺近俚
俗,其形式皆別故事、議論為二,未若莊子所作融說理、情節
於一爐,且取材豐富,屬書離辭又變化多端,就文學性及說理
效果來說,顯然莊子所作勝於宋鈃。宋鈃與莊周皆為宋人,行
年相及,然則莊子之思想乃至著書體裁,皆有受宋子影響之
處。但以莊子天資特異,將其思想融貫而超越之,並將寓言體
裁極盡變化,遂成瑰瑋之篇章。宋子書早亡,此或一因。

前文已指出《白心》一篇與《莊子》關係密切,王叔岷亦
曾歸納「《管子》所引《莊子》之例」,其中《白心》、《心術》
佔絕大多數,可推知宋鈃與莊子思想具有內在的聯繫[17]。關於

16 王叔岷:《莊子其人及莊子書》,《先秦道法思想講稿》,第 58 頁。
   關於莊子為宋人,方勇在《莊子籍里考辨》一文有詳細論證,載
   《諸子學刊》第 1 輯,上海古籍出版社,2007 年 12 月,第 77–
   100 頁。
17 王叔岷:《讀莊論叢》,《道家文化研究》第 10 輯(1996 年 8 月),
   第 233–236 頁。

此點，前人已有留意，如劉節云：「《莊子》的『虛室生白』同『唯道集虛』，二語本是從『白心』說一派接受過來的。」[18] 崔大華則明確地指出：「從《莊子》中可以看出，宋鈃的『情欲固寡』和『接萬物以別宥為始』這兩個基本觀點和他的人生態度都對莊子發生了重要的影響。」崔氏認為莊子「返其性情而復其初」之主張正是建立在宋鈃「情欲寡」的理論基礎之上，即以人性本然狀態是恬淡少欲的，人的欲望越大，離開本性越遠。他進一步說：

> 「鷦鷯巢林，不過一枝；偃鼠飲河，不過滿腹。」（《逍遙遊》）是對宋鈃的「情欲固寡」命題涵義的最為確切生動的注解；「者欲深者天機淺」（《大宗師》）則又把宋鈃這個原是社會政治主張立論基礎的觀念，移植運用到精神、性命修養範圍內。可見，莊子思想中的一個主要理論觀念源於宋鈃，這是莊子思想接受宋鈃影響而又有所超越的第一個表現。[19]

按，宋鈃一派「情欲寡」之說上承《老子》，而與「白心」、「別囿」相表裡，本為其修養論之一部分。在宋子而言，過度的物欲屬於外在的囿限，使人無法返歸本心，因而導致人與人之間的紛爭，而解決之方法就在使人明瞭「情固欲寡」的道理。此一主張本貫內、外立論，無待莊子而後將「寡欲」轉化為心性修養之工夫。

---

18 劉節：《管子中所見之宋鈃一派學說》，《劉節文集》，第 203 頁。
19 崔大華：《莊學研究——中國哲學一個觀念淵源的歷史考察》，北京，人民出版社，1992 年 7 月，第 382 頁。

　　崔大華並指出，《莊子》屢次闡述宋鈃「別囿」之觀念，如《徐无鬼》云：「知士無思慮之變則不樂，辯士無談說之序則不樂，察士無淩誶之事則不樂，皆囿於物者也。」又如《秋水》：「井蛙不可以語於海者，拘於虛也；夏蟲不可以語於冰者，篤於時也；曲士不可以語於道者，束於教也。」[20] 鵬按，其說是。惟崔氏認為「在宋鈃這裡，『別宥』是一種行為特徵，涵義比較簡單。」「在《莊子》中不再是簡單的寬容的生活態度的表現，而是一種求得真知的方法、途徑。……『別宥』獲得了認識論的意義。」[21] 則似有將宋鈃學說過份簡單化之嫌。《莊子·天下》以「語心之用，命之曰心之行」含攝宋鈃「別囿」、「白心」之主張，可謂得其要領。別囿之工夫既在「心」上（去除外在對心之囿限），則已初步具有認識論的意義，而非僅是一種外在行為的表現。

　　宋子主張「心之在體，君之位也」、「執心不芒」，呼籲人去除外物對心的拘囿。莊子在《齊物論》中從反面描述了本心受物欲及分別之見耗損的過程：

　　　大知閑閑，小知閒閒；大言炎炎，小言詹詹。其寐也魂交，其覺也形開，與接為搆，日以心鬥。縵者，窖者，密者。小恐惴惴，大恐縵縵。其發若機栝，其司是非之謂也；其留如詛盟，其守勝之謂也；其殺若秋冬，以言其日消也；其溺之所為，之不可使復之也；其厭也如

20　崔大華：《莊學研究——中國哲學一個觀念淵源的歷史考察》，第383頁。

21　崔大華：《莊學研究——中國哲學一個觀念淵源的歷史考察》，第383頁。

緘，以言其老洫也；近死之心，莫使復陽也。

接著，他提出這世間有所謂「真宰」，而人身則有所謂「真君」存焉：

> 若有真宰，而特不得其眹。可行已信，而不見其形。有情而無形。百骸、九竅、六藏，賅而存焉，吾誰與為親？汝皆說之乎？其有私焉！如是皆有為臣妾乎？其臣妾不足以相治乎。其遞相為君臣乎？其有真君存焉！[22] 如求得其情與不得，無益損乎其真。一受其成形，不亡以待盡。與物相刃相靡，其行盡如馳，而莫之能止，不亦悲乎！終身役役而不見其成功，苶然疲役而不知其所歸，可不哀邪！人謂之不死，奚益！其形化，其心與之然，可不謂大哀乎？人之生也，固若是芒乎？其我獨芒，而人亦有不芒者乎？

王叔岷說：「主宰宇宙萬物者，謂之真宰，即道。主宰人之百骸、九竅、六藏者，謂之真君，即真我，亦即空靈之心，與道冥合者也。」[23] 按，王氏說是。莊子之說疑受到宋鈃之影響，若將《齊物論》此段與《白心》「天或維之，地或載之」一段 [24]、《彭祖》「執心不芒」一語合觀，不難看出二者具有內在

---

22 此段標點從王叔岷《莊子校詮》，第 52 頁。

23 王叔岷：《莊子校詮》，上冊，第 55 頁。

24 《白心》：「天或維之，地或載之。天莫之維，則天以墜矣；地莫之載，則地以沈矣。夫天不墜，地不沈，夫或維而載之也夫，又況於人乎！人有治之者，辟之若夫雷鼓之動也，夫不能自搖者，夫或搖

的聯繫。而《莊子‧人間世》所謂「瞻彼闋者，虛室生白，吉祥止止。夫且不止，是之謂坐馳。夫徇耳目內通而外於心知，鬼神將來舍，而況人乎！」即宋鈃「虛其欲，神將入舍；掃除不絜，神乃留處」、「白心」之意。

不過，莊子之說並不停留在心之持守及外在蔽囿之去除，在其著作中，他轉化宋鈃過分強調心之主宰地位及認知功能的執著，以一廣大視角的天道、自然、一氣之化涵攝生命歷程（這一點當受到稷下道家精氣說之影響），提出無待、逍遙之境界及心齋、坐忘之工夫論，思想的深度、廣度超越宋鈃。具體來說，莊子對宋鈃學說的轉化及超越表現在以下三點：

1. 存囿與無待：莊子主張破「成心」（見《齊物論》），「無攖人心」（見《在宥》），頗受宋鈃「別囿」說之影響，但他更強調「安其性命之情」，主張「無為而任物」，這點在《在宥》表現最為明顯。該篇開頭便說：「聞在宥天下，不聞治天下。」前人多訓「在」為「自在」或「察」[25]，恐不確。呂惠卿云：「在者，存之而不亡，任自然而不益。宥者，放之而不縱，如囿之宥物。」蘇輿也認為：「在不當訓察，察之則固治之矣。在，存也。存諸心而不露是善非惡之跡，以使民安於渾沌，正《胠篋篇》含字之旨。」馬其昶云：「《說

之。夫或者何？若然者也：視則不見，聽則不聞。洒乎天下滿，不見其塞。集於肌膚，知於顏色。責其往來，莫知其時。薄乎其方也，摶乎其圜也，淳淳乎莫得其門。故口為聲也，耳為聽也，目有視也，手有指也，足有履也，事物有所比也。當生者生，當死者死。言有西有東，各死其鄉。」

25 「在」訓為「自在」，見郭象注、成玄英疏；訓為「察」則為茆泮林、章太炎之說。諸家說俱見王叔岷：《莊子校詮》，第 372 頁引。

文》:『在,存也。』吳汝綸謂:『宥與囿同。』」[26] 王叔岷
則說:「竊疑『在』本作『任』,下文『賤而不可不任者,物
也。』正『任天下』之義也。且任與寬宥義亦相因。任、在
形近易亂。」[27] 鵬按,二說皆可通。在者,存也、任也。
莊子蓋以宋銒「別囿」、「去囿」,猶有分別之心,故倡「在
囿」,主張不去不別,純任自然。《莊子‧在宥》謂:「汝徒
處無為而物自化。墮爾形體,吐〈咄(黜)〉[28] 爾聰明,倫
與物忘[29];大同乎涬溟,解心釋神,莫然無魂。」其「解
心釋神」之境界又較《彭祖》「心白身懌」超脫。《逍遙遊》
論宋子云:「故夫知效一官,行比一鄉,德合一君,而
(能)徵一國者,其自視也亦若此矣。而宋榮子猶(嗘)然笑
之。且舉世而譽之而不加勸,舉世而非之而不加沮,定乎內
外之分,辯乎榮辱之竟,斯已矣。彼其於世,未數數然也。
雖然,猶有未樹也。」是莊子欲超越宋銒「別囿」、「白心」
之說,而達於無待之逍遙。崔大華就指出:「莊子『無待』
的自由精神境界受到宋銒之砥礪、啟發而有所超越。」[30]

---

26 呂、馬二家說見錢穆:《莊子纂箋》,台北,東大圖書公司,1993 年
1 月重印 4 版,第 79 頁引;蘇氏說見王先謙:《莊子集解》,台北,
文津出版社,1988 年 7 月,第 90 頁引。

27 王叔岷:《莊子校詮》,第 372 頁。關於《莊子》「在宥」一詞之討
論還可參考劉殿爵:《釋「在宥」》,《採擷英華——劉殿爵教授論著
中譯集》,香港,中文大學出版社,2004 年,第 197－205 頁。

28 郭慶藩《莊子集釋》引王引之曰:「吐當作咄,咄與黜同。」

29 錢穆《莊子纂箋》云:「倫與物忘,即與物忘倫,即大同乎涬溟
也。」

30 崔大華:《莊學研究——中國哲學一個觀念淵源的歷史考察》,第
384 頁。

2. 心齋及坐忘：《莊子》「心齋」、「坐忘」之說見於內篇的《人間世》、《大宗師》，皆假顏淵之口道出，前人或據此謂莊子之學出於顏氏之儒，如章太炎說：「莊生傳顏氏之儒，述其進學次第。」錢穆也說：「若謂莊子思想，誠有所襲於孔門，則殆與顏氏一宗為尤近。……孔門諸賢，獨顏淵最與後起道家義有其精神之相通也。今欲詳論顏氏思想，雖憾書闕有間，然謂莊周之學，乃頗有聞於孔門顏氏之風而起，則殊約略可推信也。」[31] 郭沫若更指出：《莊子》中記述孔子與顏回的對話很多，這些文字必然是出自顏氏之儒的傳習錄。而從《論語》中所見顏回言行，可知他是有出世傾向的人，莊子則是厭世的思想家，二者在思想傾向上也是接近的[32]。他並說：「莊子是從顏氏之儒出來的，但他就和墨子『學儒者之業，受孔子之術』，而卒於『背周道而用夏政』一樣，自己也成立了一個宗派。他在黃老思想裡找到了共鳴，於是與儒、墨鼎足而三，也成立了一個思想上的新的宗派。」[33] 鵬按，郭氏謂莊子一派與黃老道家有相通之處，其說是，但說莊子之學從顏氏之儒出則非。崔大華已明確指出：《莊子》中對孔子、顏淵言行的記述具有借外立論、借古人立論的「寓言」、「重言」性質，乃是借用二人之

---

31 章太炎：《菿漢昌言》卷一；錢穆：《莊老的宇宙論》，《莊老通辨》，第 133－134 頁。

32 郭沫若：《莊子的批判》，《郭沫若全集・歷史編》第二卷（《十批判書》），第 190－193。又參考同書《儒家八派的批判》，第 143－145 頁。

33 郭沫若：《莊子的批判》，《郭沫若全集・歷史編》第二卷，第 197 頁。

口傳達一種莊子的而非儒家的觀點，認為「這種文字必然是
顏氏傳習錄」（引文乃郭沫若說），實失之輕率 [34]。鵬按，
崔氏批評甚是。前文已指出，宋鈃上承《老子》「虛其心」、
「守中」、「滌除玄鑒」之說，並融入子思一派「心術」、「型
於內」之概念，倡「白心」、「別囿」之說，主張「潔其宮，
開其門，去私言，神明若存。」莊子受到精氣說之啟發，認
為「道通為一」（《齊物論》）「通天下一氣耳」（《知北遊》），
進一步改造宋鈃之說，貫通內（心術）、外（天道）之道而
提出「無聽之以心，而聽之以氣」、「氣也者，虛而待物者
也。唯道集虛。虛者，心齋也。」並主張坐而自忘其身，即
所謂「墮肢體，黜聰明，離形去知，同于大道。」從學術源
流來看，莊子「心齋」、「坐忘」之說實乃宋鈃「白心」、「別
囿」說之轉化。若必言莊子之學與儒家有相通之處 [35]，也
只能說莊子受到子思一派的影響 [36]。至於顏淵之學，如錢

---

34 崔大華：《莊學研究 —— 中國哲學一個觀念淵源的歷史考察》，第
347–349 頁。

35 除前述莊子之學出於顏氏之儒說外，韓愈、章學誠、姚鼐等人還提
出「莊周之學出於子夏」之說。參考崔大華：《莊學研究 —— 中國
哲學一個觀念淵源的歷史考察》，第 344–346 頁之評述。崔氏在前
揭書（第 350 頁）說：「無論是從師承關係或理論淵源上說，把莊
子思想歸之儒家，歸之子夏之門或顏氏之門，都是困難的。……儒
家思想學說只能構成一種學術的觀念背景。」實為持平之論。

36 《荀子・解蔽》：「空石之中有人焉，其名曰觙，其為人也，善射以
好思。耳目之欲接，則敗其思；蚊虻之聲聞，則挫其精。是以闢耳
目之欲，而遠蚊虻之聲，閑居靜思則通。思仁若是，可謂微乎？」
朱駿聲云：「觙，即伋字也。」郭沫若或受其啟發，指出荀子此處
以「觙」（通伋）、「空石之中」（即為「孔」）、「善射以好思」隱射
子思。鵬按，其說是。《解蔽》所謂「閑居靜思則通」，不以耳目之

穆所言「書闕有間」，既無法知其面貌，則不宜妄加揣度其與莊學之關係。

3. 消除名與實之對立 [37]：前文已指出，宋鈃「正名」之說上承孔子，重視名、實相應，而莊子則發揮《老子》「始制有名，名亦既有，夫亦將知止，知止所以不殆」，主張「名止於實，義設於適，是之謂條達而福持。」(《至樂》)，以「實」為第一性，實先而名後 [38]。《心術上》解文發揮經文「名當謂之聖人」之說，強調「名者，聖人之所以紀萬物也。」《莊子·人間世》則說：「名實者，聖人之所不能勝也。」《逍遙遊》也說：「聖人無名」，越名而存實 [39]，此又莊子超越宋鈃之一例。

欲、蚊虻之聲敗其思、搋其精之修養工夫正與莊子「心齋」、「坐忘」相通。

37 崔大華曾指出，《莊子》與《管子·心術》等四篇最大的不同便在「道德與禮法對立的消除」、「名與實（形）對立的消除」。說見《莊學研究——中國哲學一個觀念淵源的歷史考察》，第 412－414 頁。

38 參考詹劍峰：《老子其人其書及其道論》，武漢，華中師範大學出版社，2006 年 3 月，第 247 頁。

39 張亨曾說：「莊子對於語言基本上抱持不信任的態度，他懷疑語言具有表現絕對真理（道）的功能，也從未客觀地考慮過語言的價值。」見《先秦思想中兩種對語言的省察》，《思文之際論集——儒道思想的現代詮釋》，北京，新星出版社，2006 年 11 月，第 2 頁。

第二節　墨子與宋鈃學說之比較——兼論宋子非墨徒

　　宋鈃所處時代，儒、墨俱為顯學[40]。《孟子·滕文公下》謂「楊朱、墨翟之言盈天下。天下之言，不歸楊則歸墨。」可見其影響。墨翟曾為宋國大夫，又在楚惠王時，止楚攻宋[41]，與宋國關係匪淺。而宋鈃為宋人，從其生處時代、地域而言，宋鈃受墨子思想浸染，乃極為自然之事。從一較大的歷史視角來看，墨翟、宋鈃非攻、寢兵之論實上承春秋末葉宋向戌弭兵之議的精神，戰國諸子有類似主張者不在少數，如《老子》謂「兵者，不祥之器。」《孟子》則稱「春秋無義戰」、「爭地以戰，殺人盈野；爭城以戰，殺人盈城。此所謂率土地而食人肉，罪不容於死。」儼然形成一寢兵運動[42]。具體而言，墨子影響宋子之處在於非攻之主張及救世之精神，但二家思想內涵實有較大的差別，不能強合。劉咸炘就認為，墨子之說以兼愛為本，以實利為主；宋、尹之說則以人情為本。他說：「宋、

40　按，孫詒讓《墨子年表》定墨翟生卒年為公元前 468 至 376 年。若依此說，宋鈃生時（前文據顧實說定其生年為公元前 382 年）墨子仍未謝世。墨子生卒年異說頗多，可參考徐希燕：《墨學研究》，北京，商務印書館，2001 年 2 月，第 17－18 頁；胡子宗等：《墨子思想研究》，北京，人民出版社，2007 年 3 月，第 10－19 頁。

41　關於墨翟止楚攻宋事，錢穆《先秦諸子繫年》繫於楚惠王 45 年（公元前 444 年）或稍後，此從之。

42　參考梁啟超：《先秦政治思想史》，天津古籍出版社，2004 年 5 月，第 188 頁。

尹曰『以此白心』，而墨則曰『備世之急』，此則異矣。其同者
其形跡也，不同者所持之故與其說之柢也。」[43] 勞思光曾指
出：墨子學說的第一主脈為功利主義，由功利之觀念而生非
樂、非攻之說。對於社會秩序的建立，墨子持權威主義觀點，
由此乃生天志、尚同之說。此兩條主脈則匯於兼愛說 [44]。據本
文前節所考，宋鈃之學說的基礎在於白心、別囿，對於社會秩
序仍主張維持等級名分，並由名實相應之說提出聖人治世的理
想，思想面貌與墨子迥異。

　　許多學者因宋鈃主張節儉及非鬥，又因《荀子·非十二
子》將宋鈃與墨翟合論，於是將之視為墨家支裔。此說最早見
於《陶淵明集·集聖賢群輔錄》，篇中以宋鈃與尹文為一派，
相里勤與五侯子為一派，苦獲、已齒及鄧陵子為一派，是為
「三墨」[45]。清人俞正燮更以宋國之君（指宋襄公）、臣皆倡兼
愛、非攻，遂謂「兼愛、非攻，蓋宋人之蔽。⋯⋯墨子實宋大
夫，其後宋牼亦墨徒。欲止秦、楚之兵，言戰不利，有是君則
有是臣。」[46] 梁啟超承其緒，又綜合《韓非子·顯學》「墨離
為三」之說，將宋鈃與尹文視為墨學第四派 [47]。近世學人如錢

43　劉咸炘：《子疏定本》，《劉咸炘學術論集·子學編》，第 93 頁。

44　勞思光：《新編中國思想史》，台北，三民書局，1993 年 10 月增訂
　　七版，第 1 冊，第 291 頁。

45　按，《集聖賢群輔錄》中「八儒」、「三墨」二條當為後人妄加，非
　　陶潛所作。參考袁行霈《陶淵明集箋注》，北京，中華書局，2003
　　年 4 月，第 597—598 頁所引宋庠說。

46　俞正燮：《癸巳類稿·墨學論》，《俞正燮全集》，合肥，黃山書社，
　　2005 年 9 月，第 1 冊，第 686 頁。

47　見陳奇猷《韓非子新校注》（上海古籍出版社，2000 年 10 月，第
　　1128 頁）所引梁啟超說。

基博、顧頡剛、蒙文通、高亨、錢穆、馮友蘭等皆主此說 [48]。
今人白奚亦主張宋鈃為墨家學者,他認為宋鈃「大儉約」、「禁
攻寢兵」等主張直承墨子,而「見侮不辱」、「情欲寡淺」、「別
囿」等說則為對墨家學說的補充和發展 [49]。薛柏成則指出,
宋、尹繼承和發揮墨子學說中的「非攻」、「兼愛」、「節用」、
「興利」等思想,並認為「宋、尹學派在一定程度上繼承了墨家
思想行為的相關成分。」「即使宋、尹非墨家學派,但其行為卻
在很多方面表現了墨家人物的風格和特徵,就學派的聯繫上,
其在稷下學宮中與墨家學派最近,有千絲萬縷的聯繫。」[50] 鵬
按,《莊子·天下》謂宋鈃、尹文:

> 見侮不辱,救民之鬥;禁攻寢兵,救世之戰。以此周行
> 天下,上說下教,雖天下不取,強聒而不舍者也,故
> 曰:「上下見厭而強見也。」雖然,其為人太多,其自
> 為太少;曰:「情固欲寡,五升之飯足矣!」先生恐不
> 得飽,弟子雖飢,不忘天下,日夜不休。曰:「我必得
> 活哉!」圖傲乎!救世之士哉!

---

48 錢基博:《讀莊子天下篇疏記》,第 55-56 頁;顧頡剛:《宋鈃書入
小說家》,《史林雜識初編》,第 292 頁;蒙文通:《略論黃老學》,
《先秦諸子與理學》,第 204 頁;高亨:《莊子天下篇箋證》,《高亨
著作集林》,第九卷,第 402 頁;錢穆:《先秦諸子繫年》,第 375
頁;馮友蘭:《中國哲學史新編》第二冊,北京,人民出版社,
1984 年 10 二版,第 95-101 頁。

49 白奚:《稷下學研究——中國古代的思想自由與百家爭鳴》,第 196
-200 頁。

50 薛柏成:《墨家思想新探》,哈爾濱,黑龍江人民出版社,2006 年
12 月,第 136-141 頁。

可見二子的言行具救世精神，某種程度上「表現了墨家人物的
風格和特徵」，這點是可以肯定的。但從學術源流及思想內涵
來看，宋鈃、尹文並非墨家之支裔。孫詒讓《墨學傳授攷》曾
辨宋、尹二人非墨家，其說云：

> 攷《莊子》本以宋鈃、尹文別為一家，不云亦為墨氏之
> 學。以所舉二人學術大略攷之，其崇儉、非鬬雖與墨氏
> 相近，而師承迥異，乃強以充三墨之數（按，指《群輔
> 錄》），而《韓非》所云相夫氏之墨者反置不取，不知果
> 何據也？宋鈃書《漢書‧藝文志》在小說家，云黃老
> 意。尹文書在名家，今具存，其《大道上篇》云：「大
> 道治者，則名、法、儒、墨自廢。」又云：「是道治
> 者，謂之善人；藉名、法、儒、墨者，謂之不善人。」
> 則二人不治墨氏之術，有明證矣。[51]

顧實並謂：「墨子之根本主義在儉，以用不足而倡節用之說
也。宋鈃之根本主義在恕，以心有囿而倡別囿之說也。《莊
子》別其源流而分述之，殊勝於荀子之一切漫罵也。」[52] 劉咸
炘也指出：

> 合觀見侮不辱、情欲寡之說，皆頗近於道家，《七略》
> 謂「其言黃老意」，於此可見其非誣。《天下篇》之敘列
> 諸子，以向內近道家者居後，而列宋、尹於墨、禽之

51 孫詒讓：《墨子後語上》，《墨子閒詁》，北京，中華書局，2001 年 4
月，下冊，第 718 頁。
52 顧實：《莊子天下篇講疏》，第 53 頁。

後，田、慎之前，蓋亦以此。(《天下》) 又述其言曰：
「君子不為苛察，不以身假物 [53]，以為無益於天下者，
明之不如已。」此亦正與莊周所持同。墨翟務實用，尚
知識，名辨、兵術無所不究，與此大異矣，然則謂二人
為墨之別者，其誤明矣。[54]

宋鈃之學尚寬容 [55]，具有融通各家之特色 [56]，其言行雖受墨
家影響，但從其整體思想觀之，將宋子歸為道家學者較符合實
際。

　　《韓非子‧顯學》中述孔子、墨子死後儒、道二家的演變
態勢，即所謂「儒分為八，墨離為三」，其中墨家三派中僅述
相里氏、相夫氏及鄧陵氏，未數宋鈃。其後以葬禮為例，謂
「夫是墨子之儉，將非孔子之侈也；是孔子之孝，將非墨子之
戾也。今孝、戾、侈、儉俱在儒、墨，而上兼禮之。」下即舉
宋榮子之寬、恕與漆雕開之廉、暴對比，並稱「今寬、廉、
恕、暴俱在二子，上主兼而禮之。」從此段評述中可以看出兩
點：一是宋鈃的言行在韓非看來顯然有接近墨家之處，所以他

53　按，劉氏文缺引此句，此據《莊子》原文補。
54　劉咸炘：《子疏定本》，《劉咸炘學術論集‧子學編》，第 94 頁。
55　《韓非子‧顯學》以宋榮之寬、恕與漆雕之廉、暴對舉。
56　劉節認為「宋鈃的思想，是間於墨學與孟學之間的……宋鈃一派確
　　是兼有孔、墨學之長，也可以說真正調和孔、墨兩家學說的，唯有
　　宋鈃一人。」胡家聰也指出，宋、尹承襲老子學說，當屬道家黃老
　　之學，但又融合墨家，其學說乃「道論、墨學合而不分，融為一
　　體。」劉氏說見《管子中所見之宋鈃一派學說》，《劉節文集》，第
　　194 頁；胡氏說見《稷下爭鳴與黃老新學》，北京，中國社會科學出
　　版社，1998 年 9 月，第 244－245 頁。

評論當世「顯學」（該篇開頭便說「世之顯學，儒、墨也。」），自然地將宋鈃與儒家的漆雕開並舉。韓非此一觀點顯然受荀子影響（《荀子・非十二子》將墨、宋並舉）。二是從韓非的措辭中可看出，宋鈃學說雖受墨子影響，但終究並非墨徒。所以該篇首段論墨家之分化，未列入宋子，且論孔丘、墨翟，說「今孝、戾、侈、儉俱在儒、墨」，但論及漆雕開及宋鈃時，卻不說「今寬、廉、恕、暴俱在儒、墨」，而說「俱在二子」。

又有學者以宋鈃近墨，《荀子・非十二子》中論墨、宋二家又有「大儉約而僈差等」之語，《莊子・天下》又云宋、尹「作為華山之冠以自表」，遂認為宋鈃具有反對等級名分的平等思想 [57]。按，此說若成立，則《心術上》「君臣父子人閒之事謂之義」及楚竹書《彭祖》「五紀畢周」二語正與宋鈃思想違異，不得不辨。《非十二子》云：

> 不知一天下，建國家之權稱，上功用，大儉約而僈差等，曾不足以容辨異、縣君臣，然而持之有故，其言之成理，足以欺惑愚眾，是墨翟、宋鈃也。

古人行文有輕重之別，此段雖墨、宋合論，但重點在墨（此猶《天下》宋、尹合論，重點在宋 [58]），於宋鈃之批評僅在「大儉

---

57 見白奚：《稷下學研究 —— 中國古代的思想自由與百家爭鳴》，第196頁。

58 馬國翰在輯本《宋子》前序云：「案《莊子》雖與尹文並稱，今尹文子書尚存，無《莊子》所述之言，且以孟、荀書證知，皆述鈃語。」梁啟超《莊子天下篇釋義》謂：「以上論宋鈃、尹文竟

約而侵差等」一點。不過，宋子所謂儉約，乃「情欲寡淺」的自然結果，其說實為老子「見素抱樸，少私寡欲」、「少則得，多則惑」、「儉故能廣」之進一步發展 [59]，與墨子因功利而倡「節用」、「節葬」並不相同。此外，荀子所說「大儉約而侵差等」雖兼指墨、宋，但此句有兩層意義：一是批評墨子主張節用、節葬、非樂等，過分強調節儉而無視於君臣上下之等差；二是批評宋鈃「情欲寡」之主張，僅看到人基本生存的需求，而不顧人的欲望本不齊的實情。劉咸炘云：「宋子言情欲寡乃謂人不過求飽煖安全而止，即所謂嗛嗛僅足之謂也，其他奢望皆非本真……欲本無多，外此皆非本欲，此與《老子》為腹不為目、色令人盲、聲令人聾諸說相近，蓋欲以欲本寡之說教人反樸，猶之以見侮不辱之說教人止鬥也。」[60] 梁啟超雖以宋子為墨徒，但也看出宋鈃之尚儉與墨家異，他說：「墨家教人以自苦為極，是純以義務觀念相繩而已。宋子則認為人之本性本來不欲多得而欲寡得，然則『五升之飯不得飽』，適如我所欲，非苦也而樂矣。此又以理性的解剖改變人之心理作用，使共安於『人我之養畢足而止』也。」[61] 美國學者史華茲也指出：「宋鈃的信念是：人的欲望從根本上講是很少的；這與墨子的觀點——處於自然狀態的人，完全屈從於他們本人的自我利益——形成了鮮明的對照。」[62]

（按，指《天下》所論），惟所論者似是宋鈃多而尹文少。據現存之尹文子，其學風不盡與此同也。」

59 參考錢穆：《先秦諸子繫年》，第 375 頁。

60 劉咸炘：《子疏定本》，《劉咸炘學術論集・子學編》，第 94 頁。

61 梁啟超：《先秦政治思想史》，第 157 頁。

62 史華茲：《古代中國的思想世界》，南京，江蘇人民出版社，2008 年

　　宋鈃重視正名，其著作亦未見「侵差等」之主張，《荀子》
此語應針對墨子而言。《尹文子》[63] 中頗有維護倫理名分之主
張，如云：「法有四呈……一曰不變之法，君臣上下是也。」
「君不可與臣業，臣不可侵君事，上下不相侵與，謂之名正，
名正而法順也。」「大道無形，稱器有名，名也者，正形者
也，形正由名，則名不可差，故仲尼云：必也正名乎！名不正
則言不順也。』」凡此均與宋子學說相通，又可知二者皆有取
於儒家正名之說。《莊子·天下》以尹文與宋鈃合論，其言雖
有輕重之分，但所言不虛[64]。對於《天下》所謂「作為華山之
冠以自表」，前人或引《釋文》「華山上下均平，作冠象之，表
己心均平也」為說，以為有「提倡人類生活平等之意」[65]。但
顧實云：

　　《西山經》曰：「太華之山，削成而四方。」《水經·渭
　　水》注：「華山遠而望之，又若華狀。」故《釋文》
　　云：「華山上下均平，作冠象之，表己心均平也。」然
　　蓋以示其岸然道貌，不物於物。《大宗師篇》曰：「古之

---

8 月，第 329 頁。

63　按，今本《尹文子》雖經後人之條次撰定，但並非偽書，說見本文
　　下編第三章第一節。

64　按，《尹文子》有別宥、見侮不辱及禁攻寢兵之主張，如云：「接萬
　　物使分別，海內使不雜。見侮不辱，見推不矜。禁暴息兵，救世之
　　鬥，此仁君之德，可以為主矣。」《呂氏春秋·先識覽·正名》亦
　　載尹文以「見侮而不鬥」說齊王。關於宋、尹二子之關係參考本文
　　下編第三章第一節。

65　蔣錫昌：《天下校釋》，《莊子哲學》，台北，鳴宇出版社，1980 年 5
　　月，第 227 頁。

真人，其狀峨而不崩。」是其義也。故能接萬物，以別
宥為始。」[66]

按，顧氏說合於宋鈃學說要旨，乃得其真解。

宋鈃欲以不利說秦、楚休兵，而孟子非之（見《孟子·告
子下》），頗有墨家救世之精神，其倡「禁攻寢兵」顯受墨子
「非攻」之影響，但二者仍有差別。墨子反對戰爭的理由在於無
利、不義，仍主「義兵」（非謂其可盡去，此與儒家無異）[67]。
宋鈃倡寢兵息鬥，亦有「義兵」之論（見《白心》），但宋子更
言「見侮不辱」、人情本不欲多，以絕爭心之萌[68]，論旨遂與
墨異。劉咸炘就指出：「或曰：『墨子固以言利為孟子所非，宋
子亦以言利為孟子所非，安見其異也？』曰：宋子之言利特其
號耳，其所以立此說固基於白心，非為群之效率也。」[69] 梁啟
超也說：「墨家固常勸人勿鬥，然大率言鬥之兩不利，是屬客
觀計較之論也。宋子推原人何以有鬥？皆因以見侮為辱而起，
故極力陳說見侮之並不足為辱，使之釋然。此以理性的解剖改
變人之心理作用以塞鬥之源也。」[70] 鵬按，劉、梁二氏說是。
《孔叢子·雜訓》云：

---

66 顧實：《莊子天下篇講疏》，第44頁。

67 參考呂思勉：《非攻寢兵平議》，《呂思勉論學叢稿》，第26－27
頁。按，呂氏認為，墨子後學由非攻變為偃兵，一若兵竟可以不用
者，乃墨學末流之流失，非墨子之說本然。

68 呂思勉：《非攻寢兵平議》，《呂思勉論學叢稿》，第26頁。

69 劉咸炘：《子疏定本》，《劉咸炘學術論集·子學編》，第93頁。

70 梁啟超：《先秦政治思想史》，第157頁。

> 孟軻問：「牧民何先？」子思曰：「先利之。」曰：「君
> 子之所以教民亦有仁義而已矣，何必曰利？」子思曰：
> 「仁義固所以利之也，上不仁則下不得其所，上不義則
> 下樂為亂也，此為不利大矣。故《易》曰：『利者，義
> 之和也。』又曰：『利用安身，以崇德也。』此皆利之
> 大者也。」

若以言「利」而將宋鈃歸入墨家，則子思亦可謂墨者也，由此
可知其說必非 [71]。《孔叢子》載子思與孟子問答，以二子年世
考之，必非實錄，但所記子思之語卻反映出儒家早期思想傾向
乃視義、利為一，故引《易》「利者，義之和也」說之。孟子
嚴義、利之分，重視仁義，乃為後來之發展。宋鈃的觀念無疑
近於前者，故《孟子》載宋子欲赴秦、楚止戰，說之以
「利」，《白心》又主張「義兵」，二者並無矛盾。

第三節　儒家子思學派對宋鈃之影響

　　前文已述及儒家重視人倫之觀念及孔子正名思想對宋鈃學
說之影響，若進一步分析該派遺著之內涵，又可發現宋鈃頗受
子思學說沾溉。他襲取並改造了子思「心術」、「型」、「中」、
「獨」等概念，初步建立道家心學之體系，下開莊子「心齋」

---

71 金受申曾云：「宋鈃自是名法轉關中的一個人物，和墨家相近，並
　　不是墨徒。若以學說稍近墨家，就以為是墨徒，那真是孔子講『正
　　名』，公孫龍便是他的嫡裔了。」說見《稷下派之研究》，台北，臺
　　灣商務印書館，1971 年 5 月，第 9 頁。

之說，並影響其他稷下學者發展名法理論。本節擬從此一角度，談談子思學說對宋銒之影響。

子思的年世與墨子相近，據錢穆所考，墨翟生卒年為公元前 480 年至前 390 年，孔伋為公元前 483 年至 402 年 [72]。儒、墨在戰國前期為顯學，子思、墨子又並世為兩派宗師。《史記・孔子世家》謂子思「嘗困於宋，作《中庸》」[73]，可推測其學說在戰國前期已流布於宋 [74]。宋銒生當二子之後，墨子及子

---

72 錢穆：《先秦諸子繫年》，第 89－90 頁、第 172－176 頁、第 616 頁。

73 按，傳統以《中庸》為子思所作，後人雖多所懷疑，但由於近世所出戰國竹書中有多篇子思學派文獻，透過出土文獻的研究，可以肯定《中庸》為子思一派作品。關於《中庸》一篇的作者及成書問題，參考梁濤：《郭店楚簡與〈中庸〉公案》，《郭店楚簡與早期儒學》，第 85－113 頁；范麗梅：《郭店儒家佚籍研究——以心性問題為開展之主軸》，臺灣大學中國文學研究所碩士論文，2002 年 1 月，第 202－212 頁；楊朝明：《〈中庸〉成書問題新探》，《儒家文獻研究》，濟南，齊魯書社，2004 年 12 月，第 262－282 頁；李啟謙：《子思及〈中庸〉研究》，《孔子與孔門弟子研究》，2004 年 12 月，濟南，齊魯書社，第 479－497 頁。

74 金德建《論子思作〈中庸〉於宋地》（載《司馬遷所見書考》）即據《孔子世家》，謂「《中庸》這篇書和宋地的關係一定是不淺」，並論證《中庸》乃子思在宋地受墨家影響所作。金氏認為《中庸》具有重「實用」的思想傾向及「兼愛」、「天志」、「明鬼」、「尚賢」等觀念，且其注重宗廟郊社之禮亦受墨家影響。鵬按，金氏謂「中庸」之名含有實用之觀念，又據「凡有血氣者，莫不尊親」、「天命之謂性」等語推出《中庸》受墨子「兼愛」、「天志」之影響，顯為曲說。「尚賢」之觀念及宗廟郊社之禮本儒家所重，更非子思至宋地受墨家影響後才產生。至於重視鬼神之神秘傾向，宗教信仰普遍有之，子思或為使其學說普及，故以鬼神、禎祥勉人為善，未必即受墨家影響。

思之說又流行於宋地，故宋鈃能調合二子之說，別立一派。在宋鈃著作中，有許多術語與子思學說有關，以下分述之。

一、「心術」與「型」

宋子學說著重探討「心」之功能，《莊子・天下》謂其「語心之容（用），命之曰心之行」[75] 即謂宋子論心之用，將之名為「心之行」。所謂「心之行」之「行」即郭店楚竹書《五行》仁、義、禮、智、聖「型於內謂之德之行」之「行」[76]，指心之運行、發用。「心之行」即是「心術」。前文也指出，子思學派經典《性自命出》：「凡道，心術為主。道四術，唯人道為可道也。」「〔心〕欲柔齊而白。」已在宋鈃之前提出「心術」、「白心」二術語（參考本文下編第一章第三節）。此外，《心術上》經文「心之在體，君之位也；九竅之有職，官之分也」亦與《性自命出》「君子心以為主身」、《五行》「耳目鼻口手足六者，心之役也」意旨相通。

---

75 按，二句尚有一解，即讀為「語心之容（鎔），命之曰心之行」。《說文》：「型，鑄器之瀘也。」「鎔，冶器瀘也。」在型範的意義上，「型」與「鎔」可相通，故「心之鎔」即「心之型」。不過，「鎔」字未見於先秦文獻，而集中出現在《急就篇》、《新書》、《鹽鐵論》、《漢書・董仲舒傳》等漢代文獻，疑為後起之字，故本文未據此立說。

76 按，此點楊儒賓在《儒家身體觀》（第 62 頁）已指出。他說：「『五行』的『行』字指涉的不是外在的行為，而是內在心性一種真實流動的狀態，其涵意與《莊子・天下篇》所云『語心之容，命之曰心之行』的『心之行』相當。」但楊氏將《五行》及《心術下》、《內業》一概視為孟子後學作品，故未梳理其間之學術傳承關係。

子思論仁、義、禮、智、聖五行，貴其能如型範內化於心，故《五行》開篇便謂五行「型於內謂之德之型，不型於內謂之行。」郭店《成之聞之》也說「型於中，發於色。」劉信芳及周鳳五均指出，二處「型」如字讀，即「型範」之型[77]。周鳳五解釋說：

> 《五行》簡文是說：仁、義、禮、智、聖五種道德意識在人心中產生如模型、器範的規範作用，使人的行為合乎道德標準，這就是「德之行」；若任性縱情而為，心中缺乏道德意識的規範，這只是「行」。簡文「型於中，發於色」與《五行》「玉色」、「玉音」以及《禮記・大學》「誠於中，形於外」的論述相通，其修養歷程始於內在道德意識對於心性的規範，歸結於表裡如一的成德君子，這種由內而外，成德、成聖的修養工夫，乃先秦儒家的一貫之道。[78]

按，類似「型於中，發於色」之表述除見於《大學》外，還見於《大戴禮記・曾子立事》[79]：「目者，心之浮也；言者，行之

---

77 劉信芳：《釋〈五行〉與〈繫辭〉之型》，《簡帛五行解詁》，台北，藝文印書館，2000 年 12 月，第 354－357 頁；周鳳五：《郭店竹簡文字補釋》，《古墓新知——紀念郭店楚簡出土十周年論文專輯》，香港，國際炎黃文化出版社，2003 年 11 月，第 64－65 頁。

78 周鳳五：《郭店竹簡文字補釋》，《古墓新知——紀念郭店楚簡出土十周年論文專輯》，第 65 頁。

79 關於《大戴記》的《曾子》十篇的真偽問題，前人頗有爭議。王應麟《漢書藝文志考證》主張此十篇為曾子及其弟子所作；黃震《黃氏日抄》則認為乃後人依託。郭店楚竹書及上博所藏《內禮》一篇

指也，作於中則播於外也。」《管子》中亦有多篇推闡此一觀念，如《心術下》：「型不正者德不來，中不精者心不治。」「全心在中不可匿，外見於形容，可知於顏色。」《內業》「凡心之型，自充自盈，自生自成。其所以失之，必以憂樂喜怒欲利。能去憂樂喜怒欲利，心乃反濟。」《君臣下》：「道德定於上，誠心型於內，則容貌定於外矣。」所言均為心之「型」。「心之型」與「心術」為一組配套觀念。前文已指出，《心術下》、《內業》論心治、養心，皆受宋鈃思想影響，頗疑「心之型」與「心術」之概念，皆宋鈃襲取子思之說而造，並經由稷下道家之廣泛傳布，成為流行於戰國中、晚期的學說。

儒家子思一派的「型」尚有認識論的內涵，此亦為宋鈃所吸收。郭店《五行》說：「善弗為亡近，德弗志不成，智弗思不得。思不清不察，思不長不型 [80]。不型不安，不安不樂，不樂亡得。」下文分論「仁之思」、「智之思」、「聖之思」又重申仁、智、聖三者之成德，均需經過玉色或玉音及進一步「型」之作用才能獲致。劉信芳解釋云：

> 外物型之於心，必須經過心之思。沒有思的經驗累積，不經過思的過程則無所謂型。簡本 8「思不長不

刊佈後，學者重新討論此一問題，認為《大戴記》中《曾子》十篇為曾子一派著作。參考羅新慧：《郭店楚簡與〈曾子〉》，《管子學刊》1999 年第 3 期，第 64－68 頁；張磊：《上海博物館竹書〈內禮〉與〈大戴禮記〉曾子十篇》，《管子學刊》2007 年第 1 期，第 107－110 頁。

80 按，此二句馬王堆帛書本作「思〔不〕清不察，思不長不得，思不輕不型。」

　　型」……「長」者，增也、益也、積也。……思之積
　　者，積少為多，增分為合，積一曲而見江河，然後得外
　　物型之於心。……《五行》將人之反映外物稱之為
　　「型」，說明《五行》認識學說是建立在樸素的反映論基
　　礎之上的。[81]

按，《五行》「型」的概念乃緊扣「心」言，而心之認識對象包
括道德及一切外在知識，初不必區別其為修養論或認知論，由
「仁之思」、「智之思」、「聖之思」並言，即可知在子思而言，
認知與修養乃是二而為一之事。此一觀念若以嚴格的邏輯思辨
觀之，不免含混，也無怪乎《荀子・非十二子》譏其說為「甚
僻違而無類，幽隱而無說，閉約而無解。」

　　值得注意的是，《禮記・大學》對於認知與修身之過程，
有更為條貫的闡述，即所謂修身、正心、誠意、致知、格物之
說。前人對於篇中「致知在格物」一句有多種異說，筆者曾透
過思想內涵及「格物」一詞的辨析，將此句解為「致知在觀
物」（「格」讀為「觀」）[82]。所謂「觀物」，包括「以心觀物」、
「即事觀理」兩層意涵[83]。而「致知」之「知」，即《白心》

81　劉信芳：《釋〈五行〉與〈繫辭〉之型》，《簡帛五行解詁》，第 356
　　－357 頁。

82　拙著：《〈大學〉「格物」讀為「觀物」說——「格物」本義鉤沈之
　　三》，待刊於《傳統中國研究集刊》。

83　按，《孔叢子・記問》載「子思問於夫子曰：『物有形類，事有真
　　偽，必審之奚由？』子曰：『由乎心。心之精神是乎聖，推數究
　　理，不以物疑，周其所察，聖人難諸。』」正有以心察物辨事之
　　意。

「自知曰稽，知人曰濟」之「知」[84]，以《中庸》釋之，即「誠人，仁也；誠物，知也」之知，即內心透過外在事物的審諦而得其真實本然之理[85]。「誠」與「型」之概念皆為子思一派著作所重，「誠於中」即「型於內」（中、內皆指心），內涵並無二致。郭店《語叢三》謂「天型成（誠），人與物斯理」，更直接將型、誠合為一詞組[86]。

進一步來看，「成（誠）」與「型」可能具有詞源上的關係，二字上古音皆屬耕部。《周禮・夏官・稾人》：「春獻素，秋獻成。」《儀禮・士喪禮》於明器亦有「獻素、獻成」，鄭玄《注》：「形（型）法定為素，飾治畢為成。」賈公彥《疏》：「以其言素，素是未加飾名，又《經》言獻材是斫治，明素是形（型）法定，斫治訖可知。又言成，成是就之名，明知飾治畢也。」[87] 器物必有型範才能陶鑄、製造。《說文》：「型，鑄器之灋也。」「模，法也。」段玉裁《注》：「以木曰模，以金

---

84 按，此處所謂「稽」非徒考之於人，乃謂觀物而致誠。「濟」之本義為渡，可引申為通、成。張舜徽《管子四篇疏證》謂二句之「自知」、「知人」即「自知之術」、「知人之術」之省，其說是。自知之術指心術而言，《管子・七法》：「實也、誠也、厚也、施也、度也、恕也，謂之心術。」知人之術指法術而言，即循名責實之術。

85 參考拙著：《〈大學〉「格物」讀為「觀物」說——「格物」本義鉤沈之三》，待刊於《傳統中國研究集刊》。

86 按，《語叢三》此句可視為對前引《中庸》文句的闡發。前揭拙文釋此云：「誠者，天之道，人與物皆有此天賦之德，故《中庸》云：『誠者，非自誠己而已也，所以誠物也。誠己，仁也；誠物，知也。』」

87 鄭玄注、賈公彥疏、彭林整理：《儀禮注疏》，北京大學出版社，1999 年 12 月，第 717 頁。

曰鎔，以土曰型，以竹曰範，皆法也。」[88] 模型既定，器物就具形體，僅需進一步加工、修飾就可成器，故「型」與「成」意義相關。

瞭解「型」字本義，對於宋鈃著作中「型」之概念可得到更深一層的認識。《白心》說：

> 原始計實，本其所生。索其象，則知其形（型）；緣其理，則知其情；索其端，則知其名。

所謂「型」、「情」皆與「計實」之「實」相應，皆與天生之質素有關。今本《老子》第 41 章：「大方無隅，大器晚成，大音希聲，大象無形，道隱無名」，「大器」、「大象」皆狀道體，「形」、「名」並舉，可知「大象無形」當讀為「大像無型」，意謂道體之大像（無像之像 [89]）不以型為之範式 [90]。反言之，凡世間有形象之物皆有「型」，故云「索其象，則知其型」乃謂由表可以知裡，觀察外在之表現可以知內在之情實。《心術下》云：

---

88 段玉裁：《說文解字注》，第 256、695 頁。

89 今本《老子》第 14 章形容道是「無狀之狀，無物之象，是謂忽恍。」「無物之象」，一本作「無象之象」，朱謙之、高亨皆以後者義較勝，且與「無狀之狀」句法一律，當從之。

90 劉信芳《釋〈五行〉與〈繫辭〉之型》一文亦讀《老子》此「形」字為「型」，但從郭店簡 12「天象亡型」，釋「大象」為「天象」。按，馬王堆帛書《老子》乙本亦作「大象」，郭店本「天」乃「大」之誤字。「大象」與前文「大方」、「大器」、「大音」相對而言。若作「天象」（如日月五星之屬）則精義盡失。

> 心之中又有心。意以先言。意然後刑（型），刑（型）
> 然後思，思然後知。

數句描述心之認知過程，由「意→形（型）→思→知」，亦重視「型」之過程，但其說較《五行》「智弗思不得。思不清不察，思不長不型。不型不安，不安不樂，不樂亡得」有條理，《心術下》所云可視為《五行》「型」之觀念的進一步發展。

　　綜上所述，宋鈃學說中「型」之概念，可能即襲自子思一派，但宋子對於心之成德、認知作用言「型」而不言「誠」[91]，亦見其道家立場。誠者，成也。《白心》云：「功成者隳，名成者虧。孰能棄名與功，而還與眾人同？孰能棄功與名，而還反無成？無成，貴其有成也；有成，貴其無成也。」乃本《老子》為說。道家宋鈃一派重「型」不重「成（誠）」，蓋以「型法定為素」，「型」代表器物初成之質樸；而「飾治畢為成」，則又進一步加上人工之文飾。《說文》：「樸，木素也。」段玉裁《注》：「素猶質也。以木為質，未彫飾，如瓦器之坏然。」[92]《老子》主張「復歸於樸」、「見素抱樸」。至於儒家則更重器物之「成」，故《論語・八佾》載孔子與子夏論「繪事後素」，必在質素之上加以文飾禮節，始成文質彬彬之君子。此一區別正見儒家與道家思想之分際。

91　按，《心術上》解文：「毋代馬走、毋代鳥飛，此言不奪能，而不與下誠（成）也」，與此處所論無關。

92　段玉裁：《說文解字注》，第 254 頁。

二、「中」與「和」

宋子著作中往往以「中」代稱「心」，如《白心》「中又有中。孰能得夫中之衷乎？」即《內業》「心以藏心，心之中又有心焉」之意（說本王念孫）。《說文》：「中，內也。」引申為凡內、裏之稱。人之中即心也。《莊子・天下》謂宋鈃「語心之容（庸），命之曰心之行」，以「中」代「心」，則「心之庸（用）」即「中庸」，以宋子的話說，即「心之行」、「心術」也。《說文》：「用，可施行也。」《方言》卷六亦謂「用，行也。」郭沫若曾指出：《白心》對於「中」的觀念特別強調，如上引「中又有中」二句及「若左若右，正中而已矣」「和以反中」。他說：「雖然《內業篇》也說過『正心在中，萬物得度』，又屢言『全心在中』、『心全於中』或『治心在於中』，中字都是內字的意思，與所謂正中的意思不同。不過《內業篇》也說過『不喜不怒，平正擅匈』或『心以藏心，心之中又有心』那樣的話，但沒有像《白心篇》這樣顯明地強調『中』。這似乎又是受了『皇子貴衷』、『子莫執中』或子思的中庸之類的影響了。」[93]

《禮記・中庸》為子思學派之代表作品，素為歷來研治先秦儒學者所重。篇中「中庸」一詞屢見，前人多據朱熹之說將「中」釋為「不偏不倚」，而「中庸」之「庸」，則或據鄭玄說訓為用，或據朱熹訓為庸常[94]。依筆者之見，《中庸》之「中

---

93 郭沫若：《宋鈃尹文遺著考》，《郭沫若全集・歷史編》第一卷，第568−569頁。

94 《禮記正義》，北京大學點校本，1999 年 12 月，下冊，第 1422

庸」一詞可如前文解為「心用」，訓為心之施行。《中庸》說：
「道也者，不可須臾離也，可離非道也。」又引孔子語「道不
遠人。人之為道而遠人，不可以為道。」《性自命出》也說：
「凡道，心術為主，道四術，唯人道為可道也。」可見子思所
謂「道」即心術，藏於身中，不可須臾離，亦不可須臾止，所
以《中庸》又說「天下國家可均也，爵祿可辭也，白刃可蹈
也，中庸不可能（止）也[95]。」人道以心為本源，故《中庸》
說：「喜怒哀樂之未發，謂之中；發而皆中節，謂之和。中也
者，天下之大本也；和也者，天下之達道也。」喜怒哀樂之情
蘊藏於心內，稱為「中」，發見於外而得其宜，猶如音樂之中
節，稱為「和」。心雖為凡人所皆有，但「心無定志」[96]，人之
用心，可以為善，亦可以為惡，故《中庸》引仲尼語「君子之
中庸也，君子而時中；小人之中庸也，小人而無忌憚也。」[97]
小人任其心受外物引誘，喪其天賦之明靈本性，故其用心而無
所忌憚；君子則「執心不亡」（語見《彭祖》），故能「擇乎中

頁；朱熹：《四書章句集注》，第 17、18 頁。

95 按，此句解者多依字面說之，但頗不可通，疑「能」以音近讀為
「止」（「能」有之部之音讀，與「止」疊韻），或「能」為「罷」
之誤字，亦訓為止。

96 《性自命出》說：「凡人雖有性，心無定志，待物而後作，待悅而
後行，待習而後定。」

97 「小人之中庸」一句，《經典釋文》以為當作「小人之反中庸也」，
並引王肅本為證。朱熹《章句》從之，並解釋云：「君子之所以為
中庸者，以其有君子之德，而又能隨時以處中也。小人之所以反中
庸者，以其有小人之心，而又無所忌憚也。蓋中無定體，隨時而
在，是乃平常之理也。」按，「中」即「心」，君子、小人皆有之，
故君子、小人皆有「中庸」（庸通為用）。今本數句可能有誤衍，疑
本作「君子中庸而時中也；小人反之，中庸而無忌憚也。」

庸，得一善，則拳拳服膺而弗失之矣」[98]，即使「遯世不見知
而不悔」[99]。宋鈃以「心之用」為「心之行」疑即承自子思
「中庸」之說，且其「舉世而譽之而不加勸，舉世而非之而不
加沮」之獨立精神又與之相通。

朱熹在《中庸章句》卷首雖引程顥「不偏之謂中，不易之
謂庸」為說，但在其書之自序卻引偽古文《尚書·大禹謨》
「允執厥中」說「中庸」。其說云：

> 《中庸》何為而作也？子思憂道學之失其傳而作也。蓋
> 自上古聖神繼天立極，而道統之傳有自來矣。其見於
> 經，則「允執厥中」者，堯之所以授舜也；「人心惟
> 危，道心惟微，惟精惟一，允執厥中」者，舜之所以授
> 禹也。……蓋嘗論之，心之虛靈知覺，一而已矣，而以
> 為有人心、道心之異者，則以其或生於形氣之私，或原
> 於性命之正，而所以為知覺者不同，是以或危殆而不
> 安，或微妙而難見耳。然人莫不有是形，故雖上智不能
> 無人心，亦莫不有是性，故雖下愚不能無道心。二者雜
> 於方寸之間，而不知所以治之，則危者愈危，微者愈
> 微，而天理之公卒無以勝夫人欲之私矣。精則察夫二者
> 之間而不雜也，一則守其本心之正而不離也。從事於

---

[98] 《中庸》云：「子曰：『人皆曰予知，驅而納諸罟擭陷阱之中而莫之
知辟也。人皆曰予知，擇乎中庸而不能期月守也。』」又引孔子語
「回之為人也，擇乎中庸，得一善，則拳拳服膺而弗失之矣。」

[99] 《中庸》云：「子曰：『素〈索〉隱行怪，後世有述焉，吾弗為之
矣。君子遵道而行，半塗而廢，吾弗能已矣。君子依乎中庸，遯世
不見知而不悔，唯聖者能之。』」

斯，無少閒斷，必使道心常為一身之主，而人心每聽命焉，則危者安、微者著，而動靜云為自無過不及之差矣。[100]

朱子以「允執厥中」為堯、舜、禹以至孔門所授心法，並隱以「心」釋「中」，後更調和程子之說而謂「必使道心為一身之主……而動靜云為自無過不及之差矣。」前人已指出，《大禹謨》數語乃合《論語・堯曰》「允執其中」、《荀子・解蔽》引古《道經》「人心之微，道心之微」而成[101]。頗疑「允執其中」之「中」疑亦指心。「允執其中」即「誠守其心」。「允」訓為信、誠。楚竹書《彭祖》開篇便云「執心不芒」，「執」即「允執其中」之「執」，皆當訓為「守」。

黃人二曾釋上博竹書《內禮》篇末「則民有禮，然後奉之以中郭」之「中郭」為「中庸」[102]，以此與《彭祖》合觀，可證明至遲在戰國中期，「中庸」、「心術」之說盛行，且已流佈至楚。應當指出的是，戰國時期另有「執中」之說，見《孟子・盡心上》：「楊子取為我，拔一毛而利天下，不為也。墨子兼愛，摩頂放踵利天下，為之。子莫執中。執中為近之。執中無權，猶執一也。所惡執一者，為其賊道也，舉一而廢百也。」其所謂「中」疑指兩端之中，即處於楊、墨之間[103]。

---

100 朱熹：《四書章句集注》，第 14 頁。

101 參考屈萬里：《尚書集釋》，台北，聯經出版公司，1983 年 2 月，第 309 頁。

102 黃人二：《讀上博藏簡第四冊內禮書後》，《出土文獻論文集》，台中，高文出版社，2005 年 8 月，第 284 頁。

103 朱熹《孟子集注》云：「子莫，魯之賢人也。知楊、墨之失中也，

子莫「執中」說實與儒家思孟一派心學別，故孟子有此批評。

《中庸》說：「喜怒哀樂之未發，謂之中；發而皆中節，謂之和。」並以和為天下之達道。《白心》亦重視「和」之概念，如云：「建常立道，以靖為宗，以時為寶，以正為儀，和則能久。」即以「和」為可長可久之常道。又云：「濟於舟者，和於水矣；義於人者，祥於鬼。」篇末更云：「和以反中，形性相葆（抱）。」和與中並舉，更見子思影響之跡 [104]。

三、「禮」與「法」

前人已指出，子思一派已有「援法入儒」的傾向，如蒙文通說：「若子思、李克書，為說於法尤近。文質之論，亦發於《表記》。豈子思氏之儒，為雜於法家者耶？」[105] 子思的學說雜有法家的因素，蓋因應戰國之時勢，他曾說：「時移世異，各有宜也。」[106] 從時變勢移的角度自然提出禮、法並重之主

故度於二者之間而執其中。」按，關於子莫，孫詒讓《籀膏述林·子莫學說考》謂其即魏公子牟，羅根澤辨之，力主子莫為《說苑·修文》與公孟子高對話之顓頊子莫。錢穆從羅氏說，考訂其年世當魯穆公時，與子思相當。說見羅根澤：《子莫考》，《羅根澤說諸子》，上海古籍出版社，2001 年 12 月，第 264－267 頁；錢穆：《子莫攷》，《先秦諸子繫年》，第 248－250 頁。

104 按，《內業》亦重視「和」之觀念，且與「心」聯繫起來，如云「彼心之情，利安以寧，勿煩勿亂，和乃自成。晢晢乎如在於側，忽忽乎如將不得，渺渺乎如窮無極。此稽不遠，日用其德。」所云頗與《中庸》相通。

105 蒙文通：《〈儒學五論〉題辭》，《先秦諸子與理學》，第 103 頁。

106 《孔叢子·居衛》載子思對曾子說：孔子之時「周制雖毀，君臣固位，上下相持若一體然。夫欲行其道，不執禮以求之，則不能

張。郭店竹書《六德》便說：「作禮樂，制刑法，教此民爾，使之有向也，非聖賢者莫之能也。」宋鈃在其著作中亦將禮、法並舉，《心術上》經文說：「君臣父子人閒之事謂之義。登降揖讓、貴賤有等、親疏之體謂之禮。簡物小大一道，殺僇禁誅謂之法。」或許即受此一思潮之影響。

《心術上》經、解之論「禮」、「法」又有與子思一派相近者，如郭店《五行》云：「不簡，不行。不匿，不察於道。有大罪而大誅之，簡也。小罪而赦之，匿也。……簡之言猶練（闌）也，大而晏者也。匿之為言也猶匿匿（貳），小而軫（多）者也。」以大、小、簡、多等術語論「法」，疑即《心術上》經文「簡物（勿〈多〉）小大一道，殺戮禁誅謂之法」所本（參考本文上編第四章第一節校釋）。裘錫圭曾指出，《五行》在馬王堆帛書中與道法家的《伊尹·九主》同抄一卷當非偶然，二者學說當有相通之處 107。宋鈃作為稷下道法家之前導者，其說已受子思影響，至稷下學者取宋鈃《心術》作解，更改造子思學派「禮，因人之情而為之節文」之說（見郭店《語叢一》及《管子·心術上》解文），以「理」說「禮」（《心術上》解文說「禮者，謂有理也」）。彭蒙、田駢則更進一步以「理」作為「法」之基礎 108，將「道」與「法」聯繫起來，確

入也。」但「今天下諸侯方欲力爭，競招英雄以自輔翼，此乃得士則昌，失士則亡之秋也。伋於此時不自高，人將下吾；不自貴，人將賤吾。舜、禹揖讓，湯、武用師，非故相詭，乃各時也。」

107 參考裘錫圭：《馬王堆〈老子〉甲乙本卷前後佚書與「道法家」——兼論〈心術上〉〈白心〉為慎到田駢學派作品》，《文史叢稿》，第67-69頁。

108 《尹文子》載彭蒙之說云：「聖人者，自己出也；聖法者，自理出

立「道生法」之命題。

四、「一」與「獨」

宋鈃論心之修為往往以「一」說之，見於《白心》者如「內固之一，可以久長。」又如「和以反中，形性相葆（抱）。一以無貳，是謂知道。將欲服之，必一其端而固其所守。」所謂「一」皆專一、純一不雜之意，實與儒家子思一派「慎獨」之「獨」相通。《方言》卷十二：「一，蜀也。南楚謂之蜀。」戴震《疏證》：「《廣雅》：『蜀，弌也。』《說文》云：『弌，古文一。』」[109]「蜀」與「獨」通。《禮記・中庸》、《大學》皆見「慎其獨」。戴君仁指出，此語亦見《荀子・不苟》、《禮記・禮器》，鄭玄注：「少其牲物，致誠慤。」「致誠慤」正解「慎獨」。《說苑・反質》：「誠者，一也。」一即是獨。戴氏進一步說：「慎訓誠，乃動詞之誠；獨即誠體，純一不雜，乃名詞之誠。慎其獨即誠其誠，亦即致其誠。」他並認為《大學》、《中庸》及荀子所言之「慎獨」應當都作「致誠」講，並認為荀子及《大學》所說之「慎獨」乃受道家的影響（舉《莊子・大宗師》「見獨」為例），而改變道家所使用術語的意義，使趨於平實[110]。鵬按，「慎獨」與「致誠」內涵相通，戴氏說是。惟儒

也。理出于己，己非理也；己能出理，理非己也。故聖人之治，獨治者也；聖法之治，則無不治矣。」
109 戴震：《方言疏證》，收入《小學名著六種》，北京，中華書局，1998 年 11 月，第 67 頁。
110 戴君仁：《荀子與大學中庸》，《梅園論學集》，台北，臺灣開明書店，1970 年 9 月，第 225－231 頁。

家講「獨」肇於子思（《大學》、《中庸》皆該派之著作 [111]），其後宋鈃講「一」，乃是取其實而略變其名，乃「舊酒裝新瓶」。荀卿受宋鈃之影響，講「虛壹而靜」、「擇一而壹焉」（皆見《解蔽》），其所謂「壹」則直承二子而來（參考本章第六節）。至若莊周講「朝徹而後能見獨」（此「獨」用《內業》的話說，即「上際於天，下極於地」的「一言之解」、「一之理」），又「舊瓶裝新酒」，改變儒家子思一派「慎獨」所重精誠專一的內涵，用於描述修養之境界。

　　郭店楚竹書及馬王堆帛書有《五行》一篇，亦為子思學派著作，其中有「慎獨」之說：「『淑人君子，其儀一也。』能為一，然後能為君子。〔君子〕慎其獨也。『〔瞻望弗及〕，泣涕如雨。』能差池其羽，然後能至哀。君子慎其〔獨也〕。」[112] 馬王堆本在《五行》經文後有解，其說云：「能為一者，言能以多為一；以多為一也者，言能以夫五（指仁義禮智聖等五行）為一。」「慎其獨也者，言舍夫五而慎其心之謂也。」《五行》刊佈後，學者對儒家「慎獨」之義頗有爭論 [113]，筆者以為梁

---

111 論者或視《大學》為孟子或荀子一派所作，筆者主張為曾子後學或子思學派作品，說詳拙著拙著：《〈大學〉著作時代及學派歸屬探論——「格物」本義鉤沈之二》（待刊稿）。

112 見郭店楚簡本第 16 至 17 簡，缺文據馬王堆帛書本補。

113 按，見梁濤：《郭店竹簡與「君子慎獨」》、《〈也談〉是誰誤解了慎獨》、《慎獨與意氣》；錢遜：《是誰誤解了「慎獨」》、《再談對慎獨的誤解》。二氏針對「慎獨」問題一來一往，前揭諸文見「簡帛研究」網。其他學者對「慎獨」也發表不同意見，見廖名春：《慎獨本義新證》，《學術月刊》2004 年第 8 期，後收入《中國學術史新證》（成都，四川大學出版社，2005 年 8 月）；劉信芳：《簡帛〈五行〉慎獨及其相關問題》，《湖北師範學院學報》（哲學社會科學版），第 21 卷第 2 期（2001 年），後收入《簡帛五行解詁》（台

濤所論最近實，他說：「《大學》、《中庸》的慎獨是對『誠』而言，而《五行》則是對『仁義禮智聖』，但根據《五行》的規定，『德之行五，和為之德』、『形於內』的五行也就是一種內心之德，它與『誠』在精神實質上仍是一致的。……所以根據《大學》、《中庸》、《五行》等篇的內容，慎獨的『獨』應理解為內心的專一，內心的真實狀態，慎獨即不論在獨處時還是在大庭廣眾下，均要戒慎地保持內心的專一，保持內心的誠。」[114]
所論正與戴君仁說相合。

北，藝文印書館，2000 年 12 月）；戴璉璋：《儒家慎獨說的解讀》，《中國文哲研究集刊》第 23 期（2003 年 9 月）。

114　梁濤：《郭店竹簡與「君子慎獨」》，《古墓新知》，台北，台灣古籍出版公司，2002 年 5 月，第 228－229 頁。

第三章

論宋鈃與尹文、慎到、荀況
之關係及其影響

第一節　論宋鈃與尹文之關係

一、今本《尹文子》之真偽問題

　　《漢書・藝文志》有《尹文子》一篇，班固自注：「說齊宣王，先公孫龍。」顏師古引劉向說：「與宋鈃俱遊稷下。」今本《尹文子》有二卷，分《大道上》、《大道下》，宋代以下學者多以此書乃魏晉人所偽，此說主要肇因於對今本《尹文子》仲長統之序的懷疑。該序說：

　　　尹文子者，蓋出於周之尹氏，齊宣王時居稷下，與宋鈃、彭蒙、田駢同學於公孫龍，公孫龍稱之。著書一篇，多所彌綸。……余黃初末始到京師，繆熙伯以此書見示，意其玩之，而多脫誤。聊次條定，撰定為上、下篇，亦未能究其詳也。山陽仲長統撰。[1]

1　《尹文子》（錢熙祚校本），《諸子集成》，北京，中華書局，1954 年 12 月，第 6 冊，第 2 頁。

晁公武對於此序有兩點懷疑，一是序稱尹文於齊宣王時居稷下，學於公孫龍，但《漢書·藝文志》序此書在《公孫龍子》之前，且公孫龍客於平原君，而平原君相趙惠文王，文王元年時距齊宣王歿已四十餘歲，則知尹文非學於公孫龍；二是史傳稱仲長統卒於獻帝遜位之年，但此序又說他在黃初末到京師，明顯不合。不過，晁氏只說「豈史之誤乎？」未遽斷其書之真偽，態度不失矜慎。宋濂乃據此二點，斷今本《尹文子》為偽。近人馬敘倫、顧實、錢基博等人俱以其書文辭淺薄，不類戰國時文，視為魏晉人依託之作[2]。梁啟超則認為：

> 今本《尹文子》二篇，精論頗多，其為先秦古籍毫無可疑，但指為尹文作或尹文學說，恐非是。《莊子·天下篇》尹文與宋鈃並稱，其學「以為無益于天下者明之不如其已。」名家所提出種種奧賾詭瑣之問題，皆宋尹一派所謂「無益于天下」者也。……今本《尹文子》『名以檢形，形以定名』等語，皆名家精髓，然與莊子所言尹文學風，幾根本不相容矣。……卷首一序，題云「山陽仲長氏撰定」，似出仲長統所編次，然序中又有「余黃初末始到京師」語，統卒於漢建安中，不能及黃初，疑魏晉人所編，托統以自重。其書則本為先秦名家言，編者不得其主名，遂歸諸尹文耶。尹文為齊湣王時人，見《呂氏春秋》，班云宣王，亦微誤。[3]

---

2 上引諸家說見張心澂：《偽書通考》，上海書店，1998 年 1 月，第786－788 頁。

3 梁啟超：《漢書藝文志諸子略考釋》，收入《清代學術概論》附錄，北京，東方出版社，1996 年 3 月。

鵬按，馬敘倫等人謂其書淺薄，故斷為後人偽書；梁氏又說其書精論迭出，故定為先秦故籍，可見此種訴諸主觀印象的論斷並無助於解決問題。梁啟超僅據《莊子‧天下》記述宋、尹摒棄「無益於天下」之學，而今本《尹文子》有形名之論，斷定其為後人依託之作，其說恐非。《莊子‧天下》原文作「曰：『君子不為苛察，不以身假物。』以為無益於天下者，明之不如已也。」知其所斥乃苛察之說、飾於物之行，至於名實相應之論，則不在摒棄之列。從今本《尹文子》觀之，其論形名之目的在「正名」，所以開篇便說：「大道無形，稱器有名。名也者，正形（型）也。形（型）正由名，則名不可差。故仲尼曰：必也正名乎，名不正則言不順也。」此上承孔子、宋鈃之說，實無名家末流苛察繳繞之弊。此外，前人已指出，《天下》雖將宋鈃、尹文合論，但所述以宋鈃學說為主 [4]。尹文雖亦持「見侮不鬥」說齊湣王（見《呂氏春秋‧正名》），此可視為其受宋鈃學說影響之處，但尹文生處戰國晚期，名辨之說盛行，他受宋鈃一派「正名」說之影響，詳論形名，此乃其學說之發展，不得以《天下》未述及宋、尹名辨之論而謂今本《尹文子》有形名說乃後人依託。況且《漢書‧藝文志》已將《尹文子》歸入名家，可見班固所見《尹文子》本以形名之學為主 [5]。白奚謂：「（宋鈃）見侮不辱、禁攻救鬥的思想影響了尹文，但尹文關心的主要不是這些，他的學術思想已遠遠超出了

---

4 見金受申：《稷下派之研究》，台北，臺灣商務印書館，1971 年 5 月，第 31 頁；胡家聰：《稷下爭鳴與黃老新學》，北京，中國社會科學出版社，1998 年 9 月，第 268 頁。

5 按，若依梁氏之說推衍，則班固《漢志》所收《尹文子》已為偽託之作，但班固於自注中並未提及此書為後人依託。

這個範圍，是一個突出名法的黃老學者。」[6] 其說是。

　　關於今本序文稱尹文「與宋鈃、彭蒙同學於公孫龍」，原文當有脫誤，亦不得視為偽跡之一。錢穆已指出，序所據本當為「與宋鈃、彭蒙同學，先於公孫龍，公孫龍稱之。」脫一「先」字。《漢志》凡云「稱之」者，例為後之稱前，而所謂尹文與宋鈃等人「同學」，「以當時稷下先生皆不治而論議，古者宦學齊稱，今稷下之流皆不仕，乃相謂同學。」[7] 前引諸家之說確鑿無誤者，僅序中仲長統自稱「黃初末始到京師」一點，此誠如梁啟超說，乃後人「托統以自重」，但即使序為偽，未必就可斷言其書亦為後人依託。

　　僅據序之可疑而定原書之偽既無法服人，唐鉞、羅根澤更從今本《尹文子》之用語、思想內涵及襲用其他文獻之情形入手，欲定此書為偽。唐氏所提出的論據包括：《尹文子》引用古書而掩晦來源、用秦以後的詞語、文體不像先秦的書、剽襲別書的大段文字、襲用古書而疏謬、一篇之中自相矛盾、書中沒有尹文子的主張、書中有些話和尹文子的主張相反等[8]；羅氏則指出，今本《尹文子》有「誤解尹文學說」及「論及尹文以後學說」之情形[9]（按，二氏俱以《莊子・天下》所述為尹文之真正學說）。關於二氏之說，劉建國《〈尹文子〉偽書辨

6　白奚：《稷下學研究──中國古代的思想自由與百家爭鳴》，第 195 頁。

7　錢穆：《尹文考》，《先秦諸子繫年》，第 378－379 頁。

8　唐鉞：《尹文和〈尹文子〉》，《古史辨》第 6 冊，台北，藍燈文化公司，1987 年 11 月，第 235－239 頁。

9　羅根澤：《〈尹文子〉探源》，《古史辨》第 6 冊，第 246－249 頁。

正》一文已逐條批駁[10]，在此無需贅述。胡家聰的批評則較一針見血，他說：

> 《探源》（按，指羅根澤《〈尹文子〉探源》）論證《尹文子》係魏晉人偽造的論點之一，是把宋鈃、尹文二人的年齡及學說看作等同，既不具體分析宋鈃與尹文的年輩，又不具體分析宋鈃逝世後尹文學派的新發展，因而僅僅以《莊子・天下》對宋、尹學派的記述為依據，認為《尹文子》與之不合，乃出於後人偽造，這種粗忽的論證怎能令人信服呢？[11]

胡氏進一步提出今本《尹文子》非偽書的內證，其說可歸納為三點：一是《尹文子》中提及「治、亂之國」、「強、治之國」，表明此書寫在各諸侯國分裂割據、互相爭霸的戰國時代；二是《尹文子》中的學說與《荀子》多相近或相同處[12]，此說明尹文與荀況同在稷下從事學術活動，二子皆受宋鈃學說

---

10 劉建國：《〈尹文子〉偽書辨正》，《先秦偽書辨正》，西安，陝西人民出版社，2004 年 7 月，第 303–308 頁。關於前人對於今本《尹文子》真偽及學派歸屬問題，並參考王曉波：《自道以至名，自名以至法——尹文子的哲學與思想研究》，《臺大哲學評論》第 30 期，第 5–15 頁；傅貴麗：《〈尹文子〉研究》，蘭州大學碩士論文，2007 年 5 月，第 7–15 頁。

11 胡家聰：《稷下爭鳴與黃老新學》，北京，中國社會科學出版社，1998 年 9 月，第 260 頁。

12 關於此點，胡氏在《道家尹文與儒家荀況思想有若干相通之處——兼論稷下學術中心的思想交流》一文有詳細的論述，文載《道家文化研究》第 14 輯。

影響；三是《尹文子》中反映的是道法刑名思想融合為一體的道家黃老學說，「離開了稷下之學的特定環境，後人想偽造也是偽造不出來的。」[13] 按，其說是，惟胡氏文中提及「荀況稱宋鈃為『子宋子』，與尹文同受其傳承」，並不確實。荀子稱宋鈃為「子宋子」並不表示他曾受業於宋子，此點《荀子‧正論》楊倞《注》已說：「言此者，蓋以難宋子之徒。」荀況稱宋鈃為「子宋子」有設辭以難宋子之徒之意（關於荀子與宋子之關係，參考本章第三節）。荀況與尹文同受宋鈃影響，但二者情況並不相同。荀子對於宋子學說乃批判性地改造、深化，如他在《正論》、《正名》透過對宋鈃「見侮不辱」、「情欲寡」的批評，從而建立自己一套關於節欲及榮辱的理論；尹文對宋鈃思想則較多正面的繼承，並進一步融入稷下名、法之學，著重發展形名、法術理論。

二、論尹文之年世

尹文的年世，前文所引梁啟超說據《呂氏春秋‧正名》謂尹文為齊湣王（公元前 300 年始在位）時人，其年代自在宋鈃之後（前文定宋子卒年不晚於公元前 300 年）；但顧實、唐鉞又據班固《漢志》自注謂尹文「說齊宣王」，認為尹文主要活動年代在宣王時，反以尹文為宋鈃之師。顧實推測尹文的生卒年是公元前 392 至 317 年 [14]。錢穆則說：「《呂覽‧正名》篇

13　胡家聰：《道家尹文與儒家荀況思想有若干相通之處——兼論稷下學術中心的思想交流》，《道家文化研究》第 14 輯，第 260－263 頁。

14　顧實：《莊子天下篇講疏》，第 129 頁；唐鉞：《尹文和〈尹文

載尹文與齊湣王論士，則尹文乃宣王時稷下舊人，至湣王時尚在。」並定尹文生卒年為公元前 350 至 285 年 [15]。李學勤也指出：「尹文在宣王時居稷下，《呂氏春秋・正名》載他見齊湣王，論見侮不鬥，說明當時仍在。不過《鹽鐵論・論儒》談到湣王末年諸儒分散，有慎到、接子、田駢、孫卿，沒有尹文，很可能他已不在世上。」[16] 胡家聰則據《呂氏春秋・正名》記述尹文和齊湣王論士之後的一段話（「……論皆如此。故國殘身危，走而之穀，如衛。」），認為尹文在湣王末年戰亂時先至穀，後至衛，至襄王時可能又返回稷下 [17]。鵬按，錢穆、李學勤說是。《呂氏春秋・正名》「故國殘身危，走而之穀，如衛」乃該篇作者的評述之語，其對象自指湣王，似乎不當說為尹文之遭遇，胡氏說疑非。宋鈃年世當在尹文之前，這一點可以從《莊子・天下》論述各派時，多將具有前後傳承關係者合論得到證明，如「墨翟、禽滑釐」、「彭蒙、田駢、慎到」皆是。李學勤指出：「彭蒙、宋鈃之年較長，田駢以及尹文從之游，所以《天下》有田子學於彭蒙之說。……宋鈃、尹文的關係，大約與彭蒙、田駢相似，在師友之間。」[18] 其說是。

子》，《古史辨》第 6 冊，第 233－234 頁。

15 錢穆：《尹文考》，《先秦諸子繫年》，第 379、619 頁。按，《四庫全書總目提要》子部雜家類著錄《尹文子》一卷，並云：「顏師古注《漢書》，為齊宣王時人。考劉向《說苑》載文與宣王問答，顏蓋據此。然《呂氏春秋》又載其與湣王問答事，殆宣王時人，至湣王時猶在歟。」錢氏說蓋本此。

16 李學勤：《〈管子・心術〉等篇的再考察》，《古文獻叢論》，第 192 頁。

17 胡家聰：《稷下爭鳴與黃老新學》，第 259 頁。

18 李學勤：《〈管子・心術〉等篇的再考察》，《古文獻叢論》，第 191

三、論宋鈃對尹文之影響

　　關於尹文的思想內涵，胡家聰、白奚、王曉波等學者已有深入的論述 [19]，此處針對宋鈃對於尹文之影響略加梳理。宋鈃學說以《老子》為根柢，並融入儒家（尤其子思一派）、墨家的思想成分。尹文在其基礎上，更適時地融入名、法之學，形成其以「大道」調和諸子百家之說，以名、法治國的黃老道家體系。具體而言，宋鈃對尹文影響之處有以下幾點：

1. 宋鈃學說的開放性格局影響尹文建立兼融各家的思想體系：
　　尹文之學兼容並蓄，雖與其長居稷下講學，與彭蒙、田駢、慎到、荀況等人交往有關 [20]，但亦受宋鈃「援儒、墨入

頁。

19　胡家聰：《稷下爭鳴與黃老新學》，第 264－279 頁；白奚：《稷下學研究——中國古代的思想自由與百家爭鳴》，第 202－211 頁；王曉波：《自道以至名，自名以至法——尹文子的哲學與思想研究》，《臺大哲學評論》第 30 期。王氏文後收入《道與法：法家思想和黃老哲學解析》，台北，臺灣大學出版中心，2007 年 5 月，第 313—371 頁。

20　按，今本《尹文子》序稱尹文「與宋鈃、彭蒙、田駢同學」，蓋據《尹文子》下卷「田子讀書」章所記彭蒙、田駢、宋鈃相與論學之情形推衍。除此章外，《尹》書中引田駢說有二，其中引田子「人皆自為」一段，並自稱「稷下先生曰：善哉田子之言。」亦有一處引彭蒙說，即「雉兔在野，眾人逐之」之論（《呂氏春秋·慎勢》有類似說法，但為慎到之言），可見尹文與《莊子·天下》所述彭蒙、田駢、慎到一派頗有關係。《尹文子》言「分定」、「因」，皆受此派影響。至於尹文與荀子之關係，文獻中雖未明言，但二子相互影響仍有蛛絲馬跡可尋。胡家聰就指出：二人長年在稷下從學，其年齡又相近，或多有交往。細察《尹文子》、《荀子》二書，多有相

道」之學風沾溉。這一點可以由《尹文子》兼受儒、墨二家
影響得到證明。如今本《尹文子》上卷論正名引孔子「必也
正名」之語，又倡「禮樂獨行，則私欲寢廢」，下卷開篇更
說「仁、義、禮、樂、名、法、刑、賞，凡此八者，五帝三
王治世之術也。」將儒家思想與形名法術融合為一。胡家聰
也指出：「（尹文所倡）『全治而無闕』有墨家尚功利、去無
用的精神，提倡『有益於治』的言論、『有益於事』的行
為……這恰恰是墨學功利主義精神之再現。不僅僅如此，進
而提倡『為善與眾行之，為巧與眾能之』……這樣群策群力

通、相近之處，更可證明二子在稷下通過思想交流，取長補短。胡
氏所舉二書中相近之說包括社會分工論、等級名分論、「言必當
理，事必當務」論、「不苟」之論、「先誅之論」、「性惡」論、「正
名」論等。值得注意的是，孔子誅少正卯之說（即胡氏所謂「先
誅」之論）並見於《尹文子》卷下及《荀子‧去宥》。前人關於孔
子是否誅少正卯一事有不少爭論，筆者認為此傳說當為戰國晚期尹
文一派為闡釋其「正名」說所造寓言，其性質猶如莊子借孔子、顏
淵之口鋪陳學說。在尹文來說，孔子正是「仁義禮樂，名法刑賞」
並用之聖人，故借其攝相而先誅少正卯強調此一形象。且尹文以
「先誅」之目的在清「亂政之本」，以正視聽，似亦隱含孔子「政
者，正也」之意（惟此亦尹文之「斷章取義」，《論語‧顏淵》該章
在此句後更說「子帥以正，孰敢不正」，所重乃主政者以身作則，
未嘗言先正邪僻者）。今人廖渙超曾比對《尹》、《荀》二書對於此
事記述的詳略差別，從而提出「《尹文子》才是『孔子誅少正卯』
的原始出處」之論斷，亦可作為筆者觀點之佐證。胡家聰說見《道
家尹文與儒家荀況思想有若干相通之處——兼論稷下學術中心的思
想交流》，《道家文化研究》第 14 輯（1998 年 7 月），第 279－288
頁；廖渙超說見《孔子誅少正卯辨》，《遼寧師專學報》（社會科學
版）1999 年第 1 期，第 129－131 頁。

的社會思想，也體現出一定的『兼愛互利』精神。」[21]。《莊子・天下》謂宋鈃、尹文「以脯合驩，以調海內」，即能合諸子之學，如烹調五味，令其融和[22]。正因如此，尹文才能不為宋鈃所囿，以「大道容眾，大德容下」[23]之精神融合各家之說，形成「自道以至名，自名以至法」的思想體系[24]。

2. 尹文繼承宋鈃宗老子道論之學統：宋鈃云：「虛而無形謂之道，化育萬物謂之德。」（《心術上》經）「道者，一人用之，不聞有餘；天下行之，不聞不足。」「道之大如天，其廣如地，其重如石，其輕如羽，民之所知者寡。」（以上見《白心》），其道論上承《老子》。尹文在其著作中更將《老子》道論奉為正統，如《尹文子》開篇便說「大道無形，稱器有名」，標舉「大道」為宗，故下文說「〔以〕大道治者，則名、法、儒、墨自廢。」[25]並在篇中屢次引《老子》為說，如上卷引今本《老子》第 62 章「道者，萬物之奧，善人之寶，不善人之所寶（保）。」並申述云：「是道治者，謂之善人；藉名、法、儒、墨者，謂之不善人。善人之與不善人，名分日離，不待審察而得也。」下卷引《老子》第 57 章「以政（正）治國，以奇用兵，以無事取天下。」並說：

21　胡家聰：《稷下爭鳴與黃老新學》，第 278 頁。
22　按，此處化用王夫之《莊子解》之語，參看本文上編第一章第一節對二句之校釋。
23　見《說苑・君道》尹文答齊宣王之語。
24　《四庫全書總目提要》謂尹文之學「出入於黃老申韓之間。周氏《涉筆》謂其『自道以至名，自名以至法。』蓋得其真。」
25　首句「以」字依王啟湘說補。見《尹文子校詮》，《周秦名家三子校詮》，台北，世界書局，1978 年 3 月再版，第 22 頁。

「政（正）者，名、法是也。以名、法治國，萬物所不能亂；奇者，權、術是也 [26]。以權、術用兵，萬物所不能敵。凡能用名、法、權、術而矯抑殘暴之情，則己無事焉。己無事，則得天下矣。」又闡釋《老子》第 74 章「民不畏死，奈（《尹》書引作「如」）何以死懼之」云：「凡民之不畏死，由刑罰過。刑罰過，則民不賴其生。生無所賴，視君之威末如也。刑罰中，則民畏死。畏死，由生之可樂也。知生之可樂，故可以死懼之。此人君之所宜執，臣下之所宜慎。」從此三例看，尹文引用《老子》並非泛引，而是有意識地闡述、改造《老子》的學說 [27]。韓非作《解老》、《喻老》，藉《老子》發揮法治思想，可能即受尹文之影響 [28]。此外，《老子》論道重視「反」、「復」之循環、能動性因素，如云：「反者，道之動」、「正復為奇」。宋鈃亦重視此一概念，如《白心》說：「事成而顧反無名」、「和以反中」、

---

26 按，《尹文子》上卷論治國之方，別權、術為二，並言「術不足以治則用權」、「權用反術」，此處論權、術仍當依前文稍別。

27 按，胡家聰已注意到尹文「解老」的傾向，他認為尹文引《老子》「以正治國」章，「儘管主張『以名、法治國』，但還是闡發老子道論為法家政治作論證，而又落腳到『無為』可以得天下。這是尹文『解老』的黃老新論。」白奚針對《尹文子》下卷引《老子》「民不畏死」章也指出：輕用刑罰的主張在先秦諸子常見，而只有尹文是由道家老子哲學引發出來的，這正是用道家哲學論證法家政治的黃老路數。二氏說分別見《稷下爭鳴與黃老新學》，第 271 頁；《稷下學研究──中國古代的思想自由與百家爭鳴》，第 206 頁。

28 王曉波已指出，尹文將《老子》的「以正治國，以奇用兵」詮釋為名、法、權、術，顯然是韓非的先進。說見《自道以至名，自名以至法──尹文子的哲學與思想研究》，《臺大哲學評論》第 30 期，第 19-20 頁。

「左右前後，周而復所」。尹文更進一步發揮反輔為用之道術論，他說：「道不足以治，則用法；法不足以治，則用術；術不足以治，則用權；權不足以治，則用勢。勢用則反權，權用則反術，術用則反法，法用則反道。道用則無為而自治。故窮則徼終，徼終則反始。始終相襲，無窮極也。」明顯承繼《老子》及宋鈃之說。

3. 尹文闡述發揮宋鈃「別囿」、「見侮不辱」、「禁攻寢兵」之說：尹文倡「見侮不鬥」之說見於《呂氏春秋‧正名》所載尹文與齊湣王論士一章。《尹文子》云：「接萬物使分，別海內使不雜。見侮不辱，見推不矜。禁暴息兵，救世之鬥。此人君之德，可以為主矣。」前二句為對「別囿」之發揮，後者則響應宋鈃「見侮不辱」、「寢兵」之說。顧實將《莊子‧天下》所述宋、尹「接萬物以別囿為始」一句解為「人心有所拘囿，當辨而去之。」高亨則據郭象注，將「別囿」讀為「別域」，解為「別域者，劃分萬物之畛界，使不相侵犯也。」[29] 鵬按，宋鈃之「白心」、「別囿」乃一組相關的概念，其別囿之目的不外是使心恢復本然之狀態，故當以前說為是；但尹文受彭蒙、慎到等人「定分」說之影響[30]，劃分「名」與「分」之界限[31]，欲以此達到「貪鄙不爭」之目

---

29 顧實：《莊子天下篇講疏》，第 44 頁；高亨：《莊子天下篇箋證》，《高亨著作集林》第九卷，第 398 頁。

30 《尹文子》卷上引彭蒙語：「雉兔在野，眾人逐之，分未定也；雞豕滿市，莫有志者，分定故也。」並說：「物奢，則仁智相屈；分定，則貪鄙不爭。」

31 《尹文子》卷上：「五色、五聲、五臭、五味，凡四類，自然存焉天地之間，而不期為人用。人必用之，終身各有好惡，而不能辨其名分。名宜屬彼，分宜屬我。我愛白而憎黑，韻商而舍（捨）徵，

的，此乃其分別畛域之「別囿」說，固可以「不欲令相犯錯」（郭象語）解之，也即前文所引《尹文子》所謂「接萬物使分，別海內使不雜」。宋、尹「別囿」之目的皆在使人正確地認知外在事物，惟宋鈃繼承《老子》「滌除玄鑒」之理路，要求修養工夫從「心」做起；尹文則受彭蒙一派之影響，強調確立內外名分即可使人不爭。

4. 宋鈃、尹文同有「毋恃富」、「毋倚賢」之主張：宋鈃「毋恃富，毋倚賢」之說，見於楚竹書《彭祖》。此二說在《尹文子》中皆有反映，如「所貴聖人之治，不貴其獨治，貴其能與眾共治；貴工倕之巧，不貴其獨巧，貴其能與眾共巧也。今世之人，行欲獨賢，事欲獨能，辯欲出群，勇欲絕眾。獨行之賢，不足以成化；獨能之事，不足以周務；出群之辯，不可為戶說；絕眾之勇，不可與征陣。凡此四者，亂之所由生。」即毋自負賢能之說；而「人貧則怨人，富則驕人。怨人者，苦人之不祿施於己也，起於情所難安而不能安，猶可恕也；驕人者，無所苦而無故驕人，此情所易制而弗能制，弗可恕矣。……貧賤之望富貴甚微，而富貴不能酬其甚微之望。夫富者之所惡，貧者之所美；貴者之所輕，賤者之所榮。然而弗酬，弗與同苦樂故也。」即所謂「毋恃富」之說。尹文從其「弗與同苦樂」之論，更進一步告誡君王「今萬民之望人君，亦如貧賤之望富貴。其所望者，蓋欲料長幼、平賦斂、時其飢寒、省其疾痛、賞罰不濫、使役以時，如此而已，則於人君弗損也。然而弗酬，弗與同勞逸故

好膻而惡焦，嗜甘而逆苦。白黑商徵，膻焦甘苦，彼之名也；愛憎韻舍（捨），好惡嗜逆，我之分也。定此名分，則萬事不亂。」

也。……人君不可不酬萬民。不酬萬民，則萬民之所不願戴；所不願戴，則君位替矣，危莫甚焉，禍莫大焉。」可見尹文頗富同情心，雖倡君王形名法術，但亦關心民間疾苦，故《莊子・天下》稱宋、尹二子為「救世之士」。

5. 尹文之「形（型）名論」受宋鈃「形（型）名相應」的正名觀影響：孔子「正名」說主要著眼於政治層面[32]，宋鈃將之抽象化、理論化，並提出「形（型）」、「名」二概念，如《心術上》經云：「物固有形（型）[33]，形（型）固有名，名當謂之聖人。」解文以「督言正名，謂之聖人」說之。《白心》云：「正名自治，奇名自廢。名正法備，則聖人無事。」「索其（像），則知其形（型）；緣其理，則知其情；索其端，則知其名。」尹文在其基礎上建立形名論，如今本《尹文子》開篇便說「大道無形（型），稱器有名。名也者，正形（型）者也。形（型）正由名，則名不可差。」首句「大道無形（型）」化用《老子》「大像無形（型）」，而型、名概念之劃分顯然繼承宋鈃之說。值得注意的是，尹文在此以「大道無形（型）」與「稱器有名」對舉，可見諸「形」字當讀為「型」無疑，這點需要從古代鑄造器物的角度略加疏解。朱鳳瀚對於商周青銅器之塊範法有較簡要之說明，他指出：以鑄造容器為例，先製成欲鑄器物的模型（稱作模或母

---

32 見《論語・顏淵》：「政者，正也。」「君君，臣臣，父父，子子。」《子路》：「名不正，則言不順；言不順，則事不成；事不成，則禮樂不興；禮樂不興，則刑罰不中；刑罰不中，則民無所錯手足。」
33 按，上文校釋《心術上》此二「形」字皆未破讀，惟已將之訓為「實」，今與相關文例合觀，知當逕讀為「型」。

範）[34]，再用泥土敷在模型外面，脫出用來形成鑄件外廓的鑄型組成部分（此部分稱為外範），外範要分割成數塊，以便於從模上脫下。此外，還要用泥製一個體積與容器內腔相當的範，通稱為芯（亦稱心型或內範），然後使外範與芯套合，中間的空隙即型腔，其間隔為欲鑄器物的厚度。最後將熔化的銅液注入此空隙內，待銅液冷卻後，除去外範與芯即得到所欲鑄器物[35]。鵬按，「型」之本義為內範或母範，故可引申為事物原始或理想之樣態，亦可引申有「實」義[36]。裘錫圭曾指出，古書中「形名」亦作「刑名」，所謂「形」或「刑」非指刑法，而是指事物的本形。形（或刑）、實二者常與名、聲對舉，「實就是形，聲就是名。」[37] 然則形（或刑）者，型也。《尹文子》下文更提出名實互定，形名互

34　朱氏指出：母範最常見的原料是陶土，若製造形製細長扁平的刀、削，可用竹、木，較小的鳥獸形體可用骨、石雕刻為模。

35　朱鳳瀚：《古代中國青銅器》，天津，南開大學出版社，1995 年 6 月，第 527－528 頁。

36　王博也注意到與「名」相對的「形」應當讀為「型」，但他認為這僅限於《黃帝四經》所見，並將「型」字解為法度及客觀標準。按，王氏之說尚有一間之未達。筆者認為戰國時代與「名」相對之「形」皆當讀為「型」，因「形」之本義指像似可見之外在形象，無緣引申有「實」義。馬王堆乙本《老子》卷前道家佚書之「形（型）名」確如王氏所說，多具有標準、法度之意，但此疑為宋鈃、尹文名實相應之「形名」說後來之發展、引申。王博說見《老子思想的史官特色》，台北，文津出版社，1993 年 11 月，第 350－356 頁。

37　裘錫圭：《馬王堆〈老子〉甲乙本卷前後佚書與「道法家」──兼論〈心術上〉〈白心〉為慎到田駢學派作品》，《文史叢稿》，第 65 頁、第 76 頁注 6。

檢之原則，其說云：「有型 [38] 者必有名，有名者未必有型。型而不名，未必失其方圓白黑之實；名而〔無型〕[39]，不可不尋名以檢其差，故亦有名以檢型。型以定名，名以定事，事以檢名。察其所以然，則型名之與事物，無所隱其理矣。」[40]

6. 宋鈃著書好用寓言、諺語之特色亦影響尹文：宋鈃一派喜借寓言、好引諺語為說，前者可舉《去尤》、《去宥》為例，後者則見於《白心》。《尹文子》中亦有上述特色，其用寓言說理如上卷以「宣王好射」、「齊有黃公者好謙卑」、「楚人擔山雉以為鳳凰」、「魏田父得寶玉」等寓言說明「世有因名以得實，亦有因名以失實」之道理。《尹》書中除援引老子、田駢、彭蒙之語外，亦好引諺語為說，如下卷述「孔子誅少正卯」一段後，便連續引用三則諺語：「語曰：『佞辯可以熒惑鬼神。』（其下更設為問答以闡述之）……故舜、禹者，以為不用佞人，亦未必憎佞人。語曰：『伎辯惑物。』舜禹不能得憎，不可不察乎？語曰：『惡紫之奪朱，惡利口之覆邦家。』斯言足畏，而終身莫悟，危亡繼踵焉。」

由以上六點，可以看出尹文從思想內涵到著作體製俱受宋鈃之影響，故《莊子·天下》將二人合論，但二子是否可視為一「宋尹學派」卻見仁見智。郭沫若認為《天下》所述為宋鈃、尹文二人之學說要旨，故將《管子·心術》等篇視為「宋

---

38 按，諸「型」字原作「形」，引文逕破讀為「型」，訓為實。

39 「無形（型）」二字依孫詒讓說補，見王啟湘《尹文子校詮》第 22 頁所引孫氏說。

40 關於《尹文子》此段形名論的分析，可以參考白奚《稷下學研究──中國古代的思想自由與百家爭鳴》，第 207-208 頁。

尹學派」遺著（郭氏以今本《尹文子》乃偽書，斥為「文字膚
陋，了無精義」）[41]；白奚則舉證歷歷，認為宋、尹二子思想迥
異，一屬墨家，一屬黃老道家，故斷言「先秦學術史上並不存
在一個『宋尹學派』，所謂『宋尹學派』只是肇始於郭沫若的
一個誤解。」[42] 二家各執一端，似乎不能相容，但若以思想發
展的觀點來看，尹文學說乃是對於宋鈃思想的進一步深化、改
造。正因其同，尹文學說才有發展的基礎；正因其異，尹文才
得以自成一家之言。

第二節　論慎到學說及其與宋鈃之關係

一、彭蒙、田駢、慎到的著作

《莊子·天下》將彭蒙、田駢及慎到合論，稱三子「公而

41　郭沫若：《宋鈃尹文遺著考》，《郭沫若全集·歷史編》第一卷，第
　　547−552頁。

42　語見白奚：《稷下學研究──中國古代的思想自由與百家爭鳴》，第
　　192頁，並參考該書第 191−195頁、第 212−214頁。按，白奚在文
　　中極言宋、尹思想之差異，但論證上卻頗有問題。如他認為《天下》
　　所述宋、尹之說乃從百姓生計出發，與尹文強化君權之思想牴觸，卻
　　未注意到《尹文子》篇末「人君不可不酬萬民」之論，尹文憐憫貧
　　賤者飢寒疾痛之態度，正可見其關心百姓生計。又如白氏以為《天
　　下》謂宋、尹「不為苛察」，但尹文卻有「循名責實」的形名論，
　　二者截然相反。但本文已指出，尹文的名理論不為「苛察繳繞」
　　的詭辯之說，與惠施、公孫龍之流迥異，不得以《天下》此語而斷
　　定尹文與宋鈃思想不合。而白氏以宋鈃為墨家支裔、以「作為華山
　　之冠以自表」為主張平等之說，前文亦已辨其非。

不黨，易而無私。決然無主，趣物而不兩。不顧於慮，不謀於知。於物無擇，與之俱往。」又說他們「齊萬物以為首（道）」[43]，其下評述慎子說：「慎到棄知去己，而緣於不得已。泠汰於物，以為道理。」又「笑天下之尚賢」、「非天下之大聖」，且點出其言行「動靜不離於理」。從《天下》將彭蒙一派置於宋銒、尹文之後，可以推知二者之學說既有較根本性的差異，亦有一定的關聯[44]。

彭蒙之著作亡佚甚早，《漢書・藝文志》中已無著錄，其說僅見於《莊子・天下》之引述及《尹文子》中論定分（「雉兔在野」之語）及聖法之治（「田子讀書」章）的兩段文字。田駢的著作《漢志・諸子略》著錄為「《田子》二十五篇」，歸入道家。其書久佚，清人馬國翰有輯本。慎到的著作《漢志・諸子略》入法家，著錄為「《慎子》四十二篇」，班固自注云：「先申韓，申韓稱之。」從《漢志》將《田子》及《慎子》分別歸入道、法二家，不難得知二子思想之旨趣及內涵並不完全相同。郭沫若云：「慎到著的書，《史記・孟荀列傳》說有『《十二論》』，發明黃老道德之意，但《藝文志》卻說有四十二篇，被列於法家。這不知道是一是二。現存《慎子》只是殘餘

---

43 「首」讀為「道」從奚侗、顧實、王叔岷說。王叔岷解釋說：「以道觀之，萬物皆一。天地有能有不能，萬物有可有不可，皆包於道，所謂『道則無遺』，此並與莊子之齊物之義相符。」見顧實《莊子天下篇講疏》，第 55 頁（奚侗說見此）；王叔岷：《法家三派重勢之慎到》，《先秦道法思想講稿》，第 181 頁。

44 按，此猶《天下》將宋銒、尹文一派置於墨翟、禽滑釐之後，說明宋、尹之說雖受墨家影響，但立說之根柢及學術宗旨究有不同。又如將莊周置於關尹、老聃之後，表明己派雖直承老子之說，但亦有較大之發展。

的輯本，雖有七篇之名而每篇均非全豹。七篇之外頗多佚文。據輯本《慎子》看來，差不多全部都是法理論，黃老的氣息比較稀薄，但這一部分的法理論毫無疑問也是道家思想的發展。」又說：「慎到、田駢一派是把道家的理論向法理一方面發展了。嚴格地說，只有這一派或慎到一人才是真正的法家。」[45] 其說頗能看出慎到與彭蒙、田駢之異（關於此點下文還會述及）。

今存《慎子》版本頗多，但皆為後人之輯本。據譚普森（P. M Thompson）及王叔岷總結前人對於《慎子》版本之研究指出：《慎子》原書佚於宋代之前。四部叢刊所收江陰繆氏薈香簃藏寫本，乃從明萬曆慎懋賞刻本抄錄。此本抄襲、割裂古書，其中雜有南宋末王柏《天地萬物造化論》，當為明人依託之作。王叔岷且說：「竊疑即慎懋賞所偽託，借以光大其先人慎到耳。」在諸輯本中以守山閣叢書本（即今四部備要本）採錄較完備，也較可信。該本收入唐魏徵《群書治要》節錄《慎子·威德》等七篇的佚文（是時原書尚未亡佚），其後並附唐、宋類書及古注中所輯《慎子》佚文六十條。譚普森雖認為現今研究可據守山閣本《慎子》，但他也指出，守山閣本並非獨立於慎懋賞本之外，而且所附錄的六十條佚文也並非全無問題 [46]。故他將現存可見之《慎子》佚文重新整理、考訂，共輯

---

45 郭沫若：《稷下黃老學派的批判》，《郭沫若全集·歷史編》第二卷，第 167－168 頁。

46 譚普森（P. M Thompson）：《慎子佚文》第一章（倫敦，牛津大學出版社，1979 年版）；並見索介然《〈慎子佚文〉簡介》，《管子學刊》1995 年第 4 期，第 83 頁。王叔岷說見《法家三派重勢之慎到》，《先秦道法思想講稿》，第 174－175 頁。

出 123 條，又加上取自《莊子‧天下》、《韓非子‧難勢》及
《淮南子‧道應》所述慎到之言五條，合計 126 條佚文。下文
論述所據《慎子》以譚普森輯本為主，並參照守山閣本 [47]。

二、彭蒙、田駢、慎到的年世問題

　　田駢之事蹟見於《淮南子‧人間》：「唐子短陳駢子於齊威
王。威王欲殺之，陳駢子與其屬出亡，奔薛。孟嘗君聞之，使
人以車迎。」錢穆、顧實皆指出，《史記‧孟嘗君列傳》記孟
嘗君代父立於薛，乃湣王時事，《淮南子》「威王」當為「湣
王」之誤。錢氏並舉《鹽鐵論‧論儒》所記湣王末世，稷下諸
子散亡，「田駢如薛」為證 [48]。鵬按，田駢在湣王末年仍存，
錢穆將田駢生卒年約數定為公元前 350 年至 275 年，其說可
信。文獻中對於彭蒙的行事記載闕如，僅能依據《莊子‧天
下》所言其與田駢、慎到之關係推測。錢穆說：「《莊子‧天下
篇》稱：『田駢學於彭蒙，得不教焉』又曰：『彭蒙、田駢、慎
到不知道』，則彭蒙為田駢師，故序列居最先。……殆或上及
齊威矣。」並將彭蒙年世約數定在公元前 370 年至 310 年，此
從之。

　　慎到的年世問題較彭、田二子複雜，文獻中所見戰國時期

---

47 按，譚普森輯本中對於《群書治要》七篇佚文中意義相關段落往往
　　分作數條處理，其輯錄之原則乃從其分而不從其合，故在使用上需
　　參照守山閣本，以避免引用不全之情形。

48 錢穆：《田駢考》，《先秦諸子繫年》，第 430 頁；顧實：《莊子天下
　　篇講疏》，第 130－131 頁。

「慎子」似有三人：一是稷下先生慎到 [49]；二是《戰國策・楚策二》所記楚襄王為太子質於齊時的傅 [50]；三是《孟子・告子下》所記「魯欲使慎子為將軍」之慎子，自稱「滑釐」[51]。此外，慎到與申不害孰先孰後，論者各執一端，亦難以遽定。關於後者，錢穆說：

> 《漢志》法家者流有《慎子》四十二篇，《注》：「名到，先申、韓，申、韓稱之。」夫到與孟子同時（按，錢氏肯定《孟子・告子下》所記慎滑釐即慎到），而按《鹽鐵論》，慎子以湣王末年亡去，則慎子輩行猶較孟子稍後，豈得先申子？《荀子・非十二子》以慎到、田駢齊稱。《莊子・天下》篇稱彭蒙、田駢、慎到。田駢學於彭蒙而與慎到同時，是慎到後於彭蒙也，近人胡適（《中國哲學史大綱》卷上）謂慎到稍在前，彭蒙次之，

49　《史記・孟子荀卿列傳》：「慎到，趙人。田駢、接子，齊人。環淵，楚人。皆學黃老道德之術，因發明序其指意。故慎到著十二論，環淵著上下篇，而田駢、接子皆有所論焉。」

50　《戰國策・楚策二》：「楚襄王爲太子之時，質于齊。懷王薨，太子辭于齊王而歸。齊王陪之〔曰〕：『予我東地五百里，乃歸子。子不予我，不得歸。』太子曰：『臣有傅，請追〈退〉而問傅。』傅慎子曰：『獻之。地所以爲身也。愛地不送死父，不義，臣故曰獻之便。』太子入，致命齊王曰：『敬獻地五百里。』齊王歸楚太子。」引文「齊王陪之」下補「曰」字從鍾鳳年之說；「追而問傅」之「追」為「退」之訛則從鮑彪《注》。參考范祥雍：《戰國策箋證》，上海古籍出版社，2006 年 12 月，上冊，第 835 頁。

51　《孟子・告子下》：「魯欲使慎子爲將軍。孟子曰：『不教民而用之，謂之殃民。殃民者，不容于堯舜之世。一戰勝齊，遂有南陽，然且不可。』慎子勃然不悅曰：『此則滑釐所不識也。』」

田駢最後，亦非矣。[52]

但顧實、王叔岷仍據《漢志》班固自注、《呂覽》高誘注，定慎到在申子之前（申子年世據錢穆所定為公元前 400 年至 337 年）[53]。鵬按，錢穆說是。據《鹽鐵論‧論儒》所記齊湣王末年稷下先生散去一事，可確定慎到年世當在申不害之後。若依顧實等人之說，慎到生於公元前 400 年之前，至湣王（公元前 300 年至 284 年在位）末年猶存，則其年齡已逾百一十歲，較無此可能。對於班固、高誘所謂慎子為申、韓所稱之說，裘錫圭有一合理的推測。他說：

> 申不害的年輩高於慎到，但是《漢書‧藝文志》卻說《申子》稱引過慎子。也許《申子》編定於申不害門徒之手，所以能稱引慎到。申、慎兩派可能是相互影響的。[54]

按，此種情形猶如宋鈃與莊周一派學說較近，且互相影響，故宋子後學編《去尤》時乃援引《莊子》為說。

關於前述戰國時期三「慎子」的身分問題，可以分為兩個層次：一是《孟子》所記魯國欲封為將軍之慎子是否為稷下先

---

52 錢穆：《慎到考》，《先秦諸子繫年》，第 426 頁。

53 顧實：《莊子天下篇講疏》，第 131－132 頁；王叔岷：《法家三派重勢之慎到》，《先秦道法思想講稿》，第 175 頁。

54 裘錫圭：《馬王堆〈老子〉甲乙本卷前後佚書與「道法家」——兼論〈心術上〉〈白心〉為慎到田駢學派作品》，《文史叢稿》，第 70 頁。

生慎到；二是《楚策》所云襄王傅慎子是否為慎到。錢穆曾主張《孟子‧告子下》之慎滑釐即慎到。他據焦循之說認為慎子名滑釐，字到，名、字相應（「釐」與「來」通）[55]，且認為「孟子以齊威王晚年（三十六年）曾返魯，後於宣王八年去齊至宋，其後或仍返老於魯。慎子亦居稷下，至湣王末而去。疑其居魯，或當以威王晚節為近是。姑以是時慎子年三十計，則湣王之末，慎子年垂七十矣。魯欲使慎子為將軍，乃一時擬議之辭，其事成否不可知，至一戰勝齊，孟子特假為之說耳，非必魯將慎子，必以伐齊取南陽為幟志也。」[56] 楊伯峻及李學勤認為此慎子非慎到。楊伯峻說：「其學（按，指慎到）近於黃老而主張法治。《荀子》說他『有見於後，無見於先』，《莊子》說他『棄知去己』，如此之人，何能作將軍？焦說不足信。有人又疑心慎滑釐即禽滑釐。按禽滑釐的年代當在紀元前 470－400 年間，這時孟子尚未出生，所以也不可信。」[57] 李學勤也說：「這位名滑釐的慎子顯然是武人，同法家學者慎到全不相侔，焦說並不足信。」[58] 鵬按，錢穆之推算與孟、慎二子所處的年代及地域相合，且其名、字又並非全無關聯，頗疑此慎子可能即慎到。先秦士人多文武兼修，若孔門之漆雕開，《韓非子‧顯學》稱他「不色

---

55 焦循說見《孟子正義》，北京，中華書局，1987 年 10 月，下冊，第 851－852 頁。

56 錢穆：《慎到考》，《先秦諸子繫年》，第 425－426 頁。

57 楊伯峻：《孟子譯注》，北京，中華書局，1960 年 1 月，下冊，第 291 頁。

58 李學勤：《談楚簡〈慎子〉》，《中國文化》第 25、26 期合刊（2007 年 10 月），第 44 頁。

撓，不目逃，行曲則違於臧獲，行直則怒於諸侯」其言行雖近後世之俠，但非魯莽之武夫，仍致力於講學著述，故《顯學》記孔子死後「儒分為八」有「漆雕氏之儒」，《漢書・藝文志》儒家類亦著錄《漆雕子》十三篇。又如子貢以其利口巧辯游說諸侯，《史記・仲尼弟子列傳》稱「子貢一出，存魯、亂齊、破吳，彊晉而霸越。子貢一使，使勢相破，十年之中，五國各有變。」《淮南子・人間》更記載「魯君召子貢，授之將軍之印」，但為子貢回絕。即以慎到本人的學術背景來說，亦有可能為嫻習兵法、縱橫之術的士人。蒙文通就曾提出「兵、農、縱橫應屬法家」的觀點。他說：

> 兵、農、縱橫三者只是法家施政的工具。法家講求富、強，屬耕、戰，耕是為了富，戰是為了強，縱橫也就是法家的外交術。（其下舉商鞅等人為例）……賈誼在《過秦論》中說：「商君內立法度（法家）、務耕織（農家）、修守戰之備（兵家），外連衡而鬥諸侯（縱橫家）。」顯然是把四家合在一身。法家本有它完整的理論，其餘三家只是技術問題，是不能與儒、墨、道、法相提並論。[59]

按，蒙氏所說法家與兵、農、縱橫相通，雖以三晉法家為主，但齊創設稷下學宮之背景本與列國變法潮流有關，齊宣王上承威王變法而強盛之勢，廣攬人才，更是為了實現帝王統一之大

---

[59] 蒙文通：《周秦學術流派試探》，《先秦諸子與理學》，第 180－181 頁。

業 [60]。慎到如果只是一個倡法理而不論國事的理論家，可能很難在稷下立足。《史記・孟子荀卿列傳》謂「慎到，趙人，學黃老道德之術。」慎子來自三晉，其思想當有法家富國強兵之學的一面，其後學黃老之術，融合道 [61]、法而成一家之學。在現存極為有限的《慎子》佚文中雖然未見慎到一派厲耕或縱橫之說，但有論兵如「藏甲之國必有兵道 [62]。市人可驅而戰；安國之兵，不由忿起」[63]，又如其「有勇不以怒，反與怯均也」之語 [64]，亦頗有勇武之精神。

再論《戰國策》所記楚襄王之傅慎子是否為慎到之問題。錢穆認為：「懷王入秦為周赧王十六年，其時齊湣王之二年也。豈慎子遂以其時為楚襄傅乎？校其年代，尚無不合，惟慎氏書顯係鈔撮偽造，不足據。《史記正義》云：『慎子，戰國時處士。』亦不以為楚王傅。」[65] 鵬按，慎懋賞本《慎子・內篇》「慎子仕楚為太子傅」一章未見於守山閣本，譚普森輯本也未收，蓋以為抄襲《楚策》而不錄。今討論此一問題，只能以《戰國策》為據。上海博物館所藏竹書中有《慎子曰恭

---

60 關於稷下學宮由創立至興盛之背景及其政治功能，參考白奚：《稷下學研究——中國古代的思想自由與百家爭鳴》，第 41－47 頁、第 57－61 頁。

61 按，此處所謂的「道」指的是已融合《老子》學說及儒、名二家思想的黃老道家（如尹文之流）。王叔岷謂：「慎到之學，法家而雜糅道、名、儒三家。」其說是。說見王叔岷：《法家三派重勢之慎到》，《先秦道法思想講稿》，第 191 頁。

62 「道」字，守山閣本作「遁」。

63 譚普森（P.M Thompson）：《慎子佚文》，第 290 頁（第 104、105 條）。

64 譚普森：《慎子佚文》，第 294 頁（第 112 條）。

65 錢穆：《慎到考》，《先秦諸子繫年》，第 427 頁。

儉》一篇，存簡六枚，內容為今本所未見。此篇竹書刊佈後，陳偉、李學勤皆撰文討論此一問題。陳偉據《史記・田敬仲完世家》所記齊宣王時慎到在稷下講學及《鹽鐵論・論儒》湣王末年稷下先生散亡仍見慎到，推論：「齊宣王在位之年，是公元前 319 年至公元前 301 年；齊湣王在位，是公元前 300 年到公元前 284 年。由此推斷，公元前 310 年或更早到公元前 300 年或更晚，慎到在齊講學。《史記・楚世家》記此事在楚懷王三十年（公元前 299 年）。慎子擔任頃襄王傅，自必在此之前。因而，這個慎子不大可能是慎到。」[66] 李學勤則認為：「《戰國策・楚策二》云：『楚襄王為太子之時，質於齊。懷王薨，太子辭於齊王而歸，齊王隘之……』楚懷王死於秦，事在公元前 299 年，即齊湣王二年，正是慎到活動的年代，所以《周季編略》即逕以此『慎子』是慎到。慎到齊宣王時已在稷下，楚襄王為太子而質於齊，聘他為傅，一段時間到楚國，後來再回到齊，是完全可能的。楚簡中《慎子曰恭儉》一篇的發現，更增加了這種可能性。」[67] 鵬按，以當時齊、楚之關係來論，慎到的確有可能任懷王太子（即襄王）之傅。從公元前 317 年楚懷王派屈原東使於齊後，齊、楚聯繫日漸密切。公元前 312 年楚伐秦，大敗，魏乘機襲楚，屈原更使齊求援。公元

---

66 陳偉：《上博竹書〈慎子曰恭儉〉初讀》，武漢大學簡帛網，2007 年 7 月 5 日。范祥雍也曾指出：「慎到去齊，在湣王末年。楚襄歸國，當齊湣初年，孟嘗秉政，距滅宋（楚襄十三年）相去十三年，其時慎到在齊，何能為楚太子傅乎？可證此慎子絕非慎到也。」范氏說見《戰國策箋證》，上冊，第 836 頁。

67 李學勤：《談楚簡〈慎子〉》，《中國文化》第 25、26 期合刊（2007 年 10 月），第 44 頁。

前 300 年楚懷王又命屈原使於齊。這一段期間楚國內部雖有親齊與親秦派的路線鬥爭，且懷王也兩度背齊而欲與秦合，但基本上齊、楚二國交流頻繁 [68]。慎到為當時稷下之顯士，襄王為太子時質於齊而任其為傅，藉此加強齊、楚之關係及彼此之瞭解，確有此可能性。不過，陳偉之懷疑也並非全無道理。《楚策》該章後記述襄王歸國後慎子隨之入楚，且為之謀畫，欲止齊索其東地（前文襄王應齊王割東地之要求而得以歸），慎到若為稷下先生而有若此之行為，豈得容於「驕暴」而「矜功不休」的湣王 [69]？《戰國策》本非歷史實錄，書中存有一些虛構的篇章，劉向謂其性質為「戰國時游士輔所用之國，為之策謀」之說，實與兵書之權謀、諸子之縱橫家相通 [70]。即以本文所討論的《楚策》此章而論，就極有可能為游士依託之說。范祥雍說：「此策當與《史記》不合。而同《策》四『長沙之難章』謂齊、韓、魏三國攻楚東國，楚用昭蓋計，令屈署為和於齊以動秦，秦果許出兵助楚，亦與此策有異。蓋傳聞異辭，加以策士誇飾，遂致失實。」[71] 繆文遠更指出：

此章言齊求楚東地，楚使景鯉之秦求救，秦出兵五十萬

---

68 參考楊寬《戰國史》（臺灣商務印書館，1997 年 10 月）附錄三〈戰國大事年表〉、游國恩《楚辭概論》（台北，里仁書局，1981 年 10 月）第三篇第一章所附《屈原年表》。

69 按，《史記・樂毅列傳》稱「諸侯害齊湣王之驕暴，皆爭合從與燕伐齊。」《鹽鐵論・論儒》則謂湣王「矜功不休，百姓不堪。」

70 參考陳國慶：《漢書藝文志注釋彙編》（北京，中華書局，1983 年 6 月，第 68 頁）所引劉向《戰國策書錄》、章學誠《校讎通義・內篇二》之說。

71 范祥雍：《戰國策箋證》，上冊，第 840 頁。

> 救楚。按，楚懷王為秦誘而拘繫，秦、楚仇隙甚深，楚豈因齊索東地而即求救於秦？秦志在亂楚，亦未必救之。即救之，亦未必發傾國之師。秦發五十萬之軍，韓、魏何以毫無戒心而許之假道？驗之形勢，均不可能，此《策》亦依托之作。[72]

按，既定此章所記非史實，則對慎子是否為楚襄王傅一事可以不必深入追究。筆者認為，此章所言之「慎子」所託正為慎到，造為此說者蓋以慎到為稷下名士，故附會楚襄王質於齊時，聘其為傅，且為之謀畫。觀此策中子良、昭常、景鯉止齊索地之計本不相容，但慎子主張「皆用之」而得以解患，頗與慎到「因則大，化則細」、「于物無擇」之說相合 [73]。

綜上所論，慎到之年世晚於彭蒙，而與田駢行年相近，自非申不害之前輩。其壯年時魯國曾欲以之為將軍，但如錢穆所說，此事「乃一時擬議之辭，其事成否不可知。」而《戰國策》慎子為楚襄王傅一事雖為縱橫處士之假託，但所依托之慎子為稷下先生慎到。據此，本文仍從錢穆之說將慎到的生卒年約數定為公元前 350 至 275 年，與田駢、尹文為同輩，而為彭蒙、宋鈃之後學。

72　繆文遠：《戰國策新校注》，成都，巴蜀書社，1998 年 9 月第三版，第 458 頁。

73　前者見譚普森：《慎子佚文》，第 246 頁（第 28 條）；後者見《莊子‧天下》評述彭蒙、田駢、慎到一段。按，李銳也指出：「根據這個慎子的言行來看，頗重因循之術。」因而他認為《楚策》之慎子應即稷下先生慎到。說見《〈慎子曰恭儉〉學派屬性初探》，武漢大學簡帛網，2007 年 7 月 9 日。

三、論慎到之思想淵源

前人多據《莊子・天下》將彭蒙、田駢、慎到視為一派，
而不論其差別，但慎到之學與彭、田二子有同有異，且有較大
之發展，實不可一概而論。前文已舉《漢志》將田駢、慎到的
著作分別歸入道、法二家，說明二子學術趨向當有不同。白奚
曾仔細分析《天下》及文獻中田駢、慎到之說的異同，他指
出：

> 二人同宗道家，同持因任自然、棄私去己的道家基本立
> 場。但田駢是一個比較純粹的道家學者，其學術重在對
> 道家基本理論的闡發，並提出了「齊萬物」的方法，發
> 展了道家思想；而慎到卻更熱衷於具體的治國之術，提
> 出了較為系統的法家思想，並運用道家哲學論證了法家
> 政治，在道法結合方面對黃老之學做出了重要貢獻。[74]

鵬按，其說是。不過，白奚堅持「齊萬物」之思想為慎到所
無，筆者看法稍異。田駢貴齊，蓋以大道齊萬物；慎到進一步
以法理齊萬物，故《莊子・天下》稱他「泠汰於物，以為道
理」、「動靜不離於理」。《慎子・威德》也說：「法雖不善，猶
愈於無法[75]，所以一人心也。夫投鉤以分財，投策以分馬，非

---

74 白奚：《稷下學研究——中國古代的思想自由與百家爭鳴》，第 148
頁。
75 王叔岷解釋此二句云：「『法雖不善，猶愈於無法。』而況法善乎！
極強調法之重要性。」說見《法家三派重勢之慎到》，《先秦道法

鉤策為均也，使得美者不知所以德，使得惡者不知所以怨，此所以塞怨望也。故蓍龜所以立公識也，權衡所以立公正也，書契所以立公信也，度量所以立公審也，法制禮籍所以立公義也，凡立公所以棄私也。」[76] 田駢、慎到齊萬物之目的皆在去私任公，但手段不同。慎到所論較能與現實聯繫，而無蹈空之蔽。在《尹文子》「田子讀書」章中，彭蒙有法理之論，其說云：「聖人者，自己出也；聖法者，自理出也。理出于己，己非理也；己能出理，理非己也。」並因而倡「聖法之治」，可見在慎到之前，彭蒙、田駢等人已注意到「理」之概念可作為貫串人道與天道的連結[77]。

思想講稿》，第 188 頁。

76 引文據臺灣中華書局影印守山閣本（1981 年 10 月版），第 3－4 頁。譚普森《慎子佚文》第 242－243 頁、第 275 頁（第 23、24、73 條）有此文，但將「所以一人心也」句從《群書治要》本視為注文，且將「故蓍龜者所以立公識也」以下一段歸入《藝文類聚》所見佚文一類。鵬按，據守山閣本錢熙祚校語指出：「自『故蓍龜』至此凡五十一字，原刻並脫，依《類聚》二十二、《御覽》四百二十九引此文補。」疑此段當為《威德》正文之一部分，故從守山閣本。

77 事實上，對於「理」之重視為戰國中晚期普遍的趨勢，如《禮記‧樂記》講「天理」，而與「人欲」相對；如《管子‧心術下》解文：「禮者，因人之情，緣義之理，而為之節文者也。故禮者，謂有理也。理也者，明分以諭義之意也。故禮出乎義，義出乎理。理，因乎宜者也。」以理釋禮；又如莊子一派屢言「循天之理」、「達萬物之理」，並說：「知道者必達於理，達於理者必明於權，明於權者不以物害己。」（《秋水》）「夫德，和也；道，理也。德無不容，仁也；道無不理，義也。」（《繕性》）逕以理說道；再如馬王堆帛書《經法‧名理》，主張「審察名理」、「循名究理」，以此作為治國之關鍵。此外，受稷下道家影響較深的《荀子》、《韓非子》中

　　慎子的思想蓋以道家彭蒙、田駢一派貴齊尚公、因任自然之說為質地，融入法家之說而成其重勢之法術理論。慎到之學頗受三晉法家之浸染，裘錫圭曾指出，慎子與申不害的思想有許多相似之處，如慎子喜歡講「因」、重「勢」，《申子・大體》說：「凡因之道，身與公無事，無事而天下自極也。」《荀子・解蔽》則稱「申子蔽於勢而不知智。」而馬王堆帛書《老子》卷前後佚書中亦出現與二子學說相關的詞句[78]。慎到的法家思想蓋出於申子，而為後來齊地的黃老道家所承繼。

　　慎到學說亦雜有儒家思想。王叔岷指出，慎到素習儒書，故《意林》卷二引慎子曰：「《詩》，往志也。《書》，往誥也。《春秋》，往事也。」他因研習儒家經典而重德、禮，故《慎子・威德》云：「聖人有德，而不憂人之危。」「明君動事分職必由惠，定罪分財必由法，行德制中必由禮。」又有為國輕君之說，如「立國君以為國也，非立國以為君也。」[79]此外，還曾引用孔子之語以為重言，如「孔子曰：丘少而好學，晚而聞道，此以博矣。」「孔子云：有虞氏不賞不罰，夏后氏賞而不罰，殷人罰而不賞，周人賞且罰。罰，禁也；賞，使

　　亦重視「理」，而有「大理」、「文理」、「道理」之論。關於先秦諸子之論「理」，參考鄧國光：《先秦兩漢諸子「理」義研究》，《諸子學刊》第一輯，第 269－294 頁。

78 裘錫圭：《馬王堆〈老子〉甲乙本卷前後佚書與「道法家」——兼論〈心術上〉〈白心〉為慎到田駢學派作品》，《文史叢稿》，第 69－71 頁。

79 王叔岷：《法家三派重勢之慎到》，《先秦道法思想講稿》，第 186－188 頁。所引《慎子》佚文見譚普森　輯本第 228、241、244、286 頁（第 1、22、25、96 條）。

也。」[80] 王叔岷稱其學「化道入法,兼涉及儒家、名家之說」[81] 可謂得其實也。

四、論宋鈃與慎到學說之異同

宋鈃思想融合道、儒、墨,而慎到之學亦雜糅法、道、儒,又同有別囿去私、毋倚賢、禮法並論、貴因等說(詳下文)。由此來看,二子學說似乎頗有重合之處,初不易分,但若從其學說的淵源及旨趣來看,仍可見其異。本文論及《心術上》之學派歸屬時已指出,該篇經的部分為宋子一派所作,解的部分則主要受慎到一派的影響。但慎到一派取宋鈃《心術》為解,說明二派亦有一定的關係。慎到為宋鈃之晚輩,又同在稷下講學,且其年世與尹文近,很有可能受宋鈃思想之影響,並與尹文多所交流。取宋鈃遺說與現存《慎子》佚文對照,可以約略看出慎到雖可能受宋鈃一派影響,但立說之宗旨迥異,茲將二派學說之異同比較如下:

1. 慎到「棄知去己」之主張受宋鈃「別囿」說影響,但二者內涵不同:宋鈃之「別囿」乃是將外在欲望、是非、榮辱對心之干擾去除,以回復本然潔白之狀態,此即《老子》所謂「滌除玄鑒」,也就是「白心」。慎到受其影響也有棄智巧、去私之論,如云:「夫德,精微而不見,聰明而不發,是故外物不累其內。」[82] 所謂「外物不累於內」即宋鈃之「不累於俗,不飾於物」。但慎到說「聰明而不發」便與宋

---

80 譚樸森:《慎子佚文》,第 296、297 頁(第 115、116 條)。

81 王叔岷:《慎子佚篇義證》,《先秦道法思想講稿》,第 320 頁。

82 譚樸森:《慎子佚文》,第 282 頁(第 84 條)。

鈃之說別途。宋鈃因受子思影響，故《白心》論心術之發用「集於肌膚，知於顏色」，《心術下》也說：「全心在中不可匿，外見於形容，可知於顏色。」所謂「全心」以《心術上》經文的話說，即「心處其道，九竅循理」，九竅循理自能耳聰目明。慎子主張耳目聰明而不發，乃不欲任一己之聖智，或者說對於人心可以達到清明潔白之境界持著懷疑的態度，所以主張藉著權衡、度量、法制、禮籍等外在之「公」以保證「無私」，故云「立公所以去私」。又說：「棄道術，捨度量，以求一人之識識天下，誰子之識能足焉。」「法之功，莫大於使私不行。」「有道之國，法立則私善不行，君立則賢者不尊。」[83] 並引諺云：「不聰不明，不能為王；不瞽不聾，不能為公。」[84] 鵬按，數句乃針對人君而論，即申不害所謂「何以知其聾？以其耳之聽也；何以知其盲？以其目之明也；何以知其狂？以其言之當也。故曰：去聽無以聞則聰，去視無以見則明，去智無以知則公。去三者不任則治，三者任則亂。」（見《呂氏春秋・任數》引其語）所論更與子思聰明聖智之論迥異。

2. 慎到受宋鈃「毋倚賢」說之啟發，進一步由田駢「選則不遍」、「於物無擇」導出任法而不用賢智忠良之說：本章上節論及宋鈃對尹文之影響時已指出，《尹文子》反對「獨能」、「獨賢」之論本於宋鈃「毋倚賢」說。宋、尹之「毋倚賢」蓋為人君立說，謂在上位者不應自恃賢能而不與眾共治。慎子亦有此論，如「君之智未必最賢於眾也，以未最賢

83　譚普森：《慎子佚文》，第 276、277、291 頁（第 75、77、107 條）。

84　譚普森：《慎子佚文》，第 288 頁（第 100 條）。

於眾而欲以善盡被下，則不贍矣。」「眾之勝寡，必也。」
「故廊廟之材，蓋非一木之枝也；狐白之裘，蓋非一狐之皮
也；治亂安危存亡榮辱之施，非一人之力也。」[85] 不過，
這只是慎到學說的一面，《莊子·天下》稱慎到「笑天下之
尚賢」，又引其語「無用賢聖」，可知慎子有反對任用賢智
之說。《慎子·威德》云：「賢不足以服不肖，而勢位足以
屈賢矣。」《韓非子·難勢》引慎子之語：「勢位之足恃，
而賢智不足慕也」意旨相近。慎到又說：「道理賡則慕賢
智，慕賢智則國家之正要在一人之心矣。」蓋以上位者之聰
明聖智不足為恃，則即如儒家「選賢舉能」，所選所舉者亦
未必無姦邪之人，故主張以法、勢為客觀之標準。慎到之說
可能兼受彭蒙、田駢等人「選則不遍」、「於物無擇」的齊
物論影響，並將之改造為法術之說。《慎子·威德》中頗強
調「助眾」、「助博」，如云：「身不肖而令行者，得助於
眾也。」「夫三王五伯之德，參於天地，通於鬼神，周於生
物，其得助博也。」既要博要眾，就要「于物無擇」，故
《慎子·民雜》說：「民雜處而各有所能，所能者不同，此
民之情也。大君者，大上也，兼畜下者也。下之所能不同，
而皆上之用也。是以大君因民之能為資，盡苞而畜之，無去
取焉。是故不設一方以求於人，故所求者無不足也。大君不
擇其下，故足也。不擇其下則易為下矣，易為下則下莫不
容，莫不容故多下，多下之謂大上。」[86] 既主張於賢智無
擇，進一步連臣下之忠亦可一併摒去，故《慎子·知忠》

85 譚普森：《慎子佚文》，第 256、263、284 頁（第 42、56、92 條）。
86 譚普森：《慎子佚文》，第 250－252 頁（第 33－37 條）。

云：「忠未足以救亂世，而適足以重非。」「忠盈天下，害及其國。」[87] 但徒反忠賢，國家無以治，由此便導出下位者循令守法、不逾職分之主張：「故明主之使其臣也，忠不得過職，而職不得過官……守職之吏，人務其治而莫敢淫偷其事，公正以敬其業。和順以事其上，如此則至治已。」[88] 從以上所論，可知慎到之法治理論以田駢一派貴齊尚公、因任自然的道家學說為基礎，但田駢以大道之立場論齊、不擇，慎到則以法術之觀點論任法尚公則可不擇忠賢而治。此外，還需指出的是，宋鈃一派重視「中（指心）」、「恕」，故自無慎到反忠之說，此亦二派之異。

3. 宋鈃與慎子的著作中皆見禮、法並論，但慎子無疑更強調法的功效：宋鈃之禮、法並論見於《心術上》經文「登降揖讓、貴賤有等、親疏之體謂之禮。簡多小大一道，殺僇禁誅謂之法」，但其前還有論「道」、「德」、「義」的相關內容，由其論述順序可看出宋鈃蓋以禮、法為輔助道術或心術之手段，並非其學說重點。慎子重法之論已見前述。前文也引王叔岷說指出，慎到有受儒家思想影響的一面，如「明君動事分職必由惠，定罪分財必由法，行德制中必由禮」正見其禮、法並重之說。其專論禮者如：「國有貴賤之禮，無賢不肖之禮；有長幼之禮，無勇怯之禮；有親疏之禮，無愛惡之禮。」[89] 值得注意的是，《心術上》解文中對於禮、法的闡述頗與慎到學說相通，如：

(1)《心術上》解文云：「法，所以同出，不得不然者

---

87 譚普森：《慎子佚文》，第 260、262 頁（第 49、54 條）。

88 譚普森：《慎子佚文》，第 261 頁（第 51、52 條）。

89 譚普森：《慎子佚文》，第 295 頁（第 113 條）。

也。」郭沫若說：「同出，謂統一其參差。」[90] 與上引《慎子・威德》所說：「法雖不善，猶愈於無法，所以一人心也。」意旨相近。

(2)《心術上》解文論「法」之本源云：「事督乎法，法出乎權，權出乎道。」蓋重法之「權衡」義。慎子亦強調此點，除前引《威德》「權衡，所以立公正也」外，又見「有權衡者，不可欺以輕重；有尺寸者，不可差以長短；有法度者，不可巧以詐偽。」「措鈞石，使禹察錙銖之重，則不識也。懸於權衡，則氂髮之不可差。則不待禹之智，中人之智莫不足以識之矣。」[91]

(3)《心術上》解文論「禮」，有「因人之情，緣義之理，而為之節文者也」之說，並以「理」釋「禮」，謂「禮也者，謂有理也。」此又與慎子「動靜不離於理」「因也者，因人之情也」之說內涵相通。

凡此皆可說明《心術上》解文與慎到一派關係密切。

4. 宋鈃有「靜因」之說，而慎到貴因，二子論「因」可能同受子思及申不害之影響，並可直溯老子及關尹：前文比較《心術上》經、解之異時曾提出：宋子論「靜因」乃由天地之虛靜引出，尚未將「因」擴大為理論基礎；解文則頗重視「因」，明顯受田駢、慎到一派影響。但二子之前的子思及申不害皆已言「因」，子思之說見於《禮記・坊記》：「禮者，因人之情而為之節文，以為民坊者也。」郭店竹書《性自命出》：「當事因方而制之，其先後之序，則義道也。」申

---

90 郭沫若：《管子集校》，《郭沫若全集・歷史編》第六卷，第 420 頁。

91 譚樸森：《慎子佚文》，第 289、299 頁（第 102、120 條）。

不害之說則見於《申子・大體》：「凡因之道，身與公無事，無事而天下自極也。」[92]《呂氏春秋・任數》亦引申子云：「古之王者，其所為少，其所因多。因者，君術也；為者，臣道也。為則擾矣，因則靜矣。因冬為寒，因夏為暑，君奚事哉？」其說正為慎到所本，而所云「因則靜矣」一語亦與宋鈃「靜因之道」相通。若推本溯源，「因循」之概念當從老子、關尹學說流衍而出。王叔岷就指出：「司馬談謂道家『以因循為用』。老子所謂『正言若反』即因反以得正。老子未提及因循二字，但所言大都因循之理。」[93]《莊子・天下》所述關尹遺說亦見因應之論，其說云：「在己無居，形物自著。其動若水，其靜若鏡，其應若響。芴乎若亡，寂乎若清。同焉者和，得焉者失。未嘗先人，而嘗隨人。」以水、鏡為譬，頗與《老子》「上善若水」、「玄鑒」之喻及《莊子・應帝王》「至人用心若鏡」相通，而《心術上》經文虛靜應物的「靜因之道」亦承此而來。由此來看，宋鈃「靜因」之說可能即承自關尹。趙蕤《長短經・是非》引《孟子》佚文「天道因則大，化則細。因也者，因人之情也。」與《慎子・因循》全同，王叔岷曾引據，惟認為「殊不類孟子語」[94]。鵬按，孟子年輩在宋、慎之間，又與稷下學者多所論辯、交往，且子思的著作中亦

92　參考王叔岷：《申子大體篇義證》，《先秦道法思想講稿》，第 346頁。

93　王叔岷：《法家三派重勢之慎到》，《先秦道法思想講稿》，第 178頁。

94　參看王叔岷：《法家三派重勢之慎到》、《慎子佚篇義證》二文，《先秦道法思想講稿》，第 178、327 頁。

以「因人之情」說「禮」，孟子繼承子思之學，孟、慎二子同有此說，並非全無可能。《孟子‧離婁上》載孟子引故語「為高必因丘陵，為下必因川澤」，並說「為政不因先王之道，可謂智乎？」可見其亦重「因」。

五、楚竹書《慎子曰恭儉》「去囿」試論

上海博物館藏楚竹書《慎子曰恭儉》一篇中出現慎子論「去囿」之說，見於第一簡。原文說：

> 慎子曰：恭儉以立身，堅強以立志。忠（中）[95] 陟（質）[96] 以反言（純）[97]，逆（去）友（囿）以載道，

---

95 簡文「忠」，諸家皆從整理者說如字讀，惟李學勤改讀為「衷」，訓為中心。按，李氏說近是。此「忠」字指內在而言，可逕以心說之，疑當讀為「中」。「忠」字雖可訓為中心，但簡文此處宜破讀，因慎子有反忠之主張，如《慎子‧知忠》：「忠未足以救亂世，而適足以重非。」「忠盈天下，害及其國。」李氏說見《談楚簡〈慎子〉》，《中國文化》第 25、26 期合刊，第 44 頁。

96 此字從上下從二「止」，中從「田」，諸家考釋意見分歧，整理者釋為「步」，讀為「樸」，李學勤從之，並改讀為「白」，謂簡文「忠（衷）步（白）」即「白心」之意；陳偉及何有祖據濮茅左、張新俊之說將此字釋為「叀」，讀為「質」（陳偉主之）或「實」（何有祖主之），訓為誠、實之意；胡瓊據徐中舒、何琳儀之說，釋此字為「陟」，並從陳偉說讀為「質」，訓為性；黃人二則認為此字乃「時」之異體，讀為「質」。按，此字當依胡瓊說釋為「陟」，但應從陳偉說讀為「質」，訓為誠。「中質」即「誠於中」之意。此字又見於包山簡（見第 167、194 簡），作為人名。出土文獻中又有二種異體：一見於中山王壺銘，但其上更從「厂」；一見於包山簡（第 151 簡，亦作為人名）及上博五《鬼神之明‧融師有成氏》（第 5

精（靖）[98] 法以巽（順）勢 [99]。」

簡），中間所從之「田」作「日」。此字當分析為「從步，日聲」，乃「陟」（從阜、步）之異體，前者為形聲（疑後起字），後者則為會意。日，日母質部；陟，端母職部。音近可通。包山簡人名中此字所從「日」或作「田」，乃因形近而訛。至於中山王壺銘此字從「厂」（《說文》訓「山石之崖巖」）乃代換義符「阜」（《說文》訓「山無石者」），且「田」又為「日」之訛。壺銘辭例作「辭禮敬則賢人至，陟愛深則賢人親，作斂中則庶民附」，「陟」疑讀為「質」，訓為實、本之意，而與上句「辭」字對文。上博五《鬼神之明·融師有成氏》辭例作「名則可畏，陟則可侮」，「陟」當從陳斯鵬說讀為「實」，名與實亦相對成文。前引諸家說見馬承源主編：《上海博物館藏戰國楚竹書》，上海古籍出版社，2007 年 7 月，第 276 頁；李學勤：《談楚簡〈慎子〉》，《中國文化》第 25、26 期合刊，第 43 頁；陳偉：《上博竹書〈慎子曰恭儉〉初讀》，武漢大學簡帛網，2007 年 7 月 5 日；何有祖：《〈慎子曰恭儉〉札記》，武漢大學簡帛網，2007 年 7 月 5 日；胡瓊：《釋〈慎子曰恭儉〉中的「陟」》，武漢大學簡帛網，2007 年 8 月 8 日；黃人二：《上博藏簡第六冊慎子曰恭儉試釋》，發表於 2007 年中國簡帛學國際論壇，台北，臺灣大學，2007 年 11 月 10 日－11 日；陳斯鵬：《讀〈上博竹書（五）小記〉》，武漢大學簡帛網，2006 年 4 月 1 日。

97 此字從整理者隸定，論者或以為「貞」或「俞」字，但揆諸字形似仍以釋作「亯」是。李學勤前揭文從整理者釋「亯」，並指出：「此字上下端末筆撇出，以致不易識別。」簡文「亯」，整理者讀為「敦」，李學勤讀為「淳」，二字皆為淳樸敦厚之意。按，疑讀為「純」。古籍中從「亯」與從「屯」之字往往相通。「純」可訓為一、精、專，即不駁雜之意。《莊子·齊物論》：「參萬歲而一成純」，郭象《注》：「純者，不雜者也」《中庸》「文王之德之純」，朱熹《章句》：「純，純一不雜也。」簡文「中質以反純」與《白心》「內固之一」意旨相通，皆謂心術密固精誠而至於純一。

98 諸家多從整理者說如字讀，則「精」當訓為「明」。頗疑簡文「精」，當讀為「靖」，訓為立、定。《廣雅·釋詁一》：「靖，安也。」《說文》：「靖，立竫也。」段玉裁《注》：「謂立容安竫

李學勤將「逆友」讀為「卻宥」或「去宥」[100]，其說可從。但其釋「忠陜」為「衷白」，謂與「白心」同，疑非（詳見引文腳註）。「卻宥」即「去囿」、「別囿」。李學勤指出，過去劉節、郭沫若主張《心術》、《白心》為宋鈃、尹文遺著，蒙文通、裘錫圭則提出二篇為田駢、慎到一派所作，「如今我們看到簡文也有『卻宥』，知道這一觀念在稷下若干派別間或許是共通的。」[101] 鵬按，其說近是。宋鈃之年輩高於慎到，而《莊子·天下》明言宋鈃一派「接萬物以別囿為始」，可見「別囿」之說創自宋鈃，故其後學又作《去尤》、《去宥》以闡述此說。慎到「去囿」一詞疑取自宋鈃。簡文「中質」即「誠於中」之意[102]。「反純」之「純」即純一不雜、精粹之意，「反純」即「反一」。慎子所言「去囿」，可逕以「棄知去己」釋之；「載道」之「道」即《管子·內業》「凡道無所，善心焉處」之「道」，疑指精氣[103]。《內業》說精氣「藏於胸

也。」蓋法之未定，公之未立，徒言「順勢」則不免流於虛浮。黃人二讀「精」為「策」雖與筆者說異，但他解為「法律書之於簡策之上，明令公佈」，則亦與「靖法」之意相通。

99　「巽（順）勢」一詞從李學勤前揭文釋。

100　「逆」，疑母鐸部；「卻」，溪母鐸部；「去」，溪母魚部（魚鐸陰入對轉，溪疑旁紐）。「友」、「囿」皆匣母之部。

101　李學勤：《談楚簡〈慎子〉》，《中國文化》第 25、26 期合刊，第 43-44 頁。

102　《說文》：「質，以物相贅。」段《注》：「引申其義為樸也、地也，如有質有文。」質訓為誠。《左傳》襄公 9 年「要盟無質」，孔《疏》引服虔：「質，誠也。」《楚語下》：「容貌之崇，忠信之質，禋絜之服，而敬恭明神者，以爲之祝。」韋注：「質，誠也。」

103　馬非白：《〈管子·內業〉篇集注》（《管子學刊》1990 年第 1 期）

中，謂之聖人。」以心為涵攝精氣之型範，故云「凡心之型，自充自盈。」「夫道者，所以充型也。」簡文「去囿以載道」，用《心術上》經文的話說，也就是「虛其欲，神將入舍；掃除不絜，神乃留處。」「絜其宮，開其門，去私言，神明若存。」若以上所釋不誤，則慎到「卻囿」之說實承宋鈃而來，且與《心術》、《內業》等篇有一定的關聯。

不過，仔細考察上下文，又可知此篇竹書論旨與道家宋鈃一派迥異。在「中質以反純，去囿以載道」二句之後，慎子即說「靖法以巽勢」，法家重勢一派的面目畢現。前言「立身」、「立志」、「反正」、「載道」，原來只是為君王定法順勢的主張鋪路，慎到的學說結穴在此，其思想之精義亦盡於此句。簡要地說，宋、慎二子之異乃在尚心術與重法術之別，此觀《慎子‧君人》：「君捨法而以心裁輕重，則是同功殊賞，同罪殊罰也，怨之所由生也。」《君臣》：「為人君者不多聽，據法倚數，以觀得失。」[104] 即可知。其後《韓非子‧用人》也說：「釋法術而任心治，堯不能正一國。」此乃法家之一貫主張。此外，簡文說「堅強以立志」，下文第二簡又有「強以庚（剛）志」（從李學勤釋）之語，顯與道家尚柔弱之旨違異，亦與《心術上》經文「強不能徧立」不能相容，疑其說乃針對上位者立法、執法而言，《管子‧侈靡》言君王當「強以立斷」，又說「強而可使服事」，似可移作簡文之解。

指出，《內業》「精」字凡十二見，「氣」字凡十八見，「精」、「氣」皆指精氣言，異名同實。該篇多數「道」字亦為精氣之異稱，如「凡道無所，善心焉處。」「凡道，無根無莖，無葉無榮，萬物以生，萬物以成，命之曰道。」

104 譚樸森：《慎子佚文》，第268、270頁（第62、66條）。

第三節　宋鈃學說對荀況之影響

一、論宋鈃與荀子之關係

　　郭沫若曾據《荀子‧正論》稱宋鈃為「子宋子」，以為此乃荀子「曾經師事過宋鈃的證明」[105]，但廖名春認為，《正論》當為荀子在稷下「三為祭酒」時所作，該篇獨稱宋鈃為「子宋子」，與二人在稷下的特殊地位有關。他說：

> 宋鈃在稷下學宮是前輩，名氣大，門徒又多。荀子為祭酒時，宋鈃雖已不在稷下了，但其影響卻仍很強大。荀子一面以宋鈃之說「不合先王之法」，要在稷下諸生中肅清其流毒；一面又從宋鈃的年輩和影響出發，有意按稷下諸生的口吻，稱其為子宋子。……荀子力圖使其批評做到有理有節，既尊其年輩，稱其為「子宋子」，又對其思想的錯誤堅持批判，其目的是要使「善於子宋子者」心服口服。所以，荀子在此稱「子宋子」是對「二三子之善於子宋子者」言宋鈃，用的是宋鈃之徒的口氣。如不理解這一特殊背景，反而以此為荀子曾師事過宋鈃之證，就不免大謬了。[106]

105　郭沫若：《十批判書‧荀子的批判》，《郭沫若全集‧歷史編》第二卷，第214頁。

106　廖名春：《〈荀子〉各篇寫作年代考》，《中國學術史新證》，成都，四川大學出版社，2005年8月，第539－540頁。

鵬按，其說是。楊倞注《荀子‧正論》「子宋子」云：「何休注《公羊》：『以子冠氏上者，著其師也。』言此者，蓋以難宋子之徒。」已認為荀子用「子宋子」之稱，具有設辭以難宋子之徒的用意。至於《正論》之著作年代，筆者的看法與廖名春稍異。錢穆在考訂宋鈃年世時曾指出，《正論》屢稱「今子宋子」之言行，荀子著書之時，宋鈃應該仍在世[107]。錢氏所定宋鈃卒年雖偏晚（參考本文下篇第一章第一節），但其說仍有一定的合理性。筆者認為，荀子作《正論》時宋鈃當在世，故仍稱「今子宋子」，但這並不能作為荀卿曾師事宋子之證據，也未必表示荀卿與宋鈃曾遇於稷下。如據錢穆之考訂，荀子年十五，始遊學於齊[108]，此時宋鈃年近六十[109]，其學或猶盛於

---

107 錢穆：《宋鈃考》，《先秦諸子繫年》，第 376－377 頁。

108 參考錢穆：《荀卿年十五之齊考》、《荀卿齊襄王時為稷下祭酒考》，《先秦諸子繫年》，第 333－335 頁、第 437－438 頁。關於荀始游學於齊的年代，李有林調和「年十五」說及「年五十說」，認為「他（荀子）約生於齊宣王元年（前 319 年），他可能在宣王晚年入齊，也有可能在湣王時代游齊。他三十四歲時，齊湣王滅宋，矜功不休，他與稷下諸生離開齊國。……襄王十四年（前 207 年），五十歲的荀子再次入齊。……司馬遷和劉向都說荀子五十歲游學於齊，應該是指這一次，但已不是『始來』，而是重游故地。這以後的十幾年內，荀子在稷下學宮『最為老師』、『三為祭酒』，獲得了極高的學術地位。」說見《關於荀子游齊的幾個問題》，《管子學刊》1996 年第 1 期，第 13－16 頁。鵬按，若依李氏說，荀子在宣王（公元前 319 至 301 年在位）晚年始游齊，則此時宋鈃仍在世（前文推定宋鈃卒年不晚於公元前 300 年），然則荀卿稱「今子宋子」，仍為初游齊時事。李氏之說並不影響本文之推論。

109 按，前文所定宋子生年為公元前 382 年，卒年則不晚於公元前 300 年；荀子生卒年據錢穆《先秦諸子繫年》所定為公元前 340 至 245 年。公元前 325 年，荀子年十五，宋鈃則年五十八。但關於荀子

稷下。荀子目睹宋鈃「見侮不辱」、「情欲寡」等說在齊地之流行，故日後著書便假宋鈃門徒之口吻，批判其說。推測《正論》之著成年代當在公元前 325 年之後（即荀子年十五遊學於齊後），不晚於公元前 300 年（以宋鈃之卒為斷限）。至若荀卿為稷下祭酒，已在齊襄王時，其時莊周、慎到之說興起，宋鈃一派漸衰，未必能有荀子所述之盛況。

二、論荀子受宋鈃影響之處

荀子為先秦儒學以及稷下學宮最後一位大師，他年少時即遊學稷下，至齊襄王時，更「三為祭酒」（《史記・孟荀列傳》），在稷下之聲望極隆。由於其久居稷下講學之經歷，必與宋鈃一派後學以及尹文、田駢、慎到等學者多所論辯、交往，故在其著作中深刻地批判了當時諸子的思想，而其本身的學說也或多或少受到上述學者之影響。荀子對於心性的探討受到宋鈃之啟發，他雖採用了宋鈃一派相近的術語及概念，但將之轉化，並融入慎到一派法家立法、定分、順勢之說，形成其禮法理論 [110]。宋鈃對於荀子學說的影響有以下三個方面：

1. 荀子襲用宋鈃一派論心時所用術語及概念，並予以改造：宋

之生卒年，異說頗多，各家所定年世差距頗大，在此無法一一詳辨，可參考葉志衡：《戰國學術文化編年》，第 218－219 頁、第 276、366 頁。

[110] 關於荀子禮法說的形成及其受法家慎到一派影響之處，參考菅本大二：《荀子對法家思想的接納：由「禮」的結構來考察》，《國立政治大學哲學學報》第 11 期（2003 年 12 月），第 113－134 頁；張亨：《荀子的禮法思想試論》，《思文之際論集——儒道思想的現代詮釋》，北京，新星出版社，2006 年 11 月，第 120－135 頁。

鈃重視「心」的地位及功能,《心術上》經文一開始便說:
「心之在體,君之位也。九竅之有職,官之分也。」荀子繼
承此觀點,認為「耳目鼻口形態各有所接而不相能也,夫是
之謂天官;心居中虛,以治五官,夫是之謂天君。」(《天
論》)杜國庠指出:若將荀子此處所論與孟子「耳目之官不
思……心之官則思」(雖見耳目與心的作用不同,但都將之
稱為「官」)之說對照,便可清楚看出:荀卿之說乃是沿用
宋鈃而非導源於孟子。他還指出:荀子蹈襲宋鈃一派論心的
許多術語,如「心術」、「心容」及「虛壹而靜」等,見於
《成相》:「心術如此象聖人。」《解蔽》:「凡萬物異則莫不相
為蔽,此心術之公患也。」同篇「故曰:心容。」「心何以
知?曰:虛壹而靜。」[111] 鵬按,其說是。但杜氏將《解蔽》
「故曰心容」云云視為襲用宋鈃「語心之容,命之曰心之
行」,疑非。《莊子・天下》「語心之容」之「容」當讀為
「用」,二句的意思是說:宋子論心之發用,將之命名為「心
之行」,而「心之行」即「心術」。若依杜氏說,則此「心之
容」不當破讀,但揆諸《荀子・解蔽》「故曰心容」上下語
意,「心容」二字當屬下讀。原文作「心者,形之君也,而
神明之主也,出令而無所受令,自禁也,自使也,自奪也,
自取也,自行也,自止也。……故曰:心容其擇也無禁,必
自見其物也雜博,其情(精)之至也不貳。」楊倞《注》:
「容,受也。言心能容受萬物,若其選擇無所禁止,則見雜
博不經,所以貴夫虛壹而靜也。」蓋斷讀作「心容,其擇也

111 杜國庠:《荀子從宋尹黃老學派接受了什麼》,《杜國庠文集》,北
　　京,人民出版社,1962 年 7 月,第 141 頁。

無禁，必自見其物也雜博，其情（精）之至也不貳」，頗為不通，故王先謙認為：「心自禁使、自奪取、自行止，是容其自擇也。《正名》篇亦云：『離道而內自擇。』容訓如《非十二子》『容辨異』之容。無受令，是無禁也；神明之主出令，是必自見也。物雖雜博，精至則不貳。『心容其擇也』句，『無禁必自見』句，楊失其讀。」[112] 鵬按，王氏說近是。「心容」當連下讀，但其斷句亦有問題。頗疑此文「心容其擇也無禁」、「必自見其物也雜博」、「其情（精）之至也不貳」三句並列成文，意謂若讓心毫無禁制地接觸外物，則其所見必定雜博，惟有思慮專一才能使心不二。故下文云：「心枝則無知，傾則不精，貳則疑惑。……類不可兩也，故知者擇一而壹焉。」又說：「凡觀物有疑，中心不定，則外物不清。吾慮不清（精）[113]，則未可定然否也。」荀子除襲用宋鈃論心所用「虛」、「靜」、「一」等術語外[114]，前人也留意到，荀子所說的「解蔽」與宋鈃「別囿」意旨相通[115]。荀卿說蓋受宋子啟發。不過，荀子借用宋鈃一派論心之概念，多僅取其形式，內涵則大不相同。二子論心主要有兩點

---

112 王先謙：《荀子集解》，《諸子集成》第二冊，北京，中華書局，1954 年 12 月，第 265 頁。

113 按，此「清」當與上句「清」別為二讀。上句之「清」指審物而使之清明；下句之「清」讀為「精」，指思慮之專一。

114 宋鈃說見於《心術上》經文「虛其欲，神將入舍」、「靜因之道」、《白心》「靜身以待物」、「一以無貳，是謂知道」、「內固之一，可以久長」等。

115 見梁啟超：《莊子天下篇釋義》，收入《清代學術概論》附錄，第 114 頁；白奚：《稷下學研究──中國古代的思想自由與百家爭鳴》，第 200 頁。

差異：

(1) 宋子將心看作道的呈顯，故用描寫道者去描寫心 [116]，也可以說是「以心證道」[117]，這點在《白心》、《心術上》經文都可看出。由於宋鈃所論之心為九竅百骸之君，亦為神明之舍，具有與道相應之特性，故其心具有本體之意。但荀子所言心則不然，他以經驗論的立場，將心視為一種自然現象去研究 [118]，其所謂「心」雖有本體義（使之居君位而為神明之主），但心易受外物昏蔽，如無禮法教化之「道」以為權衡，就不免蔽塞之害。故荀子論心乃偏重功能義，謂心「出令而無所受令，自禁也，自使也，自奪也，自取也，自行也，自止也」，並預設其具有「能知道」之功能（前提是心「虛壹而靜」）[119]。

(2) 宋鈃要用虛靜、靜因之道使心回復本然的安寧潔白，也是從「虛無無形謂之道」、「天曰虛，地曰靜」而演繹出來的。荀子基於上述對心之觀點，所以他將「虛」、「靜」之原則重新定義，賦予較積極的意義，如《解蔽》

---

116 杜國庠：《荀子從宋尹黃老學派接受了什麼》，《杜國庠文集》，第141 頁。

117 按，更精確地說，宋子乃以「心術」詮釋《老子》的「道」。

118 杜國庠：《荀子從宋尹黃老學派接受了什麼》，《杜國庠文集》，第142 頁。

119 張亨：《荀子的禮法思想試論》，《思文之際論集 —— 儒道思想的現代詮釋》，第 121－122 頁。勞思光也指出：荀子之「心」雖似有主體性之義，但其所說之「心」只能觀照，而非內含萬理者。《解蔽》：「何以知道？曰心。心何以知？曰虛壹而靜。」可知荀子所言之心乃一觀理之心，而非生理之心。心之功用重在能受，而不在能生。勞氏說見《新編中國哲學史》第 1 冊，第 336－337 頁。

云：「人生而有知，知而有志。志也者，臧（藏）也。然而有所謂虛。不以所已臧（藏）害其所將受，謂之虛。……心臥則夢，偷則自行，使之則謀，故心未嘗不動也。然而有所謂靜。不以夢劇亂知，謂之靜。」可見荀子認為心本非靜止不動，其所謂「虛」並非無所藏受之虛，乃是「不以所藏害所將受」；其所謂「靜」也並非全然定止之靜，而是「不以夢劇亂知」。此與道家宋子一派以虛待物、以靜制動之養心說並不相同 [120]。宋鈃論「一」見於《白心》「內固之一，可以久長」、「將欲服之，必一其端而固其所守」，而《心術下》所說「專於意，一於心」意旨亦相通，「一」皆為專一、純一不雜之意。與前述改造「虛」、「靜」相較，荀子言「壹」明顯直承宋鈃而來，如其云「虛壹而靜」、「壹於道而以贊稽物」，皆取精誠之意，不僅取其形式，更保留其內涵。前文已指出，宋子、荀子所論「一」或「壹」，皆與子思「慎獨」之「獨」相通。從荀子對宋鈃學說之取捨，可見其儒家本位的立場。

2. 荀子透過對宋鈃「人之情欲寡」、「見侮不辱」之批判，從而建立一套關於節欲及榮辱的理論：荀卿對於宋鈃這兩項主張，在《正論》與《正名》兩篇中嚴辭批評，稱其為「小家珍（歹）說」、「亂莫大焉」。但荀子正是透過對於宋鈃之批評，才進一步提出「欲」、「求」之別及以「義」、「勢」區別榮、辱之主張。《正名》說：「欲不待可得，而求者從所可。

---

120 參考杜國庠：《荀子從宋尹黃老學派接受了什麼》，《杜國庠文集》，第 144－148 頁。

欲不待可得,所受乎天也;求者從所可,所受乎心也。所受
乎天之欲,制於所受乎心之度。」又說:「欲雖不可去,可
節求也。」廖名春解釋說:「(荀子)將『欲』與『求』別為
二概念,以此駁宋銒『情欲寡』之說。荀子認為『欲』是一
種天生的生理本能,是一種感性的思維活動;而滿足欲望的
『求』則是後天的理性思維的產物。『欲』是『性』,是『受
乎天』者,所以說『欲不可去』;『求』是受理性思維支配
的,所以說『求可節也』。」[121] 所釋甚是。荀子榮、辱之辨
見於《正論》,本文上篇第一章第二節已引錄,此不再贅
舉。

3. 荀子之「正名」論雖上承孔子,但亦受宋銒一派之刺激而有
所發展:杜國庠指出:「自春秋中葉以後,社會開始變革,
名實混淆成為客觀普遍的現象,大家都覺得有正名的必要。
自孔子以後諸子學說大都涉及這個問題。《心術》、《白心》
等篇均有關於正名的主張,荀子則竟以『正名』名篇。這中
間可能是調和儒墨的宋、尹學派以道家的立場接受了儒家的
正名思想,而承繼儒家傳統的荀子又以儒家的立場接受了
宋、尹的影響。」[122] 鵬按,宋銒將孔子原本著重於政治、
宗法上確定名分的「正名」,轉化成認識論中具有一般性原
則的名實相應說,並提出「形(型)」、「名」二概念。尹文
在其著作中進一步闡述「形(型)」、「名」之關係,並提出
名實互定,形名互檢之原則(參考本章第一節)。荀子曾在

---

121 廖名春:《荀子人性論的再考察》,《中國學術史新證》,第 454
   頁。
122 杜國庠:《荀子從宋尹黃老學派接受了什麼》,《杜國庠文集》,第
   153–154 頁。

《正名》中以名實論的觀點批判宋鈃「情欲寡」及「見侮不
辱」之說。他認為「見侮不辱」和墨家所提出的「聖人不愛
己」、「殺盜非殺人」等命題，皆是「惑於用名以亂名」，若
能「驗之所為有名，而觀其孰行，則能禁之矣。」又指出宋
鈃「情欲寡」之主張與惠施、墨家「山淵平」、「芻豢不加
甘，大鍾不加樂」之說，皆是「惑於用實以亂名」，只要能
「驗之所緣以同異，而觀其孰調，則能禁之矣。」鵬按，從
《正名》將宋鈃與墨家之說合論，可以推知荀子眼中的宋子
學說（如「見侮不辱」、「情欲寡」），不僅內涵與墨家接近，
命題形式亦與墨家相類，此亦《非十二子》將墨、宋合論之
因 123。《荀子‧正名》論及正名之目的云：「貴賤不明，同
異不別，如是則志必有不喻之患，而事必有困廢之禍。故知
（智）者為之分別，制名以指實，上以明貴賤，下以辨同
異。貴賤明，同異別，如是則志無不喻之患，事無困廢之
禍。」若對照《非十二子》批評墨、宋二子「曾不足以容辨
異、縣君臣」之語，便可明顯看出荀子所論實有針對性。宋
鈃之正名說雖強調「制名以指實」，但在荀子眼中，其說不
過停留在抽象名、實的辨析，並未考慮到社會現實及語言約
定俗成的性質，故不具「明貴賤」、「辨同異」之功能。《正
名》開篇便說：「後王之成名，刑名從商，爵名從周，文名
從禮。散名之加於萬物者，則從諸夏之成俗曲期，遠方異俗

---

123 按，《荀子‧非十二子》將墨、宋合論，亦與二子皆具救世精神，
　　同有反攻、尚儉之主張有關。但需指出的是，反攻、尚儉二說非
　　墨子之專利，《老子》亦有此論，惟著眼點不同。以尚儉一說而
　　論，宋鈃的思路無疑更近老子。參考本文下編第二章第二節對於
　　墨翟與宋鈃學說之比較。

之鄉，則因之而為之通。」又說：「名無固宜，約之以命，約定俗成謂之宜，異於約則謂之不宜。」既區別名的各種層次，亦考慮到名的社會因素，而這點正為宋鈃之說所無，亦為二子學說分野所在 [124]。尹文在繼承宋鈃形名思想的同時，已注意到宋鈃學說的這個缺陷，所以提出「名有三科」，「一曰命物之名，方圓白黑是也。二曰毀譽之名，善惡貴賤是也。三曰況謂之名，賢愚愛憎是也。」但所論未及荀子顯豁，且與宋鈃一樣忽略名之「約定俗成」的性質。

---

124 參考杜國庠：《荀子從宋尹黃老學派接受了什麼》，《杜國庠文集》，第 156－157 頁。

結　語

一、主要研究成果

　　本文透過上海博物館藏楚竹書《彭祖》之考釋及思想內涵
的分析，確定該篇竹書乃宋銒學派之遺著。以此為出發點，進
一步將過去學者所指為宋銒、尹文一派著作的《管子・心
術》、《白心》、《內業》及《呂氏春秋・去尤》、《去宥》加以分
析考辨，並對其中可信為宋銒作品的部分及相關的評述資料重
新校釋。本文對於宋銒一派遺著之研究，主要有以下幾點創
獲：

1. 本文在整理者及前賢之研究基礎上，調整上博竹書《彭祖》
   之簡序，並依此重作釋文，對疑難字詞詳加校釋，大致復原
   該篇竹書，得到一相對完善的版本。

2. 本文歸納竹書《彭祖》之體製特色有二：一是假借上古聖君
   賢臣之對話鋪陳思想義理；二是全篇對話以四言韻語為主，
   有若箴銘體。根據前者，筆者探討《漢書・藝文志》為何將
   《宋子》十八篇歸入「小說家」之原因，並進一步論證《漢
   志》「小說家」成立的背景與戰國時期解經之傳說體裁興起
   有關；根據後者，筆者指出《金人銘》、《老子》以及宋銒、
   慎到等稷下道家皆善以格言體立說，形成先秦道家著作一個
   顯著的特色。《莊子・天下篇》謂宋銒「上說下教」，知其不
   獨游說君王，亦向大眾說教，故宋子一派除依託老壽之聖賢
   以自重其說，並以淺近短小之故事說理，又編綴韻語，使之

琅琅上口。戰國末期，宋子之學式微（其原因見下文討論），被後人棄為糟粕，世人既不重其內涵，則其所綴之殘叢小語（包括短小寓言及簡鍊之格言）適可作為街談巷語之資，無怪乎《漢志》以其形式歸入小說家，即使班固深知「其言黃老意」，亦因其說之淺薄無可觀而摒除在道家門外，成為「道聽途說」。

3. 透過楚竹書《彭祖》及相關傳世文獻的研究，筆者重新提出「宋鈃學派」作為先秦學術史上老、莊之間的連結，論證《管子‧白心》、《心術上》經文、《呂氏春秋‧去尤》、《去宥》及楚竹書《彭祖》為宋子一派的著作，並詳細校釋諸篇，供學者參考。

4. 以先秦經、傳體式分別《管子‧心術上》、《心術下》、《白心》及《內業》等四篇之性質，不再視為不可分割的整體[1]。筆者認為，《心術上》（前經後解）、《心術下》是一組經、解、傳俱全的作品。從思想內涵來看，《心術上》經文當為宋鈃一派所作；其解文則大談因循之論，且略具稷下精氣論色彩，其詮釋與經文原意不盡相合，疑為田駢、慎到一派學者所作。至於《心術下》乃《心術上》經文進一步引申發揮，可視為其「傳」，故附於解經之文後。《心術下》所論

---

1 按，若從編書者的角度看，齊地學者纂輯《管子》而將《心術》上、下及《白心》合為一卷，固視三篇為一組作品。由此角度來看，《白心》亦不妨視為《心術上》經文之傳，而《心術下》又與《內業》（本文以該篇為稷下道家集大成之作）關係密切，若以稷下黃老道家為本位，則蒙文通、裘錫圭將上述《管子》四篇稱為「黃老派」或「稷下道家」作品，亦不失為一合理的觀點。但本文既求其分，便不採用此一寬泛的說法。

大體上切合《心術》經文，惟該篇提出「精氣」一詞，而文獻中又無宋銒談頤氣養生之相關記載，故將之視為稷下學派中受宋銒影響較深的齊地學者所作。《白心》多處申論《老子》義理，又云「正名」、「義兵」，反對「盈滿」，凡此皆與楚竹書《彭祖》及傳世文獻所述宋子學風較近，當為該派著作。《內業》雖可與《心術下》比附，但該篇前後大談精氣論與長壽養生，篇旨與《心術上》、《白心》不同，疑為稷下道家以精氣說為基礎，雜糅宋子心術說及醫家養生理論的作品。

5. 本文梳理老子、墨子及子思學說對於宋銒之影響，並分析宋銒與稷下先生慎到、尹文、荀況之關係，對於稷下學者論辯、交往之狀況以及戰國中後期學術融合、發展之情形有較深入的分析。尹文、慎到、莊子、荀子等四子分屬名、法、道、儒（依《漢志》之分），但皆受宋銒學說浸染，四子對於宋銒思想的取捨、改造可以作為先秦學術史的絕佳案例，從中可看出戰國時期學者融合他派學說的幾種模式。約略言之，尹文與宋銒的關係最為密切，其對宋銒學說正面繼承者多，但尹文因個人興趣及當時學術風氣的影響，朝向名法理論發展，遂由道入名。慎到以其法家尚勢一派的立場接受宋銒「別囿」、「毋倚賢」等說，但這些在其理論體系中只有點綴性質，而未與其固有學說融合。莊周與宋銒均以《老子》為宗，莊子面對前輩宋銒之態度是積極地吸納其說，並化為己用，但僅取其內涵，而不用其術語，另造「心齋」、「坐忘」等詞，使人耳目一新（此即「舊酒裝新瓶」），又修正宋銒過分強調心之主宰及認知功能的執著，提出天道、自然、一氣之化等觀念，遂一舉超越宋銒，取代其在道家之地位。

荀子則以儒家之本位，襲用宋鈃一派論心時所用術語及概念，予以改造，賦予其較積極的涵義（此乃「舊瓶裝新酒」）。荀子、莊子面對宋鈃學說的兩種態度，正相映成趣。

6. 從本篇對於戰國時期道家諸子的論述中可以看出，此時期的道家學者（包含由道轉入名、法者）對於《老子》學說之繼承與發展體現在對「道」或「道術」之闡釋，各派莫不試圖回答老子所提出的「道」是什麼？彭蒙、田駢以道術為本位闡述因任自然、去己無私之說，雖略有定分、聖法之觀點，但並無較大的突破及發揮，惟田駢「齊物」之說影響慎到與莊周。慎到將齊物、無擇之說轉為法術之論；莊子則回歸老子論道之本旨，主張取消一切對立、分別，將齊物擴大為超物、周物之論 [2]。宋鈃汲取儒家子思一派心性論，造為心術之說，試圖以「心」說「道」，但所論隱晦，其心性說也未如儒家孟、荀精深，戰國中期雖盛行於一時，但終究無法傳世久遠。不過，宋鈃兼融各家的學術風格對於其後的稷下學者如尹文、慎到等，有較深遠的影響，其「心術」之論啟發

---

2 按，劉咸炘謂：莊子論道體有二義：一曰超物，二曰周物。此權借其語以論莊子之齊物。參考劉咸炘：《子疏定本》，《劉咸炘學術論集・子學編》，第 55 頁。復按，前人多以田駢一派的「齊物」同於莊周，傅斯年甚至認為《莊子・齊物論》可能為田駢、慎到一派所作，但誠如王叔岷所指出的：「慎子以為『大道能包之，而不能辯之』，是道亦有能有不能，與天地同，則失老、莊之旨。老子言『道可道，非常道。』《莊子・齊物論》言『大道不稱，大辯不言。』辯則有限，大道無垠，尚何須辯邪？此莊子所以謂慎到『所謂道非道』也。」傅氏說見《誰是〈齊物論〉之作者》，《中國古代與學術十論》，桂林，廣西師範大學出版社，2006 年 10 月；王氏說見《法家三派重勢之慎到》，《先秦道法思想講稿》，第 181 頁。

莊周貫串天道、心術、精氣而言道[3]，進而形成道家完整的體系。尹文學說表面雖持大道之立場，但所說已主形名，蓋以形名之術說道，故《尹文子》開卷便說「大道無型，稱器有名」，形、名並舉，已確立其道論之格局。慎到雖名列法家，但其理論基礎來自彭蒙、田駢一派道家，亦兼受申不害及宋鈃之影響，他以法術代道術，將《老子》去私無己之觀念改造為人君治國之術，又融合申不害因循之說，成為法家尚勢之一派。至於齊地的稷下黃老道家又以「精氣」論道，將醫家理論與《老子》學說結合。

二、宋鈃學派衰微之原因

在前文論述的基礎上，筆者想進一步談談兩個有關先秦學術史的問題：一是在導論中提到的疑問，即宋鈃學派在戰國中期崛起，成為重要的學派，但為何在戰國晚期，聲勢陡然下滑，至漢代時更被貶為小說家，逐漸退出歷史舞台？二是宋鈃為宋人，與尹文遊學至齊，在稷下講學授徒，並與當時各派學者交往，其學流布於宋、齊、楚等地，若以蒙文通「道家分南北說」[4] 來看，宋鈃學說不反對仁義禮法，當入蒙氏所說之北

3　按，莊子所論「一氣之化」具有精氣說之色彩，蓋受齊地黃老道家之影響。

4　蒙文通：《楊朱學派考》、《周秦學術流派試探》，《先秦諸子與理學》，第 112－114 頁、第 185－190 頁。其後王葆玹有「南北道家有貴陰貴陽之歧異」之論、丁原明有「黃老道家分南北」之說，皆欲從地域之南北區分道家之流派。王氏說見《南北道家貴陰貴陽之歧異》，《道家文化研究》第 15 輯，第 56－63 頁；丁氏說見《黃老學論綱》，濟南，山東大學出版社，1997 年 12 月，第 42－72 頁。

派，但其學以《老子》為根柢，並導莊周之先路，似乎又與蒙氏所說之南派關係密切，然則宋子之學究為北學或南學？

司馬遷《史記·老子韓非列傳》謂莊子之學「其要歸本於老子之言」，所說大致不誤。惟前文指出，宋鈃作為老、莊之間的連結，將《老子》之道轉化為心術，莊子更進一步貫串天道與心術，確立「道家」之格局及思想基礎。前人或疑司馬遷在《田敬仲完世家》、《孟子荀卿列傳》列述稷下諸子為何獨缺宋鈃[5]？而此處論莊子之學，又僅視其直承《老子》，何以絕口不提宋子？此與戰國晚期至西漢的學術背景及宋鈃學說之衰落有關。蓋漢初學術以黃老道家為宗，而黃老之學源於稷下。稷下黃老道家著作（如《管子·內業》）雖有取資於宋鈃之處，但其基本關懷及思想內涵實不相同。黃老道家改造心術之說，使之成為君王統治之術的一環，自較宋鈃之說受時主歡迎。而戰國晚期莊子一派又在思想的廣度、深度超越宋鈃。宋學之衰蓋與莊學之興交替。宋子後學所作《去尤》雜有《莊子》之說，似乎也說明，戰國晚期宋子之學已被莊子一派取代，故其門徒闡釋「別囿」，只能編造短小寓言，依附當時學術主流為說，才苟傳於世。此外，荀子對於宋鈃學說之猛烈批判也對其說之傳布產生負面的影響。下至漢代，《宋子》之書雖存，但被視為不入流的小家珍說（此評價可上溯至《荀子·正名》）。司馬遷列稷下道家學者未數宋鈃，《漢書·藝文志》將《宋子》歸入小說家，實為時代風氣所限。

---

5 見趙蔚芝：《司馬遷介紹稷下先生為什麼不提宋鈃尹文》，《管子學刊》1989 年第 4 期，第 63－67 頁。趙氏認為由於宋、尹為墨家支流，而司馬遷輕視墨家，故在《史記》裡介紹稷下先生而不提二人。鵬按，宋、尹二子非墨徒，前文已辨。

　　梁啟超曾說：《宋子》一書之佚，「殆為我國思想界最大損失之一矣。」[6] 其書之亡誠可慨嘆，但從時變勢移的角度來看，宋鈃之學衍為稷下黃老[7]，其思想雖為莊周、慎到、尹文、荀況所超越，但其精華不也因此融入上述諸子的學說中而流傳久遠。宋鈃之學退出歷史舞台，謂其功成身退，不亦可乎？

三、對「道家分南北」說之省思

　　傅斯年曾批評蒙文通之「道家分南北說」云：「近人有以南北混分諸子者，其說極不可通。蓋春秋時所謂『南』者，在文化史的意義上與楚全不相同，而中原諸國與其以南北分，毋寧以東西分，雖不中，猶差近。在永嘉喪亂之前，中國固只有東西之爭，無南北之爭（晉、楚之爭而不決為一例外）。所以現在論到諸子之地方性，但以國別為限，不以南北西東等泛詞為別。」[8] 鵬按，蒙氏之說固非一無可取，但若過分強調地理之南北對於學術流派劃分的決定性，亦有其蔽[9]。以稷

6　梁啟超：《〈漢書・藝文志・諸子略〉考釋》，《清代學術概論》附錄，第 237 頁。

7　按，錢穆曾說：宋鈃設教稷下，「其殆黃老道德之開先耶」，一語道破宋鈃在戰國學術史上之地位。說見《宋鈃考》，《先秦諸子繫年》，第 376 頁。

8　傅斯年：《戰國子家敘錄》，收入《民族與古代中國史》附錄二，石家莊，河北教育出版社，2002 年 8 月，第 204–205 頁。

9　按，蒙氏將道家劃分為楊朱的「北方（齊）道家」及以莊子為代表的「南方（楚）道家」對於後來先秦學術史研究者頗具啟發，但以南、北為標誌，不如逕以齊、楚分。且其強調北方道家不菲薄仁

下道家而論，慎到、宋鈃等人在思想及著書形式上，皆受
《老子》之影響。《莊子》亦未嘗不受稷下心術及精氣論之啟
發而別立新說。宋鈃本非北人，雖與尹文同游稷下，但其學
又廣布於楚，實難劃分其說為道家北學或南學。或誠如傅氏
所言，以南北分不若以國別論，蓋先秦各國所承傳之文化淵
源及自然環境所產生的影響略有差異，如齊地濱海並傳承東
夷之文化，所以多放言侈論，想像力豐富，且較易接受外來
文化；又如宋為殷後，文化既古且高，故其人富宗教性，心
術質直，其學者之思想疏通致遠而不流於浮華 [10]。即以同國
之學者論，如宋鈃、莊周同為宋人，行年相及，故莊子易受宋
鈃之影響；又如慎到、荀況皆出自三晉（同為趙人），故荀子
學說有取於慎到之因勢、定分之說。但即使如此，過分強調國
別對學者思想形成的決定性亦有流弊，如前文所舉清人俞正燮
因宋國君、臣曾有兼愛、非攻之說，便推論：「兼愛、非攻，
蓋宋人之蔽。……墨子實宋大夫，其後宋牼亦墨徒。欲止秦、
楚之兵，言戰不利，有是君則有是臣。」實為皮相之見。

　　每個學者的思想有一定的獨立性，亦有不同的面目，除承
受其母國的文化薰陶及師門的思想浸染外，亦有天資及個人生
命歷程所帶來的影響，而這些毋寧較地域因素更具決定性。戰

義、注重養生，南方道家必反仁義、鄙視養生，從而認為只要以此
為判準，就可將某一學者的思想或著作截然劃分，亦過於武斷。如
他在《周秦學術流派試探》一文云：「今存《莊子》書中，時而菲薄
仁義，鄙視養生，譏諷仲尼，排斥楊、墨，這可說是莊子的書。其
他與這些論點相反的，可說不是莊子的書。」便有此蔽。

10　參考傅斯年：《戰國子家敘錄》，《民族與古代中國史》附錄二，第
　　205－211頁。

國時期各地學術交流頻繁，齊、魯、三晉與楚皆互有往來，士人遊走於列國之間，不同地域雖有學術風尚之差異，但已漸漸出現融合之趨勢，並非水火不容。可知類似「道家分南北」、「宋人皆墨徒」等說，只能視為權宜之論，面對不同的文獻材料、不同的思想家，研究者都需詳考其學說之內涵及源流，才能作出較精確的論斷。

主要參考文獻

一、傳世典籍

1. 舊題左丘明：《國語》（上海師範大學古籍整理組校點本），台北，里仁書局，1981 年 12 月。
2. 徐元誥：《國語集解》，北京，中華書局，2002 年 6 月。
3. 朱熹：《四書章句集注》，台北，長安出版社，1991 年 2 月。
4. 島邦男：《老子校正》，東京，汲古書院，1973 年 10 月。
5. 孫以楷：《老子注釋三種》，合肥，安徽人民出版社，2003 年 7 月。
6. 孫詒讓：《墨子閒詁》，北京，中華書局，2001 年 4 月。
7. 王煥鑣：《墨子集詁》，上海古籍出版社，2005 年 4 月。
8. 黃以周輯解：《子思子》，台北，廣文書局，1975 年 4 月。
9. 焦循：《孟子正義》，北京，中華書局，1987 年 10 月
10. 楊伯峻：《孟子譯注》，北京，中華書局，1960 年 1 月。
11. 安井衡：《管子纂詁》，台北，河洛出版社，1976 年 3 月。
12. 張佩綸：《管子學》，台北，商務印書館影印張氏手稿本，1971 年 5 月。
13. 郭沫若：《管子集校》，《郭沫若全集・歷史編》第六卷，北京，人民出版社，1984 年 10 月。
14. 戴望：《管子校正》，台北，世界書局，1990 年 6 月第 13 版。

15. 陳鼓應：《管子四篇詮釋——稷下道家代表作》，台北，三民書局，2003 年 2 月。

16. 黎翔鳳：《管子校注》，北京，中華書局，2004 年 6 月。

17. 張舜徽：《管子四篇疏證》，《周秦道論發微》，武漢，華中師範大學出版社，2005 年 12 月。

18. 王夫之：《莊子解》，台北，里仁書局，1984 年 9 月。

19. 王先謙：《莊子集解》，台北，文津出版社，1988 年 7 月。

20. 錢穆：《莊子纂箋》，台北，東大圖書公司，1993 年 1 月重印 4 版。

21. 王叔岷：《莊子校詮》，台北，中央研究院歷史語言研究所，1994 年 4 月 2 版。

22. 梁啟超：《莊子天下篇釋義》，《清代學術概論》附錄，北京，東方出版社，1996 年 3 月。

23. 馬敘倫：《莊子天下篇述義》，上海，龍門聯合書局，1958 年 6 月。

24. 譚戒甫：《莊子天下篇校釋》，台北，新文豐出版公司，1979 年 8 月。

25. 錢基博：《讀莊子天下篇疏記》，台北，臺灣商務印書館，2006 年 5 月 2 版。

26. 顧實：《莊子天下篇講疏》，台北，臺灣商務印書館，1980 年 12 月 2 版。

27. 單晏一：《莊子天下篇薈釋》，台北，空庭書苑，2007 年 5 月。

28. 俞樾：《莊子人名考》，《無求備齋莊子集成·續編》第 36 冊，台北，藝文印書館，1972 年。

29. 舊題慎到：《慎子》，台北，臺灣中華書局影印守山閣本，

1981 年 10 月。

30. 譚普森（P.M Thompson）：《慎子佚文》，倫敦，牛津大學出版社，1979 年。

31. 王啟湘：《尹文子校詮》，《周秦名家三子校詮》，台北，世界書局，1978 年 3 月再版。

32. 王先謙：《荀子集解》，台北，藝文印書館影印光緒辛卯刊本，2000 年 5 月。

33. 梁啟雄《荀子簡釋》，台北，木鐸出版社，1988 年 9 月。

34. 王天海：《荀子校釋》，上海古籍出版社，2005 年 12 月。

35. 王先慎：《韓非子集解》，北京，中華書局，1998 年 7 月。

36. 陳奇猷：《韓非子新校注》，上海古籍出版社，2000 年 10 月。

37. 梁啟超：《〈韓非子·顯學篇〉釋義》，《清代學術概論》附錄，北京，東方出版社，1996 年 3 月。

38. 孫星衍：《尸子集本》，《百子全書》，杭州，浙江古籍出版社影印掃業山房本，1998 年 8 月。

39. 朱海雷：《尸子譯注》，上海古籍出版社，2006 年 11 月。

40. 陳奇猷：《呂氏春秋校釋》，台北，華正書局，1988 年 8 月。

41. 王利器：《呂氏春秋注疏》，成都，巴蜀書社，2002 年 1 月。

42. 許維遹：《韓詩外傳集釋》，北京，中華書局，1980 年 6 月。

43. 劉文典：《淮南鴻烈集解》，合肥，安徽大學出版社，1998 年 8 月

44. 張雙棣：《淮南子校釋》，北京大學出版社，1997 年 8 月。

45. 司馬遷：《史記》，北京，中華書局點校本，1959 年 9 月。

46. 王叔岷：《史記斠證》，台北，中央研究院歷史語言所，1983 年 10 月。

47. 繆文遠：《戰國策新校注》，成都，巴蜀書社，1998 年 9 月 3 版。

48. 范祥雍：《戰國策箋證》，上海古籍出版社，2006 年 12 月。

49. 向宗魯：《說苑校證》，北京，中華書局，1987 年 7 月。

50. 班固：《漢書》，北京，中華書局點校本，1962 年 6 月。

51. 顧實：《漢書藝文志講疏》，台北，廣文出版社，1985 年 10 月再版。

52. 張舜徽：《漢書藝文志通釋》，武漢，華中師範大學出版社，2004 年 3 月。

53. 陳國慶：《漢書藝文志注釋彙編》，北京，中華書局，1983 年 6 月。

54. 段玉裁：《說文解字注》，台北，藝文印書館影印經韻樓藏版，1989 年 2 月 6 版。

55. 袁行霈：《陶淵明集箋注》，北京，中華書局，2003 年 4 月。

56. 范文瀾：《文心雕龍注》，北京，人民文學出版社，1958 年 9 月。

57. 黃焯：《經典釋文彙校》，北京，中華書局，2006 年 7 月。

58. 羅泌：《路史》，台北，臺灣中華書局影印四部備要本，1983 年 4 月 3 版。

59. 余嘉錫：《四庫提要辨證》，昆明，雲南人民出版社，2004 年 11 月。

60. 張舜徽:《四庫提要敘講疏》,台北,臺灣學生書局,2002年3月。

61. 馬國翰:《玉函山房輯佚書》,揚州,廣陵書社影印楚南湘遠堂刻本,2004年11月。

62. 王念孫:《讀書雜志》,南京,江蘇古籍出版社,2000年9月。

63. 王引之:《經義述聞》,台北,中華書局四部備要本,1987年1月4版。

64. 俞樾:《諸子平議》,台北,世界書局,1991年9月5版。

二、出土文獻與整理

1. 國家文物局古文獻研究室:《馬王堆漢墓帛書〔壹〕》,北京,文物出版社,1980年3月。

2. 湖南省博物館、湖南省文物考古所:《馬王堆二、三號漢墓‧第一卷田野考古發掘報告》,北京,文物出版社,2004年7月。

3. 龐樸:《帛書五行篇研究》,濟南,齊魯書社,1988年8月2版。

4. 陳鼓應:《黃帝四經今註今譯》,台北,臺灣商務印書館,1995年6月。

5. 魏啟鵬:《馬王堆漢墓帛書〈黃帝書〉箋證》,北京,中華書局,2004年12月。

6. 荊門市博物館:《郭店楚墓竹簡》,北京,文物出版社,1998年5月。

7. 李零:《郭店楚簡校讀記》(增訂本),北京大學出版社,

2002 年 3 月。

8.　劉釗：《郭店楚簡校釋》，福州，福建人民出版社，2003 年 12 月。

9.　彭浩：《郭店楚簡〈老子〉校讀》，武漢，湖北人民出版社，2000 年 1 月。

10.　廖名春：《郭店楚簡老子校釋》，北京，清華大學出版社，2003 年 6 月。

11.　劉信芳：《簡帛五行解詁》，台北，藝文印書館，2000 年 12 月。

12.　馬承源編：《上海博物館藏戰國楚竹書（一）》，上海古籍出版社，2001 年 11 月。

13.　馬承源編：《上海博物館藏戰國楚竹書（二）》，上海古籍出版社，2002 年 12 月。

14.　馬承源編：《上海博物館藏戰國楚竹書（三）》，上海古籍出版社，2003 年 12 月。

15.　馬承源編：《上海博物館藏戰國楚竹書（四）》，上海古籍出版社，2004 年 12 月。

16.　馬承源編：《上海博物館藏戰國楚竹書（六）》，上海古籍出版社，2007 年 7 月。

17.　李零：《上博楚簡三篇校讀記》，台北，萬卷樓圖書公司，2002 年 3 月。

18.　季旭昇：《上海博物館藏戰國楚竹書（三）讀本》，台北，萬卷樓圖書公司，2005 年 10 月。

19.　黃人二：《上海博物館藏戰國楚竹書（三）研究》，台中，高文出版社，2005 年 8 月。

20.　楊芬：《上博簡〈彭祖〉、〈亙先〉、〈中弓〉集釋》，武漢大

學碩士論文，2006 年 5 月。

三、今人學術論著

(一) 專著

1. 徐復觀：《中國人性論史》，台北，臺灣商務印書館，1969
   年 1 月。
2. 金受申：《稷下派之研究》，台北，臺灣商務印書館，1971
   年 5 月。
3. 金德建：《先秦諸子雜考》，中州書畫社，1982 年 9 月。
4. 任繼愈：《中國哲學發展史（先秦）》，北京，人民出版
   社，1983 年 10 月。
5. 馮友蘭：《中國哲學史新編》第二冊，北京，人民出版
   社，1984 年 10 月修訂 2 版。
6. 楊儒賓：《先秦道家「道」的觀念的發展》，台北，臺灣大
   學出版委員會，1987 年 6 月。
7. 小野澤精一等：《氣的思想——中國自然觀和人的觀念的
   發展》，上海人民出版社，1990 年 7 月。
8. 黃釗：《道家思想史綱》，長沙，湖南師範大學出版社，
   1991 年 4 月。
9. 陳麗桂：《戰國時期的黃老思想》，台北，聯經出版公司，
   1991 年 4 月。
10. 林麗娥：《先秦齊學考》，台北，臺灣商務印書館，1992 年
    2 月。
11. 崔大華：《莊學研究——中國哲學一個觀念淵源的歷史考
    察》，北京，人民出版社，1992 年 7 月。

12. 王范之：《呂氏春秋研究》，內蒙古大學出版社，1993 年
    10 月。

13. 勞思光：《新編中國哲學史》，台北，三民書局，1993 年
    10 月增訂 7 版。

14. 王博：《老子思想的史官特色》，台北，文津出版社，1993
    年 11 月。

15. 張揚明：《老子考證》，台北，黎明文化公司，1995 年 3 月
    再版。

16. 楊寬：《戰國史》（1997 年增訂版），台北，臺灣商務印書
    館，1997 年 10 月。

17. 丁原明：《黃老學論綱》，濟南，山東大學出版社，1997 年
    12 月。

18. 張心澂：《偽書通考》，上海書店，1998 年 1 月。

19. 胡家聰：《稷下爭鳴與黃老新學》，北京，中國社會科學出
    版社，1998 年 9 月。

20. 白奚：《稷下學研究──中國古代的思想自由與百家爭
    鳴》，北京，三聯書店，1998 年 9 月。

21. 錢穆：《先秦諸子繫年》，台北，東大圖書公司，1999 年 6
    月 3 版。

22. 丁四新：《郭店楚墓竹簡思想研究》，北京，東方出版社，
    2000 年 10 月。

23. 熊鐵基：《秦漢新道家》，上海人民出版社，2001 年 3 月。

24. 李學勤：《簡帛佚籍與學術史》，南昌，江西教育出版社，
    2001 年 9 月。

25. 范麗梅：《郭店儒家佚籍研究──以心性問題為開展之主
    軸》，臺灣大學中國文學研究所碩士論文，2002 年 1 月。

26. 李學勤：《重寫學術史》，石家莊，河北教育出版社，2002年1月。

27. 楊寬：《戰國史料編年輯證》，台北，臺灣商務印書館，2002年2月。

28. 王叔岷：《先秦道法思想講稿》，台北，中央研究院文哲所，2002年5月。

29. 王葆玹：《老莊學新探》，上海文化出版社，2002年5月。

30. 錢穆：《莊老通辨》，北京，三聯書店，2002年9月。

31. 楊儒賓：《儒家身體觀》，台北，中央研究院文哲所，2003年1月修訂2版。

32. 陳偉：《郭店竹書別釋》，武漢，湖北教育出版社，2003年1月。

33. 李天虹：《郭店竹簡〈性自命出〉研究》，武漢，湖北教育出版社，2003年1月。

34. 林志鵬：《殷代巫覡活動研究》，臺灣大學中國文學研究所碩士論文，2003年1月。

35. 胡家聰：《管子新探》，北京，中國社會科學出版社，2003年5月。

36. 葛瑞漢（Angus C. Graham）：《論道者——中國古代哲學論辯》，北京，中國社會科學出版社，2003年8月。

37. 劉榮賢：《莊子外雜篇研究》，台北，聯經出版公司，2004年4月。

38. 李零：《簡帛古書與學術源流》，北京，三聯書店，2004年4月。

39. 梁啟超：《先秦政治思想史》，天津古籍出版社，2004年5月。

40. 張固也：《管子研究》，濟南，齊魯書社，2006 年 1 月。

41. 詹劍峰：《老子其人其書及其道論》，武漢，華中師範大學出版社，2006 年 3 月。

42. 薛柏成：《墨家思想新探》，哈爾濱，黑龍江人民出版社，2006 年 12 月。

43. 傅斯年：《戰國子家講義》，天津古籍出版社，2007 年 1 月。

44. 王曉波：《道與法：法家思想和黃老哲學解析》，台北，臺灣大學出版中心，2007 年 5 月。

45. 葉志衡：《戰國學術文化編年》，杭州，浙江大學出版社，2007 年 6 月。

46. 劉咸炘：《子疏定本》，《劉咸炘學術論集・子學編》，桂林，廣西師範大學出版社，2007 年 7 月。

47. 嚴善炤：《古代房中術的形成與發展：中國固有「精神」史》，台北，臺灣學生書局，2007 年 9 月。

48. 史華茲（Benjamin I. Schwartz）：《古代中國的思想世界》，南京，江蘇人民出版社，2008 年 8 月。

（二）單篇論文

1. 杜國庠：《荀子從宋尹黃老學派接受了什麼》，《杜國庠文集》，北京，人民出版社，1962 年 7 月。

2. 顧頡剛：《宋鈃書入小學家》，《史林雜識初編》，北京，中華書局，1963 年 2 月。

3. 金德建：《論子思作〈中庸〉於宋地》，《司馬遷所見書考》，上海人民出版社，1963 年 2 月。

4. 戴君仁：《荀子與大學中庸》，《梅園論學集》，台北，臺灣

開明書店，1970 年 9 月。

5. 唐蘭：《黃帝四經初探》，《文物》1973 年第 10 期。

6. 戴君仁：《經疏的衍成》，《梅園論學續集》，台北，藝文印書館，1974 年 11 月。

7. 唐蘭：《馬王堆出土老子乙本卷前古佚書的研究》，《考古學報》1975 年第 1 期。

8. 袁行霈：《〈漢書藝文志〉小說家考辨》，《文史》第 7 輯，1979 年 12 月。

9. 郭沫若：《宋鈃尹文遺著考》，《郭沫若全集·歷史編》第一卷，北京，人民出版社，1982 年 9 月。

10. 郭沫若：《稷下黃老學派的批判》，《十批判書》，《郭沫若全集·歷史編》第二卷，北京，人民出版社，1982 年 9 月。

11. 王鈞林：《略論稷下人物宋鈃》，《齊魯學刊》1983 年第 2 期。

12. 李存山：《〈內業〉等四篇的寫作時間和作者》，《管子學刊》1987 年創刊號。

13. 唐鉞：《尹文和〈尹文子〉》，《古史辨》第 6 冊，台北，藍燈文化公司，1987 年 11 月。

14. 羅根澤：《〈尹文子〉探源》，《古史辨》第 6 冊，台北，藍燈文化公司，1987 年 11 月。

15. 羅根澤：《子莫考》，《古史辨》第 6 冊，台北，藍燈文化公司，1987 年 11 月。

16. 孫人和：《子莫執中考》，《古史辨》第 6 冊，台北，藍燈文化公司，1987 年 11 月。

17. 王叔岷：《論司馬遷述慎到、申不害及韓非之學》，《慕廬

雜著》，台北，華正書局，1988 年 3 月。

18. 馬非白：《〈管子·內業〉篇之精神學說及其他》，《管子學刊》1988 年第 4 期。

19. 李存山：《〈內業〉等四篇的精氣思想探微》，《管子學刊》1989 年第 2 期。

20. 趙蔚芝：《司馬遷介紹稷下先生為什麼不提宋鈃尹文》，《管子學刊》1989 年第 4 期。

21. 馬非白：《〈管子·內業〉篇集注》，《管子學刊》1990 年第 1 至 3 期連載。

22. 周光華：《「鈃」字辨考及宋鈃其人》，《管子學刊》1990 年第 3 期。

23. 武內義雄：《子思子考》，《先秦經籍考》，上海文藝出版社，1990 年 12 月。

24. 李學勤：《〈稱〉篇與〈周祝〉》，《道家文化研究》第 3 輯，1993 年 8 月。

25. 孫開泰：《關於侯外廬先生論〈管子·白心〉等篇著者問題的一次談話》，《晉陽學刊》1994 年第 1 期。

26. 李道湘：《從〈管子〉的精氣論到〈莊子〉氣論的形成》，《管子學刊》1994 年第 1 期。

27. 汪啟明：《〈管子〉諸家韻讀獻疑》，《管子學刊》1994 年第 2 期。

28. 谷中信一：《〈老子〉與〈管子〉》，《管子學刊》1994 年第 2 期。

29. 葉山：《對漢代馬王堆黃老帛書性質的幾點看法》，《馬王堆漢墓研究文集》，長沙，湖南出版社，1994 年 5 月。

30. 李忠明：《漢代「小說家」考》，《南京師大學報》（社科

版）1996 年第 1 期。

31. 王叔岷：《讀莊論叢》，《道家文化研究》第 10 輯，1996 年
   8 月。

32. 王叔岷：《呂氏春秋引用莊子舉正》，《道家文化研究》第
   10 輯，1996 年 8 月。

33. 白奚：《「孫卿道宋子，其言黃老意」正解》，《中國哲學
   史》1996 年第 4 期。

34. 裘錫圭：《馬王堆〈老子〉甲乙本卷前後佚書與「道法
   家」——兼論〈心術上〉〈白心〉為慎到田駢學派作品》，
   《文史叢稿》，上海遠東出版社，1996 年 10 月。

35. 裘錫圭：《稷下道家精氣說的研究》，《文史叢稿》，上海遠
   東出版社，1996 年 10 月。

36. 李學勤：《〈管子·心術〉等篇的再考察》，《古文獻叢
   論》，上海遠東出版社，1996 年 11 月。

37. 王樹民：《黃老學派的起源和形成》，《曙庵文史雜著》，北
   京，中華書局，1997 年 8 月。

38. 李零：《楚國源流、世系的文字學證明》，《李零自選集》，
   桂林，廣西師範大學出版社，1998 年 2 月。

39. 李零：《說「黃老」》，《李零自選集》，桂林，廣西師範大
   學出版社，1998 年 2 月。

40. 朱伯崑：《〈管子〉四篇考》《朱伯崑論著》，瀋陽出版社，
   1998 年 5 月。

41. 朱伯崑：《再論〈管子〉四篇》《朱伯崑論著》，瀋陽出版
   社，1998 年 5 月。

42. 胡家聰：《道家尹文與儒家荀況思想有若干相通之處——
   兼論稷下學術中心的思想交流》，《道家文化研究》第 14

輯，1998 年 7 月。

43. 李學勤：《從簡帛佚籍〈五行〉談到〈大學〉》，《孔子研究》1998 年第 3 期。

44. 徐少華：《論祝融八姓的流變及其分布》，《湖北省考古學會論文選集（三）》，《江漢考古》增刊，1998 年 11 月。

45. 盧世華、楚永橋：《黃老之學與〈漢志〉小說家》，《湖北大學學報（哲學社會科學版）》卷 26 第 2 期，1999 年 3 月。

46. 王葆玹：《南北道家貴陰貴陽說之歧異》，《道家文化研究》第 15 輯，1999 年 3 月。

47. 森秀樹：《道家和名家之間》，《道家文化研究》第 15 輯，1999 年 3 月。

48. 黃釗：《竹簡〈老子〉應為稷下道家傳本的摘抄本》，《中州學刊》2000 年第 1 期。

49. 周鳳五：《郭店竹簡的形式特徵及其分類意義》，《郭店楚簡國際學術研討會論文集》，武漢，湖北人民出版社，2000 年 5 月。

50. 熊鐵基：《對「神明」的歷史考察——兼論《太一生水》的道家性質》，《郭店楚簡國際學術研討會論文集》，湖北人民出版社，2000 年 5 月。

51. 林志鵬：《從神話素材的再創造論〈莊子〉的文學表現》，《中國文學研究》第 14 期，2000 年 5 月。

52. 錢穆：《儒禮雜議之一——非鬥》，《中國學術思想史論叢（二）》2000 年 11 月，台北，蘭臺出版社。

53. 王叔岷：《論戰國法家三派兼論三派與儒家之關係》，《慕盧雜稿》，台北，大安出版社，2001 年 2 月。

54. 林志鵬：《簡帛〈五行〉篇文本差異析論》，《中國文學研究》第 15 期，2001 年 6 月。

55. 鄭良樹：《〈金人銘〉與〈老子〉》，《諸子著作年代考》，北京圖書館出版社，2001 年 9 月。

56. 鄭良樹：《〈荀子‧非十二子〉「子思、孟軻」條非附益辨》，《諸子著作年代考》，北京圖書館出版社，2001 年 9 月。

57. 徐少華：《楚簡與帛書〈五行〉篇章結構及其相關問題》，《中國哲學史》2001 年第 3 期。

58. 王慶華：《論〈漢書‧藝文志〉小說家》，《內蒙古社會科學》（漢文版）卷 22 第 6 期，2001 年 11 月。

59. 饒龍隼：《諸子「小說」正義》，《新國學》第 4 卷，2002 年 12 月。

60. 張連偉：《論〈管子〉四篇的學派歸屬》，《管子學刊》2003 年第 1 期。

61. 楊寬：《諸子正名論》，《楊寬古史論文選集》，上海人民出版社，2003 年 7 月。

62. 周鳳五：《郭店竹簡文字補釋》，《古墓新知——紀念郭店楚簡出土十周年論文專輯》，香港，國際炎黃文化出版社，2003 年 11 月。

63. 菅本大二：《荀子對法家思想的接納：由「禮」的結構來考察》，《國立政治大學哲學學報》第 11 期，2003 年 12 月。

64. 李學勤：《論先秦道家的「夜行」》，《史學集刊》2004 年第 1 期。

65. 張增田：《「道」何以「生法」——關於〈黃老帛書〉「道

生法」命題的追問》，《管子學刊》2004 年第 2 期。

66. 周鳳五：《郭店〈性自命出〉「怒欲盈而毋暴」說》，《新出土文獻與古代文明研究》，上海大學出版社，2004 年 4 月。

67. 李銳：《彭祖補釋》，簡帛研究網，2004 年 4 月 19 日。

68. 程二行：《荀子的名學理論及其「用名三惑」通詁》，《先秦兩漢文學論集》，北京，學苑出版社，2004 年 7 月。

69. 劉建國：《〈尹文子〉偽書辨正》，《先秦偽書辨正》，西安，陝西人民出版社，2004 年 7 月。

70. 張新俊：《上博簡〈彭祖〉「毋怙富」解》，「2004 年全國博士學術論壇」論文，武漢大學，2004 年 10 月。

71. 劉節：《管子中所見之宋鈃一派學說》，《劉節文集》，廣州，中山大學出版社，2004 年 11 月。

72. 陳斯鵬：《上海博物館藏竹簡〈彭祖〉新釋》，《華學》第七輯，廣州，中山大學出版社，2004 年 12 月。

73. 陳偉武：《讀上博藏簡第三冊零劄》，《華學》第七輯，廣州，中山大學出版社，2004 年 12 月。

74. 徐少華：《郭店一號楚墓年代析論》，《江漢考古》2005 年第 1 期。

75. 趙炳清：《上博簡三〈彭祖〉補釋》，簡帛研究網，2005 年 1 月 26 日。

76. 汪燕崗：《彭祖考略》，《中國社會科學院研究生院學報》2005 年第 2 期。

77. 李學勤：《談祝融八姓》，《李學勤文集》，上海辭書出版社，2005 年 5 月。

78. 孟蓬生：《〈彭祖〉字義疏證》，簡帛研究網，2005 年 6 月

21 日。

79. 廖名春：《〈荀子〉各篇寫作年代考》，《中國學術史新證》，成都，四川大學出版社，2005 年 8 月。

80. 潘建國：《〈漢書・藝文志〉小說家發微》，《中國古代小說書目研究》，上海古籍出版社，2005 年 10 月。

81. 蒙文通：《儒家哲學思想之發展》，《先秦諸子與理學》，桂林，廣西師範大學出版社，2006 年 5 月。

82. 蒙文通：《略論黃老學》，《先秦諸子與理學》，桂林，廣西師範大學出版社，2006 年 5 月。

83. 蒙文通：《楊朱學派考》，《先秦諸子與理學》，桂林，廣西師範大學出版社，2006 年 5 月。

84. 周鳳五：《上海博物館楚竹書〈彭祖〉重探》，《南山論學集——錢存訓先生九五生日紀念》，北京圖書館出版社，2006 年 5 月。

85. 湯淺邦弘：《〈彭祖〉中的「長生」思想》，《戰國楚簡與秦簡之思想史研究》，台北，萬卷樓圖書公司，2006 年 6 月。

86. 魏啟鵬《楚簡〈彭祖〉箋釋》，《新出楚簡國際學術研討會會議論文集（上博簡卷）》，武漢大學，2006 年 6 月。

87. 陳松長：《馬王堆帛書「物則有形」圖初探》，《文物》2006 年第 6 期。

88. 張亨：《荀子的禮法思想試論》，《思文之際論集——儒道思想的現代詮釋》，北京，新星出版社，2006 年 11 月。

89. 呂思勉：《非攻寢兵平議》，《呂思勉論學叢稿》，上海古籍出版社，2006 年 12 月。

90. 俞志慧：《孟子舊注商兌九則》，《學燈》第三期，簡帛研

究網，2007 年 7 月 1 日。

91. 陳偉：《上博竹書〈慎子曰恭儉〉初讀》，武漢大學簡帛網，2007 年 7 月 5 日。

92. 劉洪濤：《上博竹書《慎子曰恭儉》校讀》，武漢大學簡帛網，2007 年 7 月 6 日。

93. 李銳：《〈慎子曰恭儉〉學派屬性初探》，武漢大學簡帛網，2007 年 7 月 9 日。

94. 李學勤：《孔孟之間與老莊之間》，《新出土文獻與先秦思想重構》，台北，臺灣古籍出版社，2007 年 8 月。

95. 林志鵬：《戰國楚竹書〈彭祖〉考論——兼論〈漢志〉「小說家」之成立》，武漢大學簡帛網，2007 年 8 月 18 日。

96. 楊華：《傳統學術中的學派》，《光明日報》2007 年 9 月 13 日，第 9 版。

97. 李學勤：《談楚簡〈慎子〉》，《中國文化》第 25、26 期合刊，2007 年 10 月。

98. 黃人二：《上博藏簡第六冊慎子曰恭儉試釋》，「2007 中國簡帛學國際論壇」論文，台北，臺灣大學中文系，2007 年 11 月。

99. 白奚：《〈莊子·天下〉篇所述宋鈃思想研究——兼論「宋尹學派」不能成立》，《諸子學刊》第 1 輯，2007 年 12 月。

100. 方勇：《莊子籍里考辨》，《諸子學刊》第 1 輯，2007 年 12 月。

101. 鄧國光：《先秦兩漢諸子「理」義研究》，《諸子學刊》第 1 輯，2007 年 12 月。

102. 蕭漢明：《《管子〉的衛生之經與楊朱學派的養生論》，《諸

子學刊》第 1 輯，2007 年 12 月。

103. 李銳：《論帛書〈二三子問〉中的「精白」》，《簡帛釋證與學術思想研究論集》，台北，臺灣書房，2008 年 3 月。

104. 林志鵬：《馬王堆帛書「物則有形」圖考論——兼說〈鶡冠子〉「夜行」》，「先秦文本與出土文獻國際學術研討會」論文，臺灣大學中文系，2008 年 12 月 27 日。

後 記

　　呈現在讀者面前的這部小書，是筆者在博士論文（原題為《戰國楚竹書〈彭祖〉及相關文獻研究》，武漢大學，2008 年 5 月）基礎上修改而成的。拙著能夠出版，首先要感謝業師徐少華先生的指導。徐師對論文的選題、篇章結構提供了適切的建議，並詳細地審閱全文，改正了不少錯誤。筆者能進入出土文獻及學術史的研究領域還需感謝兩位老師：許進雄先生及周鳳五先生。許師以其博洽的學識帶領我探究先秦時期的巫祝文化，在其指導下，筆者花了兩年的時間研讀相關傳世文獻及甲骨卜辭，完成碩士論文《殷代巫覡活動研究》，也初步奠定了學術研究的基礎。在臺大攻讀碩士期間，筆者並從周鳳五先生治簡帛學。周師時時告誡晚輩，古文字學只是研究的工具，更重要的是文字背後的語言及思想背景。在周先生的引導下，我漸漸對先秦學術史產生興趣，也矢志奉獻心力在此領域開墾。這本小書若談得上稍有所見，實緣於三位老師的辛勤教導。

　　書稿的修改過程中，承蒙李零老師、陳偉老師、彭浩老師、李天虹老師、晏昌貴老師及馮時先生、顏世安先生提供寶貴的意見。虞萬里老師及黃人二先生在筆者攻讀博士學位時，始終提供精神上的支持，使我得以咬緊牙根走完這段不算平順的求學之路。此外，筆者近年來參與周鳳五先生所主持的「新出戰國楚竹書研讀會」，多次得到邱德修老師、林素清老師賜教，研讀會的成員顏世鉉、邴尚白、范麗梅、黃冠雲、邱敏文、邱文才、黃儒宣及林錦榮等諸位先生也是平日分享讀書心

得的朋友。這些學術界師友的鼓勵及提攜，我始終銘感於心，在此謹致以誠摯的謝忱。

感謝家母謝香珠女士、內人彭福妮女士無怨無悔地為我操持家務，並一肩扛起家裡的經濟重擔，使我得以悠游於書海，專心於學業。舅父謝玉山先生是台灣著名的隧道專家，也是筆者求學過程中不斷策勵我的長輩，我期許自己能以他貫通雪山隧道的堅毅精神研究學問，並且樂此不疲。

這本小書的出版談不上是自己生命的里程碑，而是一個楔子，等待我的是更為悠長寂寞的青燈案牘之路。

二〇〇九年一月二日寫於台北南港

國家圖書館出版品預行編目資料

宋鈃學派遺著考論／林志鵬著. -- 初版. -- 臺北
市：萬卷樓, 2009.05
面；　　公分
參考書目：面
ISBN 978－957－739－651－8 (平裝)
1.（周）宋鈃 2.學術思想 3.道家 4.著述考

121.39　　　　　　　　　　　98006648

宋鈃學派遺著考論

著　　　者：林志鵬

發　行　人：陳滿銘

出　版　者：萬卷樓圖書股份有限公司

臺北市羅斯福路二段 41 號 6 樓之 3

電話(02)23216565・23952992

傳真(02)23944113

劃撥帳號 15624015

出版登記證：新聞局局版臺業字第 5655 號

網　　　址：http://www.wanjuan.com.tw

E－mail：wanjuan@tpts5.seed.net.tw

承印廠商：晟齊實業有限公司

定　　　價：500 元

出版日期：2009 年 5 月初版

ISBN 978－957－739－651－8